봉건제와 중세 잉글랜드의 역사

Feudalism and Medieval English History

저자 홍 성 표

충북대학교 출판부

머리말

필자가 이 책을 쓰기로 마음먹은 동기는, 현재까지 우리나라에서 봉건제 일반에 대한 번역서는 여러 권 출판되었으나,[1] 잉글랜드의 봉건제에 대하여 소개한 저서가 없기 때문이다. 물론 잉글랜드의 봉건제에 관하여 부분적으로 언급을 한 저서나 논문들은 많이 발표되었다. 예컨대 저서로서는 심재윤, 『중세 영국 토지제도사 연구』 (선인, 2004), 홍성표, 『중세 영국 농민의 생활수준 연구』 (탐구당, 1987) 등이 있으며, 초기 중세사학자인 박성수와 정만득을 비롯한 후대의 여러 학자들이 쓴 다수의 논문이 있다.[2]

---

1) 나종일 역, 『봉건제란 무엇인가』, 탐구당, 1981; 한정숙 역, 『봉건사회 Ⅰ, Ⅱ』, 한길사, 1986; 홍성표 역, 『중세사회는 어떠하였는가』, 대학교재출판사, 1987; 나종일 편, 『봉건제』, 까치, 1988; 김동순 역, 『봉건제의 이해』, 민음사, 1996.

2) 박성수, 「화폐봉지 성격론」, 『사총』 제 3집 (1950); 박성수, 「영국 봉건군역고」, 『사학연구』, 제 2집 (1958); 박성수, 「New Servitium의 성립에 대하여」, 『역사교육』 5집 (1960); 정만득, 「Norman 정복-단절과 연속」, 『동서문화』 2권 (1968); 양병우, 「우리나라에도 봉건제도가 있었는가」, 『역사교육』 제 14집 (1971); 이영구, 「11세기 영국 봉건사회의 계급구조에 관한 연구」, 『부산여자대학교 논문집』 제 30호 (1990); 이영구, 「둠즈데이 영국의 성립과 그 인구구조」, 『부대사학』 제 15, 16합집 (1992); 이영구, 「앵글로 노르만 봉건사회의 소농계급에 대한 연구」, 『부산여자대학교 논문집』 제 39집 (1995); 이영구, 「영국 봉건사회의 농민계층 문제」, 『부산여자대학교 논문집』 제 44집 (1997); 김동순, 「Bastard Feudalism 연구」, 『서양사론』 19집 (1978), 최운욱, 「중세 말 빌레이니지(Villeinage) 변천 과정에 대하여—영국 농민을 중심으로」, 『충북사학』 제 6집 (1993); 홍성표, 「영국에 있어서의 금납화 시기에 관한 연구」, 『역사교육』 18집 (1975); 홍성표, 「13세기 영국에 있어서의 봉건적 반동의 원인에 대하여」, 『역사교육』 23집 (1978); 홍성표, 「면역전 납부의 원인과 그 성격에 대하여—특히 Henry 2세 시대를 중심으로」 『단국대학교 대학원 학술논총』 3집 (1979); 홍성표, 「3포제도 실시의 원인에 관하여—특히 13세기 Crawley 장원을 중심으로 하여」, 『역사교육』 28집 (1980).

그러나 기존에 발표된 연구물 중에서 중세 잉글랜드의 역사 변화와 관련시켜 봉건제의 형성과 발달 및 쇠퇴의 문제를 본격적으로 다룬 저술이나 논문은 없다는 한계점이 있다. 사실상 중세 잉글랜드 사회와 정치를 이해하는 출발점이 봉건제인데, 그에 대한 본격적인 연구서가 없다는 점이 우리가 안고 있는 가장 큰 한계점이었으며, 언젠가는 극복되어야 할 과제 중의 하나이다. 그래서 필자가 그러한 문제점을 제거시키는 출발점에 하나의 주춧돌을 놓는 심정으로 이 책을 쓰려고 마음먹었다.

『영국 역사잡지(The English Historical Review)』가 창간된 시기가 1886년 1월이다. 이 때 발간된 제 1집, 제 1호의 논문집에는 봉건제에 관한 논문이 발표되지 않았다. 그 보다 5년 뒤인 1891년에 발간된 제 6집에 잉글랜드 봉건제 연구에 큰 업적을 남긴 라운드(J. H. Round)가 처음으로 노르만의 잉글랜드 정복 이후 노르만에 의해서 잉글랜드에 기사역이 소개되었다는 내용을 소개한 논문인 「The Introduction of Knight-Service into England」을 발표하였다. 물론 이 시기에 창간된 역사논문집이 『영국 역사잡지』 말고도 여럿 있다. 그럼에도 불구하고 필자가 라운드의 연구 논문이 그 잡지에 여러 편 실린 점에 큰 의미를 부여하는 것은 바로 잉글랜드의 봉건제에 관한 연구가 잉글랜드에서 발간된 최초의 역사잡지에 발표되었다는 점 때문이다. 라운드의 논문이 발표된 이후, 씨봄(F. Seebohm)이 1892년에 편찬된 제 27호에 「Villainage in England」를, 1897년에 발간된 45호에 라운드와 스티븐슨(W. H. Stevenson)이 공동으로 쓴 논문인 「An Old English Charter of William the Conqueror, 1068(?)」이 발표되었고, 1897년 발간된 47호에는 바링(F. Baring)이 「Domesday and Some Thirteenth Surveys」을 발표하였다.

한편 봉건제가 노르만의 잉글랜드 정복으로 잉글랜드에 도입된 것이라는 단절설(소개설)을 입증할 논문을 발표하기 시작한 라운드는 1897년에 발간된 47호에 「Military Tenure before the Conquest」를 발표하였다. 여기에서 그는 앵글로 색슨 왕국 시대의 데인(thegn)과 노르만 정복 이후의 기사(knight)와는 연관성이 없다고 주장한다. 그 근거로서 앵글로 색슨 왕국 시대의 데인 양성체제인 5하이드 원칙과 노르만 정복 이후의 기사영지(knight's fee) 제도와는 하등 관계가 없다는 점을 강조하였다. 한편 1900년에 발간된 57호에서는 에드워드 포치니(Edward Pocheyney)가 「The Disappearance of English Serfdom」이라는 논문을 발표하여 농노제와 잉글랜드 봉건제의 해체와의 관계를 분석하였다. 라운드를 비롯한 초기 잉글랜드 중세사 연구자들은 잉글랜드 봉건제의 성립에 주로 관심을 기우린 반면, 에드워드 포치니는 잉글랜드 봉건제의 쇠퇴에 관심을 기우려 봉건제 연구의 범위를 확대시켰다. 한편 차알스 하스킨스(Charles H. Haskins)는 1907년에 발행된 88호에 실린 논문인 「Knight-Service in Normandy in the Eleventh Century」에서 노르망디에서 실시된 기사역이 노르만의 잉글랜드 정복 이후 잉글랜드에서 실시된 기사역과 어떤 연관성이 있는가를 분석하였다. 한편 둠즈데이 북의 편찬이 지닌 역사적 의미도 잉글랜드 봉건제의 형성과 관련시켜 파악하고자 한 노력도 뒤따랐다.

이처럼 초창기 중세 잉글랜드 역사를 연구한 주요 학자들의 관심은, 발표된 논문들을 통해서 볼 때, 봉건제의 단절설(소개설)[3]과 계속설[4]에 있었으며, 그것을 입증하기 위하여 기사역의 기원, 기사의 역할, 주군과 봉신의 계약과 기사역의 문제를 해명하는데

3) 이에 대한 설명은 제5장에서 자세히 하기로 함.
4) 이에 대한 설명은 제5장에서 자세히 하기로 함.

집중하였다. 한편 잉글랜드가 아니라 주로 노르망디 지방에서 발달한 봉건제와 관련된 일반론을 담은 연구서가 1895년 런던에서 간소프(F. L. Ganshof)의 『Feudalism』이라는 책으로 출판되었다. 그러나 이것은 봉건제의 개념과 그 형성과정에 관한 일반적인 연구서이지, 잉글랜드의 봉건제에 관한 연구서는 아니다. 실질적인 잉글랜드 봉건제에 관한 최초의 저서는 라운드가 1895년에 런던에서 펴낸 『Feudal England: Historical Studies on the XIth and XIIth Centuries』이다. 저서 제목이 암시하듯이, 라운드는 잉글랜드의 봉건제가 노르만의 잉글랜드 침입 이후에 노르망디로부터 도입되었다는 단절설(소개설)을 주장한다. 즉 그는 '봉건혁명론'을 주장한 것이다. 그는 기사할당량과 봉토와의 상관관계를 분석하는 가운데 단절설(소개설)을 주장하였다. 라운드의 단절설(소개설)에 더욱 힘을 실어 준 학자가 스탠턴(F. M. Stenton)이다. 그는 1908년에 『William the Conqueror』를, 1947년에 『Anglo-Saxon England』를 발표한 이래 단절설(소개설)을 주장하였는데, 그의 주장을 더욱 강화시킨 저서가 1932년에 펴낸 『The First Century of English Feudalism: 1066-1166』이다. 이 책은 1920년대부터 1940년대에 이르는 시기에 발표된 잉글랜드의 봉건제에 관한 연구서들 가운데에서 대표적인 저서이다.

이러한 단절설(소개설)에 맞서서 앵글로 색슨 왕국의 제도가 앵글로 노르만 사회로 계승되었다는 계속설을 주장한 초기 학자들은 주로 법률사학자들이다. 그들 중에 대표적인 학자들로서는 스텁스(W. Stubbs), 메이트랜드(F. W. Maitland), 비노그라도프(P. Vinogradoff), 프리맨(E. A. Freeman) 등이 있다. 이들은 법률사학자들이다. 이들은 계속설이나 단절설(소개설)의 본질을 법제사적이나 혹은 제도사적 관점에서 접근하였다. 예컨대 『Domesday Book and Beyond』라는 저서를 1897년에 쓴 메이트랜드는 앵글로 색슨 왕국 시대의 군사제도와 토지보유제도가 앵글로 노르만 시대에 계승되었음을 주장한다. 한편 스텝스도 기사 양성을 위한 5하이드 제도가 앵글로 색슨 왕국 시대나 앵글로 노르만 왕국 시대나 동일하였다고 주장하면서 계속설을 강조하였다. 이들의 초기 연구에 뒤이어 1960년대 계속설과 단절설(소개설)을 주장하는 학자들 사이에 '봉건혁명론(Feudal Revolution)'을 사이에 두고 치열하게 이론적 논쟁을 벌였다. '봉건혁명론'이란 계속설을 주장하는 학자들을 비판하기 위해서 단절설(소개설)을 주장하는 학자들의 비판으로부터 비롯되었다. 홀리스터(C. Warren Hollister)가 1962년에 『Anglo-Saxon Military Institutions on the Eve of the Norman Conquest』와 1965년에 『The Military Organization of the Norman England』를 발표하면서 노르만 정복 전야에 잉글랜드의 군사적 의무는 누가 졌는가? 라는 질문을 던졌다. 홀리스터의 이러한 질문에 대한 답변이 여러 학자들 사이에 '봉건혁명론'의 논쟁을 촉발시켰다. 이 논쟁에서 홀리스터는 봉건혁명은 일어나지 않았다고 주장하면서 봉건제의 계속설을 옹호하였다. 그는 노르만 정복 후의 기사가 앵글로 색슨 왕국 시대의 군대인 퍼드(fyrd)로부터 직접 발전한 것은 아니지만 기사가 퍼드로부터 영향을 받은 것은 사실이라고 단정적으로 언급한다. 이들의 논쟁이 있기 바로 직전에 에릭 존(Eric John)은 1960년에 발표한 그의 저서인 『Land Tenure in Early England』에서 계속설을 주장하였다. 그는 앵글로 색슨 왕국 시대의 퍼드가 납부한 군역이 노르만 정복 후의 기사역으로 발전하였다고 주장하여 군역의 계속성을 강조하였다. 결국 이들의 논쟁의 중심에는 잉글랜드 봉건제의 핵심적 요소로서 기사역 납부가 있음을 전제하고 있다. 그런데 이것이 봉건제를 논할 수 있는 요소들 중에 하나이기는 하지만, 이것이 모든 것을 포괄한다고 말할 수는 없다. 그래서 새로운 시각의 등장을 필요로 하였다.

잉글랜드 봉건제에 대한 연구는 1970년대 이후에도 계속되었다. 그러나 이 시기에 활동한 대표적인 학자들은 봉건제의 형성에 관한 것이 아니라 봉건제의 변질 혹은 붕괴의 원인과 그 과정에 대하여 연구하고 그 결과를 발표하는데 집중하였다. 이러한 방향 전환은 '봉건혁명론'에 대한 연구를 통하여 봉건제의 형성에 대한 연구가 많이 집적된 결과이다. 이 시기에 활동한 학자들 가운데에서 특히 우리가 주목해해야 될 사람들과 그들의 저서는 다음과 같다. 브라운(R. A. Brown)이 1973년에 펴낸 『Origins of English Feudalism』은 다시 한 번 단절설(소개설)에 무게를 둔 연구 결과물이다. 그는 노르만의 잉글랜드 정복이 잉글랜드 봉건제 형성에 끼친 영향에 대하여 주목하였다. 한편 1980년대에는 중세 말 의사봉건제(Bastard Feudalism)의 성립과 그것이 고전적 봉건제와 어떻게 다른가 하는 점에 대하여 연구한 저서와 논문들이 본격적으로 발표되었다. 차알스 플름머(Charles Plummer)가 15세기 장미전쟁의 무질서와 혼란을 비난하는 과정에서 의사봉건제라는 용어를 1855년에 발표한 그의 저서인 『The Governance of England』에서 사용한 이래, 스텁스가 에드워드 1세 통치기에 국왕에게 군역을 납부한 대귀족들이 실역 대신에 화폐로 대납한 변화를 의사봉건제로 칭하면서 역사적 용어로 자리 잡았다. 이러한 스텁스의 견해를 강력히 비판한 맥팔렌(K. B. MaCfarlane)이 1945년에 「Bastard Feudalism」이라는 제목으로 논문을 발표하였다. 그는 사적 지배가 이루어진 사회에서 봉신인 대귀족들이 주군인 국왕에게 납부한 군역은 관직이나 토지양도 등의 호의를 얻을 수 있는 최고의 수단이라고 주장하였다. 오늘날 우리가 이해하고 있는 의사봉건제에 대한 개념은 맥팔렌의 연구결과로부터 시작되었다. 그는 14세기 초반의 잉글랜드 봉건제로부터 출현한 사회적 특징을 설명하는 하나의 도구로서 의사봉건제라는 용어를 사용하였다. 맥팔렌에게 있어서 의사봉건제의 핵심은 주군과 봉신이 토지보유를 매개로 하여 맺은 관계 대신에 화폐를 매개로 하여 맺은 관계로 대체된 새로운 계약관계이다.[5] 한편 1980년대에 이르러 의사봉건제와 법을 연결시킨 연구가 나왔다. 그 중에 우리가 주목할 만한 저서로는 벨라미(J. G. Bellamy)가 1989년에 런던에서 발간한 『Bastard Feudalism and the Law』가 있다. 그리고 1995년에 미카엘 힉스(Michael Hicks)가 의사봉건제의 특징을 평화시와 전시로 나누어 살펴보면서, 주군과 종자들이 결속하여 하나의 세대를 이룬 가운데 그들이 결속하여 어떻게 이익을 추구하였는가를 연구한 『Bastard Feudalism』을 발표하였다.

2000년대에 들어서서 봉건제의 계속설과 단절설(소개설)에 대한 주장과 논의는 거의 중단되다시피 되었다. 이는 그 주제에 대하여 더 이상 논할 필요가 없을 정도로 많은 연구물이 집적되었다는 점을 간접적으로 나타낸 것일 수도 있다. 그런데 2000년에 퍼서(T. S. Purser)가 「The Origins of English Feudalism? An Episcopal Land-Grant Revisited」라는 제목의 논문을 발표하였다. 그는 이 논문에서 단절설(소개설)을 다시 한 번 환기시켜 주었다. 그는 이 논문에서 19세기 말 라운드가 단절설(소개설)을 주장한 이래로 잉글랜드 봉건제의 성립에 관한 주요 주장

5) Peter R. Coss, "Bastard Feudalism Revised", *Past and Present*, vol. 125 (1989), p. 27.

으로 자리를 잡은 이론을 정복자 윌리엄이 교회에 양도한 토지양도에 관한 세 가지 사적 토지 양도 문서에 근거하여 검토하면서 잉글랜드 봉건제가 노르만 정복 이후에 즉시 성립되었는지 아니면 헨리 2세의 통치기인 12세기 초에 발달하였는지를 논하였다. 그러나 비록 그가 잉글랜드 봉건제의 성립 시기를 노르만 정복 이후인지, 아니면 12세기 초인지 여부를 논점으로 제시하였다고 하더라도, 그것은 단절설(소개설)의 범주를 벗어난 것은 아니다. 그러므로 잉글랜드 봉건제의 성립 시기에 한정시켜 볼 때, 그의 논점은 라운드의 주장을 확인한 범주를 벗어난 것은 아니다. 지금까지 잉글랜드 봉건제의 성립 과정에 관한 학자들의 논쟁을 간략히 소개한 것처럼, 초창기 학자들인 라운드, 스탠턴 등의 연구 결과를 그 이후의 학자들의 연구가 크게 뛰어넘지는 못하였다. 그런 점에서 본다면 라운드와 스탠턴이 잉글랜드 봉건제 연구에 끼친 공헌의 무게감을 우리는 느낄 수 있다.

이 책을 집필할 때인 2019년 12월은 코로나 바이러스가 우리나라는 물론 전 세계적으로 확산되기 시작한 시점이었다. 전염병의 공포로 인하여 필자는 집에서 생활하는 시간이 점차 늘어갔는데, 이것이 오히려 이 책을 집필하는데 필요한 시간을 얻는 데에는 도움이 되었다. 그러나 한편으로는 친구들을 비롯한 모든 지인들과의 긴밀한 인간적 교류가 단절됨으로서 입은 손실이 컸던 것은 나만의 일은 아닐 것이다. 요사이 세상 돌아가는 세태를 보면서, 필자는 서양 중세 시대에 잉글랜드를 비롯한 유럽 각국이 흑사병의 만연으로 인하여 인적으로나 물적으로 큰 손실을 입었고, 기존의 기독교 중심의 가치 체계가 흔들린 역사적 사실을 떠올린다. 그럴 만도 한 것이 1348년부터 1393년까지 잉글랜드에서 다섯 차례에 걸쳐서 흑사병이 발생하여 전체 인구의 약 1/3

이 사망하였을 뿐만 아니라 1400년대에도 간헐적으로 7차례 더 발생하여 잉글랜드에 큰 피해를 주었다. 이러한 주기적인 흑사병 발생으로 인하여 15세기 중엽에 이르면 1300년 인구의 거의 절반 정도만이 생존하게 되었다. 심지어 런던에서는 1665년에도 역병이 발생하여 큰 피해를 입었다. 이러한 역병의 발생으로 인한 혼란의 와중에서도 14세기에 시작된 인간 세계를 진지하게 되돌아보는 계기를 마련한 르네상스 운동이 진행되고 있었다. 흑사병의 발생으로 인하여 기존의 기독교 중심의 가치체계를 뒤흔들고, 인간이 추구하여야 할 새로운 가치가 무엇인지를 성찰하도록 만들었던 결과일 것이다. 코로나 바이러스가 넓게 퍼져 세계인들에게 많은 어려움을 주고 있는 오늘날도 우리 모두가 추구해야 될 이상과 가치가 무엇인지 깊이 성찰하도록 요구하고 있다. 이러한 가운데 우리가 앞으로 추구하여야 할 새로운 가치가 수립되어 나갈 것으로 기대한다.

본 저서에서 다룬 앵글로 색슨 왕국에 관한 내용 중 일부는 필자가 이미 발표한 저서인 『중세 영국사의 이해』, (충북대학교 출판부, 2012)에서 발췌한 다음 수정 보완하여 인용하였음을 밝힌다.

이 책을 출판하는 과정에서 몇 분의 도움을 받았다. 충북대학교 법학전문대학원의 이동원 교수님이 법률 용어에 대한 해석에 도움을 주어서 책의 내용을 보다 충실하게 만들 수 있었다. 그리고 이 책을 출판하는 과정에서 도움을 주신 충북대학교 출판부장인 어강석 교수님과 출판부의 윤소담 선생님에게도 감사드린다.

2021년 6월 1일

저자 씀

목 차

Ⅰ. 서론

일반화를 통해서 얻은 집단적 믿음이 학설이다. 그러므로 학설도 당연히 하나의 가설일 뿐이다. 언제든지 새로운 역사적 사실의 발굴에 의해서 기존의 가설은 무너지고 새로운 가설이 만들어질 수 있다. 그런 점에서 만약 역사가들이 흩어진 사실들에 의미를 부여하고 일관성을 갖게 하는 방법론으로서, 그리고 독자들에게 역사적 현상에 대한 보다 명확한 이해를 부여하기 위해서 일반화가 필요하다면, 그것은 제한적이어야 하고 사실들이 지닌 개별성이나 독특성도 무시되어서는 안 되는 범위 내에서 이루어져야 한다. 그러므로 유능한 역사가란 바로 이 두 가지 문제를 어떻게 조화롭게, 그리고 어느 한 곳으로 치우치지 않은 가운데 역사적 사실들의 의미를 추구하고, 그 사실들 사이에 존재하는 유기적 관계를 밝히려고 노력하는 학자일 것이다. 그런 점에서 필자가 본 저서에서 추구하는 첫 번째 목표는 봉건제(feudalism)의 개념을 일반화에 의한 개념적 틀을 인정하여 이용하되, 그런 가운데에서도 봉건제를 구성하는 여러 요소들을 일반화의 틀 속에서 끄집어내어 해체하여 사실(史實)을 개체화함으로서, 본래 그것들이 어떠하였는가를 파악하는데 중점을 두는데 있다. 그런 노력 가운데에서도 특히 학자들이 제시한 다양한 봉건제의 개념 정의를 유형화시키고자 시도하였다. 봉건제란 용어는 역사가들이 역사인식의 편의를 위해서 만들어 낸 일반화적 용어이고, 역사가들이 사회발전단계를 설명하는 과정에서 봉건제라는 용어를 사용하고 있다. 바로 이러한 점을 유의하면서 봉건제에 대하여 논하여야 할 것이다. 역사가들이 역사적 변화와 발전을 해석하기 위해서 봉건제라는 용어를 만들었기 때문에 봉건제의 개념을 어떻게 정의하느냐, 그리고 그 개념을 정의하는데 필요한 기본적 사실들이 무엇인가 하는 점은 학자마다 견해를 달리할 수 있고, 실제로 그렇다는 점을 명심할 필요가 있다. 그런데 이것은 그리 단순한 문제가 아니다. 왜냐하면 봉건제의 개념을 정의하는데 필요한 기본적 사실들은 앵글로 색슨 봉건제와 앵글로 노르만 봉건제를 논하는, 즉 계속설과 단절설(소개설)을 논하는 기준이 되기 때문이다. 학자마다 봉건제의 개념에 대하여 견해를 달리하는 이유 중에서 가장 중요한 점이 봉건제를 구성하는 기본 요소들에 대한 견해의 차이이다. 그러므로 봉건제란 무엇인가? 또한 봉건제가 앵글로 색슨 왕국 시대에도 존재하였으며, 이것이 앵글로 노르만 왕국에 전달되어 계속되었는가, 아니면 노르만 정복 이후 노르만의 제도가 잉글랜드에 전달되어 그 모습을 띠게 되었는가 하는 문제들에 대한 논의는 봉건제의 의미를 어떻게 정의하며, 또한 그것을 구성하고 있는 가장 핵심적인 구성 요소가 무엇인가에 대한 정의에 달린 문제이다. 그러므로 당연히 이 문제들을 먼저 살펴보아야 할 것이다. 그런 점에서 본다면, 알렌 브라운(R. Allen Brown)이 1973년에 펴낸 저서인 『Origins of English Feudalism』이 필자에게 시사하는 바가 매우 크다. 그러나 이러 이러한 요소를 갖추면, 우리는 그것을 봉건제 혹은 봉건사회라고 부른다고 정의하는 것은 너무나 인위적이다. 예컨대 기사가 존재하여야 하고, 그들이 납부한 군사적 의무는 봉토라는 토지를 기반으로 이루어진다는 틀을 만들어 놓고, 그에 합당하면 그것을 봉건제라고 칭하고, 그렇지 않으면 봉건제가 아니라고 규정하는 것은 너무나 인위적인 규범설정이다. 따라서 이러한 문제점을 어떻게 최소화시키면서 봉건제와 봉건사회의 특징을 설명하는가 하는 문제가 중요하다.

잉글랜드의 봉건제의 개념 정의와 그것의 성립 시기에 대한 논쟁은 이미 많은 연구가 이루어졌기 때문에 그 문제를 논하는 것은 매우 진부하다고 주장할 수 있다. 그럼에도 불구하고 필자는 다음과 같은 의도를 가지고 이 문제를 연구하고, 그 결과를 본 저서에 소개하고자 한다. 사실 잉글랜드의 봉건제에 관한 본격적인 연구가 1800년대 말부터 시작된 이래 1900년대 후반에 이르기까지 매우 활발하게 이루어졌기 때문에 필자가 잉글랜드 봉건제에 대한 연구사를 파악하기 위해서 독서해야 될 내용이 그 만큼 방대하였다. 독서한 내용을 시기 별로 혹은 논쟁점 별로 분류하고 유형화하는 작업도 쉽지 않은 일이었다. 그럼에도 불구하고 필자가 이 작업을 한 이유는 잉글랜드 봉건제의 특징을 올바로 이해하기 위해서는 19세기부터 20세기에 걸쳐서 중세 잉글랜드의 봉건제를 연구한 학자들이 어느 각도에서 어떻게 연구하였는가를 파악할 필요성이 있기 때문이다. 그리고 이에 대한 올바른 파악이 중세 초는 물론 중기 잉글랜드 역사를 이해할 수 있는 하나의 수단이다. 그러므로 필자는 본 저서에서 앵글로 색슨 사회와 앵글로 노르만 사회의 변화와 발전을 봉건제와 결부시켜 설명하려고 노력하였다. 왜냐하면 이것이 중세 잉글랜드의 역사변화와 발전을 이해하는 하나의 수단이라고 생각하기 때문이다.

일반적으로 가족공동체를 이끌어간 힘은 혈연이라는 끈이다. 이러한 점은 중세 잉글랜드의 가족과 사회에도 예외 없이 적용될 수 있는 일반성을 지녔다. 혈연의 끈을 바탕으로 가족 간에 협동적인 유대 관계가 유지되고, 이를 바탕으로 타인과의 관계가 유지될 수 있었다. 그러나 중세 잉글랜드에서는 타인과의 유대관계를 맺는 또 다른 끈이 있었으니, 그것은 바로 주종제나 장원제를 통한 인적인 유대관계의 형성이다. 지배층 남성들은 정해진 의식 속에서 유대관계의 수립을 맹세하고, 이러한 의식을 통해서 부여된 그들 사이의 관계가 잘 수립된 관행에 따라서 유지되고 실행됨으로서 그들 사이의 관계는 혈연 못지않은 유대감으로 뭉쳤다. 그러한 이유 때문에 마르크 블로흐(Marc Bloch)는 가족과 봉건적 조직 간의 관계를 논하였다. 그러나 그는 봉건제는 가족집단이 확대되고 강한 지역에서는 발전할 수 없다고 주장한다.[1] 그러나 필자는 그와 생각을 달리한다. 봉건적 제도들이 가족의 혈연을 바탕으로 한 공동체를 무너트린 심각한 위협적인 요소는 아니다. 오히려 경우에 따라서는 혈연공동체가 결속하여 자신들의 이익을 보호하려고 하였다. 예컨대 대헌장의 승인을 존 왕에게 강요한 24명의 바론들 중에서 16명은 클레어(Richard de Clare) 백작과 그의 친족들이었다. 그러므로 오히려 혈연공동체와 주종제에 의한 봉건적 결속이 경우에 따라서는 각각 우선적인 형태로 나타나기도 하고 경우에 따라서는 상호보완적인 형태로 드러나기도 한다고 주장하는 것이 보다 합리적이라고 하겠다. 그런데 주종제와 가족제는 모두 그 구성원들의 결속을 통하여 그 구성원들의 힘이 유지되고 발휘되었다는 공통점이 있다. 물론 가족제는 혈연이 바탕이 되고 주종제는 계약이 바탕이 되어 형성되었다는 차이점이 있지만, 두 가지 제도 모두는 세대(household)를 구성

1) Marc Bloch, *Feudal Society* (University of Chicago Press, 1961), vol. 1, p. 101; Sidney Painter, "The Family and the Feudal System in Twelfth Century England", *Speculum*, Vol. 35, No. 1 (Jan., 1960), p. 1.

한 결속력이 바탕이 되어 그 세력을 과시하였다.

12세기에 이르러 보통법이 발달하면서부터 보통법과 모순을 일으킨 가족공동체의 일반적 규칙들이 변경되기 시작하였다. 예컨대 보통법과 모순을 일으킨 상속권의 폐지를 국왕의 재판관들이 요구하기에 이르렀다. 그러므로 보통법의 안정적 수립이 이루어진 12세기 헨리 2세의 통치기에 이르러, 가족구성원들 사이에 이루어진 토지 상속의 원칙이 보통법에 준하여 수립되었다. 그렇다고 가족공동체의 혈연 중심의 원칙이 보통법으로 인하여 폐지되었음을 뜻하는 것은 아니다. 물론 글렌빌(Glanvill)의 보통법에 따르면, 가족 내에서의 상속과 결혼으로 인한 보유지 분할로 생긴 문제점[2], 즉 딸들만 있을 경우 가족보유지가 균등분할 상속되는 관행에 대한 문제 보완, 딸들에게 결혼지참금으로 증여된 가족보유지에 대한 처리, 상속받은 장자를 제외한 나머지 아들들의 처리 문제 등과 가족공동체의 혈연 중심의 연대의식의 문제가 보통법과 조화를 이루도록 변하여 나갔다. 이는 군역납부 의무를 비롯한 각종 의무를 지닌 봉신의 가족보유지가 이동하거나 해체됨으로써 발생할 수 있는 문제점을 해결하려는 측면에서의 보통법의 발전이었지, 혈연 중심의 가족공동체를 해체하려는 원칙 하에서 만들어진 보통법의 변화는 아니었다. 오히려 그것은 상속을 통한 가족공동체의 해체나 주군의 안정적인 각종 의무를 봉신들로부터 징수하려는 제도의 해체를 방지하려는 정신이 보통법에 반영된 결과이다. 12세기에 이르러 장자상속제가 수립됨과 함께 장자를 제외한 아들과 딸의 상속권이 제약되었으며, 이는 주군에

2) G. D. G. Hall, ed., *The treatise on the laws and customs of the realm of England commonly called Glanvill* (London, 1965), pp. 109-110. (이하 Glanvill이라고 약칭함.)

대한 봉신의 군역납부 제도의 수립과 밀접한 관계가 있는 변화였다. 그러므로 가족공동체의 혈연과 주군과 봉신 간의 인적 유대 관계는 별개로 구분할 수 없을 정도로 긴밀하게 변화 발전하였다. 따라서 중세 잉글랜드의 봉건국가는 혈연으로 맺어진 거대한 가족집단과 주군과 봉신 사이에 맺어진 인적 주종제를 바탕으로 형성된 봉건적 공동체가 유기적으로 연관성을 맺은 집단이라고 할 수 있다. 그러므로 이러한 거대한 공동체를 구성하게끔 만든 봉건제가 무엇인가를 이해하는 것이 넓게는 중세 유럽사회를, 좁게는 중세 잉글랜드 사회를 이해하는 여러 길들 중의 하나라고 생각한다.

노르만인들은 잉글랜드의 낙후된 제도를 개혁하기 위해서 노르만의 발달된 제도를 이식하려고 잉글랜드에 온 개혁자가 아니라 정복자로서 왔다. 물론 당시 앵글로 색슨 왕국의 사회와 경제 및 정치가 노르만의 그것에 비하여 후진적이었다고 단정할 수는 없다. 더구나 노르만인들이 잉글랜드를 정복함으로써 그들의 군사제도가 잉글랜드에 도입되고, 그것이 앵글로 노르만 귀족사회의 인적 예속은 물론 군사제도의 획기적 개선에 영향을 끼쳤다고 단정적으로 언급할 수는 없다. 잉글랜드 침입 당시 노르만인들은 앵글로 색슨인에 비하여 오히려 야만적이었다. 정복자 윌리엄의 치하에서 노르망디의 모든 교구나 대수도원의 우두머리는 이탈리아인이거나 로트링겐(Lothringen) 인이었다. 또한 그들에게는 유능한 행정가도 없었다. 그러나 이 시기에 앵글로 색슨 왕국에는 중앙은 물론 지방에도 잘 정비된 통치조직이 있었다. 또한 잘 정비된 조세징수 조직이 있었고, 위탄(witan)이라는 기구가 국왕의 자문위원회로서 그 영향력을 발휘하였다.[3] 국왕은 위탄의 충언, 백작들의 도움, 데인(thegn 혹은 thane)[4]과 같은 개인적인 신하

(servant)들의 도움을 받아 왕국을 통치하였다. 그 만큼 왕국의 통치에 있어서 위탄의 역할은 컸다. 한편 앵글로 색슨 왕국에서는 잘 정비된 주 법원과 백호장 법원이 법을 집행하는 중추적 기능을 수행하고 있었다. 이처럼 노르만의 침입 후에도 앵글로 색슨 왕국 시대에 수립된 잉글랜드의 여러 제도들이 변하지 않고 지속되었다. 다만 중요한 변화가 있었다고 한다면, 주군과 봉신 간의 관계를 바탕으로 한 사회조직이 형성되고, 이를 바탕으로 한 군사제도가 마련되었다는 점이다. 바로 이런 점에서 단절설(소개설)을 주장하는 학자들은 직수봉신(tenant-in-chief)들이 국왕에게 진 기사할당량에 근거하여 국왕에게 그들의 주장을 내세웠는데, 이것이 앵글로 노르만 시대의 특징이라고 주장한다.5)

일반적으로 역사가들은 전형적인 봉건제는 9세기 북부 프랑스에서 생성 발달하여 유럽의 다른 지역으로 전파되었다고 주장한다. 특히 프랑스의 봉건제가 이식되어 발달한 대표적인 나라를 잉

---

3) Peter Hunter Blair, *An Introduction to Anglo-Saxon England* (Cambridge University Press, 1977), pp. 216, 221. (잔존한 기록들에 따르면, 10-11세기에 위탄 회의가 70번이 열렸다. 물론 기록되지 않은 회의까지 계산한다면 그보다 더 많은 회의가 열렸을 것이다. 에델스탄의 통치기에 자문위원회에는 성속을 포함하여 선발된 인원이 60-70명 정도가 참석하였다. 그들은 법의 제정, 외국과의 평화와 전쟁의 문제, 세금인상 등의 문제를 논의하였다.) 앵글로 색슨 왕국의 국왕은 항상 중요한 인물들의 회의체(council)인 위탄의 조언과 후원을 받았다. 위탄 회의에 참석한 주요 인물들로는 대주교와 주교와 같은 고위성직자, 주지사(ealdorman), 고위 귀족들, 후에 데인이라고 불린 국왕의 신하 등이다.

4) 11세기에 데인의 권리와 의무는 군역납부 의무, 요새 건설 의무, 다리 보수의 의무와 같은 세 가지 공적인 의무를 제외하고 다른 의무를 국왕에게 지지 않았다. 그러나 국왕의 요구가 있을 때, 다른 의무를 질 수도 있었다. [Dorothy Whitelock, *The Beginnings of English Society* (Penguin Books, 1976), p. 85.]

5) H. G. Richardson and G. O. Sayles, *The Governance of Medieval England from the Conquest to Magna Carta* (Edinburgh, 1963), pp. 97-98.

글랜드라고 말한다. 즉 1066년 노르만족의 잉글랜드 정복을 통해서 프랑스식의 봉건제가 잉글랜드로 이식되었다는 근거에서 그런 주장을 한다. 그러나 당시 잉글랜드를 지배한 앵글로 색슨 왕국은 북부 프랑스 사회와는 너무도 다른 사실들이 많이 존재하였다. 잉글랜드의 봉건제를 연구하는 학자들이 잉글랜드의 봉건제를 언급하면서 '집권적 봉건제' 혹은 '봉건왕정(Feudal Moanrchy)'이라고 지칭한 것이 바로 그러한 차이를 전제하고 있는 것이다. 사실 '집권적'이라는 용어와 '봉건제'라는 용어는 정치적 측면에서 볼 때, 서로 결합시킬 수 없는 상반된 의미를 지닌 말이다. 봉건제는 지방분권을 전제하고 있기 때문이다. 물론 역사가들이 그러한 문제점을 모르고 그와 같은 용어를 사용한 것은 아니다. 그렇다면 어째서 이러한 문제점을 알고 있으면서도, 역사가들이 서로 상반되는 두 용어를 하나로 결합하여 잉글랜드의 봉건제의 특징을 설명하려고 하였을까? 이에 대한 근거 제시가 잉글랜드의 봉건제를 어째서 집권적 봉건제 혹은 봉건왕국이라고 지칭하였는가를 설명하는 수단이 될 것이다.

1066년에 정복자 윌리엄이 잉글랜드를 정복한 다음, 1086년 8월 1일에 솔즈버리(Salisbury)에 새로운 궁정을 설치하였다. 그리고 잉글랜드 전역으로부터 온 모든 자유인들에게 앵글로 색슨 왕국의 국왕들에게 바쳤던 것과 같은 충성의 맹세와 신서를 자신에게 받칠 것을 요구하였다. 이에 그들 모두는 윌리엄 1세에게 경의를 표하고 그에게 충성을 맹세하였다.[6] 이를 솔즈버리 맹약(Oath of Salisbury)이라고 부른다. 충성의 맹세를 받아들이는

6) Anne Savage, trans. and collated, *The Anglo-Saxon Chronicles* (London, 1982), p. 162. (이하 *Anglo-Saxon Chronicles*로 약칭함.)

관습은 윌리엄의 아들들에 의해서 반복되었다. 그리고 이것을 헨리 2세가 법에 실현된 원칙으로 만들었다. 1114년 헨리 1세의 법(Leges Henrici)에서 모든 국왕의 봉신들은 국왕에게 충성을 받칠 의무가 있음을 언급한다. 그리고 헨리 2세 시대의 보통법인 글렌빌(Glanvill)의 법과 헨리 3세 시대의 보통법인 브락톤(Bracton) 법에서도 그 원칙을 반복하여 언급한다. 이러한 보통법의 발달 과정에서 잉글랜드 왕국 내의 백성들은 그의 직접적인 주군이 아닌 국왕에게 충성을 맹세하는 것을 당연한 것으로 여겼다. 이러한 변화 속에서 우리는 프랑스의 봉건제와는 다른 잉글랜드의 봉건제의 변형을 찾을 수 있다. 윌리엄의 정책 중에서 대표적인 것이 '솔즈버리 맹약'과 '둠즈데이 북(Domesday Book)'의 편찬이었다. 이것들은 왕권 강화의 한 요소로 작용하였으며, 잉글랜드가 대륙과는 다른 정치와 사회체제를 이룰 수 있는 하나의 요소로 작용하였다. 즉 '집권적 봉건제'라는 특이한 잉글랜드식의 지배구조가 성립하게 된 중요한 요소로 작용하였다. 지방분권적 왕국에서 봉신들은 그의 주군을 제외하고 다른 주군에게 충성을 받칠 의무는 없었다. 그런데 솔즈버리 맹약에서 대귀족들이 국왕에게 바친 신서와 충성이 다른 어떤 신서와 충성의 서약보다 우선하였고, 더 나아가 국왕에게 직접 신서와 충성을 납부할 것을 맹세한 직수봉신들의 맹세가 그들과 다시 상하 관계를 맺은 하위봉신들인 배신(sub-vassal)에게까지 영향이 미친다는 점이 강조되었다. 그러나 다른 한편으로는 잉글랜드 전체의 지배체제는 국왕을 정점으로 한 국가라는 공적 지배구조에 바탕을 둔 것이 아니라 지배층 상호간에 직수봉신과 같은 대귀족이 주군(lord)이 되고, 그에게 충성을 맹세한 하위귀족들이 봉신(vassal)이 되어 그들 상호간에 개인적(personal) 지배와 종속 관계가 형성된 주종제(vassalage)에 바탕을 둔 사적 지배구조가 형성되었다는 특징이 있다. 이러한 2중적 체제를 갖춘 것이 중세 잉글랜드의 봉건적 국가 체제의 본질이었다. 그러므로 국왕의 통치권이 지방에 할거한 귀족들에게 분산되어 통치되는 지방분권적 통치형태를 이루면서도 한편으로는 국왕권이 지방에까지 미칠 수 있었다. 그리고 이를 위한 보통법과 지방통치조직이 발달하였다. 그런데 이러한 제도가 수립되는 과정에서 다른 국가에서는 볼 수 없는 특이한 모습이 잉글랜드에서 나타났다. 즉 직수봉신들과 그 예하의 봉신들 사이에 주종제가 수립되는 과정에서 봉신들이 그들의 주군인 직수봉신들에게 맹세한 신서와 충성을 국왕에게도 납부할 것을 맹세한 것이다. 그러므로 외관상으로는 국왕권이 맨 상단에 직수봉신으로부터 맨 하단에 위치한 하위 봉신에게까지 미칠 수 있는 정치적 구조가 수립되었다. 즉 주군과 봉신 사이에 지배와 예속이라는 봉건적 사회체제 속에서, 한편으로는 국왕권이 맨 하위 귀족들에게까지 미치는 중앙집권적 통치체제가 성립된 것이다. 이러한 특징 때문에 잉글랜드의 봉건제를 〈집권적 봉건제〉라고 부르는 것이다.

잉글랜드라는 국가를 하나의 영토만을 놓고 볼 때, 앵글로 색슨 왕국의 잉글랜드와 앵글로 노르만 왕국의 잉글랜드는 지배세력의 교체와 영토의 통합을 통한 지배영역의 확대라는 변화가 일어났다. 특히 봉건적 지배체제의 수립과정에서 앵글로 색슨 왕국 시대에 원시적이나마 존재하였던 중앙집권 체제가 앵글로 노르만 왕국 시대에 이르러 한동안 지방분권화가 진행되었다. 그러나 헨리 1세와 헨리 2세의 통치 이후, 에드워드 왕들의 통치기에도 국왕권을 강화시키려는 시도가 지속적으로 나타난다. 이들은 왕권이 지방에까지 미칠 수 있는 제도를 실시하고 보통법을 강화시켰다. 순회재판소의 정기적인 운영을 통하여 왕권이 각 주에 미칠 수 있었다. 최소한 1년에 두 번씩 각 지방에 있는 중죄인들을 심판하기 위하여 국왕의 재판관들이 파견되었다. 이때 이러한 재판제도를 보조한 중심 세력은 바로 국왕이 임명한 주지사(sheriff)들이었다. 이러한 재판제도는 국왕권의 확대를 위한 방편이 되었을 뿐만 아니라 국왕의 국고를 튼튼히 할 조세 수입의 원천이었다. 범법자들로부터 거두어들인 벌금과 중죄인들로부터 몰수한 재산은 국왕의 금고를 튼튼히 한 원천 중의 하나였기 때문이다. 또한 국왕의 재판권은 귀족들 사이에, 혹은 국왕과 귀족 사이에 발생한 토지재산에 대한 소유권 분쟁에 깊게 관여하였다. 실제로 국왕의 법원(왕령재판소)에서 다룬 범죄의 대부분은 토지분쟁에 관한 것이었다. 한편 헨리 1세부터 헨리 2세에 이르기까지 발전한 보통법이 국왕권 강화를 위한 또 다른 수단이 되었다. 보통법의 기본 정신은 잉글랜드 왕국 내에 누구에게나 보편적으로 적용되는 법이라는 점에 있으나, 실상은 국왕의 집권적 통치체제의 수립과정에서 나타난 여러 가지 분쟁을 해결할 법적 원칙을 담고 있다. 즉 보통법에 담긴 기본 정신은 왕권 강화였다. 그러므로 통치자가 바뀌어가고 사건에 관한 재판 결과가 누적되면서 보통법도 그 내용뿐만 아니라 기본 정신도 변하여 갔다. 이는 뒤에서 검토하는 것처럼 12세기 말에 글렌빌과 13세기 중엽에 브락톤의 보통법을 비교하여 보면 쉽게 이해될 수 있다. 그 밖에도 교회지도자들의 임명권을 사이에 둔 국왕과 교회지도자들과의 분쟁, 무장령을 통한 잉글랜드만의 독특한 군사제도의 마련 등을 통하여 상당한 정도 바론들에 의한 지방분권적 지배체제를 극복하고 국왕권을 강화시켜 나갈 수 있었다. 이러한 과정에서 바론들은 자신들의 힘을 약화시키려고 시도한 국왕에게 조직적으로 저항하였으며, 그 구체적인 사건이 바로 1215년 존 왕 시대에 발표된 「대헌장(Magna Carta)」[7]이다. 「대헌장」의 본래 명칭인 「바론들의 주장(Articles of Barons)」에서 시사하는 것처럼 그 문서에는 존 왕의 실정에 격분한 귀족과 성직자들이 왕권을 제한하고자 한 저항 정신이 담겨있다. 이는 13세기 초까지도 의사 봉건제의 기본 정신이 변하지 않고 지속되어 있음을 의미한다.

지금까지 언급한 몇 가지 문제의식을 확인하는 과정을 통하여 중세 잉글랜드의 정치와 사회적 변화는 물론 잉글랜드 봉건제의 성립과 붕괴에 대하여 검토하고자 하는 것이 본 저서의 일차적 목표이다.

7) 전문과 63개조로 구성된 문서인 대헌장은 바론(baron)들의 권리와 특권을 재확인한 봉건적 문서이다.

Ⅱ. 노르만 정복 이전의 잉글랜드

1. 앵글로 색슨 왕국의 정치적 변화

2세기 중엽까지 브리튼은 로마의 속주(province)로서 로마 황제가 파견한 총독의 지배를 받았다. 이러한 브리튼은 세 곳의 식민시와 세 곳의 군단 요새가 있었고 키비타스(civitas)[1]로 인정된 15곳의 도시(town)가 있었다.[2] 4세기부터 본격적으로 시작된 게르만족의 공격이 로마의 브리튼 지배력을 약화시켰다. 캔트, 에식스, 서퍽과 같은 남동쪽에 방어벽을 세운 로마인들은 색슨족의 침입을 막아냈으나, 갈수록 격렬해지는 색슨족의 침입에 직면한 로마인들은 잉글랜드에서 로마 군단을 철수하는 것으로 대응하였다. 그래서 409년 이후 브리튼은 완전히 색슨족의 지배하에 들어갔다. 이후 게르만족들이 순차적으로 브리튼으로 이주하기 시작하였다. 주트족(Jutes)은 캔트, 와이트 섬과 햄프셔 일부 지역으로 이주하였는데, 이들이 오늘날 주트족이라고 부르는 서 색슨족이다. 구 색슨족은 동 색슨족, 남 색슨족, 서 색슨족으로 분할되었는데,

1) 키비타스는 로마 제국의 기본적인 행정단위이다. 키비타스는 중요한 행정적, 군사적, 문화적 중심지였다. 또한 중요한 인사들의 회합 장소였고, 중요한 종교적 의식이 벌어진 장소였다. 그러므로 키비타스는 식민시의 로마화를 위한 중심지였다.

2) Edward James, *Britain in the First Millennium* (London, 2001), p. 42. [세 곳의 식민시는 콜체스터, 글로스터, 링컨이고, 세 곳의 군단 요새가 있던 곳은 체스터, 요크, 칼리언(Caerleon)이다.]

이들은 이스트 앵글리아, 잉글랜드 중부지방, 그리고 서식스에 정착하였고, 주트족과 색슨족 사이에 빈 공간에 정착한 앵글족은 동앵글족, 중부 앵글족, 머시아인, 그리고 노섬브리아인이 되었으며, 이들은 주로 험버(Humber) 강 북쪽으로 이주하였다. 이들은 처음에는 동부와 남부 해안을 따라 침입하고, 이곳에 성공적으로 정착한 다음 뒤이어 내륙 지방으로 이동하여 7세기 초까지는 앵글로 색슨족의 승리가 사실상 이루어졌다. 이로써 로마의 잉글랜드 지배는 끝나고, 잉글랜드에 있던 켈트 왕국은 붕괴되었으며, 브리튼족은 서쪽 지방인 웨일스와 콘월로 도피하였다. 약 600년경에 이르러 세 개의 주요 집단인 앵글족, 색슨족, 주트족이 소규모 지역왕국을 세우고 독립을 유지하는데 힘썼다.

약 600년경에 잉글랜드에는 12개의 소왕국이 존재하였다. 그 왕국들이 기원상 부족이나 민족적이었다고 생각할 이유가 없다. 일반적으로 앵글로 색슨 왕국 시대에 대부분의 왕국들은 군사적 정복과 침략의 시기에 중앙집중화된 권력이 해체되는 과정에서 성립되고 존재하게 되었다. 700년부터 871년에 이르는 시기는 소규모의 여러 왕국들 사이에 자주 전투가 벌어졌고, 이러한 과정을 통하여 7개의 왕국으로 통합 성립되어, 이른바 7왕국[3] 시대가 열린 것이 특징이다. 그러다가 700년까지 노섬브리아(Northumbria), 머시아(Mercia), 웨식스(Wessex) 등 3개의 큰 왕국으로 재편되었다. 700-871년에 중요한 사실은 머시아와 남

3) 7왕국이란 앵글족이 세운 노섬브리아, 머시아와 동앵글리아 색슨족이 세운 이스트 앵글리아, 에식스, 서식스, 웨식스, 그리고 주트족이 세운 캔트 왕국 등 7개 왕국을 지칭한다. 이들 중에서 노섬브리아는 중북부에 위치하고, 머시아는 중부 지방에, 웨식스는 남서부 지방에 위치하였으며, 나머지 4개 왕국은 고대부터 잉글랜드의 중심지였던 동남부 지방에 위치하였다.

부의 웨식스 사이에 지속적으로 다툼이 있었다는 점이다. 양 왕국 사이에 다툼은 825년에 스윈던(Swindon) 근교에서 싸운 전투에서 웨식스 왕인 에그버트(Egbert)가 승리하여 종결되었다. 이 승리를 계기로 웨식스가 서식스, 서리, 캔트, 에식스, 런던의 북부와 동부를 지배하게 되었다. 이로써 웨식스는 잉글랜드 남부 지방의 지배자가 되었으며, 이로 인하여 바이킹의 잉글랜드 공격에 대처하는데 중요한 역할을 웨식스가 수행하게 되었다. 그러므로 7세기에는 노섬브리아가, 8세기에는 머시아가 잉글랜드의 패권을 장악하였으나, 9세기에 이르러 잉글랜드의 패권이 웨식스에게로 넘어갔다.

7세기 중엽에 노섬브리아는 브리튼에 소규모 왕국들 중에서 가장 강력한 왕국이었다. 또한 노섬브리아 왕국은 문화적으로도 크게 발전하였다. 이러한 문화 발전을 역사가들은 〈노섬브리아의 르네상스(Northumbrian Renaissance)〉라고 부른다. 역사가들은 14-15세기에 이탈리아에서 일어난 문예 부흥을 〈이탈리아 르네상스〉라고 부를 뿐만 아니라 8세기 말에서 9세기에 프랑크 왕국에서의 문화적 부흥을 지칭하여 〈카롤링거 르네상스〉라고 부르고, 12세기에 프랑스를 중심으로 일어난 교육과 문화부흥을 〈12세기의 르네상스〉라고 부른다. 아마도 〈노섬브리아 르네상스〉라는 용어 자체가 지닌 무게감은 위에서 지칭한 것에 비해 뒤질지 모르나, 7세기 잉글랜드에 존재한 여러 왕국 중에서 특히 노섬브리아가 패권을 장악한 여러 가지 이유 중의 하나가 기독교가 발달하고, 비드(Bede)와 알퀸(Alcuin)[4]과 같은 학자들이 활동하였

4) 알퀸은 781년에 프랑크의 왕인 샤를마뉴에 의해서 아헨(Aachen) 궁정학교의 교장이 되었다. 그가 남긴 것은 300여통의 서간문, 220편의 시, 25권의 책이 있는데, 이것들은 그의 나이 50세 때에 이루어 낸 결과물이다.

다는 점이다. 브리튼에서 가장 규모가 큰 수도원 중의 하나가 674년에 제로(Jarrow)에 세워졌다. 여기에서 비드가 거주하면서 학문의 중심지로 만들었다. 비드는 노섬브리아 해안 근처에 있는 제로 수도원에서 『영국인 교회사(Ecclesiastical History of the English People)』를 집필하였다. 비드의 이 저서를 통하여 우리는 잉글랜드가 정치적으로 통합되기 이전에 기독교를 통하여 통합되었음을 알 수 있다. 비드는 『영국인 교회사』를 통하여 영토적으로 단일 섬인 브리튼을 언급하여 후에 알프레드 대왕이 추구한 민족국가의 기초를 닦았으며, 비록 정치적으로는 분할되었으나, 기독교를 통해서 브리튼의 통일을 이루었다. 비드가 활동할 당시 잉글랜드는 7-8개의 소왕국으로 분할되어 있었으나 교회는 통일되어 있었다. 비드는 브리튼의 모든 교회는 캔터베리 대교구에 종속된 통일체이고 로마 교구에 복종하는 통일체로 인식하였다. 런던, 윈체스터, 요크, 린디스판 등지에 주교들이 있었는데, 그들의 중심은 캔터베리 교구였다.[5] 알퀸은 요크에서 교육을 받았고, 알퀸의 선생은 비드로부터 교육을 받은 알베르트(Aelberht)이다. 알베르트가 767년에 대주교가 되었을 때, 알퀸이 도서관 책임자가 되었다. 그러므로 비드의 학문적 전통이 알퀸에게 전달되었다고 추론할 수 있다. 노섬브리아에서 8세기 초에 소가죽에 필사한 성서를 만들었는데, 이것이 멀리 이탈리아에까지 전달되어 이탈리아 필사본의 모형이 되었다.[6] 한편 이곳의 선교사들이 로마는 물론 아일랜드에 기독교를 전파하는데 공헌하였다. 또한 나무나 돌로 만든 십자가가 노섬브리아에서 만들어져

5) Adrian Hastings, *The Construction of Nationhood: Ethnicity, Religion and Nationalism* (Cambridge University Press, 1997), chapter 2.

6) Edward James, *Britain in the First Millennium*, pp. 181-184.

주변에 영향을 끼쳤다.

이 시기에 하나의 특징은 머시아 왕국과 남쪽의 이웃인 웨식스 왕국 간의 지속적인 다툼이다. 남부 지방을 지배한 세력 있는 왕국으로 성장한 웨식스 왕국은 머시아를 두려워하지 않았다. 위에서 언급한 것처럼 825년에 일어난 스윈던 전투에서 웨식스가 머시아를 물리치고 승리하였다. 이 전쟁에서의 승리로 이제 웨식스가 잉글랜드의 핵심지역인 남부를 지배하게 된 것이다. 이러한 과정에서 3-4개의 강력한 왕국으로 재편되는 정치적 통일을 향한 지속적인 발전이 있었다. 7왕국이 796년에 이르러 충분한 자원을 가진 4개의 왕국, 즉 노섬브리아(Northumbria)[7], 머시아, 이스트 앵글리아(East Anglia), 웨식스 왕국으로 재편되었다. 그리고 829년에 이르러서 강성해진 웨식스 왕국이 쇠퇴한 머시아 왕국을 정복한 후, 곧이어 험버 강(Humber) 남쪽에 있던 모든 곳을 연이어 차지하였다. 그래서 웨식스 왕국의 에그버트는 사실상 당대인에 의해서 잉글랜드의 왕인 브레트왈다(Bretwalda)로서 불린 잉글랜드의 유일한 절대권을 가진 지배자가 되었다.[8]

이 시기에 또 다른 특징은 동부 해안 지대에 스칸디나비아 반도에 거주한 바이킹(노르만족)인 덴마크 인들이 잉글랜드를 자주 침입하기 시작한 점이다. 이들은 793년에 잉글랜드의 린디스판(Lindisfarne) 수도원과 제로(Jarrow) 수도원을 파괴하고 강도와

---

7) 7세기 초반에 형성된 노섬브리아라는 명칭은 험버(Humber) 강 북쪽에 거주하는 사람들이라는 의미이다.

8) Christopher Brooke, *The Saxon and Norman Kings* (Glasgow, 1963), p. 92. [560-591년에 시오린(Ceawlin), 560-616년에 에델베르트(Ethelbert), 노섬브리아의 지배자들인 에드윈(Edwin)은 616-632년에, 오스왈드(Oswald)는 633-641년에, 오스위(Oswiu)는 641-670년에 브레트왈다로서 간주되었는데, 이들은 브리튼이 아니라 잉글랜드의 왕이었다.]

약탈행위를 저질렀다. 그런데 이들이 잉글랜드를 처음 침입한 것은 789년이다. 대부분의 경우 이들은 치고 빠지는 전술을 사용하였다. 즉 침입한 후 그곳에 정착하지 않았다. 대부분의 경우 해안가에서 내륙으로 15마일 정도 침입한 후, 수주일 동안 머물다가 약탈품을 가지고 고향으로 돌아갔다. 바이킹은 잉글랜드뿐만 아니라 스코틀랜드 북쪽에 위치한 섬인 셰틀랜드(Shetland)와 오크니(Orkney)를 점령하고, 뒤이어 아일랜드와 잉글랜드 사이에 있는 맨 섬(Isle of Man)에 그들의 왕국을 세우기도 하였다. 이후 노섬브리아로부터 이스트 앵글리아에 이르는 잉글랜드 동부 해안지역을 침입하면서 본격적으로 잉글랜드와 바이킹 사이에 충돌이 시작되었다.[9] 이처럼 잉글랜드에서 소규모 왕국 사이에 패권 다툼이 일어났을 때, 덴마크인들이 잉글랜드를 간헐적으로 침입하기 시작하여 잉글랜드 내에서 세력의 재편이 이루어지기 시작하였다. 『앵글로 색슨 연대기(Anglo-Saxon Chronicles)』에 자주 등장하는 주제가 덴마크인과 노르웨이인의 잉글랜드 침입이다. 그러나 바이킹이 본격적으로 잉글랜드와 아일랜드를 침입하여 영향력을 끼치기 시작한 것은 800년대이다. 잉글랜드에 고통을 주었던 덴마크인들의 본격적인 공격은 셰피(Sheppey)를 침입한 835년부터이다. 이후 15년 동안 덴마크인들의 잉글랜드 공격은 서머싯과 도싯(Dorset)으로부터 링컨셔의 린지(Linsey)에 이르는 해안가와 런던과 로체스터와 같은 도시들도 침입하였다. 그 과정에서 그들 중의 일부는 이스트 앵글리아와 노섬브리아에 정착하기도 하였다. 특히 잉글랜드 북부에 위치한 요크가 그들의

9) W. Norman Pittenger, *Early Britain: The Celts, Romans, and Anglo-Saxons* (London, 1973), p. 68.

정착 중심지가 되었다. 이로 인하여 요크가 잉글랜드에서 바이킹의 영향이 가장 강하게 남은 지역이 되었다. 이로부터 요크 지방은 바이킹의 문화뿐만 아니라 인종적인 영향도 강하게 받았다. 865년에 이스트 앵글리아를 침입한 바이킹은 그들의 선조들이 한 것처럼 여름 한 철 잉글랜드 해안을 공격하여 약탈을 자행한 것이 아니라 영구적인 군사적 기지를 건설하여 정착하였다. 그들은 잉글랜드 동부 지역 대부분을 점령하였다. 덴마크 군대는 구로마 요새를 이용하려고 866년 11월 1일에 요크에 입성하였다. 노섬브리아인들은 내란의 위기에 처하였기 때문에 침입자들에게 효율적으로 저항하지도 못하였다. 867년에는 덴마크인의 공격으로 노섬브리아 지도자들이 피살되고, 노섬브리아 왕국은 정치적 세력으로서의 생명이 끝났다. 그들은 이스트 앵글리아와 요크, 웨식스 왕국의 레딩(Reading)까지 다니면서 정복활동을 지속하였고, 런던으로 가서 겨울을 지내기도 하였다.10) 이와 같은 바이킹의 침입과 정착을 저지할 힘을 가진 왕국이 아직 잉글랜드에서는 성장하지 못하였다. 웨식스 왕국의 세력이 강해지기를 기다릴 수밖에 없었다.

처음에는 바이킹들이 바다로 진출하기 위해서 큰 규모의 배를 건조하고, 이를 이용하여 유럽 국가들의 해안가에 상륙한 다음, 약탈하고 본국으로 돌아가는 형태의 침입정책을 사용하였다. 그러나 800년대부터 약탈 방식이 변하기 시작하였다. 즉 해안가의 한 지역을 점령한 다음, 내륙으로 이동하여 자신들의 정착지를 건설하기 시작하였다. 그래서 9세기에 이르러 잉글랜드 북부와

10) Peter Hunter Blair, *An Introduction to Anglo-Saxon England*, pp. 70-71.

동부에 걸쳐서 데인로우(Danelaw)[11]를 건설하였다. 이후부터 덴마크인들의 잉글랜드 침입도 지속적으로 이루어졌다. 예컨대 843년에 에그버트의 아들인 에델울프(Aethelwulf)가 35척의 덴마크 함대에 대항하여 서머싯에 있는 카햄프턴(Carhampton)에서 싸웠고, 855년에는 처음으로 덴마크인들이 셰피에서 겨울을 보내고 본국으로 돌아갔다. 865년에는 대규모의 덴마크 군대가 잉글랜드를 침입하여 이스트 앵글리아를 점령한 다음 그 해 겨울을 그곳에서 보냈다. 그 이듬해인 866년에는 노섬브리아로 이동하고, 867년에는 머시아로 이동하면서 정복활동을 펴 가장 긴 시간 동안 덴마크인들이 잉글랜드에 머물렀다. 그러므로 이 시기에 덴마크인들의 침략으로 세 왕국이 희생되고, 오로지 웨식스 왕국만이 살아남았다. 웨식스 왕국조차도 에그버트의 손자인 알프레드 통치기에 이르러서나 덴마크인들의 침략에 대비한 방어벽이 만들어졌다. 이러한 덴마크인들의 군사 작전은 1066년 노르만의 잉글랜드 정복 때까지 지속되었다. 그러한 과정에서 덴마크인들의 침입에 대비하기 위해 잉글랜드인들은 군사조직을 갖추고 성채를 세워 침입에 대비하기도 하였다. 성채는 적의 침입에 대비한 요

11) 잉글랜드 해안을 침입한 첫 번째 스칸디나비아 반도의 침입자는 노르웨이인이다. 786년과 802년 사이에 세 척의 배로 포트랜드(Portland) 해안에 상륙하여 도체스터(Dorchester)의 리브(reeve)를 살해하였다. 첫 번째 덴마크인 침입자들은 835년에 셰피(Sheppey)에 상륙하였다. 한편 850년과 854년 사이에는 덴마크 군대가 두 번이나 잉글랜드에서 겨울을 지났다. 첫 번째는 캔트 주의 북동부에 위치한 새너트(Thanet)에, 두 번째는 셰피 지역에서 겨울을 지냈다. 이처럼 덴마크인들, 즉 데인족이 9세기에 잉글랜드 북부를 침략하여 요크를 거점으로 삼아 곧이어 동부 지역을 점령하였다. 그리고 그곳에 데인족들이 정착하여, 그곳 전체를 노르만 시대의 법률가들이 데인로우(Danelaw)라고 부르면서 그 명칭이 일반화되었다. 900년부터 955년 사이에 웨식스를 지배한 알프레드 왕의 후손들이 점차로 데인로우 지역을 재정복하여 나갔다.

새일 뿐만 아니라 통치자의 세력의 중심지였다.

870년에 덴마크 군대와 애쉬다운(Ashdown) 전투에서 싸운 웨식스의 국왕인 에델레드(Aethelred)가 패배하였다. 전쟁에서 패한 에델레드가 덴마크와의 전쟁을 피하고 평화를 구매하기 위해서 시행하고, 이후에도 왕국의 방어를 위한 수단으로 계속해서 실시한 제도가 데인겔트(Danegeld)[12]이다. 이를 통하여 바이킹이 도시를 불태우고 농촌을 약탈하는 것을 피할 수 있었다. 데인겔트를 징수하여 덴마크인들에게 납부한 제도는 웨식스가 강성하던 알프레드(871-899) 통치기에도 계속되었다. 그도 역시 데인겔트의 지불을 조건으로 바이킹과 평화를 추구한 것이다. 알프레드가 처음으로 덴마크인과 전투를 벌인 것은 그의 나이 18세인 868년 초에 그의 형인 에델레드를 따라서 참전한 때이다. 871년에 그의 형인 에델레드가 사망함으로써 알프레드가 웨식스 왕국의 국왕과 군사령관의 직책을 물려받았다. 알프레드가 계승한 것은 매우 이례적인 사건이다. 알프레드의 아버지인 에델울프는 여섯 명의 아들을 두었는데, 그 중에서 알프레드가 막내였다. 장남인 에델스탄(Athelstan)은 아버지보다 먼저 죽고 다른 세 명의 아들들이 차례대로 웨식스 왕국을 지배하였다. 넷째 아들인 에델레드가 사망하였을 때, 나머지 두 아들은 미성년자였다. 그들 중의 한 명이 알프레드였다.

878년 1월에 덴마크의 침입을 받아 중부와 서부 웨식스 왕국의 일부를 빼앗기고 알프레드는 서머싯의 늪지로 도망하였다. 그

12) 데인겔트는 불평등하고 불공정하게 징수되었다. 성직자와 귀족들은 데인겔트 납부로부터 면제되었다. 그리고 불규칙적으로 징수되었다. 그러나 데인겔트의 징수가 소규모 토지보유자들에게는 큰 부담이 되었다. [P. Edward Dove, ed., *Domesday Studies*, vol. 1 (New York, 1891), p. 10.] 덴마크인들에게 바칠 공물로 부과한 조세인 데인겔트가 후에는 토지세로 변모하였다.

렇지만 5월에 알프레드는 나머지 병사들을 모아서 덴마크의 지도자인 구스럼(Guthrum)의 주둔지로 진군하여 에딩턴(Edington)에서 전투를 벌여 대승을 거두었다.13) 이 전쟁의 결과 알프레드와 구스럼 사이에 웨드모어(Wedmore) 평화조약이 체결되었다. 한편 웨드모아 조약에서 지배지역 문제를 사이에 둔 협정이 체결되었다. 런던에 대한 지배권은 알프레드가 장악하고 대신에 알프레드 왕은 템즈강-베드퍼드(Bedford)-체스터(Chester)를 잇는 선의 동쪽 지역에 대한 지배권을 구스룸에게 양도하였다. 그러므로 구스럼은 에식스, 노퍽, 캠브릿지 전체와 베드퍼드셔와 헤리퍼드셔의 일부를 장악할 수 있게 되었다.

알프레드 왕은 에딩톤 전투를 계기로 웨식스의 방어를 위한 기본조직을 재조직하기 시작하였다. 첫째, 종래 연중 3개월의 복무를 규정한 보병인 퍼드(fyrd) 대신에 병역의무자의 절반을 교대로 군대에 복무하게 하여 군대세력을 크게 확대 강화시켰다. 농업이 주업인 당시 웨식스에서 농업에 종사한 인력의 절반을 군대에 동원하기 위해서 가장 강력한 방법을 택한 것이다. 둘째, 각지에 부르(burh)라고 부른 요새를 세웠다. 알프레드는 그의 적인 덴마크로부터 방어진지인 부르의 건설을 배워서 그의 왕국의 변경지대를 따라서 다수의 요새를 건설하였다. 일부는 로마의 유적지에 세우고, 일부는 옥스퍼드에 세운 것처럼 새롭게 건설하였다. 셋째, 896년 『앵글로 색슨 연대기』의 기록에 따르면, 알프레드는 새로운 전함을 만들기 시작하였다. 덴마크인들이 함대를 이용하여 빠른 군사작전을 펴는 장점을 본받아 웨식스에서도 전함을 건조하기 시작한 것이다.14) 그가 덴마크와의 전투를 위해 세 번이

13) *Anglo-Saxon Chronicles*, p. 101.

나 바다로 나갔던 경험으로 전함 건조의 필요성을 절실하게 느꼈고, 이를 실행에 옮긴 것이다. 이러한 혁신적인 알프레드의 국가 경영 정책을 바탕으로 886년에는 런던으로부터 덴마크인들을 몰아낼 수 있었고, 이때부터 런던이 잉글랜드의 무역과 방어의 중심지가 되었다. 이처럼 웨식스 왕국이 바이킹의 공격을 물리쳐서 잉글랜드를 보호하는 중요한 역할을 수행하였다. 특히 이 당시에 알프레드의 웨식스 왕국이 다른 왕국들과 연합하여 덴마크의 침입을 격퇴한 것은 큰 의미가 있는 사건이다. 알프레드 이후에도 그의 아들인 에드워드 선대왕(Edward the Elder: 899-924)과 손자인 에델스탄(Athelstan: 924-939), 그리고 그의 형제들인 에드먼드(939-946)와 에드레드(Eadred: 946-955)가 통치한 시기에도 그러한 노력은 지속되었다. 이처럼 알프레드는, 비록 완성시키지는 못하였으나, 잉글랜드를 하나의 통합왕국으로 건설하려는 노력을 한 중요한 인물이다.

이 시기에 알프레드 왕이 바이킹의 침입을 막으면서 시행한 여러 가지 방책이 봉건제의 구성 요소와 어떤 관련이 있는가를 생각하여 보자. 첫째, 876년에 바이킹이 야밤에 말을 탄 군대(mounted troop)를 투입하여 엑스터(Exeter)로 몰래 숨어들었다. 이에 그 이듬해인 877년에 알프레드 왕이 말을 탄 군대를 쫓아서 엑스터로 말을 타고 달려갔다.[15] 이때 바이킹이나 알프레드나 말을 타고 이동하였다. 878년 1월에는 바이킹들이 한겨울임에도 불구하고 말을 타고 웨식스에 잠입하여 그곳을 점령하였다. 또한 같은 해 5월에는 에딩톤 전투에서 알프레드의 군대가

---

14) *Anglo-Saxon Chronicles*, p. 103; Christopher Brooke, *The Saxon and Norman Kings*, pp. 110-111.
15) *Anglo-Saxon Chronicles*, p. 96.

말을 타고 바이킹들을 추격하여 14일에 걸쳐서 그들을 포위 공격하였다. 이때 바이킹은 알프레드에게 인질을 남기고 자신들의 거주지로 철수하겠다는 맹세를 하였다. 또한 기독교 세례를 받겠다고 약속하였고, 3주일 후에 그들의 지도자인 구스럼이 와서 부하들과 함께 영세를 받았다.[16] 이 시기 이후에 기병으로서 전투한 잉글랜드 군의 모습은 『앵글로 색슨 연대기』 곳곳에서 언급되고 있는 것으로 판단하건데, 기병이 일반화된 것으로 추론할 수 있다. 물론 말을 타고 전투를 한 기사의 형태라는 기록은 없으나, 일단 말을 타고 전쟁터까지 이동하였다는 의미에서 볼 때, 기동성에 있어서 보병보다 우월한 능력을 지닌 기병의 형태였던 것만은 틀림없다. 만약 기병이 기사의 전단계라고 한다면, 바로 9세기 앵글로 색슨 왕국에서 기병을 전투에 활용하였다고 주장할 수 있다. 이처럼 기사가 아닌 기병이 말을 타고 전투에 참여한 다음, 실제 전투에서는 말에서 내려 보병으로 싸운 전투의 모습이 고전적 봉건제가 발달한 11-12세기에도 일반적이었다. 그러므로 앵글로 색슨 왕국 시대의 군사적 전술이 전형적 봉건제가 발달하던 11-12세기에도 실시되었다고 말할 수 있다. 둘째, 알프레드 왕의 통치기에 도시인 부르의 건설과 그것을 보호할 성과 같은 역할을 한 요새의 건설도 이루어졌다. 878년 부활절에 알프레드 왕은 서머싯의 애슬니(Athelney)에 요새를 세우고 서머싯 사람들의 도움을 받아 바이킹과 싸웠다. 알프레드는 요새 건설의 수법을 그의 적들로부터 배웠다. 그는 부르를 건설하거나 새로운 평화조약을 체결한 후, 왕국의 변경지대를 따라서 방어적 요새들을 세웠다. 이 요새들은 나무로 둘러친 방어벽으로 구성되었다.

16) *Anglo-Saxon Chronicles*, p. 96.

그런데 앵글로 색슨 왕국 후기에는 목책 대신에 석조성벽(stone wall)을 싼 요새가 축조되기 시작하였다. 물론 우리가 이야기하는 전형적 형태의 석조성벽은 11-12세기에 축조되기 시작한 석조성에서나 나타난다. 그러나 앵글로 색슨 왕국 시대의 석조성벽에 대해서 우리가 주목하는 것은 바로 목책으로 둘러친 성벽은 적의 불화살 공격으로부터 쉽게 무너졌기 때문이다. 이와는 달리 석조성벽은 적의 공격을 효과적으로 차단하기 위한 방벽으로서의 기능을 충분히 수행하였다. 더구나 917년 기록에 따르면, 국왕 에드워드가 덴마크인들과의 베드퍼드 주에 있는 템프스퍼드(Tempsford) 전투에서 성벽을 넘어 도망간 사람들을 제외하고 모두가 살해될 때까지 전투를 하였다. 부르를 방어하기 위해서 성벽을 구축하였음을 이해할 수 있다. 또한 같은 해에 국왕 에드워드는 웨스트 색슨 군대와 함께 노샘프턴 주에 있는 파센햄(Passenham)으로 갔다. 그리고 그곳에 석조성벽을 축조하는 동안에 국왕이 그곳에 머물렀다.[17] 물론 12-13세기의 성에서 보는 것처럼 완벽하게 적의 공격을 막아낼 정도로 튼튼한 석조성벽을 만든 것은 아니지만, 앵글로 색슨 왕국 시대의 석조성벽도 적의 불화살 공격에 견딜 수 있는 튼튼한 방어벽의 기능을 하였다. 결국 이러한 이유 때문에 기능상으로 볼 때, 앵글로 색슨 왕국 시대의 요새가 중세 성의 원형을 이루었다고 주장할 수도 있다. 앵글로 색슨인들은 로마의 유적으로부터 영향을 받고, 북유럽의 바이킹으로부터 성채 건설의 기술을 배워 봉건제의 구성 요소 중의 하나인 요새로서의 성을 세웠다. 특히 알프레드 왕은 왕국의 변경지대를 따라서 방어적 요새들을 다수 건설하였다. 요새의 건설

17) *Anglo-Saxon Chronicles*, p. 117.

은 부르(burh)의 건설과 함께 이루어졌다. 그러므로 부르 또한 방어적 단위로서 세워진 것이다. 그런 점에서 요새로서의 성의 건설과 그 사용은 앵글로 노르만 시대가 아닌 앵글로 색슨 시대 이후의 변화 속에서 파악하여야 한다. 바로 이런 점 때문에 필자는 단절설(소개설)이 아니라 계속설의 입장에서 중세 잉글랜드의 성에 대하여 이해하여야 된다고 생각한다.

그렇다면 어째서 9세기부터 바이킹이 잉글랜드를 자주 침입하였는가? 덴마크인들은 농부이고 해적들이었다. 다른 해적들이 하였던 것처럼 그들은 약탈만 한 것이 아니라 교역에도 종사하였다. 덴마크인들도 마찬가지였다. 이때 스칸디나비아 지역의 인구가 급격하게 증가하고 있던 것이 분명하다. 그러므로 인구증가의 압력으로 인하여 농경지가 부족하였고, 기존의 농업이나 어업만으로는 증가된 인구를 부양할 수 없었을 것이다. 또한 바이킹 내부의 정치적 불안과 비옥한 토지 소유에 대한 유혹이 주변 지역으로, 집단적인 민족 이동을 촉진시켰다. 즉 농경을 위한 토지 부족이 덴마크인들을 북서유럽으로 이주시키게 만들었다. 러시아, 북부 프랑스, 브리튼 섬, 심지어 당시로서는 사람이 거주하기에 부적합하였던 아이슬란드와 그린란드까지 바이킹들이 이주하였다. 바로 이러한 과정에서 덴마크인들이 잉글랜드를 자주 침범한 것이다. 덴마크 인들은 바다를 통하여 이동하고, 크고 빠른 배를 만들어 기동성을 갖추었다. 웨식스 왕국의 알프레드 대왕도 이에 대처하기 위해서 배를 만들었다. 『앵글로 색슨 연대기』의 896년의 기록에 따르면, 알프레드가 새로운 선박을 건조하였다.[18] 알프레드가 세 번이나 해전에서 덴마크인들에게 패하였기 때문에

18) *Anglo-Saxon Chronicles*, p. 103.

선박의 건조를 통한 해군력 강화의 필요성을 절실하게 느꼈을 것이다. 또한 그는 요새를 세우는데 주력하였다. 이 작업은 그의 아들과 손자 때에까지 지속되었다. 그래서 10세기 초까지 서식스, 서리, 웨식스에 많은 요새를 세워 모든 마을이 요새로부터 20마일을 벗어나지 않게 만들었다.[19] 요새는 적의 침입에 대비하기 위해서 인간은 물론 가축들도 대피하는 장소로 이용되었으며, 그 지역을 통치한 수장의 지배 중심지였다. 그러므로 요새는 기능에 있어서 성과 같은 역할을 수행하였다. 그러나 요새는 성이라기보다는 성벽이 둘러쳐진 도시(town)였다. 알프레드 대왕과 그의 아들들은 물론 손자들이 통치할 때인 9세기에서 10세기에 이르러 잉글랜드 각지에 다수의 부르가 건설되었다. 그러므로 이 시기는 잉글랜드 도시 건설에 중요한 단계이다. 912년에는 에드워드 선대왕이 하트퍼드(Hertford)에 부르를 건설하고, 916년에는 에식스에 말던(Maldon)에 또 하나의 부르를 건설하였다. 917년에는 콜체스터에 있는 부르를 복원하였다.[20]

899년 10월 26일에 알프레드가 사망한 후, 그의 아들인 에드워드가 계승하고, 그의 뒤를 이어 알프레드의 손자들인 아델스탄, 에드먼드, 에드레드(Eadred: 946-955) 등 3명이 차례대로 즉위하였다. 그들의 통치는 899년에서부터 955년까지 이른다. 이 반세기 동안에 덴마크인들의 정착지인 동부지역의 재정복, 북서 잉글랜드에 대한 아일랜드에 정착한 노르웨이인들의 공격, 잉글랜드 북부 지역에 대한 스코트의 압력 등의 문제가 발생하였다. 덴마크인들이 점령하고 있던 템스 강과 험버(Humber) 강 사이에

19) *Anglo-Saxon Chronicles*, p. 44.
20) Christopher Brooke, *From Alfred to Henry III* (London, 1961), p. 51.

지역을 웨식스 왕국이 886년에 회복한 것은 머시아와 연합 세력을 형성하였기 때문에 가능하였다. 에드워드가 924년에 사망하고 그의 아들인 에델스탄이 즉위한 후, 가장 먼저 이룬 성과는 스칸디나비아인과 스코트의 연합세력을 물리친 것이다. 이를 통하여 잉글랜드에 정착한 덴마크인들은 잉글랜드 북부에 위치한 스코틀랜드의 세력을 억제할 수 있게 되었다. 939년에 에델스탄이 사망하고, 그 뒤를 이어 동생인 에드먼드가 웨식스 왕국의 왕위를 계승하였다. 그는 요크 지방은 물론 험버 강과 웰랜드(Welland) 강 사이에 북동부 지방을 차지하여 영토를 확대하였다. 그런데 그를 이은 또 다른 형제인 에드레드에 관한 기록은 거의 없기 때문에 그의 통치 시대의 역사는 알지 못한다.

노르만 정복 이전 잉글랜드가 내적인 혼란과 외적의 침입으로부터 비교적 자유로웠던 시기가 7세기 말과 8세기이고, 두 번째는 10세기 후반이다. 특히 10세기 후반은 에드위그(Eadwig: 955-959)와 에드가(Edgar: 959-975)의 통치 시기이다. 에드가의 통치기에 우리가 주목할 점은 그가 사망하기 2년 전인 973년에 배스(Bath)에서 열린 에드가의 대관식이다. 잉글랜드의 역사에 있어서 대관식은 그로부터 시작되었다고 말할 수 있다. 고위성직자가 주관한 대관식은 성직자에 의해서 국왕과 왕정에 정통성을 부여하였다는 의미가 있다. 한편 에드가의 통치기에 우리가 주목할 또 다른 점은 지방 통치조직에 관한 것이다. 11세기 국왕의 지방 통치의 핵심적인 조직인 주지사가 에드가 통치 초기에 나타나고, 백호장에 대하여 처음 언급된 것은 에드먼드(939-946)의 통치기이지만 백호장이 국왕의 지방통치의 기본 단위가 된 것은 에드가 통치기이다.[21] 즉 백호장이 국왕의 지방통치의 기본단위가 된 것은 10세기 중엽부터이다. 이러한 에드가 통치 무렵의 개혁이 국왕의 통치력을 한층 강화시키는 계기가 되었다. 그러나 에드가는 975년에 사망하고 978년에 모살된 그의 아들인 에드워드가 계승하였다. 단명한 에드워드의 뒤를 이어 에델레드 2세(Aethelred II 'the Unready': 978-1016)[22]가 즉위하였다. 그가 즉위한 지 2년 이내에 바이킹의 잉글랜드 공격은 재개되었다.

980-1016년 기간 동안에 덴마크의 잉글랜드 공격은 9세기의 공격과는 근본적으로 달랐다. 두 번째 공격은 잘 조직된 전문적인 군대에 의한 공격이었다. 이러한 양상은 덴마크 왕 스웬(Swein)이 몸소 군대를 이끌고 잉글랜드를 침입한 1013년까지 지속되었다. 이러한 와중에 덴마크의 침입과 함께 웨식스 왕국은 붕괴하였다. 덴마크의 두 번째 공격의 물결도 약탈 공격으로 시작되었다. 덴마크 군은 980년에 사우샘프턴, 콘월, 데본, 런던에 대한 소규모 약탈 침략으로부터 시작하여 11년 후에는 대규모로 잘 조직된 군대를 이끌고 침입하였다. 그들은 지난 2세기 동안 잉글랜드를 자주 침입하여 잉글랜드 지리에 익숙하였을 뿐만 아니라 전투 경험이 풍부하였으며, 고도로 훈련된 직업군인들이 전투를 주도하였다. 직업군인들의 전투 목적은 단순히 정복지를 식민화하는데 있는 것이 아니라 그들의 생계를 위한 것이었다. 직업군인들인 용병들의 임금은 그들이 싸웠던 지방으로부터 강제로 거둔 공납(데인겔트)으로 지불되었다. 덴마크인의 잉글랜드 공격에

21) George Molyneaux, "Why were Some Tenth-Century English Kings Presented as Rulers of Britain?" *Transactions of the Royal Historical Society*, vol. 21 (Dec., 2011), p. 84; A. G. Kennedy, "Cnut's Law Code of 1018", *Anglo-Saxon England*, vol. II (1983), p. 79.

22) 에델레드가 3년 전에 에드가를 계승한 그의 이복형제인 에드워드의 모살에 연루되었다면, 그는 귀족들의 충성심을 얻지 못하였을 뿐만 아니라 백성들의 애국심을 자극할 수도 없었을 것이다. 그의 별칭이 '준비가 안 된 자(the Unready)'라는 것만으로도 그가 모살에 관여되지 않았다는 점이 드러난다.

선봉에 선 사람은 후에 노르웨이 왕이 된 올라프(Olaf Tryggvason: 995-1000)였다. 이때 올라프와의 말던(Maldon) 전투에서 잉글랜드가 패배하여 공납을 납부한다는 조건으로 덴마크와 평화조약을 체결하였다. 데인겔트의 지불과 평화조약 체결에도 덴마크 군대는 992년과 994년에 다시 잉글랜드를 침입하였을 뿐만 아니라 997년부터 1014년 사이에는 거의 매년 침입하였다. 994년에 노르웨이의 왕 헤롤드의 후손인 올라프가 덴마크의 왕인 헤롤드의 아들인 스웬과 함께 연합함대를 구성하여 94척의 전함에 2천 명 이상의 병사를 싣고 침입하였다. 이 전투에서 패배한 잉글랜드의 왕 에델레드도 평화의 대가로 공납(tribute), 즉 데인겔트 16,000파운드를 스웬에게 납부하였다. 그만한 돈은 당시로서는 매우 많은 액수이다. 그 후에도 잉글랜드인들은 덴마크인들에게 데인겔트를 수시로 지불하였다. 예컨대 1002년에는 24,000파운드, 1007년에는 36,000파운드를 지불하였고, 1012년에는 48,000파운드로 증액되었다.[23] 이처럼 잉글랜드는 덴마크 왕 스웬과의 평화 유지를 위해서 거의 매년 공납을 납부하였다.[24] 잉글랜드 국왕은 공납을 마련하기 위한 수단으로 모든 토지보유자들로부터 데인겔트를 징수하기 시작하였다. 데인겔트 징수는 덴마크의 침입이 없던 시기까지 지속되어 12세기까지 토지세로서 고착되었다.[25] 그렇다면

23) *Anglo-Saxon Chronicles*, p. 136: Peter Hunter Blair, *An Introduction to Anglo-Saxon England*, pp. 93, 96.

24) *Anglo-Saxon Chronicles*, p. 136.

25) 에드워드 고백왕이 1052년에 데인겔트를 폐지하였고, 1082-1084년에 윌리엄 1세가 재부과하였다는 것이 일반적인 믿음이다. 1084년에 윌리엄 1세는 데인겔트를 토지 매 하이드 당 6실링을 징수하였다. 이는 과거에 비하여 3배나 인상된 액수이다. [J. H. Round, "Danegeld and Finanace of Domesday", in P. Edward Dove, ed., *Domesday Studies*, vol. I (New York, 1891), p. 80.]

잉글랜드는 덴마크에게 데인겔트를 거의 매년 납부하는 수모를 당하면서 그에 어떻게 대처하였는가? 『앵글로 색슨 연대기』의 1008년의 기록에 따르면, 국왕은 잉글랜드 전역에서 지속적으로 선박을 건조하도록 명하였다. 즉 토지 310하이드마다 한 척의 전함(warship)을 건조하고, 8하이드마다 한 벌의 투구와 쇠사슬 갑옷을 만들어야 한다.[26] 보유한 토지면적에 따라서 전투에 필요한 장비를 구비하도록 한 것은 중요한 전술적인 변화였다. 특히 바이킹들이 전함을 이용하여 자주 잉글랜드를 침입한 전술의 차단을 위해서 전함의 건조를 명한 것은 좋은 방안이었다. 한편 보유한 토지면적에 따라서 투구와 쇠사슬갑옷을 구비하도록 정한 것은 기병을 보호하려는 전술적 변화 속에서 나온 국왕의 명령으로 이해할 수 있다. 물론 기병이 중세 기사와는 기능상에 있어서 차이가 있다고는 하지만, 투구와 쇠사슬갑옷의 구비를 명한 것은 보병과는 다른 기능이 당시 기병들에게 있었음을 알려주는 증거이다. 당시 기병들이 말을 타고 전투하였다는 기록이 없는 것으로 보아 기사와는 분명히 다르다. 그러나 기사들이 갖추어야 할 필수 장비 중의 일부를 1008년에 언급한 것으로 보아 기사들의 활동을 위한 전단계로서의 발전이 이 시기에 있었다고 언급할 수 있다.

한편 덴마크의 침입을 받은 1010년대에 에델레드의 왕국은 점차 쇠약해지기 시작하였다. 덴마크 왕 스웬이 994년과 1003년에 이어 1013년에 세 번째이자 마지막으로 잉글랜드의 샌드위치(Sandwich)에 상륙한 다음, 북쪽으로 방향을 바꿔서 험버 강과 트렌트(Trent) 강으로 진출하였다. 여기에서 노섬브리아인들과

26) *Anglo-Saxon Chronicles*, p. 150.

잉글랜드 동부에 모든 덴마크인들이 스웬을 국왕으로서 받아들였다. 그런 다음 그는 옥스퍼드와 윈체스터를 양도받고, 런던을 장악하고자 공격하였으나 실패하였다. 그러나 1013년 말에 런던은 결국 그에게 양도되었다. 한편 에델레드는 노르망디로 도피하였고, 스웬이 잉글랜드 왕으로 인정받았다. 그러나 1014년 2월에 그가 사망하고 그의 형인 헤롤드가 덴마크 왕국을 계승하였으나, 게인스바러(Gainsborough)에 있던 덴마크 군대는 그의 동생인 크누트(Cnut)를 그들의 지도자로 받아들였다. 스웬이 갑작스럽게 사망하자, 노르망디로 도피하였던 에델레드가 잉글랜드 왕위 계승을 도모하려고 귀국하였다. 잉글랜드 왕위 계승은 다음과 같은 세 명에 의해서 결정되게 되었다. 첫째, 스웬의 둘째 아들인 아직 20세도 안된 크누트가 있다. 둘째, 에델레드의 아들인 20대 중반인 에드먼드 아이론싸이드(Edmund Ironside)가 있다. 셋째, 아직 50세가 되지 않은 에델레드가 있다. 그러나 에델레드에게 쫓겨났던 스웬의 아들인 크누트가 1016년 에델레드의 사망을 시점으로 다시 웨식스 왕국의 지배권 확보를 위해 노력하였다. 그는 군대를 이끌고 잉글랜드로 돌아와 지배권을 장악하였다. 그 결과 그는 최초로 잉글랜드와 덴마크를 모두 장악한 국왕이 되었다. 이 과정에서 크누트에 대한 반대가 에델레드의 아들인 에드먼드 아이론싸이드와 런던인들에게서 일어났다. 그러나 크누트는 런던에서 즉시 국왕임을 선언하고, 사우샘프턴에서 모인 다수의 앨더맨(ealdorman)[27]들의 지지 하에 그가 왕으로 선포되었다. 크누트를 지지하지 않는 다른 앨더맨들의 지지 하에 왕으로 선출

27) 그는 자신의 주에서 법과 질서를 유지할 책임이 있었고, 전투가 일어나면 퍼드를 인솔하여 참전할 책임이 있었다. 그래서 그는 앵글로 노르만 시대에 주지사와 동일한 기능을 하였다.

된 에드먼드로 인하여 잉글랜드에는 두 명의 국왕이 선출되었으며, 자연히 이들 사이에 갈등과 투쟁이 일어났다. 이러한 대결을 해소시키고자 같은 해 11월에 만난 두 왕 사이에 에드먼드 아이론싸이드가 템스 강 이남 지역에 대한 지배권을, 크누트가 나머지 잉글랜드 왕국을 지배하기로 타협하였다.[28] 그러나 크누트가 10월에 덴마크와 벌인 노섬벌랜드에 있는 애싱던(Ashingdon) 전투에서 승리를 거두고, 에드먼드가 11월 말에 데인겔트를 지불하지 않고 덴마크인에 대항하다가 피살되자, 자연스럽게 크누트가 잉글랜드 왕국 전역을 장악하게 되었다. 웨식스 왕국이 덴마크의 침입을 힘으로 막을 수 없게 됨으로써 국왕의 자문위원회인 위탄(witan)에서 크누트를 잉글랜드 왕으로 추대한 것이다. 그의 나이 23세에 잉글랜드 전역을 장악한 다음, 거의 20년 동안 지배하게 된 최초의 덴마크 왕이 되었다. 이제 잉글랜드의 왕위가 앵글로 색슨인에서 바이킹 계통인 덴마크인에게 넘어가게 된 것이다. 그는 노르웨이와 덴마크는 물론 잉글랜드라는 큰 왕국 세 곳을 통합 지배한 지도자가 되었다. 그는 지배기간 동안에 많은 활동을 하였다. 1027년에는 신성로마제국의 콘라드 2세(Conrad II: 1024-1039)의 대관식에 참석하려고 로마에 가기도 하였다. 크누트는 1035년 샤프츠베리(Shaftesbury)에서 사망하였다. 그리고 그를 이을 왕으로 헤롤드 헤어푸트(Harold Harefoot: 1035-1039)가 선택되었다. 크누트와 에델레드 2세의 미망인인 엠마(Emma) 사이에서 출생한 크누트의 유일한 적자인 하르타크누트(Harhthacnut)는 덴마크에 있었고, 에델레드 2세와 엠마 사이에서 출생한 아들들인 알프레드와 에드워드는 노르망디에 있었

28) *Anglo-Saxon Chronicles*, p. 137.

다. 크누트는 그의 아들인 하르타크누트가 덴마크와 잉글랜드의 왕위를 모두 계승하기를 바랐으나, 덴마크가 노르웨이의 침입으로 크게 위협을 받고 있어서 덴마크 왕인 하르타크누트가 덴마크를 벗어날 수가 없었다. 1036년 옥스퍼드에서 열린 위탄 회의에서 헤롤드를 잉글랜드 왕으로 옹립하려는 움직임이 나타났다. 다음 해인 1037년에 공식적으로 잉글랜드의 국왕으로 인정된 헤롤드는 1039년에 사망하였다. 헤롤드가 사망하였다는 소식을 들은 하르타크누트는 1040년 6월에 군대를 일으켜 별다른 저항이 없는 잉글랜드를 침입하여 샌드위치에 상륙하였다. 그리고 잉글랜드 국왕으로 즉위하고, 1042년 6월까지 통치하였다. 하르타크누트가 1042년에 사망하였을 때에 엠마와 에델레드 2세 사이에서 출생한 아들로서 유일하게 생존하고 있던 하르타크누트의 이부(異父) 형제인 에드워드가 잉글랜드 왕으로 즉위하고, 1043년 부활절에 윈체스터에서 즉위식을 거행하였다. 그가 바로 에드워드 고백왕(Edward the Confessor: 1042-1066)이다.

잉글랜드가 덴마크인의 지배로부터 앵글로 색슨인의 지배로 다시 돌아간 것은 에드워드 고백왕 때이다. 에드워드는 25년 동안 노르망디에서 생활하여 노르망디의 풍습과 문화에 익숙하였다. 그러나 에드워드 고백왕은 후계자를 낳지 못하였다. 이것이 잉글랜드 왕국에서 일어난 혼란에 불씨가 되었다. 노르웨이 왕인 헤롤드 하드라다(Harold Hardrada)가 그를 계승할 적법한 상속자로서 간주되었다. 반면에 잉글랜드 내에 고드윈(Godwin) 가문의 구성원인 헤롤드 백작이 그의 계승권을 강력히 주장하였다.

에드워드 고백왕 통치기는 비록 짧은 기간이었지만, 그의 통치가 갖는 상징성은 잉글랜드를 덴마크인의 지배로부터 앵글로 색슨족 지배로 환원시킨 일이다. 그러나 에드워드는 크누트와 그를 계승한 두 명의 국왕 통치기에 그의 어머니 고향인 노르망디에서 12세인 1013년부터 36세에 이르기까지 25년 동안을 살았다. 자식이 없는 하르타크누트가 아마도 에드워드를 자신의 계승자로 생각하여 1041년에 잉글랜드로 데리고 온 것으로 생각된다. 에드워드가 왕으로 선택되었을 때, 그는 노르망디의 윌리엄 공과 신성로마제국, 프랑스로부터 잉글랜드 왕으로 인정받았다. 그는 25년 정도 노르망디에서 생활하였기 때문에 노르망디화되어 있었고, 그로 인하여 노르망디와의 긴밀성을 유지하였으며, 국가사보다는 신앙의 문제에 더 관심을 가졌다. 그는 프랑스어를 사용하고 궁정 관리들을 노르만인으로 임명하는 것을 선호하였다. 이러한 사실들로 미루어 볼 때 노르만의 잉글랜드 정복이 1066년 헤이스팅스 전투에서 이루어졌지만, 실제로는 에드워드 고백왕의 통치 마지막 16년이 노르만 정복의 서막으로 간주된다. 사회 조직의 불안정, 부유한 가문의 소규모 집단에 의한 권력 독점 등이 앵글로 색슨 왕국의 해체 징조로 이야기된다. 이에 더하여 에드워드 고백왕이 잉글랜드 왕으로 즉위한 1042년에 앵글로 색슨 왕국은 붕괴가 시작되었다고 주장하기도 한다.[29] 크누트의 지배 하에서는 백작들이 왕권에 의해 엄격히 통제되었으나, 에드워드 고백왕의 지배 하에서는 백작들이 자치권을 강력히 요구하기 시작하였다. 특히 노르만의 세력 침투에 대하여 앵글로 색슨 계 백작들이 개인적으로 에드워드 왕에게 적개심을 가졌다. 이들 중에 대표적인 사람이 웨식스 왕국의 고드윈 백작이다.

고드윈 백작이 1018년에 웨식스 왕국에서 백작령을 소유한 이

29) Frank Barlow, ed., *Vita Aedwardi Regis: The Life of King Edward* (London, 1962), p. 17.

래 그의 백작령은 캔트로부터 콘웰에 이르는 남부 해안을 따라 확대되었고, 고드윈의 둘째 아들인 헤롤드는 에식스, 이스트 앵글리아, 캠브릿지셔, 헌팅돈셔의 백작이었다. 후에 그의 딸인 에디스(Edith)가 에드워드 고백왕의 부인이 되었으나 그들 사이에 출생한 자녀가 없었다. 1050년에 에드워드는 그의 조카를 헝가리로부터 소환하였다. 그를 상속자로 만들려고 한 것이다. 그러나 그가 삼촌인 에드워드를 만나기 전에 사망하였다. 큰 세력을 가진 고드윈 백작과 그의 동맹자들이 1051년에 에드워드 왕에 대하여 반란을 일으켰다. 직접적 원인은 고드윈 백작의 웨식스 백작령에 있는 중요한 항구인 도버(Dover)에서 일어난 사건이었다. 프랑스 영주인 유스터스(Eustace of Boulogne)가 노르망디 공 윌리엄의 사절로 에드워드 왕을 방문하고 웨식스를 통해 프랑스로 돌아가고 있었다. 그의 일행이 도버에 도착하였을 때, 이들은 군 막사의 사용을 요구하였다. 이를 거부한 도시민과 유스터스 병사들 사이에 싸움이 일어나 양편에서 20명이 죽고 다수가 부상당하는 불상사가 일어났다. 도버 사건 때에 글로스터에 있던 에드워드 왕은 고드윈 백작에게 범법자 도시민들의 처벌을 요구하였으나, 고드윈 백작은 이를 거부하였다. 에드워드 왕은 자신의 명령에 불복종한 고드윈 백작의 문제를 다루려고 같은 해 9월 8일에 회의를 소집하였다. 회의가 소집되기 전인 9월 1일에 고드윈 백작과 그의 아들들은 글로스터로부터 15마일 정도 떨어진 고츠월드(Gotswolds)에 군대를 집결시켜 국왕과 싸울 준비를 하였다. 위기에 처한 에드워드 왕은 레오프릭(Leofric of Mercia)과 시워드(Siward of Northumbria)을 북쪽으로 파견하였다. 그들은 대군을 소집하여 국왕이 명령만 내리면 고드윈 백작 일당을 공격할 준비를 하였다. 이처럼 국왕의 세력이 강화되자, 고드윈 백작과 그의 아들들은 에드워드 왕에게 굴복하였다. 국왕은 고드윈 백작과 그의 아내 그리고 세 명의 아들들은 브뤼지(Bruges)로 추방하고, 다른 두 아들인 헤롤드(Harold)와 레오프와인(Leofwine)은 아일랜드로 추방하였으며, 딸은 수녀원의 보호 하에 맡겨졌다.[30] 그러나 고드윈 백작 일가에 대한 추방령은 일시적이었다. 고드윈은 플랑드르로부터, 헤롤드는 아일랜드로부터 잉글랜드로 귀환하는 등 추방되었던 고드윈의 가족 모두는 12개월 이내에 추방령이 해제되어 다시 돌아왔다. 그리고 고드윈 백작과 그의 가족은 몰수당하였던 웨식스 백작령과 지위를 회복하였다. 1053년에 고드윈 백작이 사망하자, 앵글로 색슨 왕국의 마지막 왕인 그의 아들 헤롤드 고드윈이 웨식스 백작령을 계승하였다.[31] 이 위기는 에드워드 고백왕의 통치에 중요한 전환점을 이루었다. 국왕이나 다른 경쟁적인 어떤 가문도 고드윈 백작 가문을 몰락시킬 수 없을 정도로 고드윈 가문의 세력이 강력하였다.

1053년 고드윈 백작이 사망하였을 때, 에드워드 고백왕의 나이가 50세에 이르렀다. 그런데 그 때까지 에드워드 고백왕은 그를 계승할 아들을 낳지 못하였다. 이로부터 그를 계승하는 문제가 주변인들의 암투로 발전하였다. 1057년에 에드먼드 아이론싸이드의 아들인 에드워드 애슬링(Edward the Aetheling)이 외국생활을 청산하고 잉글랜드로 귀국하였다. 만약 잉글랜드 왕위가 잔존한 왕가의 혈통으로 계승된다면, 그는 자연스럽게 왕위 계승

30) Peter Hunter Blair, *An Introduction to Anglo-Saxon England*, p. 106.
31) C. Warren Hollister, *The Making of England, 55 B.C. to 1399* (Toronto, 1976), p. 78; F. M. Stenton, *Anglo-Saxon England* (Oxford University Press, 1971), p. 568. (장남인 스웬이 예루살렘을 순례하고 돌아오는 중에 사망하여 웨식스 백작령은 둘째 아들인 헤롤드에게 상속되었다.)

자가 될 수 있었다. 그러나 그가 잉글랜드에 도착한 후 곧 사망하고, 그의 아들인 에드가(Edgar)는 왕위를 상속하기에 너무 어렸다. 그러므로 에드워드 고백왕이 1066년에 사망함으로써 왕위 계승이 중요한 문제로 대두하였다. 이때 에드워드 고백왕의 뒤를 이을 가장 강력한 세 사람이 있었다.

첫째, 헤롤드 고드윈 백작이다. 그는 지난 13년 동안 잉글랜드에서 가장 강력한 세력을 구축한 사람이다. 에드워드 고백왕도 유언으로 헤롤드 고드윈을 그의 상속자로 지명하였다. 그리고 에드워드 고백왕의 사망 후, 그의 유언에 따라 국왕의 자문위원회인 위탄 회의에서 헤롤드를 왕으로 선택하였다. 비록 그가 왕가의 혈통을 이어받은 것은 아니지만 에드워드 고백왕의 미망인인 에디스(Edith)가 그의 누나였다. 그의 선친인 고드윈 백작이 생존하였을 때, 그는 에드워드 고백왕의 부인으로 자신의 딸인 에디스를 강제로 선택하게 만들었기 때문에 그러한 인척관계가 성립된 것이다.

둘째, 노르망디의 윌리엄 공[32]도 크누트 왕의 아내인 엠마(Emma)가 윌리엄 공의 대고모(great aunt)였기 때문에 에드워드 고백왕과 연관성이 있었다. 그리고 에드워드 고백왕이 1051년 사순절과 6월 21일 사이에 그의 상속자로서 윌리엄을 지명하였을 뿐만 아니라 이미 고드윈 백작의 아들인 헤롤드 고드윈이 에드워드 고백왕이 사망하기 전에 노르망디를 방문하여 에드워드 고백왕의 유언을 재확인하였다고 주장한다. 윌리엄 자신이 에드워드 고백왕에 의해서 헤롤드보다 먼저 그의 후계자로 선택되었

32) 정복자 윌리엄은 노르망디 공 로버트 1세와 제혁업자의 딸과의 사이에 태어났다.

다는 주장이다. 이에 따르면 에드워드 고백왕이 윌리엄에게 잉글랜드의 왕위를 물려주겠다고 약속하였는데, 이 약속을 깨고 임종시에 헤롤드를 상속자로 지명하였다는 것이다. 특히 윌리엄은 1064년에 일어난 특별한 사건에 의해서 헤롤드보다 자신이 상속의 우선권이 있음을 주장하였다. 프랑스를 방문한 헤롤드가 포로로 잡혔으나, 윌리엄은 그를 손님으로 정중하게 대우하였다. 그런데 비록 사실 여부에 대한 학자들 간의 논쟁이 있기는 하지만, 윌리엄의 궁정에서 헤롤드가 에드워드 사망시 잉글랜드 왕위에 대한 윌리엄의 주장을 지원하겠다고 공개적으로 맹세하였다고 알려졌다. 그러므로 1066년 잉글랜드 왕위에 오른 헤롤드가 윌리엄과의 약속을 깬 불명예를 안게 되었다. 실제로 고드윈 백작의 아들인 헤롤드 고드윈 백작이 1064년 아니면 1065년에 윌리엄의 궁정을 방문하여 노르망디 공 윌리엄의 지위는 더욱 강화되었다. 에드워드 고백왕이 윌리엄을 그의 상속자로 만들기 위해 헤롤드를 파견하였다고 해석하기도 한다. 이를 입증하는 것으로 헤롤드가 윌리엄을 지원할 것을 맹세하였다는 내용이 베이유 테페스트리[33]에 담겨있다. 그 장면에 따르면, 헤롤드가 성물함이 있는 두 개의 제대(祭臺) 사이에 서서 두 손을 성물함에 올려놓고

33) 베이유 테페스트리(Bayeux Tapestry)는 베이유 주교이며 캔트 백작인 윌리엄의 이복동생 오도(Odo)가 1070년경에 의뢰하여 잉글랜드에서 만들어졌다. 비록 그 내용을 디자인한 사람이 노르만인이었기 때문에 노르만의 관점에서 만들어졌지만, 베이유 테페스트리는 1064년 노르망디 공 윌리엄에 대한 헤롤드의 공격 임무로부터 헤이스팅스 전투에서 윌리엄이 승리하는 과정을 그렸다. 베이유 테피스트리는 직물로 만든 벽걸이로서 정복왕 윌리엄이 잉글랜드를 정복한 과정을 담은 장면 50여개로 구성되어 있다. 총 길이가 70메타에 이른다. 프랑스 북부 노르망디의 베이유 성당에 보관되어 있는 테피스트리는 잉글랜드의 노르만 정복의 역사를 담고 있다. 아마도 이 그림에 연결하여 윌리엄이 잉글랜드 국왕으로 서임되는 전체 과정에 대한 그림이 있었을 것으로 추측되지만 지금은 전해오지 않고 있다.

맹세를 했다. 물론 윌리엄에 대한 헤롤드의 맹세가 자발적이었는지 혹은 강제적이었는지의 논의가 필요하지만, 베이유 테페스트리에 따르면, 헤롤드가 윌리엄에게 맹세한 것은 분명하다. 『앵글로 색슨 연대기』처럼 베이유 테페스트리도 노르만의 잉글랜드 정복 전후의 잉글랜드 역사를 이해할 수 있는 최고의 자료 중에 하나이다. 그러나 베이유 테페스트리가 윌리엄의 잉글랜드 정복 후에 만들어졌기 때문에 그의 잉글랜드 정복을 정당화하는 내용이 각색되었을 가능성이 있다. 그 맹세가 사실이든 거짓이든 간에 당시 노르망디 공 윌리엄이 잉글랜드에 대하여 상당한 권리를 소유하고 있음은 분명하다.

셋째, 노르웨이 왕 헤롤드 하드라다(Harold Hardrada: 1047-1066)도 크누트 왕의 상속자로서 잉글랜드의 왕위 상속권을 주장하였다. 그의 주장이 세 사람 중에서 가장 약하였으나, 그의 군사력이 그를 뒷받침하였다. 이러한 상황에서 잉글랜드 내에서는 헤롤드 고드윈 백작의 왕위 계승이 강력하게 주장되었다. 이 틈을 타 에드워드 고백왕이 매장된 날인 1066년 1월 6일에 웨스트민스터 교회에서 헤롤드가 전격적으로 왕위에 올랐다. 이러한 상황에서 잉글랜드에서는 그의 왕위 계승에 대한 논쟁은 없었다. 비록 헤롤드 고드윈이 왕가의 직계 혈통은 아니지만, 노르망디 공 윌리엄이나 노르웨이의 헤롤드 하드라다보다 잉글랜드를 보호할 가장 적합한 지도자로서 잉글랜드인들에게 증명되었기 때문이다. 그러나 왕위계승 경쟁자들의 심정은 잉글랜드의 분위기와는 별개의 문제였다.

헤이스팅스 전투가 일어나기 전 일련의 사건을 주목할 필요가 있다. 1066년 1월 5일에 에드워드 고백왕이 죽었다. 그는 다음 날 웨스트민스터 교회에 묻혔고, 그날 헤롤드 고드윈(1066년 1

월 6일-1066년 10월 14일)이 에드워드 고백왕의 뒤를 이어 왕위에 올랐다. 왕실자문회의인 위탄에서 헤롤드를 왕으로 선출한 것이다. 이러한 일련의 과정이 헤롤드와 왕위계승을 다툰 두 명의 왕위계승 경쟁자들을 자극하였다. 노르웨이의 헤롤드 하드라다가 먼저 움직였다. 이미 추방된 상태였던 헤롤드의 동생인 토스티그(Tostig)[34]의 후원을 받아 노섬브리아를 침입하여 요크를 점령하였다. 1066년 5월 초에는 토스티그가 일부 병력을 이끌고 서식스 해안을 침입한 후, 샌드위치(Sandwich)를 점령하였다. 헤롤드는 이것을 노르망디 공 윌리엄의 사주에 의한 사건으로 생각하고 노르만의 침입이 곧 있을 징조로 간주하였다. 토스티그의 서식스 상륙 소식이 헤롤드에게 전해지자, 그는 즉시 샌드위치를 향하여 출병하였다. 헤롤드가 캔트 해안에 도착하기 전에 토스티그가 60여 척에 이르는 함대를 이끌고 험버 강으로 이동하였으나, 에드윈 백작에 의해서 격파되었다. 그리고 헤롤드 하드라다와 토스티그는 피살되고 헤롤드 왕은 노섬브리아를 회복하였다.

헤롤드 고드윈이 1066년 1월 6일 웨스트민스터 교회에서 즉위식을 거행하여 9개월 동안 잉글랜드를 지배하였다. 그가 잉글랜드 왕국의 왕위에 오르자, 노르망디의 윌리엄은 에드워드 고백왕의 상속자로서 지원하겠다는 그의 약속을 깨트렸다고 항의하였으나, 이에 대한 대답을 듣지 못하였다. 이에 윌리엄은 잉글랜드 침입을 준비하기 시작하였다. 윌리엄은 노르망디에서 강력한 세력을

34) 노섬브리아의 시워드(Siward) 백작이 1055년에 사망하였을 때, 그의 백작령은 헤롤드의 동생인 토스티그에게 넘어갔다. 그리고 1065년에 노섬브리아에서 토스티그 백작에 저항한 반란이 일어났을 때, 헤롤드가 반란자들을 지지하여 토스티그가 추방됨으로써 형제가 서로 적이 되었다.

구축한 지도자이며 전사였다. 어린 프랑스 왕 필립 1세(Philip I: 1060-1108)의 즉위와 섭정으로 인한 무기력함과 함께 노르망디 공 윌리엄과 세력을 다툰 앙주 백작 제프리(Geoffrey Martel)의 사망과 내란 상태에 빠진 틈으로 인하여 윌리엄이 노르망디를 비워두더라도 이들의 위협으로부터 노르망디는 안전할 수 있었다. 더구나 정복자 윌리엄이 용병들에게 높은 임금은 물론 승리를 거둘 경우 전리품을 분배하여 주겠다는 약속을 통해 플랑드르, 중부 프랑스, 아퀴텐느, 남부 이탈리아 등지로부터 온 토지 없는 기사들로 대규모 용병 부대를 조직할 수 있었다. 더구나 교황 알렉산데르 2세(1062-1073)로부터 잉글랜드 침입에 대한 승인을 얻었으며 신성로마제국의 하인리히 4세(Heinrich Ⅳ: 1056-1105)로부터도 지원을 받았다.

헤롤드도 왕위 즉위식 후 윌리엄이 침입할 가능성에 대비하여 영불 해협에 군대를 배치하였다. 그러나 상황이 윌리엄에게 유리하게 전개되었다. 영불 해협을 방어하고 있던 헤롤드의 군대가 보급과 임금 지불을 위한 화폐부족으로 9월 8일 이후 곧 자유농민군인 퍼드(fyrd)를 해산하여 귀가 조치시켰다. 그리고 역풍이 불어 윌리엄의 군대가 도버 해협(프랑스에서는 칼레 해협)을 건너지 못하고 있었다. 그러므로 헤롤드의 군대가 쓸데없이 해협을 지키고 있는 모양새였다. 이러한 혼란의 와중에 스코틀랜드로부터 대군을 이끈 토스티그를 수행한 노르웨이의 헤롤드 하드라다의 함대 300척이 북풍의 도움으로 험버 강에 들어왔다. 그들은 오즈(Ouse) 강을 지나 리칼(Riccall)에 정박하고 요크로 진격할 준비를 하였다. 그러나 노르웨이의 헤롤드가 요크 근교에서 에드윈(Edwin)과 모카(Morcar)와 교전하였으나, 잉글랜드 군이 패퇴하였다. 풀포드(Fulford) 전투에서 패배하였다는 소식을 들은 헤롤드는 서둘러 북쪽으로 군대를 이동시켰다. 헤롤드 왕은 영불 해협의 해안 수비를 위한 최소한의 국왕의 가내 친위군(housecarl) 만을 남겨놓고 모든 군대를 철수시켰다. 헤롤드 왕의 군대가 요크에 도착하기도 전에 헤롤드 하드라다의 군대가 9월 20일에 요크를 점령하였다. 노르웨이 왕 헤롤드는 요크 도시민들과의 협상을 통해 식량을 조달하고 인질을 대동하기로 약속한 가운데 그들의 선박이 있던 리칼로 퇴각하였다. 그들이 시민들과 약속한 인질을 기다리는 동안 헤롤드 왕의 군대가 요크에 도착하였다. 9월 25일에 헤롤드 왕이 이끈 군대가 요크셔의 이스트 라이딩(East Riding)에 있는 스탬퍼드 브릿지(Stamford Bridge)에서 휴식을 취하고 있던 노르웨이 군대를 기습하여 격파하고 헤롤드 하드라다와 토스티그는 이 전투에서 피살되었다. 노르웨이 왕 헤롤드의 아들인 올라프(Olaf)는 잉글랜드 왕 헤롤드와 평화조약을 체결한 후, 생존자들은 24척의 배에 나누어 타고 노르웨이로 귀환하였다.

2. 노르만의 잉글랜드 정복

1066년 8월까지 윌리엄은 잉글랜드를 침입할 준비를 끝냈다. 그는 영불 해협을 횡단하기 위한 유리한 바람이 불고, 또한 잉글랜드로부터 좋은 소식이 오기를 기다렸다. 이러한 과정에서 헤롤드 하드라다가 8월에 노르웨이로부터 군대를 이끌고 오크니(Orkney) 섬에 도착하였다. 침입자들은 험버 강과 오즈 강을 따라 요크로 행군하여 그곳을 장악하였다. 그의 군대는 요크 시 동쪽 7마일 정도 떨어진 스탬퍼드 브릿지 근처에 진을 쳤다. 잉글랜드 국왕 헤롤드는 바이킹의 상륙 소식을 듣고서 9월 25일 스

탬퍼드 브릿지에 도달하여 헤롤드 하드라다가 이끈 노르웨이 군을 격파하였다.[35]

헤롤드가 노르웨이 군에게 승리한 지 2일째인 9월 27일에 잉글랜드 침입을 노리고 있던 윌리엄에게 유리한 상황이 전개되었다. 함선을 바다에 띄우기에 유리한 바람이 불기 시작한 것이다. 날씨가 윌리엄의 크나큰 조력자가 되었다. 스템퍼드 브릿지 전투 후 2일 만에 지금까지 불던 역풍이 변하였다. 역풍으로 인하여 도버 해협을 건너지 못한 윌리엄의 군대에게는 희소식이다. 1066년 9월 28일 오전 9시에 노르만의 함대가 서식스의 피벤지(Pevensey) 만에 입항하였다. 무방비 상태인 해안에 상륙한 것이다. 영불 해협을 건너는데 겨우 선박 2척만이 피해를 입었을 뿐이다. 윌리엄은 그의 거점을 곧 피벤지에서 헤이스팅스(Hastings)로 옮겼다. 그는 그곳에 재빨리 나무로 성과 성벽을 세워 방어거점을 만들었다.[36] 10월 1일에 헤롤드는 노르만 군대의 상륙 소식을 요크에서 들었다. 그는 13일 후에 런던으로 돌아와 새로 병력을 보충한 다음, 헤이스팅스로 출발하였다. 헤롤드는 헤이스팅스로부터 9마일 정도 떨어진 캔트, 서식스 동부, 서리, 햄프셔 등 여러 주에 걸쳐서 있는 거대한 산림지대인 윌드(Weald) 언저리에 방어벽을 쳤다. 1066년 10월 1일에 헤롤드는 노르만 군대의 상륙 소식을 요크에서 들었을 때에 그는 북쪽의 주지사와 백작들에게 군대를 규합하도록 요청하였다. 헤롤드는 13일 이내에 요크와 런던 사이의 190마일을 포괄하는 북쪽 지방의 문제를 해결하고, 런던으로 귀환하여 새로운 군대인 국왕의 가내 친위대와

35) M. T. Clanchy, *England and Its Rulers 1066-1272* (Wiley Blackwell, 2012), p. 43.

36) *Anglo-Saxon Chronicles*, pp. 142-143.

그의 형제들인 저드(Gyrth)와 레오프와인(Leofwine)의 가내 친위대로 새로운 군대를 편성하였다. 그러나 가내 친위대는 물론 반무장한 농민들에 이르는 전체 군사들이 7,000명을 넘지 못하였다.[37] 그는 1일 정도를 런던에서 지체한 다음, 헤이스팅스로 달려갔다. 윌리엄의 군대에 대항한 전술을 세울 틈도 없었고, 스탬퍼드 브릿지 전투로 인하여 떨어진 그의 군대의 기력과 사기를 회복할 휴식도 없었다. 10월 11일에 헤롤드는 런던으로부터 60마일 떨어진 헤이스팅스로 출발하여 10월 13일에 전투가 벌어진 도시에 도착하여 군영을 설치하였다.[38] 헤롤드의 병사들은 전투지에 도착한 날 밤에 술을 마시고 노래를 부르면서 보냈다.[39] 전날 밤 늦게까지 술을 먹고 노래를 불렀기 때문에 헤롤드와 그의 부하들은 다음 날 늦게 일어났다. 헤롤드의 군대는 전면에 방패로 성벽과 같은 방어막을 친 데인(thegn)을 배치하고, 그 후면에 창, 도끼로 무장한 병력을 배치하였다. 한편 정복자 윌리엄은 전투가 벌어진 10월 14일 아침 일찍 일어나 9시 경에 벌어진 헤이스팅스 전투에 대비하였다. 윌리엄은 전열을 다음과 같이 배치하였다. 첫 번째 열에 궁병(archer)과 장궁병(crossbowmen)을 배치하고 두 번째 열에는 쇠사슬갑옷을 입은 중장 보병을 배치하고 세 번째 열에 말을 탄 기사들을 위치시켰다.[40] 기사는 세 개 편대로 구성되었는데, 왼쪽에는 알랜 백작(Count Alan the Red)

37) F. M. Stenton, *Anglo-Saxon England*, p. 593.
38) D. C. Douglas and G. W. Greenaway, ed., *English Historical Documents, 1042-1189*, vol. ii (London, 1953), p. 144. (이하 *English Historical Documents 1042-1189*로 약칭함.)
39) William of Malmesbury, *Chronicle of the Kings of England*, trans. J. A. Giles (London, 1904), p. 274.
40) *English Historical Documents, 1042-1189*, pp. 225-229.

의 지휘 하에 브레타뉴(Btretagne) 병사들로, 중앙에는 윌리엄 자신의 지휘 하에 노르만인으로, 오른쪽에는 블로뉴의 유스터스(Eustace of Boulogne)의 지휘 하에 프랑스 용병들로 구성되었다. 각 진영은 다시 세 부분으로 나뉘어져 맨 앞에는 궁병이, 그 다음에는 중무장 보병들이, 그리고 마지막에는 기사들이 위치하였다.[41] 이는 전술적으로 초기 로마 군단의 전투 대형과 유사하였다. 반면에 헤롤드의 군대에는 궁병과 기병이 없었다. 이처럼 군사력에 있어서 큰 차이가 났다. 전통적인 앵글로 색슨 왕국의 보병 전술에 따라 헤롤드의 군대는 언덕 위에 방어 진지를 구축하였다. 그리고 방패와 방패를 서로 연결하여 방어벽을 구성한 고슴도치 전술을 구사하였다. 노르만 기병의 급습을 이러한 전술로 방어하려고 한 것이다. 또한 노르만 궁병들의 공격도 방패 전술로 막아낼 수 있었다.

아침 9시경에 공격을 알리는 트럼펫 소리와 함께 윌리엄의 군대가 전진하면서 전투가 시작되었다. 잉글랜드 군이 고지대에 위치하고 윌리엄의 군대가 언덕 아래에 위치하여 개전 초에는 헤롤드의 군대가 유리하게 전투를 이끌었다. 방패 장벽(shield-wall) 전술을 사용한 헤롤드의 군대를 무너트리는 것이 불가능하자, 윌리엄은 비잔틴의 일반적 전술이었던 게릴라 전술(ruse de guerre)을 사용하였다. 거짓으로 퇴각하는 것처럼 하여 적의 전투 대형을 무너트리는 전술이다. 도망하는 것처럼 하다가 갑자기 말머리를 돌려서 적을 포위하여 타도하는 전술을 사용한 것이다. 이러한 전술로 헤롤드 보병의 고슴도치 전투 대형이 무너지자, 윌리엄의 전사들이 반격을 가하여 배틀 수도원(Battle Abbey)이

41) *Ibid.*, p. 225.

세워진 곳에서 헤롤드 왕을 살해하였다. 헤롤드가 적이 쏜 화살에 눈을 맞아 사망한 것이다. 더구나 헤롤드의 두 명의 형제들도 헤롤드가 사망하기 이전에 이미 전투 중에 죽었다. 명령을 내릴 지도자를 잃은 헤롤드의 군대가 서식스 숲속으로 도망하였다. 헤롤드 군대의 지도부가 무너지자 잉글랜드 군은 도망가기에 바빴다. 이로써 전투는 노르만의 승리로 끝났다. 윌리엄은 롬니(Romney)와 도버(Dover) 항구를 장악하고 캔터베리로 행진하여 에드워드의 과부인 에디스(Edith)로부터 항복을 받아낸 다음, 런던으로 진군하였다. 그리하여 윌리엄은 성탄절에 웨스트민스터 교회에서 대주교인 알드레드(Aldred)의 주관 하에 대관식을 거행하였다. 그러므로 앵글로 색슨 왕국은 더 이상 존재하지 않게 되었다. 이제부터 백성들은 윌리엄에게 복종하고 그에게 세금을 납부하여야만 하였다.

3. 앵글로 색슨 왕국의 바러(Borough)와 군대조직

도시라는 의미로 사용된 부르(burh) 혹은 바러(borough)[42]에 대한 최초 언급은 754년에 『앵글로 색슨 연대기』에서 발견된다. 그리고 이에 대한 직접적인 정보를 준 지역은 대륙과 왕래가 가장 쉽고, 대륙으로부터 침략을 받기가 용이한 잉글랜드 남동 지

42) 잉글랜드 제도사의 개척자인 윌리엄 스텁스(William Stubbs)가 바러(borough)는 앵글로 색슨 왕국 시대 부르(burh)라고 부른 요새로부터 연유한다고 믿었다. 한편 메이트랜드는 바러의 행정적이고 법제적인 기능을 강조하였다. 왜냐하면 바러는 자체의 법정을 소유한 사법적 단위였기 때문이다. (F. W. Maitland, "The Origin of the Borough", *English Historical Review*, Vol. 11, No. 41 (Jan., 1896), pp. 13-19.) 이러한 주장은 상업활동의 중심지가 바러라는 점을 강조한 테이트(J. Tait)에 의해서 도전을 받았다.

방이다. 그런데 당시 국왕, 주교, 귀족의 거주지가 부르로 불리었다. 알프레드가 웨식스에 있는 그의 보유지를 보호하려고 요새를 건설하였고, 에드워드 선대왕과 에설플레드(Aethelfled)가 중부 지방에 똑같은 목적을 위해 세운 요새를 부르라고 불렀다. 이러한 사실을 통해서 볼 때, 부르 즉 바러는 알프레드 대왕 통치 이후 바이킹의 침입을 방어하기 위해 세운 요새였다. 그러므로 바러 건설 초기에 바러의 성격은 메이트랜드(F. W. Maitland)와 스티븐슨(Carl Stephenson)이 주장하는 것처럼 바이킹인 덴마크인의 침입을 방어하기 위한 군사적 시설이라는 성격이 강하였다. 바러는 서식스 동부에서 시작하여 콘웰까지 해안을 따라서 서부 지역으로 연결되어 건설되었다. 또한 데본(Devon) 해안에서 머시아 남부를 거쳐서 서리(Surrey)에 이르는 지역에 약 33여 개의 바러가 설치되었다.43) 사실 알프레드가 세운 바러는 육지나 바다로부터 침입하는 적들을 방어하기 위한 기능을 하였고, 외적이 침입할 때, 사람들은 물론 가축들의 피난처였다. 그러나 9세기에 이르면 덴마크인들의 잉글랜드 침략의 양상이 바뀐다. 종래처럼 침략 후 약탈을 하고 철수하는 것이 아니라 정복 후 한 동안 아니면 영구적으로 정착하는 형태로 변하면서 바이킹들이 바러에서 상거래를 하였다. 그러므로 이제 바러는 군사적 시설일 뿐만 아니라 상업 활동이 이루어진 시장의 기능도 하게 되었다.44) 이러한 사실에 근거하여 볼 때, 알프레드는 물론 그의 아

43) A. J. Robertson, ed., *Anglo-Saxon Charters* (Cambridge, 1939), appendix, II, I.

44) H. R. Loyn, *The Making of the English Nation from the Anglo-Saxon to Edward I* (London, 1991), pp. 44-45; 이순갑, 「Anglo-Saxon 후기 Borough에 관한 고찰」, 『부대사학』, 제 15, 16합집 (1992), 33-34쪽.

들 때에 건설된 바러는 초기 군사적 성격을 벗어나 상업 발달과 연계된 행정적이고 상업적인 도시로서의 모습을 갖추어 갔다고 볼 수 있다. 에드워드 치세인 911-919년 사이에 웨식스 왕국에서 바러가 서식스 동부로부터 콘웰 지방 해안과, 데본 북부 해안, 템스 강 유역과 서리(Surrey)에 이르는 해안 지대를 중심으로 30여 개가 건설되었다. 바러는 당시 잉글랜드 해안 지대를 자주 약탈하기 위해 침입한 바이킹에 대한 방어는 물론 9세기 이후 덴마크인들의 잉글랜드 침략 전쟁에 대비하여 이들의 진출로인 해안가에 건설되었다. 즉 군사적이고 방어적인 시설이 바러였다. 그리고 바러에 설치된 법원이나 행정기구로 볼 때 바러는 주민들을 행정적으로 지배하기 위한 기구이기도 하였다. 이러한 점에 따르면, 앵글로 색슨 왕국 시대 바러는 메이트랜드가 주장한 것처럼 군사적, 행정적, 경제적 성격을 모두 갖춘 요새이다. 그러나 독특한 상업적 성격을 지닌 중세 도시의 기능이 앵글로 색슨 왕국 시대의 바러에는 없었다. 이는 12세기까지 기다려야 하는 문제였다.

9세기까지는 바러가 무역중심지로서 항구를 갖추게 되어 군사적이고 행정적 기능과 함께 상업적 기능을 갖춘 새로운 의미에 교역중심지로 발전하여 나갔다. 9세기 이후부터 주로 스칸디나비아 반도에 거주한 바이킹의 침입을 달래려고 잉글랜드 국왕은 그들에게 데인겔트를 지불하였을 뿐만 아니라 이들과 교역도 하였다. 이 시기에 대도시로서 런던과 요크가 있는데, 특히 덴마크인들이 요크에 와서 상업 활동을 하였으며, 그에 따라 상품거래의 매개체인 화폐도 활발하게 주조되었다. 그러므로 상업활동의 중심지인 바러들은 또한 화폐주조의 중심지였다. 바러에 화폐주조소가 설치되었음은 교역의 증가를 의미한다. 이러한 사실에 근거하여 테이트(J. Tait)는 앵글로 색슨 왕국 후기에 바러의 상업적 기능을 주목하면서 중세 도시로서의 발전을 위한 전단계로서 언급한 것이다. 에드워드 선대왕이 도시에 위치한 항구 밖에서의 교역을 금지시킨 법령을 발표하였는데, 이는 앵글로 색슨 왕국 시대 바러의 특징을 잘 나타낸다. 이러한 상업중심지가 발달하기 위해서는 화폐주조와 그 유통이 전제되어야 한다. 그러므로 포트(port)라는 단어가 시장권과 화폐주조권과 일치하게 되었다. 성벽을 갖춘 요새라는 의미의 바러와 항구를 의미한 포트가 있는 지역에는 캔터베리나 로체스터와 같이 화폐주조소도 함께 있었다. 그러므로 바러는 방어시설인 성벽을 갖춘 군사적 요새인 동시에 시장과 화폐주조소를 갖춘 경제도시였다. 8세기 중엽에 오파(Offa) 왕이 도입한 은화인 페니(penny)는 험버 강 남쪽에서 보편적으로 사용되었으며, 10세기 덴마크 정착자들이 그 제도를 잉글랜드 대부분의 지역에 도입하였다. 한편 에델스탄(Aethelstan)은 법으로 런던, 캔트, 웨식스에서만 화폐를 주조하도록 하였다.[45] 에델스탄 법에 따르면, "왕국 내에 하나의 통화만이 있어야 한다. 만약 화폐주조자가 악화를 만들다가 기소되면, 그의 손을 자르는 가혹한 형벌을 가하였다. 캔터베리에 7명의 화폐주조자가 있는데, 그들 중에 4명은 국왕에게, 2명은 대주교에게, 나머지 한 명은 대수도원장에 속하였다. 로체스터에는 3명이 있는데, 2명은 국왕에게, 나머지 한 명은 대주교에게 속하였다. 그 이외에 런던에 8명, 캔터베리에 7명, 윈체스터에 6명, 서식스에 있는 루이스(Lewes)에 2명, 헤이스팅스에 한 명, 치체스터에 한 명, 사우샘프턴에 2명, 그리고 다른 부르에 각 한 명씩 둔다."[46] 이에 따르

45) Peter Hunter Blair, *An Introduction to Anglo-Saxon England*, p. 296.

면 국왕이 바러에 화폐주조자를 두거나 두려고 하였음을 알 수 있다. 그 만큼 바러가 교역을 위한 중심지로 발전하기 시작하였음을 뜻한다. 한편 동전 주변을 깎아내어 그것을 모아서 사적으로 악화를 주조하는 행위를 금지하기 위해서 화폐주조를 위한 거푸집은 런던에 보관하도록 하였다. 둠즈데이 북의 기록에 다르면 거푸집은 런던의 국왕 거주지에 보관하도록 하였다. 그러나 불법 행위가 근절되지 않고 화폐유통 질서를 어지럽히는 일이 빈번하자, 앵글로 색슨 왕인 에델스탄은 불법으로 악화를 주조한 자의 손목을 자르는 처벌을 하도록 법으로 규정하였다. 그리고 주변을 깎아내어 무게가 감소한 동전은 수집하여 구멍을 내어 유통되지 않도록 한 다음, 그것들을 재주조하도록 조치하였다. 당시 잉글랜드 도시의 부를 판단하는 기준으로 도시 내에 화폐주조자들의 수를 계산하는 방법도 있다. 이에 따르면 런던, 요크, 윈체스터, 링컨, 노리치가 교역이 가장 발달한 상업중심지였음이 분명하다. 그런데 앵글로 색슨 왕국 시대에는 국왕뿐만 아니라 대귀족들도 자신의 지배지에서 유통된 디자인과 세공이 거친 화폐를 발행하기도 하였다. 사실 국왕이 왕국 내에서 유통됨은 물론 더 나아가 대륙과의 교역에서도 유통될 수 있는 화폐를 주조하는 것이 상업 발달의 가장 중요한 요소였다. 그러나 이러한 조건의 성립은 왕권이 대귀족들을 압도할 수 있는 앵글로 노르만 왕국 시대까지 기다려야 될 문제였다.

에델레드(Athelred) 왕과 크누트 왕의 통치기에 스칸디나비아 상인들과 활발하게 교역하였다. 덴마크 출신 국왕이 잉글랜드를 지배하였기 때문에 나타난 자연스런 결과이다. 이 시기에 잉글랜

46) F. M. Stenton, *Anglo-Saxon England*, p. 535.

드 화폐인 페니가 스칸디나비아 상인들에게 유통되었던 점으로 보아 잉글랜드와 스칸디나비아 상인들 사이에 정규적인 상업 교류가 있었음이 분명하다. 특히 덴마크, 노르웨이, 스웨덴의 경우 그들이 사용한 표준화폐를 에델레드 2세가 앵글로 색슨 왕국에서 유통시킨 페니를 모방하여 주조하였다. 이는 잉글랜드의 화폐주조자를 스칸디나비아 국가들의 국왕이 고용하였으며, 또한 양 지역 간에 교역이 활발하였음을 알려주는 증표이다. 한편 노르만 정복 이전에 잉글랜드는 대륙과도 교역을 하였다. 이탈리아로부터 라인란트에 이르는 남방무역로와 러시아로부터 발틱 해에 이르는 북방무역로를 따라 앵글로 색슨 왕국의 상인들이 무역을 위해 왕래했다.

바러는 성벽과 토성으로 둘러싸여 있고, 그 내부에서 상인들의 교역이 이루어졌음은 물론 경작지와 목초지도 있어 농업활동도 활발하였다. 바러에 거주한 자들에게 식량을 공급하기 위해 바러 내에 있는 토지경작도 필요하였을 것이다. 도시 내에 토지를 보유한 자들은 자신의 토지를 국왕의 허락 없이 자유롭게 매매하였다. 그리고 정해진 지대를 납부하는 한 상속도 자유로웠다. 마치 중세 중기에 도시민의 자유로운 토지보유조건(burgess tenure)과 유사하였다. 따라서 앵글로 색슨 왕국 시대의 바러는 교역 중심지임은 물론 외적의 침입을 방어한 방어 중심지이고 농업중심지이기도 하다. 마치 로마인들이 잉글랜드를 정복한 후, 그들이 항상 군사령부 근처에 도시를 건설한 것처럼 앵글로 색슨 왕국 시대에도 바러를 세워 지역행정의 중심지일 뿐만 아니라 교역의 중심지로 삼았다. 배스(Bath), 윈체스터, 포체스터(Porchester), 치체스터(Chichester), 엑스터, 링컨, 요크, 글로스터와 같은 도시들의 요새는 로마의 도시나 성채의 흔적이 남아 있는 곳에 건설되었다.[47] 또한 도시가 로마군의 주둔지 근교에 세워지고, 이곳을 통치와 교역의 중심지로 삼았다. 그러나 과거 로마 도시들은 앵글로 색슨 왕국 지배 하에서 파괴되었다. 그렇다고 그것들이 완전히 무너진 것은 아니었다. 사람들은 여전히 구 로마 도시에서 거주하였으며, 국왕의 궁정이나 상업중심지로 계속 잔존하였다.

한편 앵글로 색슨 왕국 시대의 바러는 행정중심지로서의 기능도 하였다. 베드윈(Bedwyn)과 워민스터(Warminster)와 같은 소규모 바러의 경우 자체적인 법원이 없었으나, 대부분의 바러에는 법원이 설치되어 있었다. 바러에 법원이 설치되어 있지 않았던 곳도 백호장의 법원과 유사한 법원이 점차 설치되어 나갔다. 에드가 왕은 주 법원을 일 년에 두 번, 바러의 법원(buruhgemot)은 일 년에 세 번 열도록 명하였다.[48] 그리고 법원의 재판관은 주교나 백작이 맡았으며, 이들이 없을 경우에는 주지사가 맡았다. 그리고 국왕, 주교, 백작의 신하들 가운데 선발된 12명의 배심원들이 법원을 관리하였다. 선발된 배심원들은 법정이 열리는 매 회기마다 출석하여야 하고, 만약 불참하면 10실링의 벌금이 부과되었다. 바러 거주민들의 통치를 위한 사법적 기능이 강화된 결과이다. 그리고 이러한 법원을 통해 바러 내에서 발생한 범죄 행위를 단죄하였을 뿐만 아니라 범죄 발생을 방지하고 평화를 유지한 효과도 얻었다. 이러한 사법제도는 노르만 정복 이후에도 계

---

47) *Ibid*, p. 264.

48) 바러의 법원에 대하여 언급한 앵글로 색슨 왕국 시대의 문서는 없다. 그러므로 에드가 왕이 주 법원은 1년에 두 번, 바러의 법원은 1년에 세 번 열어야 한다는 명령을 담고 있는 기록은 매우 가치가 있는 문서이다. A. Ballard, *The English Borough in the Twelfth Century* (Cambridge University Press, 1914), p. 7.

속되었다. 이러한 사실은 앵글로 색슨 왕국의 제도가 앵글로 노르만 왕국으로 계승되었음을 알리는 본보기이다.

아마도 8세기의 문학작품으로 추정되는 서사시인 「베어울프(Beowulf)」는 당시 잉글랜드 사회를 이해할 수 있는 작품이다. 이 작품 속에서 우리는 친족과 개인의 충성심을 바탕으로 한 앵글로 색슨 사회의 모습을 본다. 혈족 위에 부족의 수장과 국왕이 존재한 귀족사회의 모습을 엿볼 수 있다. 부족의 수장과 국왕은 그를 추종하는 무리들인 종사들을 거느리고 있었다. 즉 1세기 무렵 타키투스의 『게르마니아(Germania)』에서 확인된 게르만 사회의 특징을 이룬 코미타투스(comitatus) 제도이다. 종사(코미타투스)들은 5-6세기에 게르만족의 지도자들을 추종한 군사들이고, 7-9세기에는 국왕이 그의 궁정에서 회의를 개최할 때 종사들도 참석하였으며, 10-11세기에는 봉건 영주들의 기사로서, 12세기에는 원탁의 기사로서 등장한다.[49] 이처럼 앵글로 색슨 왕국 사회는 무력이 바탕이 된 전사귀족사회(warrior aristocracy)였다. 물론 알프레드를 비롯한 앵글로 색슨 왕국의 왕들이 군사적으로 성공한 유일한 요소가 무력을 독점한 국왕의 신하(servant)들이 아니었다. 알프레드의 군사력은 퍼드라는 자유농민으로 구성된 군대로 보충되었기 때문이다. 알프레드가 국왕은 기도하는 자, 싸우는 자, 노동하는 자들이 필요하다고 언급하였으나,[50] 이들의 역할을 완전히 분리시키지는 않은 것이다. 그러나 이미 9세기에 알프레드가 그들의 역할에 따라서 백성들을 '3위계'로 구분하였다는 것은 큰 의미가 있다. 11-12세기에 전형적인 봉건제 사회

49) H. R. Loyn, *The Making of the English Nation from the Anglo-Saxon to Edward I*, p. 37.
50) *Ibid.*, p. 39.

에 존재한 계급에 따른 역할분담의 사상이 이미 9세기 잉글랜드에 존재하였다는 점은 봉건제의 계속설과 연계시켜 이해할 수 있는 문제이다.

4. 앵글로 색슨 잉글랜드의 지방통치 조직과 기능

지방 정부 조직은 에드가 왕 통치시대 이래로 발전하였다. 특히 알프레드, 에드워드, 에델스탄 등 서 색슨 왕들이 그들의 통제력을 확대시킬 일련의 주목할 만한 쇄신을 단행하였다. 위에서 지적한 것처럼 이 시기에 잉글랜드가 크게 세 개의 통치 지역으로 분할되었으나, 지방 통치 조직은 기본적으로 다음과 같은 동질성을 띠었다. 지방 행정 조직으로서 가장 큰 단위는 주(shire)이다. 알프레드 대왕 통치기에 웨식스 왕국은 주(州)로 불린 큰 규모의 단위로 분할되었다. 그리고 웨식스 왕국이 머시아, 데인로우 지역으로 세력을 확대하여 나가면서 정복한 지역도 웨식스를 모델로 하여 지방을 주로 분할하였다. 노퍽, 서퍽, 캔트, 서식스, 에식스가 그러한 지역에 해당한다. 근대적인 경계선을 가진 모든 주들이 북부의 네 곳의 주들과 루트랜드(Rutland)를 제외하고 10세기 말까지 성립되었다. 남동부의 주들 가운데 캔트, 서식스, 에식스는 고대 왕국들이다. 노퍽과 서퍽은 7세기에 번영하고 9세기까지 존재하였던 이스트 앵글리아와 하나였다가 분할되었다. 동 중부(east midlands) 지역에 위치한 주들[51]에는 9-10세기에 덴마크인들이 정복하고 정착하였다.[52] 국왕이 주를 통해 지

51) 더비셔, 노팅엄셔, 링컨셔, 레스터셔, 러틀랜드, 노샘프턴셔 등이 동 중부에 속한다.

방을 통제할 수 있었기 때문에 주는 앵글로 색슨 왕국 후기 통치에 가장 중요한 행정 단위이다. 그리고 이때 형성된 주의 기본 개념과 기능이 중세 잉글랜드에서 늘 작용하였다. 주는 귀족 중에서 선발된 국왕의 주지사인 앨더맨(ealdorman)[53]이 통치하였다. 갑작스런 덴마크의 침입에 대항하여 주를 방어한 군대인 퍼드를 이끈 사람도 앨더맨이다. 그의 지위는 상속되지 않았으며, 통상 1년에 두 번 열린 주 법원의 일들을 관장하였고, 국왕의 칙서에 따른 국왕의 명령이 이행되는지 여부를 감독하였다. 각 주의 행정적이고 군사적 명령은 주의 지방 행정관인 리브(reeve)나 혹은 주지사에게 전달되었다. 이러한 사실에 근거하여 알프레드 대왕을 잉글랜드 전체를 지배한 첫 번째 국왕이라고 부르기도 하지만, 『앵글로 색슨 연대기』에 기록된 것처럼 덴마크 지배하에 있던 지역을 제외하고 잉글랜드에 영향을 끼친 왕으로 지적하는 것이 더 적절할 것 같다.[54] 알프레드 대왕 통치기에는 주지사가 주 법원을 장악하였다. 주 법원에서는 세속은 물론 교회와 관련된 국왕의 통치 문제를 다루었으나, 대부분은 토지소유권 분쟁 해결과 관련된 문제를 다루었다.[55] 그런데 주 법원과 주지사 제도는 앵글로 색슨 시대의 유산으로서 중세 후기 잉글랜드에 전하

52) Christopher Brooke, *The Saxon and Norman Kings*, p. 83.
53) 앨더맨은 앵글로 색슨 왕국의 가장 고귀한 귀족이다. 이들이 후대에 백작(earl)이 되었다. (*Ibid.*, p. 87.)
54) *Anglo-Saxon Chronicles*, p. 111; Sarah Foot, "The Making of *Angelcynn*: English Identity before the Norman Conquest", *Transactions of the Royal Historical Society*, Vol. 6 (January 1996), p. 25; M. Chibnall, ed., *The Ecclesiastical History of Orderic Vitalis* (6 vols., Oxford, 1968-80), vol. II, p. 241.
55) Peter Hunter Blair, *An Introduction to Anglo-Saxon England*, pp. 228-229.

여 준 중요한 제도이다. 앵글로 색슨 시대의 제도가 앵글로 노르만 시대에 계승된 여러 가지 제도 중에서 주 제도가 대표적이다. 주의 대부분이 1974년 4월 1일까지 잔존하였는데, 그 만큼 이 제도가 잉글랜드 지방 행정에 끼친 영향이 매우 컸다.

10세기에 이르러 헌드레드(hundred), 즉 백호장이 주보다 하위의 지방 단위로서 인식되기 시작하였다. 주처럼 백호장도 웨식스에서 실시된 행정 조직이다. 각 주마다 백호장의 규모는 다양하였다. 스태퍼드셔(Staffordshire)에는 5개 백호장이, 캠브릿지셔에는 14개 백호장이 설치되었다. 하나의 백호장이 100하이드마다 설치되는 것이 일반적이었는데, 이는 개별 전사들의 가족을 부양하기에 충분한 영지였으며, 세금 징수를 위한 기본 단위로서 간주하였기 때문이다. 중부 지방에 있는 다수의 백호장의 규모가 100하이드 단위였으나, 웨스트 색슨에서는 20하이드 이하인 곳도 있었다.[56] 이러한 백호장의 관한 사실들은 945년과 961년 사이에 편찬된 국왕의 법령에 나타난다. 이 법령에 따르면, 백호장 법원(hundred court)이 매 4주마다 열려 백호장 내에서 일어난 각종 범죄, 특히 절도 용의자를 체포하여 재판하였다.[57] 백호장 법원에서도 다른 법원과 마찬가지로 12명의 배심원들이 범죄를 심리하였다. 에드가 왕의 법령에 따르면, 12명의 배심원을 각 백호장마다 선발하여야 한다. 한편 백호장 내에 속한 12세 이상의 자유인 남성들은 다시 10호조(tithing)[58]로 나눈 조직에 가

---

56) *Ibid.*, p. 236.

57) 백호장의 의무를 게을리 한 자는 첫 번째는 벌금을, 두 번째는 벌금액의 두 배를, 세 번째에는 국왕의 사면이 없는 한 법익박탈을 당하였다.

58) 이론상으로 백호장의 1/10 규모가 10호조이다. William A. Morris, *The Frankpledge System* (London, 1910), pp. 1-40. (10호조 제도의 기원을 앵글로 색슨 시대와 앵글로 노르만 시대로 보는 두 가지 이론이 있다.)

입하여야 하고, 10호조 내에서 일어난 범법 행위를 고지하여야 할 의무가 그들에게 있었다.[59] 10호조 제도는 구성원들 상호간의 안전보장의 기능을 하였을 뿐만 아니라 사법적인 기능도 하였다. 특히 외딴 도시나 촌락에는 폭력적 범죄에 대해 공권력이 미치기 어려운 문제가 있었다. 따라서 개인이 독자적인 안전책을 강구하든지 아니면 이웃들의 결집된 힘을 바탕으로 범죄에 대항하여야 하였다. 그런 의미에서 10호조 제도는 안전보장을 위해 매우 중요한 조직이었다. 10호조의 책임자는 범인을 체포하고 폭력적 범죄의 발생을 억제하였으며, 구성원 개개인의 악행에 대한 책임을 지고 있었다. 만약 어느 자가 살인죄로 기소되고도 법원에 출두하지 않으면, 10호조의 책임자나 구성원들이 그를 구인하여 주지사에게 인계하여야 한다. 귀족, 기사, 부유한 자유인, 성직자, 여성, 육체적 및 정신적 무능력자 등을 제외한 12세 이상의 모든 남성은 의무적으로 10호조에 가입하여야 한다. 그리고 1년에 두 번 그 구성원들에 대한 검열, 즉 10호조의 검열(view of frankpledge)이 있었다.[60] 만약 그 구성원 중에 어느 자가 중죄를 범한 것으로 고발되면, 그의 동료들이 국왕의 재판관에게 중죄에 대해 답변하기 위하여 법원에 출두하여야 한다. 특히 10

그런데 이론적으로는 각 10호조는 12세 이상의 10명의 남성으로 조직되었다. (D. A. Crowley, "The Later History of Frankpledge", *Bulletin of the Institute of Historical Research*, Vol. XLVIII, 1975, p. 1.)

59) 크누트 왕의 법령에서 12세 이상의 남성 자유인은 10호조와 백호장에 속하여야 한다고 명하였다. 10호조가 백호장 내에 정치적 목적을 위해 조직된 10명의 성인 남성 집단인지 혹은 백호장을 열 가구 단위로 분화시킨 것인지 여부는 분명하지 않다.

60) Bracton, f. 124b; James Buchanan Given, *Society and Homicide* (Stanford, 1977), p. 9; 주 법원과 마찬가지로 10호조에 대한 검열도 부활절과 성 미카엘 축일 이후에 실시하였다. [Robert C. Palmer, *The County Courts of Medieval England 1150-1350* (Princeton Univ. Press, 1982), pp. 16-17.]

호조의 책임자는 범죄에 대한 사실심리를 위해 배심원으로 선발되는 것이 보통이다. 만약 이러한 의무를 태만히 하면 그들에게 벌금이 부과되었다. 이러한 조직 하에서 범죄발생 지역이나 범법자의 거주지 주민들로 배심원을 구성한 것은 범법자에 대한 가장 강력한 제재 기능이자, 범죄발생 예방을 위한 수단이었다. 무엇보다도 살인범들에 대한 제재는 법익박탈(outlawry)로 인한 재산몰수와 같은 경제적 제재뿐만 아니라 지역공동체로부터 완전히 추방되거나 기피인물로 낙인찍혀 소외시킨다는 점이다. 이는 범법자에 대한 강력한 형벌이요 범죄발생 예방을 위한 수단이었다. 그런데 10호조 제도는 앵글로 노르만 시대에 그대로 전해져 지방 통치 제도로서 자리 잡았다.

한편 다섯 개의 바러(Five Borough)[61] 지역과 요크셔의 노스 라이딩(North Riding)과 웨스트 라이딩(West Riding) 지역에서는 백호장과 유사한 기능을 한 조직인 와펜테이크(wapentake)가 있다.[62] 그런데 유사한 기능을 한 제도의 명칭이 다른 이유는 와펜테이크는 앵글로 색슨의 기원을 가진 제도가 아니라 덴마크인에 의해서 실시된 제도이기 때문이다. 반면에 백호장은 잉글랜드 대부분의 지역에 존재한 행정구역이었다. 백호장은 분명히 10세기에 지방 정부 조직의 하나의 단위로서 인식되기 시작하였다. 백호장의 기능에 대하여서는 945년과 961년 사이에 작성된 국왕의 조례(ordinance)와 962년에 발표된 크누트의 세속법에서

61) 덴마크인들이 지배한 5곳의 바러들인 레스터, 링컨, 노팅엄, 스탬퍼드, 더비를 말한다.

62) 북부 4개 주에서는 헌드레드(hundred)나 혹은 와펜테이크(wapentake)가 존재하지 않았다. 그리고 그곳에서는 워드(ward)라는 단위로 각 주가 분할되었다. 그러나 행정단위로서의 워드가 13세기 이전에는 발견되지 않는다.

서술되었다. 이 조례에 따르면, 백호장의 회합은 매 4주마다 열고, 여기에서 범법자에 대하여 심판을 하였다. 또한 백호장 구성원들은 절도범에 대한 심판을 하였고, 백호장 구성원들은 백호장 내에서 절도 사건이 발생하면 그 범인을 추적하여 체포해야 될 의무가 있었다.

5. 앵글로 색슨 왕국 시대의 사회와 경제

앵글로 색슨 왕국의 귀족계급으로 알려진 데인(thegn)은 9세기 이후부터 그 중요성이 부각되었다. 데인과 농민 간의 구분은 9세기에 웨식스 왕국, 머시아 왕국, 노섬브리아 왕국에서 속죄금(wergild)[63]의 차이로부터 확인할 수 있다. 위에서 언급한 것처럼 이 당시 데인의 속죄금은 자유농민인 케올(ceorl)보다 6배나 많았다. 그만큼 데인이 케올보다 신분적으로 귀하였다는 증거이다. 비록 그 이전의 상태를 확인할 수는 없다고 하더라도, 이때부터 계급의 분화가 나타난 것이다. '동료'를 뜻한 '게지스(gesith)'처럼 어느 사람이 다른 사람에게 군사적으로 봉사한 사람을 데인이라고 불렀다.[64] 그런데 데인의 지위는 그가 바친 역을 받아들인 사람의 지위에 따라 결정되었다. 데인 중에서 지도적 지위에 있는 자들은 국왕과 직접 관계를 맺었다. 이들은 전형

63) 신분별로 정한 인명의 가치.

64) 'gesith'와 'thegn'이라는 용어는 알프레드 왕 통치 말기에 나타난다. 'thegn'이 900년에 하나의 용어로서 등장한 반면, 'gesith'는 앵글로 색슨 왕국 말기까지 기록에서 사라졌다. 세력 있는 자에게 봉사한 자라는 의미를 가진 'thegn'의 등장은 10세기 잉글랜드에서 왕권의 성장과 연관성이 있다. [H. R. Loyn, "Gesiths and Thegns in Anglo-Saxon England from the Seventh to the Tenth Century", *English Historical Review*, Vol. 70, No. 277 (Oct., 1955), p. 529.]

적 봉건제 하에서 직수봉신(tenant-in-chief)과 같다. 에델레드 2세의 특허장에 따르면, 당시 국왕과 관련을 맺은 데인이 20명 이상이었다. 그들은 주기적으로 궁정에 출두하고, 알프레드 대왕 시대처럼 다양한 관직을 맡았다. 또한 그들은 무장을 하고 국왕을 군사적으로 도왔다. 『앵글로 색슨 연대기』 895년의 기록에 따르면, 덴마크인들과의 전투에서 국왕의 데인들 중의 다수가 사망하였다. 그들 중의 한 명이 로체스터 주교였다.[65] 이를 통하여 볼 때, 데인은 단순히 무력을 소유한 국왕의 무사들이 아니었던 것 같다. 이들은 국왕의 신하로서 국왕을 항상 보필하기 위해서 따라다닌 상당히 높은 신분의 관료였다고 하겠다. 그러므로 위에서 언급한 것처럼 데인 중에는 주교도 있었다. 크누트 왕의 법에 따르면, 국왕을 근거리에서 보호한 데인의 상속자들에게는 두 개의 말 안장, 두 마리의 말, 두 자루의 칼, 4개의 창과 방패, 하나의 투구와 몸통 보호용 갑옷 등이 수여되었다.[66] 한편 국왕 이외에 다른 고위귀족들도 데인과 관계를 맺었다. 백작의 데인들은 정치적 위기 시에 백작과 그의 영지를 보호한 중요한 세력이었다. 그리고 이들 하위 데인들은 그들이 한 역할의 대가로 주군으로부터 영지를 받았다. 이는 마치 전형적 봉건제 하에서 주군과 봉신과의 관계와 유사하다. 그런데 데인들은 세속령뿐만 아니라 교회령도 보유한 것으로 보아 대수도원장이나 주교들과도 관계를 맺어 지배층을 형성한 것 같다.

지배계급으로서의 데인은 사적 재판권을 소유하였다. 물론 사적 재판권의 기원이 앵글로 색슨 왕국 통치기에 있는지 여부가

65) *Anglo-Saxon Chronicles*, p. 107.
66) F. M. Stenton, *Anglo-Saxon England*, p. 489.

확실하게 밝혀지지 않고 있다. 그러나 다음과 같은 예에서 우리는 주군이 봉신을 다스린 봉건적 지배 도구 중에 하나인 사적 재판권이 앵글로 색슨 왕국 시대에도 존재하였음을 추론케 한다. 첫 번째로 816년에 머시아의 첸울프(Cenwulf) 왕이 우스터 주교에게 준 특허장에서 "만약 행실이 나쁜 사람이 공개된 악행으로 세 번 체포되면, 그를 국왕에게 인계하여야 한다."고 서술하였다. 두 번째 예는 에드위그 왕 통치기인 956년에 국왕이 발행한 특허장에서 주군이 그의 봉신들이 출두하여야 할 법원을 소유하였음을 언급한 사실이 처음 나타난다.[67] 세 번째 예로서 959년에는 에드가 왕이 왕비에게 요크셔에 호우덴(Howden) 지역을 양도하였는데, 그 토지에는 8명의 예속인이 속해 있었고, 그들에 대한 사적 재판권도 함께 양도하였다. 네 번째 예로서 975년에 요크의 대주교인 오스왈드(Oswald)가 그의 영지에 대한 사적 재판권을 언급하고 있다. 다섯 번째로는 에드워드 고백왕이 아빙돈 대수도원장에게 국왕의 평화를 파괴하는 자에 대한 형사재판권을 허용하였다.[68] 그 이후 노르만 왕들에 이르기까지 사적 재판권이 언급되고 있는 것으로 보아 세력이 있는 중요한 인물이 사적 재판권을 그의 영지에 부속된 하나의 권리로서 간주하였던 것 같다. 이러한 사실로 보아 데인 계급이 10세기에 이르러 사적 재판권을 바탕으로 확실하게 지배층으로 자리를 잡았다고 하겠다. 환언하면 지배층이 신민들에 대한 지배권 행사의 근거가 된 사적 재판권이 앵글로 색슨 왕국 시대에 존재하였던 점은 11세기 이후 전형적인 봉건적 지배구조 하에서 주군이 봉신에게 행사한 지

67) *Ibid.*, p. 495. [에드위그 왕이 노팅햄셔에 있는 사우스웰(Southwell)을 요크 주교에게 양도하면서 동시에 사적 재판권도 양도하였다.]

68) *Ibid.*, pp. 492-502.

배권과 유사한 모습을 엿볼 수 있게 하는 중요한 근거가 된다. 즉 앵글로 색슨 왕국 시대에 존재한 사적 재판권은 앵글로 노르만 시대의 봉건 영주들이 소유한 사적 재판권과 유사하다. 재판권이 분화되어 토지와 함께 양도된 점은 전형적 봉건제 하에서 볼 수 있는 특징이기 때문이다. 이러한 점은 봉건제의 계속설을 입증할 자료로 간주될 수도 있다. 에드워드 고백왕 통치 말까지 고드윈(Godwine), 레오프릭(Leofric), 시워드(Siward)와 같은 가문이 세력이 큰 가문으로 성장하였고, 이 가문을 대표한 백작들은 주지사와 같은 지방 대귀족들 위에 자신을 위치시킨 권위와 영향력을 소유하였다. 이러한 권위와 영향력은 사적 재판권으로부터 비롯되었다. 그들은 소작인들이 위법행위를 범하면 그들을 재판할 법원을 소유할 권리인 영주재판권과 절도범의 재판권을 포괄한 사법권을 지닌 중요한 인물로 부상하였다.

앵글로 색슨 왕국 시대에 잉글랜드인들 대부분은 촌락에 거주한 농민이다. 로마가 잉글랜드에서 철수하고 게르만족이 잉글랜드를 점령한 이후부터 10세기까지 도시가 중요한 역할을 하지 못하였기 때문에 농업 중심 사회를 이룬 결과이다. 그런데 기본적으로 자유인으로 구성된 농민층이 경제적으로 예속되고 인신적 자유를 상실하는 과정으로 고대 잉글랜드 사회의 변화 과정을 서술할 수 있다. 7세기 캔트 법전에서 앵글로 색슨 왕국에서 귀족과 평민을 의미하는 두 가지 계급이 발견되는데, 그 중에 하나가 농민이며 자유인을 의미한 케올(ceorl)이다. 케올의 대부분은 농부들이었으나, 금세공업자, 각종 농기구를 제조한 대장장이, 무역업자, 매사냥꾼, 상인들도 케올이었다. 농노(villein)에 비하여 케올은 자유인으로서 법률적인 권리와 의무를 가지고 있었다. 그는 토지를 상속, 유증, 판매함에 자유로우며, 토지에 예속되지 않았다. 한편 웨식스 왕국에서는 케올이 세금납부는 물론 군사적 의무도 졌다. 세금납부 의무의 존재 여부는 자유인과 농노를 구분할 수 있는 하나의 기준이었다. 토지시장의 발달과 상업의 번영으로 케올이 낮은 지위의 귀족계급으로 그의 지위가 상승할 수 있었다. 그러나 무엇보다도 법률적 시각에서 볼 때, 한 계급과 다른 계급을 구분하는 중요한 기준은 속죄금(wergild)의 액수이다. 즉 살인자가 피살자의 친족에게 속죄금으로 지불한 액수가 피살자의 신분에 따라서 달랐다. 7세기 웨식스에서는 속죄금이 귀족의 경우는 1,200실링, 케올의 경우는 200실링이었다. 케올의 속죄금이 귀족의 1/6에 불과하였다.[69] 이 시기에 속죄금은 지역마다 달랐다. 그러나 알프레드 왕 통치기에 이르러 웨식스의 속죄금이 캔트의 속죄금과 같았다. 7세기 캔트 법에서는 케올이 100실링이고 귀족은 케올에 비해 3배에 해당하는 300실링에 이르렀는데, 이 금액은 300마리의 황소를 구매할 수 있는 액수에 해당한다. 노섬브리아에서는 케올의 속죄금이 200실링이고, 데인(thegn)의 경우는 2,000실링, 앨더맨이나 주교의 경우는 8,000실링에 이르렀다. 10세기 초반에 런던 법에 정한 가축가격을 보면, 황소 한 마리에 값이 30펜스, 암소는 20펜스, 돼지는 10펜스, 양은 5펜스였다.[70] 만약 이러한 가축가격을 속죄금에 대입시켜 보면 속죄금이 얼마나 많은 액수에 해당하는지를 알 수 있다.

위에서 언급한 것처럼 웨식스 귀족의 속죄금은 케올에 비하여 6배 정도 더 많았다. 이처럼 7세기 속죄금 납부 수준을 통하여 귀족과 평민 간의 신분적 차이를 파악할 수 있다. 그렇다고 경제

69) Dorothy Whitelock, *The Beginnings of English Society*, p. 97.
70) Peter Hunter Blair, *An Introduction to Anglo-Saxon England*, p. 260.

적 부가 곧 그들의 신분을 결정하는 결정적 요소는 아니다. 자유인이 이웃의 농노에 비하여 경제적으로 반드시 더 부유한 것도 아니었다. 그런데 농민층의 신분적 하락은 다음과 같은 경우에 일어났다. 첫째, 가장 중요한 요소가 케올의 경제적 불안정이다. 아마도 캔트 주를 제외하고 앵글로 색슨인들이 잉글랜드로 이주한 후 3세기 동안은 농민들이 불모의 땅에서 농업을 하였기 때문에 그들이 보유한 토지로부터 가족의 생존수준을 유지하기 위한 생산물을 얻기가 힘들었다. 더구나 흉년이 들거나 가축전염병이 만연된 경우에는 농민을 극빈의 상태로 내몰았다. 둘째, 강력한 국왕의 통치하에서는 농민들이 귀족들의 억압으로부터 덜 고통을 당하였다. 그러나 덴마크 군대가 침입하면서 상황이 달라졌다. 덴마크인의 침입에 대처하기 위해 국가방위에 농민이 직접 동원되어 군역을 담당하였을 뿐만 아니라 종종 평화를 구매할 자금을 농민들에게 부담시켰다. 함대건조를 위한 자금 납부과 덴마크인들에게 자주 납부한 데인겔트의 부담은 자유농민들의 경제적 지위를 크게 악화시킨 원인이었다.

고대 잉글랜드 농민에 대한 중요한 자료를 통해서 볼 때, 케올을 제외한 여타 농민들은 다음과 같은 세 가지 형태로 분류된다. 첫째 농민층 중에서 상층을 형성한 '게니어타스(geneatas)'로서 알려진 계층으로서 하이드 단위의 토지를 보유하였다. '게니트(geneat)'란 본래 '동료(companion)'라는 뜻을 가진 용어이다. 이에 걸맞게 그는 영주를 방문한 이방인을 안내하고 수확기나 건초 만드는 시기에 직영지에서 수확하고 영주의 심부름은 물론 영주가 사냥할 때에 따라다녔다. 한편 그 양은 기록에 나타나지 않지만, 영주에게 지대를 납부하여야 하고, 매년 방목권을 얻기 위해서 영주에게 돼지 한 마리를 바쳤다. 그는 주 부역의 의무는 없었으나, 위에서 언급한 여러 가지 의무를 지고 있었다. 한편 중간층으로서 '게부르(gebur)'가 있다. 그는 1/4하이드인 야드랜드(yardland)의 경작지, 두 마리의 황소, 한 마리의 암소, 6마리의 양, 이미 파종된 7에이커의 토지, 밭농사에 필요한 농기구, 가정에 필요한 여러 가지 주방기구 등을 영주로부터 받아 보유하였다. 그러나 그가 사망하면 이 모든 것은 영주에게 다시 귀속되었다. 그리고 이에 대한 대가로 그는 영주에게 각종 의무를 졌다. 그는 직영지 1/2에이커를 경작하기 위해 통상 일주일에 2일 동안 부역의 의무를 졌고, 성촉제(Candlemas: 2월 2일)와 부활절(Easter)[71] 사이의 파종기와 수확기에는 일주일에 3일 정도의 부역 의무를 졌다. 미카엘 축제 때에는 10펜스의 지대를 영주에게 납부하고, 성 마르티노 축일(Martinmas; 11월 11일) 때에는 약간의 보리와 두 마리의 암탉, 부활절에는 양 한 마리와 2펜스를 납부하였다. 또한 영주의 초지에서 방목권을 확보한 대가로 1년에 2에이커의 농경지에 뿌릴 씨앗을 영주에게 납부하였다. 직영지의 수확과 건초 만드는 풀을 베어야 할 의무도 있었다.[72] 이러한 의무로부터 판단컨대 '게부르'는 자유인 범주에서 가장 낮은 계급으로서 농노에 더 가까운 농부였다. 그들 대부분은 노예로부터 해방된 자로서 농촌 인구의 상당 부분을 형성한다. 한편 '게부르'보다 낮은 하층 계급으로서 '코제트라(kotsetla)' 혹은 '오두막집 거주자(cottage-dweller)'라고 부른 하층 농민층이 있는데, 그는 5에이커나 그 이하 정도의 토지를 보유하고 보유지에 대한 대가로 부역을 수행하였으나, 영주에게 지대를 납부하지는

71) 325년 니케아 공의회에서 춘분(3월 21일)이 지난 다음에 오는 첫 번째 주일을 부활주일로 정하였다.

72) Dorothy Whitelock, *The Beginnings of English Society*, p. 100.

않았다. 그가 영주에게 납부한 부역의 양은 다양하였으나, 어느 지역에서는 매주 월요일에, 그리고 8월에는 일주일에 3일 혹은 8월 한 달 내내 부역을 받쳤다. 그의 낮은 지위에도 불구하고 그는 자유인이었다. 이러한 농민들의 신분구조는 둠즈데이 북 시대에도 큰 변화 없이 지속[73]되었다. 그리고 비록 명칭은 변하였으나, 농민층의 신분구조는 봉건제가 해체되는 중세 말까지 변함없이 존속하였다. 이 또한 봉건제의 계속설을 주장할 수 있는 하나의 요소이다.

이러한 농민들을 감독하였던 자들이 베일리프(bailiff)나 리브(reeve)[74]이다. 장원의 하급관리인 이들은 영주를 대신하여 장원을 관리하였기 때문에 장원에 속한 농민들과 매우 밀접한 관계를 맺었다. 통상 베일리프는 자유인 가운데에서 영주가 임명하였다. 그는 영주의 장원관에서 거주하였다. 그의 역할은 장원 운영 전반에 걸쳐서 영주의 관리들 중에서 우두머리인 스튜어드(steward)와 협의 하에 결정된 일을 수행하였다. 그리고 영주에게 진 부역의 의무가 잘 수행되고 있는지도 감독하였다. 또한 농한기에 일인 배수구를 정비하고, 산림지에서 죽은 나무를 화목으로 사용하기

73) 둠즈데이 북 시대에 이르러 농민층 구성에 변화가 일어났다. 1086년에 작성된 둠즈데이 북에서는 케올은 없어지고 농민층을 빌라니(villani)와 보다리(bordarii)로서만 언급하였다. 통상 영주의 직영지의 구성 요소 중에 하나로 간주된 남자노예인 '세르비(servi)'와 여자노예인 '앙킬라에(ancillae)'가 있다. 그리고 촌락인(villager)이라는 의미를 가진 '빌라니(villani)'가 농민층 중에서 다수를 점유하고 있는데, 이들은 분명 부자유농민인 '빌레인(villein)'을 지칭한 것이다. 이로써 앵글로 색슨 왕국 시대의 농민층과는 달리 둠즈데이 북 시대에는 농민층의 대다수를 농노들이 차지한 반면, 대신 노예들의 수가 감소하였다. 노예들이 신분적 해방을 거쳐서 농노로 변신하였기 때문이다. 반면에 앵글로 색슨 왕국 시대에 소토지보유농인 코테이저(cottager)의 선조인 코제트라는 둠즈데이 북 시대인 11세기에 보다리(bordarii) 혹은 코타리(cottarii)로 변하였다.

74) 리브는 촌락의 행정과 공납의 할당, 부역노동자의 징발 등의 업무를 담당하였다.

위해서 운반하고, 양떼를 위한 울타리를 만드는 일을 감독하였다.75) 한편 농민 가운데 선출된 영주의 관리 중에 또 다른 자가 리브(reeve)이다. 일반적으로 리브는 장원법원에서 미카엘 축일 때에 선출되었다. 그 직의 임기는 1년이지만 연속해서 선출될 수도 있다. 심지어 1304-1305년에 테딩톤(Teddington)에 있던 윈체스터 수도원에 속한 장원에서 리브가 22년 동안 그 직을 유지한 경우도 있다.76) 그는 1년 내내 하는 일이 많았다. 5-7월까지는 써레질, 비료를 밭으로 운반하기, 양털 깎기, 울타리 수선, 어살이나 방앗간 관리하기, 수확기에는 곡식 베기, 타작하기, 가축우리 수리 등에 책임을 졌으며, 이에 더하여 직영지 운영에 필요한 여러 가지 비품과 농업에 필요한 물품 조달, 각종 생활 도구의 공급 책임을 졌다.77) 그러한 리브의 노고에 대하여 영주는 보상을 하여 주었다. 관습노동의 일부를 경감시켜 주거나 혹은 전부를 면제시켜 주고, 그의 가축을 영주의 목초지에서 방목할 수 있는 권한도 주었다. 그리고 영주의 식탁에서 다른 관리들과 함께 식사를 할 수 있는 특권이 주어졌다. 그러나 그가 하는 일에 비하여 얻은 특권이 적었기 때문에 리브로 선출되더라도, 이 직을 수행하기를 거부한 경우도 있다. 영주는 그 직의 수행을 거부한 리브에게 20쉴링의 벌금을 부과한 경우도 있다.78)

최하층에 노예가 있다. 노예에게는 속죄금이 없다. 노예는 동

---

75) H. G. Richardson and G. O. Sayles, ed. and trans., *Fleta,* Book III (London, Selden Society, 1972), p. 161 (이하 Fleta라고 약칭함.); E. Lamond, ed., *Walter of Henry's Husbandry,* (Royal Historical Society, 1890), p. 87. (이하 Walter of Henry로 약칭함.)

76) H. S. Bennett, *Life on English Manor* (London, 1947), p. 167.

77) Peter Hunter Blair, *An Introduction to Anglo-Saxon England,* p. 266.

78) H. S. Bennett, *Life on English Manor,* p. 171.

산이기 때문이다. 그래서 누군가 노예를 살해하면 노예 주인에게 노예의 가치를 지불하여야 한다. 노예의 가치는 통상 1파운드로서 황소 8마리의 값과 동일하였다. 노예는 동산이기 때문에 가축이나 다른 상품처럼 판매하기도 하였다. 그러므로 노예는 범법행위를 범하였을 때, 벌금으로 처벌할 수 없었다. 노예 소유주가 범법행위를 범한 노예를 살리려고 벌금을 내지 않는 한, 경범죄를 범한 노예는 매질로 처벌하고, 중죄를 범한 경우는 불구형이나 사형으로 처벌하였다. 만약 노예 소유주가 그를 부당하게 취급하거나 살해하더라도 소유주는 법적인 처벌을 받지 않았다. 그러나 기독교의 영향으로 노예의 운명이 점차 개선되어 나갔다. "우리 모두는 하느님의 종이다. 그래서 하느님이 우리를 심판하실 것이다."라는 교회의 가르침 속에서 노예의 지위도 점차 개선되어 나갔다.[79]

79) Dorothy Whitelock, *The Beginnings of English Society*, pp. 108-109.

III. 윌리엄의 잉글랜드 정복과 정치 · 경제적 변화

1. 노르만의 잉글랜드 정복과 변화

헤이스팅스 전투가 벌어진지 2일 만에 헤롤드의 군대를 물리치고 윌리엄이 승리를 거두었다. 헤이스팅스는 잉글랜드 남동부에 위치한 다섯 항구(Cinque Ports)[1] 중의 하나로서 연안 방어의 중요한 기지였다. 윌리엄이 처음에 도버 근교에 위치한 피벤지(Pevensey)에 상륙하였을 때 남부 잉글랜드는 무방비 상태였다. 그러므로 런던으로 가는 길은 열려 있는 것이나 마찬가지였다. 윌리엄의 군대가 잉글랜드에 상륙하자마자 즉시 주변의 노동력을 징발하여 방어를 위한 요새를 세웠다. 그런 다음 캔터베리를 향하여 출발하였고, 뒤이어 런던을 장악하였다. 둠즈데이 북의 기록에 따르면, 윌리엄은 8천명에서 만 명 정도 되는 군대를 동원하여 잉글랜드를 정복한 것이다. 그러나 그가 잉글랜드를 완전히 정복하는 데에는 4년이나 더 필요하였다.

그렇다면 헤롤드가 헤이스팅스 전투에서 윌리엄에게 패배한 이유는 무엇일까? 첫째, 무엇보다도 중요한 이유는 당시 잉글랜드와 노르만 전사들의 기능상 차이에 있다. 당시 잉글랜드인의 지식과 경험을 뛰어넘는 노르만의 기병과 궁병이 결정적 역할을 하

1) Dover, Hastings, Hythe, Romney, Sandwich가 남동부에 위치한 다섯 곳의 항구이다.

였다. 물론 잉글랜드 군은 기병(cavalry)보다는 주로 보병과 궁병으로 구성되었다. 베이유 테피스트리(Bayeux Tapestry)에 따르면, 보병의 활동에 관한 소수의 묘사에서 노르만의 기병과 앵글로 색슨 왕국의 데인이 갑옷으로 무장하였다. 기사들만이 갑옷을 입은 것은 아니었다. 그러므로 앵글로 색슨 왕국의 데인은 당시로서는 최고로 무장한 보병으로 간주할 수 있다. 왜냐하면 갑옷을 입지 않은 많은 보병들이 있었기 때문이다. 한편 궁병들이 사용한 석궁(crossbow)은 활의 길이가 1.82미터에 이르고 사거리가 365미터에 달하는 장궁으로서 화살이 나무 7센티미터를 관통할 수 있는 위력을 지녔다.[2)] 그러므로 헤이스팅스 전투는 본질적으로 보병의 지원을 받은 기병이 힘을 합친 노르만의 군대가 잉글랜드의 보병을 물리친 전투였다. 그러나 헤롤드는 이 군대를 효율적으로 이용하지 못하였다. 베이유 테피스트리의 자수 그림에 따르면, 노르만 군대의 무장이 잉글랜드 군대보다 결정적으로 우세한 것은 아니었다. 양편의 전사들의 무기와 장비들은 유사하다. 그러나 근거리에서 보병으로 싸우는 것만을 알고 전술을 편 잉글랜드 군의 주요 무기는, 비록 테두리는 금속으로 만들었다고 하더라도, 나무로 만든 방패를 들고 긴 자루 도끼나 창과 칼이었다. 이처럼 무기가 통일되지 않고 다양하였던 것은 자신의 무기를 스스로 공급해야 되는 것이 병사들의 의무였기 때문이다. 잉글랜드 군과는 달리 노르만 군에는 말을 탄 창병이 활동하였으나, 전문화된 창기병이 아니기 때문에 그들이 사용한 전술은 보병전술과 크게 다르지 않았다. 그러므로 이들은 완전한 기사들의

2) F. M. Stenton, ed., *Bayeux Tapestry: a Comprehensive Survey* (London, 1965), figure 60 (이하 Bayeux Tapestry로 약칭함); John France, *Western Warfare in the Age of the Crusades 1000-1300* (UCL Press, 1999), p. 26.

활동과는 거리가 있었다.[3] 그럼에도 불구하고 기병과 궁병을 효율적으로 운영한 노르만 군에게 잉글랜드 군은 패배하였다.[4] 윌리엄은 궁병, 무릎까지 오는 쇠사슬갑옷(hauberk)을 입은 중무장 보병이나 중무장 기병으로 구성된 군대를 공격형 편대로 짜서 효율적으로 이용하였다. 그러나 헤롤드는 기병을 효율적으로 이용하지 못한 방어적인 전술을 사용하여 패배를 불러왔다. 둘째, 윌리엄이 남부 잉글랜드의 피벤지(Pevensey)에 상륙하였을 때, 이 소식이 바로 헤롤드가 있던 잉글랜드 북부에 위치한 요크에 전해지지 않았다. 그러므로 런던으로 향하는 길은 열려 있었다. 윌리엄이 이전에 잉글랜드에 왔었기 때문에 런던으로 가는 통로를 잘 알고 있었다. 더구나 헤롤드의 군대는 런던으로부터 250마일 떨어진 요크에 집결하고 있었다. 셋째, 헤롤드는 노르웨이인과의 스탬퍼드 브릿지 전투에서 거둔 눈부신 승리로 인해 지나친 자만심을 가지고 있었다. 그 전투에서 잉글랜드 군은 손에 도끼를 들고 싸워 승리하였다. 이 전투는 잉글랜드에서 고전적 방법으로 싸운 마지막 중요한 전투였다. 새로운 무기와 전술을 가지고 침략한 노르만 군에게 고전적 무기와 전술을 가지고 싸운 잉글랜드 군이 승리할 수는 없었다.

헤이스팅스 전투에서 패배하였음에도 불구하고 런던의 헤롤드 세력은 아직 건재하였다. 전투에 지친 전사들을 5일 동안 헤이스

3) 11세기에 기사가 장비를 완전히 갖춘 무게가 32킬로그램 정도 되었다. 그러나 13세기 이후 중세 말에 이르면 각종 기사장비가 무거워지면서 그 무게가 45킬로그램에 달하였다. 기사장비의 무게가 이렇게 증가하면서 이를 지탱할 필요성 때문에 기사가 탄 말의 크기도 더욱 커질 수밖에 없었다. 그러므로 갈수록 말의 값은 물론 기사장비 값도 크게 인상되었다.

4) Richard Glover, ed., and introduced, *The Battle of Hastings: Source and Interpretations* (Boydell Press, 1996), pp. 175, 184, 197.

팅스에서 휴식하도록 한 다음, 윌리엄과 그의 군대는 런던으로 진격하였다. 윌리엄은 롬니(Romney)를 통해서 도버 항구를 확보한 다음 캔터베리로 행군하여 윈체스터에 있던 에드워드 고백왕의 과부인 에디스(Edith)로부터 항복을 받아냈다. 그런 다음 런던으로 향하였다. 런던에 있던 차기 잉글랜드의 지도자로 지명된 에드가(Edgar)의 신하들이 윌리엄 일행이 런던 다리 남쪽 끝에 접근할 때까지 저항하지 않았다. 그러나 홍수로 인하여 다리를 건널 수 없었다. 윌리엄 일행은 템스 강을 건너 직접 런던을 공격하는 것이 어렵게 되자, 버크셔(Berkshire)의 월링퍼드(Wallingford)에 도착할 때까지 서쪽으로 공격한 다음, 여기에서 템스 강을 건너 동쪽으로부터 런던을 공격하였다. 월링퍼드에서 런던을 실질적으로 지배한 캔터베리 대주교인 스티젠드(Stigand)가 윌리엄에게 충성을 맹세하였다. 그의 항복은 윌리엄에게 저항한 세력의 붕괴를 의미한다. 런던에 있던 잉글랜드의 지도자들과 윌리엄이 버크햄스테드(Berkhamsted)에서 만났다. 그곳에서 윌리엄은 헤롤드를 계승하기로 내정된 에드가는 물론 에드윈(Edwin)과 모카(Morcar) 백작, 우스터 주교인 울프스탄(Wulstan), 헤리퍼드(Hereford) 주교인 월터(Walter) 등 지도적 인물들로부터 충성의 맹세를 받고, 런던을 그의 세력 안에 접수하였다. 윌리엄은 잉글랜드 왕으로 즉위하는 것을 가로막은 모든 장애물을 제거한 다음, 1066년 성탄절에 웨스트민스터 교회에서 잉글랜드 왕 윌리엄 1세(William I: 1066-1087)로 대관식을 거행하였다.[5)]

5) 국왕의 도유 의식의 기원은 최소한 머시아 왕국의 오파 왕의 아들인 에크프리드(Ecgfrith)가 도유를 한 787년까지 거슬러 올라간다. 대관식은 노르만 정복 이래 웨스트민스터 교회에서 열렸다. 그리고 973년 에드가의 대관식 때부터 반지, 칼, 왕관, 홀(scepter), 지팡이가 왕위를 상징하는 표상으로 주어

윌리엄은 무력으로 잉글랜드를 정복하여 에드워드 왕의 합법적인 상속자가 되었다. 그는 헤이스팅스 전투에서 피살된 자들로부터 약탈한 전리품을 자신을 추종한 자들에게 나누어주어 보상하였다. 새로운 왕에 대한 고위성직자들과 귀족들의 지원과 충성 맹세는 일반 백성들의 지지를 확보할 수 있는 원동력이 되었다. 그리고 지방에서 발생한 반란을 진압하는데 퍼드(fyrd)의 협력을 받을 수 있었다. 이제 앵글로 색슨 잉글랜드는 더 이상 존재하지 않게 되었다. 그리고 앵글로 색슨족은 잉글랜드의 지배권을 덴마크인으로부터 되찾아 온지 얼마 되지 않아 다시 노르만인에게 넘겨주는 비운을 맞았다.

그러나 헤이스팅스 전투에서의 승리에도 불구하고 윌리엄의 잉글랜드 정복이 완성되어 안정감을 느낄 때까지는 4년이 더 소요되었다. 1067년 캔트에서의 반란을 시작으로 하여 1068년에는 엑스터(Exeter)에서도 반란이 일어났다. 1069년에는 노섬브리아에서 정복자 윌리엄에 대한 두 번째 반란이 일어났다. 이 반란으로 인하여 윌리엄이 임명한 성주가 피살되는 등 위기에 처하였으나, 윌리엄은 긴급히 원정하여 반란을 진압하고 윈체스터로 귀환하였다. 이후 5개월 동안 북쪽에서 소요는 일어나지 않았다. 그러나 그 해 가을에 덴마크인의 침입으로 윌리엄의 잉글랜드는 또 다시 혼란 속에 빠졌다. 덴마크 왕 스웬의 세 아들과 그의 형제

졌다. 반지는 국왕이 적을 물리치고 이교도를 타파하며 신민들을 기독교 신앙으로 굳게 뭉치게 한 신성한 믿음을 보증한 표적이고, 칼은 그의 왕국과 인민들과 하느님 나라를 보호함을 상징하는 것이며, 왕관은 영광과 정의의 상징이다. 홀은 왕국의 덕의 지팡이이다. 홀을 가지고 에드워드에게 영광을 주라고 하느님에게 기도한다. 마지막으로 국왕에게 덕과 형평의 상징인 지팡이가 주어진다. 도유식은 왕권에 신성을 부여한 것이다. 그러므로 이것은 단순히 종교적 상징주의가 아니라 왕권사상 발달의 출발점이 된다. [홍성표, 『중세 영국사의 이해』, (충북대학교 출판부, 2012), 102쪽.]

는 물론, 다수의 덴마크 귀족들이 240척의 함대를 이끌고 캔트 해안에 나타났다. 윌리엄의 군대가 이들을 퇴각시키는 동안 웨식스는 물론 데본, 콘웰, 서머싯(Somerset), 도싯(Dorset)에서 윌리엄에 반대한 반란과 소요가 일어났다. 상황이 심각함을 깨달은 윌리엄은 덴마크의 침입자들을 험버 강에서 그의 이복형제인 로베르 드 모르땡(Robert de Mortain)과 사촌에게 감시하도록 맡겨두고 반란을 진압하려고 린지(Lindsey)를 떠났다. 그리고 반란을 진압한 다음 린지로 다시 돌아왔다. 그런 다음 덴마크 왕 스웬과 험버 강에서 철수한다는 조약을 맺었다. 한편 1075년에 심각한 반란에 직면하였다. 덴마크의 지원을 받은 이스트 앵글리아의 백작과 헤리퍼드 백작, 윌리엄 오스번(William fitz Osbern) 등 세 명이 반란을 일으킨 것이다. 그러나 덴마크의 지원 세력이 늦게 도착하는 바람에 반란 세력은 윌리엄 1세에게 진압되었다. 잉글랜드 정복 후 노르만의 군대와 잉글랜드로 이주한 노르만인이 1만 명도 되지 않았다. 이렇게 적은 수로 1백 5십만 명의 잉글랜드인을 통치한다는 것은 어려운 일이다. 그러므로 각지에서 윌리엄의 정복과 지배에 반항한 크고 작은 반란이 발생한 것이다. 그러나 1070년 이후부터 노르만인의 지배 체제가 안정되어 가는 경향을 띠었다.

노르만인의 잉글랜드 정복은 잉글랜드 역사에 하나의 전환점을 이룬 사건일 뿐만 아니라 전체 유럽사에 있어서도 큰 사건이었다. 윌리엄의 정복과 함께 잉글랜드에서는 새로운 왕조가 등장하였을 뿐만 아니라 새로운 지배계급이 형성되었다. 정치 · 사회적 지도자들 대부분이 잉글랜드인에서 노르만인들로 점진적으로 교체되었다. 이제 본격적으로 노르만 지배체제를 이루기 위한 개혁 정책이 필요하였다. 1083년에는 국왕이 잉글랜드 전역에 걸쳐서 중세(heavy tax) 징수를 선언하였다. 토지 매 하이드 당 72펜스의 토지세를 징수할 것을 선언하였다.[6] 이는 과거에 징수하였던 데인겔트보다 무거운 세금이었다. 한편 각지에 성을 쌓아 지배 거점으로 삼았다. 윌리엄의 첫 번째 과제는 잉글랜드의 중심지인 런던에 그의 지배권을 공고히 하고, 이를 바탕으로 잉글랜드 전 지역에 대한 지배권을 확대 강화시키는 것이었다. 그리고 요새화된 성 건축을 위해 전국을 시찰하였다. 성은 윌리엄의 권위를 상징하는 수단이었다. 그가 세운 최초의 성들의 구조는 모트 앤드 베일리(motte and bailey) 형태였다. 이에 대해서는 뒤에서 성에 관한 부분을 설명할 때 보다 자세히 언급하기로 하자.

한편 교회는 물론 세속인 지배층을 노르만인으로 교체하며, 앵글로 색슨인들의 지배 거점이었던 토지를 반란자의 소유라는 명목으로 몰수하여 노르만 추종자들에게 분배하였다. 윌리엄 자신도 주인이 없는 영지 1422곳을 자신의 소유로 만들었으며, 이를 통해 잉글랜드 전체 경작지의 약 1/5정도의 거대한 영지를 차지하였다. 그리고 나머지 4/5의 면적을 윌리엄의 친족, 봉신, 고위 성직자들에게 보상으로 증여하였다. 예컨대 윌리엄은 그를 추종한 윌리엄 오스번(William fitz Osbern), 월터 레이시(Walter de Lacy), 로저 몽고메리(Roger of Montgomery), 정복자 윌리엄의 이복형제인 베이유 주교 오도(Odo)를 비롯한 수많은 백작들과 대귀족들에게 토지를 증여하였다. 이러한 과정을 통하여 이복동생들인 로베르가 795곳, 오도 주교가 439곳을 소유하여 대영주가 되었다. 국왕 윌리엄 1세의 총애로 거대한 토지를 받은 가문도 출현하였다. 가장 대표적인 예가 클레어(Clare) 가문이다.

---

6) *Anglo-Saxon Chronicles*, p. 213.

노르만의 바론인 리처드 클레어(Richard fitz Gilbert de Clare)가 정복자 윌리엄과 함께 잉글랜드에 왔다. 리처드는 이스트 앵글리아와 그 이웃에 위치한 주들에 분포된 영지를 봉토로 받았다. 그래서 클레어 가문은 잉글랜드에서 대영지를 소유한 실세 귀족 가문으로 성장하였다. 윌리엄 이후에도 그의 아들들과 손자들은 헨리 1세의 총애 속에 성장하였다. 12세기 말에는 클레어 가문의 수장인 리처드 클레어가 130명의 기사를 국왕에게 동원할 책임이 있는 영지를 소유하였다. 12세기에 강력한 세력을 가진 또 다른 가문은 페이넬(Paynel)이다. 노르만의 바론인 랄프 페이넬(Ralph Paynel)이 윌리엄의 잉글랜드 정복 때에 공을 세워 요크셔와 링컨셔에 있는 토지를 봉토로 받았다.[7] 이처럼 정복자 윌리엄은 그를 추종한 우두머리 추종자에게 봉토를 수여하였다. 이러한 보상은 헤이스팅스 전투에서 패배한 자들의 토지, 윌리엄 1세에게 모반한 데인의 토지, 특히 고드윈 가문의 소유물을 몰수하여 생긴 토지를 자원으로 하여 그를 지원한 노르만 후원자들에게 분배한 결과이다. 또한 1069-1070년 사이에 일어난 반란을 진압하여, 모반자들로부터 몰수한 많은 토지가 윌리엄의 수중으로 들어갔다. 그리하여 그의 통치 말까지 소수 데인들이 장악한 토지를 제외한 모든 토지를 노르만 영주들이 소유하게 되었다. 앵글로 색슨인들은 새로운 왕족, 새로운 지배계급, 새로운 제도, 새로운 문화와 언어를 받아들여야 하였다. 윌리엄의 잉글랜드 정복 초기에 잉글랜드 지배층은 정복자에게 복종함으로써 자신의 토지를 계속 보유할 수 있었다. 그리고 윌리엄은 지배층을

7) Sidney Painter, "The Family and the Feudal System in Twelfth Century England", pp. 6-7.

잉글랜드인에게서 노르만인으로 서서히 교체하는 작업을 해 나갔다. 둠즈데이 북에 따르면, 1086년에 잉글랜드인 대귀족(magnate)[8] 중에서 네 명 만이 잔존하고 모두 노르만인으로 교체되었으며, 정복자 윌리엄은 몇 천 명의 네인들이 소유한 토지를 빼앗아 그것들을 노르만 귀족층인 바런(baron)들에게 넘겨주었다. 1086년 이전만 하더라도 대토지를 소유한 직수봉신인 바론들 180명 가운데 절반 정도가 잉글랜드인이었던 것에 비한다면 1086년을 기점으로 대토지소유자들이 급속하게 노르만인들로 대치되었음을 알 수 있다. 또한 1070년에는 잉글랜드인 주교들을 모두 해임시키고 그 자리에 노르만인을 임명함으로써 교회마저도 정복자 윌리엄이 장악하였다. 1090년까지 16명의 주교들 가운데 오로지 한 명만이 잉글랜드인이었고, 나머지는 모두 노르만인으로 교체되었다.[9] 그리고 모든 교구들 중에서 6곳의 교구는 기존의 주교좌 성당에서 대도시로 그 중심지를 옮겼다. 12세기 말까지 거의 모든 앵글로 색슨 왕국 주교좌 성당과 대수도원이 노르만 스타일로 재건축되었다. 이처럼 정복 후 모든 분야에서 급속하게 노르만화가 진행되었다.[10] 앵글로 색슨 왕국 시대의 백작들도 모두 교체되었다. 1070년까지 오로지 3명의 토착 백작만이 남고 모두 교체되었다. 그러나 이들마저도 1075년까지 반란죄로 추방되거나 도피하여 생명을 부지하였다. 윌리엄은 새로운 백작 지위 부여를 왕국 방어를 위한 수단으로 이용하였다.[11]

8) 대귀족(magnate)이라는 모호한 용어는 주요 종교적 교단의 소수도원장들, 대수도원장들, 주교, 그리고 바론들, 기사들을 의미한다. 한편 의회 참석의 소집장을 받은 토지소유 귀족들도 대귀족에 포함된다.

9) R. H. C. Davis, “The Norman Conquest”, *History*, Vol. LI (1966), pp. 279-280.

10) *Ibid.*, pp. 279-281.

노르만인들이 잉글랜드를 정복한 다음 빠르게 정치를 안정시키고, 노르만화를 진행할 수 있었던 데에는 나름대로 이유가 있었다. 첫째, 당시 앵글로 색슨인들에 의해서 수립된 잘 조직된 행정조직이 그 기능을 발휘하고 있었으며, 이를 노르만인들이 계승하여 효율적으로 이용하였다. 노르만 정복 이후에도 주기적으로 토지세(geld)[12)]를 비롯한 각종 세금을 징수한 담당부서인 재무성(Exchequer), 각 주에 국왕의 명령을 하달한 공식 문서(writ)를 관리한 담당부서인 공문서 보관청(Chancery)이 그 기능을 발휘하고 있었으며, 세금징수를 위한 기구 중의 하나인 각 주의 법원들이 그 기능을 제대로 발휘하고 있었다. 한편 지방 통치의 기본 조직인 주와 백호장과 범법자들을 다스린 그에 부속한 재판소도 그 기능을 잘 발휘하고 있었다. 즉 앵글로 색슨 왕국의 여러 제도와 조직을 노르만인들이 그대로 계승하여 잉글랜드 통치에 적용하였기 때문에 소수의 노르만인들이 다수의 잉글랜드인들을 안정적으로 지배할 수 있었다. 물론 일부 지역에서 노르만인들의 지배에 저항한 투쟁이 일어나기는 하였으나, 노르만인들이 소유한 무력으로 이들 세력을 제압하기에 어려울 정도의 저항은 아니었다. 둘째, 노르만인들의 잉글랜드 정복에도 불구하고 당시 잉글랜드의 경제는 안정적이었다. 특히 국왕의 안정적 통치 기반인 자금을 세금징수를 통하여 확보할 수 있었으며, 또한 화폐제도도

11) 1066년 잉글랜드를 정복한 다음 윌리엄은 곧이어 베이유의 오도를 캔트 백작에, 윌리엄 오스번을 헤리퍼드 백작으로 임명하였고, 1070-1071년 각지에서 일어난 반란을 진압한 후에는 체스터 백작으로 휴(Hugh)를 임명하고 로저 몽고메리에게 슈루즈베리(Shrewsbury) 백작을, 로저에게는 서식스 백작의 지위를 부여하였다.

12) 토지세는 통상적으로 하이드 당 2쉴링의 비율로 징수되었다. 잉글랜드 전역의 토지가 하이드나 그와 동등한 단위인 카루케이트(carucate)로 분할되었기 때문에 토지세 징수가 용이하였다.

안정되어 있었다. 화폐주조자들을 국왕이 임명하고, 화폐주조 틀을 국가가 엄격하게 관리함으로써 위조화폐 주조를 방지할 수 있었으며, 이는 곧 국가의 경제를 튼튼히 할 수 있는 기반이 되었다. 노르만 정복 이전에 잉글랜드에 적게는 40곳에서 많게는 70곳에 이르는 화폐주조소서가 있었으며, 비잔티움 제국을 제외하고 유럽에서 잉글랜드의 화폐관리가 가장 잘 이루어져 잉글랜드 화폐인 페니의 가치가 상대적으로 안정적이고 높았다. 이러한 장점이 노르만 정복 후에도 그대로 계승되었다. 사실 정복자 윌리엄은 에드워드 고백왕의 합법적인 상속자로서의 지위를 강조한 가운데 잉글랜드를 지배하기 위해서라도 기존의 잉글랜드 제도를 혁명적으로 바꾸기 보다는 기존의 제도를 계승 발전시키려고 노력하였을 것으로 추론할 수 있다. 즉 그는 잉글랜드 정복을 완수하기 위해서 앵글로 색슨 왕국 체제의 계속성을 유지할 필요성이 있었을 것이다. 이러한 과정 속에서 노르만인의 문화와 제도가 앵글로 색슨인의 그것들과 서로 융합되어 가는 과정을 밟았다. 이른바 앵글로 노르만 시대가 전개된 것이다. 이러한 융합 과정이 있었기 때문에 잉글랜드는 정치적으로 비교적 안정될 수 있었고, 잉글랜드만의 독특한 정치 체제를 유지할 수 있었다. 이러한 요소들을 전제로 '집권적 봉건제'라는 정치·사회적 체제를 이해할 수 있다. 또한 잉글랜드 봉건제의 기원론에 있어서 단절설(소개설)이 지닌 한계성도 파악할 수 있다.

그렇다면 노르만의 잉글랜드 정복의 가장 큰 효과는 무엇이었는가? 무엇보다도 잉글랜드 왕국의 새로운 법체계를 만들었다는 점에 주목하여야 한다. 기존의 앵글로 색슨족의 다양한 법체계를 바탕으로 노르만과 프랑스의 관습법이 가미되어 새로운 법인 보통법이 만들어져 나갔다. 그래서 헨리 2세 시대에는 잉글랜드만이 가진 보통법 체계가 갖추어지게 되었다. 이제 국왕의 정의가 정기적으로 열린 주 법원의 순회재판에서 펼쳐지게 되었다. 특히 배심원들에 의한 심리와 재판제도는 잉글랜드만의 고유한 사법적 절차로 발전하였으며, 헨리 1세를 거쳐 헨리 2세 통치기에 이르면 하나의 사법제도로 성립된다. 특히 헨리 1세 통치기에 있은 사법제도의 개혁과 발전은 앞으로 잉글랜드가 나갈 사법제도의 길을 열어 놓았다. 그는 왕국 전체에 일반순회법원(General Eyre)을 설치하여 그곳에 재판관을 파견함으로써 지방에서 발생한 범법행위를 다스려 정의 실현에 노력하였으며, 중앙에는 대사법관(chief justiciar)과 재무성법원(Exchequer Court) 제도를 창안하였다. 이들이 국왕과 관련된 형사 소송을 청취하고, 중요한 토지소송, 즉 직수봉신들 간의 토지분쟁이나 상속분쟁과 같은 민사소송을 청취하고 주 법원을 방문하여 지방의 사법적 질서 확립에 노력하였다. 그러나 중요한 소송은, 특히 국왕과의 이해관계가 있는 소송들은 국왕의 대사법관들이나 국왕 자신이 심리하였다. 이러한 보통법의 발달이 잉글랜드를 다른 유럽의 국가들보다 먼저 중앙집권적 국가 체제를 갖출 수 있게 만들었다.

2. 윌리엄 1세의 잉글랜드 통치와 제도 변화

잉글랜드를 정복한 윌리엄은 빠른 시간 안에 잉글랜드를 실질적으로 지배하기 위한 정책을 실시하였다. 그 중에서 가장 중요한 것이 솔즈버리 맹약(Salisbury Oath)과 둠즈데이 북의 편찬이다. 윌리엄 1세는 교회영지를 비롯한 모든 자유지를 몰수하여 국왕에게 귀속시킨 다음, 자신을 추종하는 자들에게 그것을 봉토로 양도하는 방법으로 토지의 재분배를 실시하였다. 토지의 재분배 과정에서 윌리엄 1세는 토지를 받는 자들에게 자신에게 충성을 맹세하고 서약하도록 요구하였다. 이 서약이 곧 봉건적 탁신(託身)이다. 이 의식을 통하여 이들 사이에 새로운 주종관계가 성립한 것이다. 이를 솔즈버리에서 시행하였기 때문에 '솔스버리의 맹약'이라고 부른다. 한편 윌리엄 1세로부터 직접 봉토를 받은 직수봉신들은 다시 그 봉토를 분봉(分封)하여 자신의 봉신들을 거느릴 수가 있었다. 이때 직수봉신들의 봉신들은 자신의 주군뿐만 아니라 국왕에 대해서도 충성을 맹세하도록 강요되었다. 이러한 과정을 통하여 윌리엄 1세의 권위와 권한이 맨 하단의 봉신들에게까지 미칠 수 있게 되었다. 비록 간접적이지만 왕권이 전국의 모든 자유인들에게 미칠 수 있는 체제를 갖추게 된 것이다. 바로 이러한 이유 때문에 윌리엄 1세 이후에 봉건적 체제가 수립되었다면, 그것은 중앙집권적 체제를 전제로 한 봉건제이기 때문에 일부 학자들은 당시 잉글랜드의 정치와 사회 체제를 통틀어 '집권적 봉건제 사회' 혹은 '봉건왕정 체제'라고 부르기도 한다. 서로 어울리지 않는 두 단어, 즉 '집권적'과 '봉건제', 그리고 '봉건'과 '왕정'을 서로 결합시킨 역사용어를 사용한 학자들도 당시의 잉글랜드 사회와 정치 체제를 어떻게 표현할 것인가 고심한 결과, 상반된 두 가지 요소를 결합시킨 표현을 한 것으로 생각한다.

정복자 윌리엄은 물론 헤이스팅스 전투에 참여한 노르망디 공국의 세력가들인 전사들과 귀족들은 앵글로 색슨 왕국의 마지막 왕인 에드워드 고백왕의 합법적 상속자로 인정받아 앵글로 색슨인들의 저항 없이 잉글랜드를 지배하는 것이 목표였다. 그가 이러한 목표를 갖은 데에는 나름대로 다음과 같은 이유가 있었다. 이미 1064년에 본느빌(Bonneville)에서 만난 헤롤드가 윌리엄에게 충성의 맹세를 하였다. 이곳에서 헤롤드는 에드워드 왕의 사후 잉글랜드 왕국은 윌리엄 공의 수중에서 굳건하게 수립되어야 한다고 언급하였다. 이에 더하여 헤롤드는 잉글랜드 각지에 있는 성들을 윌리엄에게 양도할 것이라고 언급하였다. 충성을 맹세하기 전에 그의 봉신임을 의미하는 신서(homage)를 바쳤고, 헤롤드의 모든 땅과 권력을 윌리엄에게 양도하겠다고 맹세하였다.[13] 그러므로 충성의 맹세와 신서의 의식을 행함으로써 양자 사이에는 주군과 봉신으로서의 의탁 관계가 수립되었다. 이는 전형적인 주종제 성립의 한 형식이다. 만약 이를 헤롤드와 윌리엄 사이에 봉건적 계약을 맺은 것이나 마찬가지라고 주장한다면, 노르만 정복 이전에 잉글랜드에 이미 봉건제도가 소개되었다고 주장할 수 있을 것이다.

윌리엄은 에드워드 고백왕 통치기에 고위직뿐만 아니라 하위직을 보유한 자들을 당분간 교체하지 않고 그대로 유지하였을 뿐만 아니라 정복 초기에 앵글로 색슨 왕국이 이룬 업적과 제도를 그대로 유지하거나 계승하려고 노력하였다. 다시 한 번 잉글랜드 봉건제 성립에 대한 계속설의 정당성을 부여하는 예이다. 이는 에드워드 고백왕의 상속자로서 잉글랜드를 통치하려는 윌리엄 1세의 정책일 뿐만 아니라 정복 초에 있을 가능성이 매우 높은 잉글랜드인들의 저항을 최소화시키려는 의도가 반영된 결과이다. 그는 대관식에서 앵글로 색슨 왕국의 법을 그대로 지키고 웨식스 왕들로부터 내려온 전통에 따라서 잉글랜드를 통치하겠다고 선언하였다. 이는 차후 노르만 왕조가 들어선 이후에도 새로운 통치체제와 사회질서가 성립된 것이 아니라 앵글로 색슨 왕국의 전통이 노르만인들에게 계승되었다는 주장의 근거가 되었다. 계승된 제도의

13) R. Allen Brown, *Origins of English Feudalism* (London, 1973), p. 119.

예를 들면 다음과 같다. 앵글로 색슨 왕국에서 주 법원(county court)과 백호장 법원(hundred court)은 정의를 집행하기 위해서 범법자를 재판하였을 뿐만 아니라 벌금징수와 군역징집의 역할도 담당하였다. 그런데 정복자 윌리엄이 이 제도를 계승 발전시켰다. 노르만에 의해서 앵글로 색슨 왕국의 정치와 함께 사법제도의 계승이 이루어진 것이다. 그러나 지방행정조직에 있던 사법권이 사적 재판권으로 대치되는 변화의 징후가 앵글로 색슨 왕국 시대에 나타나고 있다. 이미 위에서 언급한 것처럼 9-10세기에 사적 재판권이 데인 계급을 비롯한 지배층에게 존재하였다. 지방분권적 통치 체제의 징후가 나타나기 시작한 것이다. 예컨대 버리 세인트 에드먼드(Bury St. Edmunds) 대수도원장과 수도사들은 서퍽 지역에 있는 백호장의 1/3 이상에 대한 사법권을 얻었고, 11세기 말까지 우스터셔의 절반 이상이 세 명의 수도원장과 주교의 수중으로 사법권이 들어갔다.[14] 이러한 사적 재판권의 유래는 잉(Ine) 법에서 찾을 수 있다. 7세기 잉 법에서 귀족은 그의 가족 구성원들을 악행으로부터 보호하기 위해 소유한 재판권에 대하여 언급하고 있다.[15] 그러나 실질적인 사적 재판권 사상은 956년 특허장에서 처음 나타난다. 즉 영지를 소유한 영주가 그의 소작인들에게 그의 법원에 출두하여야 함을 언급하고 있다. 에드워드 고백왕은 아빙던(Abingdon) 대수도원장에게 국왕의 평화를 파괴한 자, 가축이나 동산을 부당하게 판매하거나 소유한 자와 절도범에 대한 재판권을 양도하였다.[16] 이러한 사적 재판권의 양도가 지닌 의미는 앵글로 색슨 왕국의 국왕들이 백호장과 주 법원의 권위를 약

14) C. Warren Hollister, *The Making of England, 55 B.C. to 1399*, p. 59.
15) Law of Ine, c. 50.
16) F. M. Stenton, *Anglo-Saxon England*, p. 499.

화시킨 대신에 대귀족이나 고위성직자를 통해서 지방을 간접적으로 통치하였음을 뜻한다. 정복자 윌리엄도 이 제도를 그대로 계승하였다. 이러한 사실은 지방분권적 통치 체제가 윌리엄이 도입한 노르만의 제도에 의해서 이루어진 것이 아니라 이미 앵글로 색슨 왕국 시대에 이루어진 것을 윌리엄이 계승하였음을 의미한다. 즉 사법권의 분화를 통한 지방분권적인 지배 체제의 일단이 노르만 정복 이후가 아닌 이미 앵글로 색슨 왕국에 마련된 것이다. 이러한 점은 계속설을 주장할 근거가 되기 때문에 사법제도와 봉건제라는 측면에서 볼 때 중요한 의미가 있다. 한편 바론들은 그들의 소유지에서 제기된 소송들을 다룬 장원법원을 설치하여 위법행위를 재판하였다. 그러나 헨리 1세 통치기에 이르러 바론들의 세력을 억제할 수단으로 장원법원의 역할을 축소시키는 조치를 취하였다. 즉 바론들의 영지에서 발생한 민사소송에 관한 사건들도 주법원이나 백호장 법원으로 이관시켰다. 그는 또한 국왕의 재판관들에게 정규 순회재판권을 부여하여 지방을 순회하면서 형사사건은 물론 민사사건에 대한 재판을 하도록 하고 중앙에 국왕의 재판관 한 명과 세속 배심원 한 명에 의해서 관리된 국왕의 법원을 설치함으로써 국왕의 재판권을 확대시켰다. 이러한 상설 법원들이 지방의 관습을 대체시킬 법을 발전시켰다. 이러한 노력의 결과가 보통법의 출발점이 되었다.

한편 앵글로 색슨 왕국의 왕실자문회의인 위탄(witan)이 앵글로 노르만 시대에 이르러 국왕의 대자문회의(Great Council)로 계승 발전되었다. 이는 정치 제도에서 계속설을 입증할 만한 증거가 된다. 실제로 『앵글로 색슨 연대기』에 따르면, 윌리엄 1세의 대자문회의는 앵글로 색슨 왕국 시대의 왕실자문회의처럼 국왕의 가신이나 그의 가까운 친구, 대귀족, 고위성직자들이 모인 형식적인 회의체였다. 대자문회의는 웨스트민스터, 윈체스터, 글로스터 지역을 1년에 한 번씩 순회하면서 국왕이 측근들과 국사를 논의하는 장소로 이용하였다. 국왕이 이 회의를 주관하였으나, 그가 부재할 때에는 캔터베리 대주교가 그를 대신하도록 하였다. 이러한 점은 캔터베리 대주교의 종교적 위치뿐만 아니라 정치적 지위를 나타내는 지표이다. 이뿐만 아니라 윌리엄 1세는 종교 지도자들을 자신의 정치에 자주 개입시켰다. 윌리엄 1세가 노르망디를 여러 번 방문하는 동안 국내의 통치권을 랑프랑크(Lanfranc) 대주교와 같은 고위성직자에게 일시적으로 위임하였다.

윌리엄 1세는 잉글랜드 지배를 위한 강온 양면 정책을 실시하였다. 예컨대 앵글로 색슨 왕국의 인적 계승은 물론 제도를 그대로 수용한 반면, 요크셔에서 일어난 반란에 대해서는 무자비하게 진압하였다. 비록 조직적이지 못하고 산발적이기는 하지만, 앵글로 색슨인들의 저항이 강력하면 할수록 윌리엄 1세는 잉글랜드 지배를 위해서 노르만 귀족들에게 의존하여 무력을 사용할 수밖에 없었다. 일부 잉글랜드인들은 반란을 진압하는 노르만 바론들에게 협력하고, 그 대가로 토지와 직위를 받았다. 이러한 윌리엄의 잉글랜드 지배정책이 정복 후 3년이 지난 1069년부터 변하기 시작하였다. 그는 잉글랜드의 노르만화를 통한 왕권강화에 나섰다. 이를 위해 여러 가지 개혁정책을 실시하였다. 윌리엄 1세의 첫 번째 과제는 정복지인 잉글랜드를 무력으로 지배할 군대를 세우고 군대가 주둔할 성을 축조하는 일이었다. 우선 그는 대륙으로부터 많은 용병(mercenary)을 모집하여 잉글랜드로 이동 주둔시켰다. 예컨대 1085년 말 덴마크 왕 크누트가 플랑드르 백작 로버트와 협력하여 잉글랜드를 침입하려는 계획을 세웠을 때, 이에 대처하기 위해서 윌리엄 1세는 프랑스와 브레타뉴 지방에서 용병으로 보병과 기병을 모집하였다. 그가 잉글랜드를 정복한 초기에는 자유농민군인 퍼드(fyrd)와 대귀족의 가내 친위군(housecarl)을 이용할 수 없었기 때문에 스코틀랜드나 스칸디나비아의 침입과 앵글로 색슨인의 반란에 대비하여 용병이 필요하였다. 한편 런던에 대한 지배력을 공고히 하고 여타 지역에 대한 지배력을 확대해 나가기 위해서도 막강한 군사력이 필요하였다. 그리고 각지에 군사들이 주둔할 성을 세울 필요성이 절실하였다.

1067년에 정복자 윌리엄이 잉글랜드를 떠나 노르망디에서 머물 때에 남서 잉글랜드 지방에서 가장 중요한 도시인 윈체스터에 성을 세우고, 그것을 노르만인인 윌리엄 오스번(William fitz Osbern)에게 맡겼다. 그리고 헤리퍼드 전 지역을 그에게 양도하여 수비하도록 조치하였다. 그래서 그는 그의 지배거점을 도버에서 체프스토우(Chepstow)로 이동하고 그곳에 석조성을 세웠다. 성 건축에는 많은 비용이 들었다. 도버 성을 1180년과 1190년 사이에 세웠는데, 약 7,000파운드가 들었다. 이처럼 축성에 오랜 시간이 필요하였을 뿐만 아니라 많은 비용이 들어간 것은 12세기부터 성들을 돌로 쌓기 시작하였기 때문이며, 자연히 성의 유지[17]에도 많은 비용이 들어갔다. 그렇기 때문에 12세기에 바론들의 약 35%만이 성을 소유할 수 있었다. 12세기 중엽에 바론들의 연평균 수입이 200파운드 정도였고, 7명 정도만이 400파운드를 넘었고, 20명은 20파운드보다도 더 적었다. 이에 비하여 국왕의 수입은 연 10,000파운드보다 적지 않았다.[18] 또한 바론들

17) 12세기 잉글랜드 북부에 위치한 리치먼드 성을 186명의 기사들이 수비하였다. 이들이 6개 집단으로 나뉘어 각각 2개월 동안 성 수비를 담당하였다. 이를 통해서 볼 때 성 수비를 위해 얼마나 많은 비용이 필요하였는지를 유추할 수 있다.

의 성 건축을 국왕이 규제하였기 때문에 바론들의 성의 수는 감소한 반면, 국왕이 소유한 성의 수는 늘어갔다. 성이 국가 방위의 요체라는 측면에서 볼 때, 성이 어디에 세워졌느냐 하는 문제보다는 그것의 수가 문제였다. 그러므로 윌리엄 1세 통치기에는 어느 때보다도 많은 수의 성을 세웠다. 특히 엑스터, 요크, 스테퍼드, 체스터, 더럼 등에 많은 성을 세워서 외적의 침략과 반란에 대비하였다. 그 결과, 1066년에 6개에 불과하였던 성이 1100년까지 잉글랜드 지역에만 500-600개 정도로 증가하였다.[19] 이러한 사실을 통해서 우리는 윌리엄 1세와 그의 아들 윌리엄 2세 통치기에 많은 성이 세워졌음을 미루어 짐작할 수 있다. 물론 그 이후에도 성은 계속 축조되어 1066년과 1189년 사이에 잉글랜드에만 863개의 성이, 그리고 웨일스에 330개의 성이 세워졌다.[20] 스티븐(Stephen) 왕의 혼란기에는 바론들이 성을 많이 세우면서 성의 수가 1,200개에 이를 정도로 크게 늘었다.[21] 그러나 내란의 혼란이 극복되고 외적의 침략이 약화되면서 성의 중요성이 점차 감소하고, 그래서 1200년까지 잉글랜드에 성의 수가 200-250개로 줄어들었다.[22] 다만 스코틀랜드와의 긴

18) John France, *Western Warfare in the Age of the Crusades 1000-1300*, pp. 83, 85.

19) Sidney Painter, "English Castles in the Early Middle Ages—Their Number, Location, and Legal Position", *Speculum*, Vol. 10, No. 3 (July, 1935), p. 322; Joseph and Frances Gies, *Life in a Medieval Castle* (London, 1974), p. 20. 12세기 잉글랜드에 세워진 성들의 수는 학자마다 그 추정치를 달리하고 있음에 유의하여야 한다. 왜냐하면 존 프랑스는 1154년경에 225개였다가 1214년에 179개로 감소하였다고 추정하고 있기 때문이다.(John France, *op. cit.*, p. 85.)

20) John H. Beeler, "Castles and Strategy in Norman and Early Angevin England", *Speculum*, Vol. 31, No. 4 (July, 1956), p. 583.

21) Sidney Painter, *A History of the Middle Ages* (New York, 1953), p. 179.

장관계로 인하여 스코틀랜드와 국경을 맞대고 있는 잉글랜드 북부 지역에서는 12세기 초까지 성의 건설이 계속되었다. 그런데 13세기에 이르러 대부분의 잉글랜드 성들이 돌로 세워졌다. 새로 건축되는 성들의 정교함에 공헌한 사람들은 제 1차 십자군 전쟁에 참여하였던 전사들이었다. 이들이 십자군 원정 지역인 이슬람교가 지배한 시리아로부터 투르크의 건축기술을 배워서 견고한 석조성을 세우기 시작하였다. 그러므로 중세 유럽의 석조성의 건축에 이슬람이 끼친 영향은 매우 컸다. 노르만으로부터 잉글랜드에 소개된 초기 성과는 비교가 될 수 없을 정도의 견고한 성의 축조기술이 11-12세기에 이슬람으로부터 서유럽에 소개되었다. 노르만의 잉글랜드 정복 초기에 건설된 흙이나 나무로 된 성이 아니라, 이제는 두께가 20-30피트 정도 되는 돌로 만든 원형 성루가 세워지고 3미터나 그 이상의 두터운 성벽을 쌓고 성벽의 주변을 따라서 해자(moat)를 설치하여 적의 침입에 대비하였다. 13세기에 이르면 잉글랜드에서도 석조성벽이 세워지고 석조성루가 있는 전형적인 석조성의 모습이 일반화되기 시작하였다.

윌리엄 1세는 앵글로 색슨 왕국의 징세 정책을 다수 계승 발전시켰다. 그가 잉글랜드의 왕이 되었을 때, 10세기 후반 잉글랜드를 침입한 덴마크인들에게 바칠 공물로 부과한 조세인 데인겔트를 징수할 권리가 그에게도 있음을 알았다. 데인겔트 징수의 세부적인 역사에 대하여 알려진 것은 없다. 그러나 991년에 해안가를 따라서 약탈, 살인, 방화로 공포감을 준 덴마크인들에게 데인겔트로 10,000파운드를 지불한 이래로,[23] 994년에 16,000

22) Sidney Painter, "English Castles in the Early Middle Ages—Their Number, Location, and Legal Position", p. 322.
23) *Anglo-Saxon Chronicles*, p. 144.

파운드[24], 1002년에 24,000파운드[25], 1007년에 30,000파운드[26] 등 이후 11세기까지 그 액수가 증가하면서 지속적으로 징수되었다. 그리고 잉글랜드 정복 후 노르만인들도 그 제도를 보존하였을 뿐만 아니라 그 제도를 충분히 이용하였다. 예컨대 노샘프턴셔의 데인겔트 지불에 대한 재산정이 1086년 이전에 이루어졌다. 이런 측면에서 보면 노르만인들이 앵글로 색슨 왕국의 경제제도를 폐기하고 새로운 제도를 실시한 것이 아니다. 즉 경제적인 측면에서도 앵글로 색슨 왕국의 제도 중의 일부를 노르만인들이 계승한 것이다. 그러나 노르만인들이 새로운 제도를 실시하기도 하였다. 무거운 세금을 부과하여 필요한 자금을 확보하였을 뿐만 아니라 앵글로 색슨 왕국의 귀족들로부터 토지를 몰수하여 그를 추종한 노르만인들에게 분배하였다. 윌리엄 1세가 버리 세인트 에드먼드(Bury St. Edmunds) 수도원장에게 보낸 칙서에 따르면, 그는 헤이스팅스 전투에서 사망한 잉글랜드 귀족들의 토지를 몰수하여 그를 추종한 노르만 귀족들에게 양도하거나 앵글로 색슨 왕국 귀족들에게 팔았다. 1069년까지는 주지사들이 소유한 영지의 대부분이 앵글로 색슨인의 수중에 있었으나, 정복자 윌리엄은 그에게 저항한 대귀족들을 축출되고 그들의 토지를 몰수하면서부터 영지가 노르만의 수중으로 들어갔다. 그러나 비록 에드워드 고백왕이 임명하였더라도, 정복자 윌리엄은 그를 추종한 대귀족인 윌트셔(Wiltshire), 서머싯(Somerset), 워위크셔(Warwickshire)의 주지사들에게 그 직을 그대로 유지할 수 있게 조치하였다.

24) *Ibid.*, p.144.
25) *Ibid.*, p. 148.
26) *Ibid.*, p. 150.

노르만 대귀족들의 무모한 앵글로 색슨인에 대한 탄압과 약탈 때문에 1068년부터 1070년 사이에 앵글로 색슨인의 저항과 덴마크인의 침입이 일어났다. 1068년에 에드윈(Edwin)과 모카(Morcar)가 일으킨 반란과 요크셔에 대한 덴마크의 침입 위협으로 인하여 윌리엄 1세는 군대를 북쪽으로 이동 배치시켰다. 1년 뒤인 1069년에 에드릭(Edric)이 일으킨 반란이 노르망디로 볼모로 잡혀갔던 에드가, 모카, 에드윈이 잉글랜드로 귀환하는 계기가 되었다. 한편 헤이스팅스 전투에서 정복자 윌리엄에게 패배하여 스코틀랜드와 아일랜드로 망명하였던 귀족들이 노르만인의 약탈 때문에 분개한 농민층을 지지 세력으로 규합하여 잉글랜드 북부나 서부 지역 그리고 웨일스 변경 지대에서 반란을 일으켰다. 이때 앵글로 색슨 왕국 교회와 성직자들이 물질적으로 반란자들을 도왔다. 윌리엄 1세는 체스터, 슈루즈베리, 데본, 콘월 등지에서 일어난 반란을 무력으로 진압하였다. 전투 중에 모카는 죽고 에드윈은 체포되어 평생 동안 투옥되었다. 반란을 진압한 후 반란 주도자들을 처형하고, 반란에 가담한 자들 모두를 모반자로 간주하여 그들의 영지를 몰수하고 반란에 개입한 수도원이나 교회의 토지도 몰수하였다. 반란을 무력으로 진압한 사건은 윌리엄의 잉글랜드 지배정책에 중요한 전환점이 되었다. 반란을 진압한 후, 1070년 여름에 윌리엄의 잉글랜드 지배정책은 유화책에서 강경책으로 전환되었다. 그럼에도 불구하고 윌리엄 1세에 대한 백작들의 반란은 계속되었다. 1075년에 일어난 백작들의 반란뿐만 아니라 1080년에는 잉글랜드 북부 지방에서 소요가 일어났다. 이러한 내적 혼란에 더하여 1085년에는 덴마크의 크누트가 노르웨이의 올라프와 플랑드르 백작 로버트와 연합하여 스칸디나비아로부터 잉글랜드를 침입하였다. 이러한 내우외환의 과정을 잘 극복하여 나가는 동안에 윌리엄 1세는 반란자들로부터 몰수한 토지를 그에게 충성한 소수 노르만 귀족이나 성직자들에게 양도하여 자연스럽게 지배층의 교체를 이루어 나갔다. 예컨대 1069년에 에드윈 가문과 모카 가문의 재산을, 1075년에는 발테오프(Waltheof) 가문의 재산을 몰수하여 윌리엄을 추종한 노르만 귀족에게 양도하였다. 그 결과 정복자 윌리엄의 이복동생인 오도(Odo) 주교가 캔트 백작이 되었고, 윌리엄의 또 다른 이복형제인 로베르도 콘월과 서식스의 백작으로 봉하여 졌다. 그 이외에도 정복자 윌리엄의 가내집사인 윌리엄 오스번(William fitz Osbern), 성수장인 휴 몽포르(Hugh de Monfort), 주류 관리책임자인 휴 아이버리(Hugh de Ivry), 시종장관인 랄프 탄카빌(Ralf de Tancarville), 그리고 바론들 중에서 윌리엄 워렌(William of Warenne), 로버트 길버트(Robert fitz Gilbert), 제프리 맨느빌(Geoffrey of Manneville) 등이 윌리엄 1세로부터 봉토를 받은 노르만인이다.[27] 한편 고위성직자들의 교체도 동시에 이루어졌다. 랑프랑크를 캔터베리 대주교로 임명한 후부터 고위성직자들을 앵글로 색슨인으로부터 노르만인으로 교체하여 나갔다. 그리고 윌리엄의 이복동생인 오도를 비롯한 그의 측근들이 주교직을 차지하였다.

위에서 언급한 것처럼 윌리엄은 앵글로 색슨 왕국의 귀족들이 소유하고 있던 영지를 몰수하여 윌리엄의 노르만 추종자들에게 양도하였다. 1086년에 단지 네 명의 잉글랜드 영주만이 기존의 토지를 그대로 보유할 수 있었고, 지방 호족인 데인(thegn) 중의 4,000명 이상이 그들의 토지를 빼앗겼으며, 200명 정도의 바론

27) F. M. Stenton, *Anglo-Saxon England*, p. 630.

들이 윌리엄의 잉글랜드 정복에 공헌한 브레타뉴인, 플랑드르인, 로렌인, 그리고 무엇보다도 노르만인으로 교체되었다. 1066년에 윈체스터 토지소유자의 30% 미만이 비잉글랜드인이었으나, 1207년에는 그 비율이 80%까지 상승하였으며, 그들 중 상당수가 노르만인들이었다. 그리하여 이때 기욤, 로베르와 같은 프랑스식 이름의 토지 소유자가 윌리엄, 로버트라는 영어식 이름으로 대거 등장한다.[28] 한편 1087년까지 국왕이 잉글랜드 각지에 건설한 국왕의 성의 관리를 책임진 성수장(constable)과 각 주의 사법, 행정, 왕명의 실행 등의 임무를 수행한 주지사들을 노르만인들로 임명하였다. 이러한 과정을 통해서 1087년까지 앵글로 색슨 왕국 귀족들은 사라지고 노르만인들에 의한 새로운 귀족사회가 형성되었다. 이들 새로운 지배 엘리트들은 잉글랜드는 물론 노르망디에도 토지를 소유하여 양 쪽 모두에 지배권을 소유하였다. 그 결과, 잉글랜드와 노르망디는 하나의 정치 공동체를 형성하게 되었다. 이는 잉글랜드에 앵글로 노르만 사회가 탄생하였음을 알리는 징표이다. 한편 이러한 과정에 나타난 어려움과 불확실성을 전국 토지조사 사업으로 극복하려고 하였다. 잉글랜드인들이 소유한 토지보유 실태에 관한 믿을 만한 정보가 없던 윌리엄은 이를 둠즈데이 조사로 탈피하려고 시도하였다. 뿐만 아니라 잉글랜드인들을 확실하게 지배할 수단으로서 둠즈데이 북을 이용하고자 한 정치적 목적도 있었다. 그러므로 둠즈데이 북 편찬은 집권적 왕국 건설을 위한 윌리엄 1세의 노력의 한 과정이었다.

28) John Gillingham and Ralph A. Griffiths, *Medieval Britain* (Oxford University Press, 1984), p. 3.

3. 둠즈데이 북과 그 편찬의 역사적 의미

윌리엄의 잉글랜드에 대한 실질적 지배권 확립은 그가 잉글랜드를 정복한 지 20년이 지난 1086년에 실시한 토지소유 조사사업인 둠즈데이 북(Domesday Book)[29]의 편찬을 통해서 확인할 수 있다. 그러므로 둠즈데이 북의 편찬은 윌리엄의 잉글랜드 정복과 그 통치라는 맥락에서 의미를 찾아야 할 것이다. 그는 인접국가인 프랑스의 점증하는 적대행위에 대처하여야 할 뿐만 아니라 1075년에 일어난 백작들의 반란, 1080년에 북부지역에서 발생한 소요 사태, 1085년 노르웨이와 플랑드르가 동맹을 맺어 잉글랜드를 침입할 위험성에 능동적으로 대처하여야 하였다. 이러한 어려운 사태와 불확실성을 헤쳐 나가기 위해서 어느 때보다 더 용병 고용이 필요하였으며, 이에 따라 왕실재정을 튼튼히 할 필요성이 생기고, 그러한 필요성 때문에 세금징수를 확대하고자 하였으며, 그 결과 둠즈데이 조사가 이루어진 것이다. 물론 토지 소유권 분쟁을 해결하고 왕실 소유의 토지를 확대하고자 한 또 다른 목적도 있었다. 윌리엄 1세는 세금징수의 토대인 지주들의 토지와 가축 등의 재산이 어느 정도이며, 그것의 가치가 어느 정도인지를 파악하기 위해서 조사명령을 내렸고, 약 2년간에 걸쳐서 자유인들이 소유하고 있는 경작지와 그 가치, 소유하고 있는 가축의 종류 및 그 수, 각종 농기구와 그 수 등을 조사하였으며, 그 결과를 문서로 편찬한 것이 둠즈데이 북이다. 세금징수 자원을 확보할 목적으로 둠즈데이 북을 편찬하였기 때문에 둠즈데이 조사가 매우 빠르게 진행되었음을 주목하여야 한다. 이렇게 빠른

29) 고대 영어의 '과세한다' 혹은 '평가한다'는 의미의 둠(dom)으로부터 그 명칭을 따온 것이다. 왜냐하면 둠즈데이 북은 국왕이 왕국 내에 있는 자산의 가치를 평가한 기록이기 때문이다.

둠즈데이 조사는 이전부터 존재한 백호장들, 촌락들에 관한 자료들과 소작인들의 목록에 준하여 조사가 이루어졌기 때문에 가능하였다. 즉 앵글로 색슨 왕국의 지방통치 조직이 노르만에게 계승된 결과이다.

1085년 성탄절에 윌리엄은 글로스터(Gloucester)에 있는 궁정에 있었다. 이곳에서 그는 그의 자문위원회(council)[30]와 함께 잉글랜드를 어떻게 통치할 것인가를 깊게 논의하였다. 그리고 세금을 부과할 수 있는 가치 있는 것이 무엇인가를 매년 확인하기를 원하였다. 이 논의의 결과, 그는 정복지인 잉글랜드에 대한 경제적인 기초 조사를 하도록 명령하였고, 그 결과가 두 권의 책으로 묶였는데, 윌리엄 1세가 사망한 1087년 9월에 1권이 거의 완성되었다. 이것이 둠즈데이 북[31]이다. 『앵글로 색슨 연대기』에 따르면, 윌리엄 1세는 잉글랜드 각 주를 7개의 권역(circuit)[32]

30) 앵글로 색슨 왕국 말기에는 국왕의 자문위원회에서 왕위계승을 비롯한 국가적 문제를 의논하였다. 국왕이 주도한 회의에서 결정된 사항 중의 일부는 국왕의 공식서한(writ)으로 구체화되었다. 그러므로 공식서한은 다양한 국왕의 사법, 행정, 재정에 관한 문제를 지방의 주지사를 비롯한 행정책임자들에게 전달하는 수단이었다. (Peter Hunter Blair, *Roman Britain and Early England 55 BC-871 AD,* pp. 253-255.)

31) 'Domesday'라는 용어가 조사문서에서는 언급되지 않았으나, 한 세기 이내에 그 용어가 광범하게 알려지게 되었다. 1179년에 작성된 잉글랜드의 왕실회계청의 기록에 따르면, 그 조사에 대한 공포의 감정이 널리 퍼졌던 것 같다. 왜냐하면 기독교 성서 중의 한 부분인 요한계시록처럼 마치 그것이 '최후의 심판'의 이미지를 상기시킨 은유적 의미를 띠고 있었기 때문이다. 이 조사가 너무나 철저하여 모두에게 큰 경제적 부담을 줄 수 있었기 때문에 둠즈데이 조사 결과를 성서와 비교하여 그렇게 표현한 것이다. [Michael T. Clanchy, *From Memory to Written Record: England 1066-1307* (Chichester, Wiley Blackwell, 1979), p. 18.]

32) 제 1권역에는 동부에 속한 캔트, 서식스, 서리, 햄프셔, 버크셔가, 제 2권역에는 윌트셔, 도싯, 서머싯, 데본셔, 콘웰이, 제 3권역에는 미들섹스, 하트퍼드셔, 버킹엄셔, 캠브릿지셔, 베드퍼드셔가, 제 4권역에는 옥스퍼드셔, 노샘프턴셔, 레스터셔, 워윅셔가, 제 5권역에는 글로스터셔, 우스터셔, 헤리퍼드셔, 스테퍼드셔, 스롭셔, 체셔가, 제 6권역에는 헌팅던셔, 노팅엄셔, 다비셔, 링컨셔, 요크셔가, 제 7권역에는 동부에 속한 노퍽, 서퍽, 에식스가 속하였다.

으로 나누어 바론들, 성직자들과 재판관들로 구성된 3-4명의 국왕의 조사위원(commissioner)들을 각 주에 파견하였다.[33] 앵글로 색슨 왕국 시대부터 내려온 잉글랜드의 지방조직인 주(shire), 백호장(hundred)이나 와펜테이크(wapentake)가 둠즈데이 조사의 지리적 기반이 되었다.[34] 중앙에서 파견된 국왕의 조사위원들이 각 주를 방문하고, 이들을 보좌할 조사위원들을 현지에서 따로 선발하여 합류시킴으로써 조사가 원활하게 진행되었다. 그러므로 둠즈데이 북 조사서에는 행정의 말단 조직인 촌락의 특성인 경작지와 산림지나 황무지의 규모, 인구수에 따른 집촌과 산촌, 촌락의 규모, 자유인과 부자유인으로 크게 나눌 수 있는 촌락인들의 신분과 그들의 수 등에 관한 사항까지도 자세하게 조사할 수 있었다. 조사위원들은 실제 조사와 함께 기존에 있던 앵글로 색슨 왕국의 토지대장(land-books), 노르만 왕들의 특허장들, 정복자 윌리엄의 법들로부터 나온 문서들을 참조하여 조사 작업을 벌였다.

지방 행정의 재정적이고 법적 기본 단위로서 백호장의 중요성은 둠즈데이 조사에서 나타난다. 『앵글로 색슨 연대기』에 따르면, 각 백호장 단위로 심사위원회가 구성되었고, 이들은 각 촌락 사

33) H. C. Darby, *A New Historical Geography of England* (Cambridge, 1973), p. 7.

34) 둠즈데이 북에서 언급한 장원을 뜻하는 manerium과 촌락을 의미하는 villa는 서로 일치하지 않는다. [Record Commission, ed., *Domesday Book* (London, 1783), ii, 174. (이하 Domesday Book으로 약칭함.)] 물론 하나의 장원이 하나의 촌락을 구성하여 일치하는 경우도 있으나, 특히 동부 지역에서는 그렇지가 않았다. 그리고 백호장의 규모는 촌락 10여 곳을 포함하는 규모를 가진 지방행정기구이다. 예컨대 캠브릿지셔에 속한 웨더리(Wetherley) 백호장의 경우가 12개의 촌락을 포함한 규모였다. [F. W. Maitland, *Domesday Book and Beyond* (Cambridge University Press, 1987), p. 131.]

정에 밝은 대표자들을 소집하여 재산 상태를 조사하였다. 이들은 왕령지, 교회영지는 물론 대귀족들이 소유한 영지를 세금징수의 기본 단위인 하이드(hide)[35]나 카루케이트(carucate)로 조사하고 그것들이 속한 각 장원의 명칭, 그리고 경작지 면적은 물론 산림지와 목초지의 면적도 조사하였다. 경작지 면적의 가치 산정은 각 장원의 경작지에 있던 경작 조(plow team)의 조사를 통하여 확인하였다. 그리고 그러한 경작 조가 영주의 수중에 있는지 아니면 그의 소작인들의 수중에 있는지도 조사하도록 명하였다. 그리고 소작인들이 거주한 가옥도 과세 대상으로서 조사하도록 하였다. 이러한 과정에서 자연스럽게 농노, 노예, 소토지보유자인 코타(cottar), 그리고 자유인인 소크맨(sokeman)의 수도 조사되었다. 또한 풀을 벨 수 있는 초지(mowable pasture)를 제외하고 목초지에 과세하기 위해서 조사를 명하였다. 물론 황무지도 조사 대상이었다. 그 이외에도 이윤을 낼 수 있는 것들 모두, 즉 각 장원에 있는 물레방아, 양어장의 수, 심지어 가축의 종류와 그 수에 대한 조사를 명하였고, 그 조사 결과는 윌리엄 1세에게 보고되었다.[36] 한편 둠즈데이 북에 따르면, 각 촌락의 편의시설도 조사하였다. 촌락인들의 생활에 필수적인 시설 중에 하나가 방앗간이다. 그런데 이것은 촌락인들로부터 세금을 걷을 수 있는 하나의 시설이기 때문에 그 수를 조사하는 것은 중요한 의미가 있다. 북부의 여러 주들이 조사에서 제외되었음에도 불구하고 조

35) 둠즈데이 북에서 언급된 하이드(hide)는 면적의 측정단위(measure)라기보다는 세금부과를 위한 과세(assessment) 단위의 용어이다. [P. Edward Dove, ed., *Domesday Studies*, vol. I, p. 13.]

36) *Anglo-Saxon Chronicles*, pp. 161-162; P. Edward Dove, ed., *Domesday Studies*, vol. I, pp. 11-12; *English Historical Documents, 1042-1189*, p. 882.

사 당시에 총 방앗간의 수가 5,600개에 이른다. 물론 방앗간이 전국적으로 분포되어 있었으나, 동부에 여러 주, 특히 링컨과 서퍽에 더 많았다. 촌락 한곳 당 4-5개의 방앗간이 있던 곳이 80곳에 이른다. 링컨셔에는 이보다 더 많은 수의 방앗간이 있었다. 틸비(Tealby) 지역에는 무려 14개의 방앗간이 있었다.[37] 방앗간의 수를 조사한 것처럼 둠즈데이 북의 조사 내용은 상당히 구체적이었다. 이러한 자료는 윌리엄 1세 뿐만 아니라 이후 국왕들의 조세 징수를 위한 중요한 자료로 이용되었다. 그리고 후대 역사가들은 둠즈데이 북 조사서를 당시 잉글랜드의 사회와 경제적 특징을 분석하는 중요한 자료로 이용하고 있다. 그러나 둠즈데이 북에는 잉글랜드의 봉건조직에 관한 구체적인 언급이 거의 없다.

이 모든 정보가 담긴 문서 속에는 각 영지로부터 거둘 수 있는 과세 자료인 인구수, 각 영지의 재산과 그 가치와 관련된 정밀한 통계치가 포함되었다. 세금 징수를 위한 기초 자료이자 윌리엄 1세의 잉글랜드 통치를 위한 기초 자료로서의 둠즈데이 북 작성은 잉글랜드 주민들에게는 큰 충격이었다. 그래서 리처드 니겔(Richard fitz Nigel)에 따르면, 둠즈데이 북을 '최후의 심판(Last Judgment)'에 비교하였다. 둠즈데이 조사서는 살아 있는 자들은 물론 1065년과 1085년 사이에 살해되거나 사망한 앵글로 색슨 왕국 토지소유자들에 관한 정보도 찾았기 때문에 적절한 비유인 것 같다.[38] 각 위원회는 이 조사를 마무리한 다음 그 결과를 윈체스터로 송부하였다. 이것이 두 권으로 작성된 둠즈데이 북 조사서이다. 둠즈데이 북 두 권 중에서 두 번째 권[Little

---

37) Peter Hunter Blair, *An Introduction to Anglo-Saxon England*, p. 276.
38) M. T. Clanchy, *England and Its Rulers 1066-1272*, p. 61.

Domesday]은 동부의 위치한 주들인 에식스, 노퍽, 서퍽 등 세 개 주들과 관련된 사항을 담고 있으며, 다른 한 권인 첫 번째 권에는 잉글랜드의 나머지 지역에 관한 사항을 담고 있다.[39] 두 번째 권에는 첫 번째 권보다 더 세부적인 사항이 담겨 있다. 이에 더하여 캠브릿지셔 배심원들이 둠즈데이 북 조사와 관련된 재판 평결의 복사본인 캠브릿지셔 조사서(Cambridgeshire Survey)가 따로 있다. 그러나 둠즈데이 북 조사과정에서 잉글랜드 북부 지역, 랭커셔는 물론 런던, 윈체스터 등 여러 도시들이 누락되어 전국적인 토지조사 사업은 되지 못하였으나, 그 영향만큼은 대단히 컸다. 아마도 그 도시들을 처음부터 그 조사에 포함시킬 의도가 없었던 것 같다. 인구밀도가 서쪽보다는 동쪽 지역이 더 조밀하였다. 자연히 인구밀도가 높은 지역의 토지는 그렇지 않은 지역보다 비옥하였다. 그러므로 단위면적 당 곡물 생산량도 더 많았다. 이처럼 촌락이나 백호장을 구성한 인구의 분포나 토지환경이 고르지 못한 것에 더하여 그곳에 거주하는 인구의 신분구성, 예컨대 자유인과 예속인의 구성비에도 차이가 컸다.[40] 둠즈데이 북의 작성은 정복자 윌리엄 이후의 통치자들이 잉글랜드를 어떻게 통치하여 나갈 것인가를 고민하게 만든 기초적인 자료로서 구실을 할 수 있었다. 그러므로 둠즈데이 북 조사서를 역대 왕들이 통치의 기본 자료로 이용하였을 뿐만 아니라 토지에 대한 소유권 분쟁이 일어났을 때 그 분쟁을 해결할 중요한 근거 자료로서 이용

39) 둠즈데이 북 제 1권은 413장의 낱장으로 만들어졌는데, 이를 기록할 양피지를 얻기 위해서는 양 500마리에서 1000마리 정도는 필요하였을 것이다. 아마도 도싯, 햄프셔, 윌트셔로부터 양 가죽이 조달되었을 것이다. [Elizabeth M. Hallam, *Domesday Book through Nine Centuries* (Thames and Hudson, 1986), p. 26.]

40) F. W. Maitland, *Domesday Book and Beyond*, pp. 17-79.

하였다. 예컨대 1259년에 국왕 헨리 3세(1216-1272)가 레스터 백작인 시몽 드 몽포르(Simon de Montfort)와 그의 아내에게 연간 500마르크의 수입을 준 10곳의 장원을 양도하였다. 재무성 관리들이 둠즈데이 북에서 그 토지가 국왕의 영지인지 아닌지를 찾아보았다. 그러한 과정을 거쳐서 헤리퍼드셔, 도싯, 노팅엄셔에 있는 세 곳의 장원을 제외한 나머지 장원이 국왕의 직영지임을 밝혀냈다. 이는 몽포르의 반란 이후, 그가 보유한 토지를 국왕이 환수할 수 있는 근거가 되었다. 그리고 바론들이 보유한 토지에 관한 기록들은 중세 시대 내내 변함없이 둠즈데이 북에 그대로 존재하였다. 징세의 근거인 이 목록이 10세기 말 이래로 헨리 2세 통치기인 12세기에도 그 유용성이 지속되었다. 예컨대 헨리 1세가 경작지 하이드 당 2실링의 데인겔트를 부과하였는데,[41] 이것이 12세기에 이르러 토지세로 전환되었다. 이처럼 윌리엄 정복 이전부터 징수된 데인겔트가 12세기에도 토지세로 징수됨으로써 앵글로 색슨 시대의 제도가 앵글로 노르만 시대에도 계속 유지된 것이다. 한편 1250년대부터 둠즈데이 북의 내용이 행정 기록에 직접 인용되기 시작하였다. 1256년에 체스터 주민들이 그 도시에 있는 다리 수리를 위한 비용을 지불하도록 한 국왕의 명령을 받았다. 왜냐하면 국왕이 그것이 그들의 의무라는 점을 둠즈데이 북을 통하여 알았기 때문이다.

그렇다면 정복자 윌리엄이 둠즈데이 북을 편찬한 목적은 무엇인가? 비록 일부 학자는 둠즈데이 북의 가치를 낮게 평가하기도 하지만[42], 그것은 잉글랜드의 어떤 다른 문서들보다도 더 주목을

41) *Ibid.*, p. 6.
42) Michael T. Clanchy, *From Memory to Written Record: England 1066-1307*, pp. 18-21. (저자는 둠즈데이 북을 만든 지 2세기가 지난 이

받을 만큼 중요성이 있다. 특히 11세기 서유럽의 역사에서 둠즈데이 북 편찬과 같은 전국적인 토지조사가 없을 정도로 중요한 작업이며, 그 결과 편찬된 조사서는 매우 중요한 가치를 지닌 문서이다. 차후 둠즈데이 북의 기록에 근거하여 국왕은 물론 귀족들과 교회와 수도원은 토지이동과 그 소유권에 대한 주장을 하였으며[43], 과세 문제를 결정하는 데에도 이용되었다. 그러나 이러한 가치에도 불구하고 둠즈데이 북은 미완성의 조사 자료였으며, 그 안에는 11세기 잉글랜드 사회와 환경에 대한 일부 잘못된 자료와 정보를 담고 있다. 그러므로 이 자료는 다른 문서나 증거와 비교한 가운데 이용하여야 할 필요가 있다. 이러한 문제점에도 불구하고 이 문서는 티즈(Tees) 강 이남의 약 13,000곳의 사회·경제적 특성을 파악할 수 있는 자료를 담고 있다.[44] 또한 둠즈데이 북의 자료들이 앵글로 색슨 왕국 시대의 잉글랜드와 노르만 정복 이후와의 사회·경제적 구조를 비교할 수 있는 정보들, 특히 무거운 쟁기(heavy plow) 사용, 지조(strip) 제도, 개방경작 제도, 양, 소, 돼지를 비롯한 가축 사육의 실태 등 농업에 관한 정보를 담고 있다. 그러므로 이것은 농촌사회의 특징과 그 지배 구조를 이해하는데 있어서 매우 가치가 큰 자료이다.

메이트랜드는 둠즈데이 북을 편찬한 중요한 목적은 재정적인데 있다고 주장한다. 새로운 왕국을 획득한 정복자 윌리엄이 세금을

후까지도 그것이 실용적으로 사용되지 못하였다고 주장한다.)

43) V. H. Galbraith, "Royal Charters to Winchester", *English Historical Review*, Vol. 35, No. 139 (July, 1920), pp. 382-400; V. H. Galbraith and J. Tait, ed., *Hertfordshire Domesday Book, circa 1160-1170*, Pipe Roll Soc., new ser., xxv (1950), p. xxvii.

44) Trevor Rowley, *The Norman Heritage 1066-1200* (London, 1983), pp. 63-64. 이것은 당시 존재한 촌락의 약 80% 정도만을 조사한 자료만을 담고 있는 제한성을 가지고 있다.

거두기 위한 전국적인 자료가 필요하였을 것이고, 이로부터 둠즈데이 북을 편찬한 것이다. 그러므로 둠즈데이 조사는 무엇보다도 윌리엄이 전국 토지조사를 통하여 보다 많은 세금을 안정적으로 징수하려고 한 경제적 목석에 있었다. 윌리엄의 신민들이 세금징수를 부담할 경제적 능력이 있었는지 여부에 대한 고려 없이 과세되었기 때문에 다분히 인위적이다.45) 더글라스(D. C. Douglas)도 둠즈데이 북 작성의 목적을 조세징수에 있다고 보았다. 즉 정복자 윌리엄은 그의 새로운 왕국인 잉글랜드에 거주한 주민들의 실태와 그들이 소유한 재산, 그리고 그를 통한 그들의 담세능력을 조사하고자 하였다.46) 정복자 윌리엄이 잉글랜드에 거주한 신민들의 신분을 파악하고, 그들의 경제 상태를 조사한 이유는 그것이 곧 세금징수의 근간이 될 뿐만 아니라 군역 동원의 기본 자료가 되었기 때문이다. 한편 갈브레이드(V. H. Galbraith)는 둠즈데이 북의 작성은 재정적인 목적뿐만 아니라 사법적 목적의 수행과도 관련이 있다고 보았다. 그러한 주장은 봉건적 토지보유조건의 도입과 잉글랜드에 봉건법을 도입한 공식적인 문서가 둠즈데이 북이라고 믿었던 점에 근거한다.47) 그런데 이들의 연구가 있은 지 10여년이 지난 후에 다비(H. C. Darby)가 새로운 방법으로 둠즈데이 북에 대한 연구를 하였다. 그는 둠즈데이 북에서 조사된 지역마다 인구, 바러, 쟁기팀, 목초지, 산림지, 황무지, 방앗간, 교회,

45) John McDonald and G. D. Snooks, "Were the Tax Assessments of Domesday England Artificial? The Case of Essex", *Economic History Review*, Vol. 38, No. 3 (Aug., 1985), p. 352.
46) D. C. Douglas, *The Norman Achievement, 1050-1100* (London, 1969); D. C. Douglas, *William the Conqueror, The Norman Impact upon England* (London, 1964) 참조바람.
47) V. H. Galbraith, *The Making of Domesday Book* (Oxford, 1961).

양어장 등이 어떻게 분포되어 있는지를 조사하여 분포도를 만들었다.[48] 이를 만든 이유는 각 지역마다의 경제적 특징을 조사하는데 있었다. 다비는 둠즈데이 북 작성의 이유를 경제적 목적에서 찾고자 한 것이다.

둠즈데이 북을 통해서 볼 때, 당시 잉글랜드 사회는 계서제(hierarchy) 사회이고, 더 나아가 신분제 사회의 모습을 띠고 있다. 슈롭셔(Shropshire)와 체셔(Cheshire)를 제외하고 나머지 주들에 대한 조사서에서 제일 먼저 국왕의 소유지가 기록되고, 그 다음에 주교들과 대수도원장과 같은 고위 성직자의 토지보유 실태가 기록되었다. 마지막으로 세속 영주들의 영지 목록이 등장한다.[49] 둠즈데이 북에 따르면, 국왕과 그의 가족이 조사한 전체 주의 면적 중에 약 1/5을 소유하였다. 그리고 교회와 성직자들이 약 1/4을 소유하였고, 12명의 중요한 직수봉신들이 1/4의 토지를 보유하였다.[50] 전체 세속 대귀족들이 보유한 토지면적은 약 1/10 정도였다. 환언하면 세속 대귀족들, 50명 미만의 고위성직자들, 1년에 100파운드 이상의 수입이 있던 영지를 소유한 170명 정도의 영주들에게 토지소유가 집중되었다. 즉 둠즈데이 조사 당시에 잉글랜드의 토지재산을 약 250명의 지배층이 소유한 것이다. 이러한 부와 권력의 편중은 에드워드 고백왕 때의 상황과 크게 다르지 않다. 차이가 있다면 1086년까지 250명의 세력가들 거의 모든 사람들이 대륙으로부터 이주해 온 노르만인이란 점이다.[51]

---

48) H. C. Darby, ed., *Domesday England* (Cambridge University Press, 1973); H. C. Darby, *A New Historical Geography of England* (Cambridge, 1973) 참조바람.
49) V. H. Galbraith, *The Making of Domesday Book*, pp. 77.
50) Elizabeth M. Hallam, *Domesday Book through Nine Centuries*, p. 19.
51) M. T. Clanchy, *England and Its Rulers 1066-1272*, p. 64.

그러므로 둠즈데이 북 조사는 윌리엄 1세를 비롯한 대륙으로부터 잉글랜드로 이주하여 온 새로운 지배층의 통치권 확보를 위한 경제적 기반을 마련하는데 그 목적이 있었다고 주장할 수 있다. 1086년에 잉글랜드 인구를 1백 5십만 명으로 계산할 때, 2,000명 정도가 외국 기사들이었고, 10,000명 정도가 외국으로부터 잉글랜드로 이주한 자들이었다. 이들을 전체 인구에 비교하여 볼 때, 소수에 불과한데, 이 소수자들이 전체 토지의 대부분을 소유한 것이다. 그러므로 둠즈데이 북은 1086년 조사 당시에 실질적인 토지보유 상태를 알려주는 지표가 될 뿐만 아니라 사회적 계서제와 토지재산은 물론 권력의 집중화를 알려주는 자료이기도 하다.

잉글랜드를 정복한 윌리엄의 통치와 그 권위는 그가 통제한 군사조직에 달렸기 때문에 그도 자연스럽게 그것에 의존하였다. 각 지역에서 반란이 일어나거나 일어날 조짐이 있는 가운데 안정적인 군사력 확보는 필수적이었으며, 이를 위해 토지소유권을 군역납부와 연계시켜 개혁할 필요성이 있었을 것이다. 이러한 이유 때문에 윌리엄 1세가 필요할 때 요구하면 군사력을 동원한다는 조건 하에 직수봉신들에게 토지를 봉토로서 급여하였다. 여기에는 교회영지라고 예외일 수 없었다. 윌리엄 1세는 성속(聖俗)을 막론하고 직수봉신들에게 토지를 급여할 때, 토지 면적에 따라서 일정한 군사적 의무를 지게 하였다. 이때부터 기사할당량(knight quota)이라고 부른 군역의 의무를 모든 봉토에 부과하였다. 윌리엄 1세가 그를 추종한 자들에게 요구한 기사의 총수를 계산하기는 어렵다. 그러나 그 수가 4,000명을 넘지는 않았을 것으로 추정된다. 왜냐하면 국왕에게 기사를 동원할 의무를 진 바론들의 총수가 180명을 넘지 않았기 때문이다. 그런데 4,000명에 이르는 기사의 총수 속에는 주교들과 대수도원장들이 동원한 780명 정도의 기사가 포함되어 있다.52) 이러한 제도는 노르만의 군역 납부 제도가 잉글랜드에 도입된 결과이다. 이러한 사실은 봉건제의 단절설(소개설)을 입증하는 자료로 이용될 수 있다. 일반적으로 대귀족의 경우, 국왕이 요구할 때 수십 명의 기사를 동원하여야 하였으며, 소귀족은 10명 미만의 기사를 동원할 의무를 졌다. 그러나 대귀족이라고 많은 수의 기사를 동원하고, 소귀족이라고 적은 수의 기사를 동원해야 할 의무가 반드시 있는 것은 아니다. 또한 그들이 소유한 봉토의 규모와 동원해야 할 기사들의 수가 비례하는 것도 아니다. 왜냐하면 동원해야 할 기사의 수는 주종관계를 맺을 때 한 계약에 따라서 결정되었기 때문이다. 그러나 대귀족이 많은 수의 기사를, 소귀족이 적은 수의 기사를 동원한 것은 일반적인 경향이었다. 당시 윌리엄 1세에게 충성을 맹세한 노르만의 귀족들 중에서 그들이 소유한 영지에서 1년에 100파운드 이상의 수익을 내는 자들이 180명 정도였고, 그 중에서도 11명의 대귀족이 세속 영지의 약 50% 정도를 점유하고 있었다.

윌리엄 1세는 둠즈데이 조사를 통해 앵글로 색슨 왕국 통치기의 토지귀족들을 몰아내고 노르만인들로 그 자리를 메워서 지배구조의 변화를 달성하였다. 1087년까지 노르만의 바론들이 국왕의 성의 관리를 책임진 성수장은 물론 주지사로서 잉글랜드 각지에 중요한 관직을 점유하였다. 875년 알프레드 대왕의 군대가 덴마크 군에게 패배함으로써 동북부 지역에 데인로우가 설정되어 앵글로 색슨인에서 덴마크인으로 지배층의 교체가 일어난 이후, 윌리엄 1세의 잉글랜드 정복으로 다시 한 번 잉글랜드 역사에

52) F. M. Stenton, *Anglo-Saxon England*, pp. 634-635.

있어서 지배층의 교체가 이루어진 혁명적 변화를 겪게 된 것이다. 둠즈데이 북에서 보는 것처럼 앵글로 노르만 시대의 상위 지배계층은 노르만인이고, 이들이 대토지와 고위관직을 독점하였다. 물론 앵글로 색슨족의 일부가 노르만족의 지배권에 합류하였으나, 그것은 어디까지나 노르만족의 보조적 역할에 지나지 않는다. 한편 노르만족들이 잉글랜드로 이주하여 대귀족층을 형성하고, 이들이 프랑스에 토지를 소유하고 있었던 점은 노르만족의 잉글랜드 지배권을 인식하는 또 다른 기준이 된다. 그리고 이것이 앞으로 잉글랜드와 프랑스 간의 관계 설정에 항상 문제가 되는 원인이 되었다. 이러한 문제점은 잉글랜드와 스코틀랜드, 잉글랜드와 웨일스, 잉글랜드와 아일랜드의 관계에도 그대로 적용된다. 그러므로 둠즈데이 북 시대의 잉글랜드 역사를 이해함에 있어서 가장 기본적인 원칙은 노르만족의 침입 이전과 이후의 특성을 비교 이해하려고 노력하는데 있다. 노르만족 침입 이후의 잉글랜드 역사는 노르만족과 앵글로 색슨족 간의 지배와 종속, 그리고 토지 소유권 투쟁이라는 관점에서 이해될 수 있다. 이러한 두 민족 간의 대립 문제가 사실상 종결된 것은 12세기 헨리 2세 때이다. 왜냐하면 앵글로 색슨족과 노르만족의 인종적 대립과 그들 사이에 지배와 종속과 토지소유권 투쟁이 완전히 끝난 것은 12세기 이후이기 때문이다. 비록 학자들 사이에 둠즈데이 북의 편찬 목적에 대한 의견이 상이하더라도, 이들이 모두 공감하는 점은 둠즈데이 북 편찬은 새로운 질서 수립을 위한 상징이라는 사실이다.[53] 통치 목적을 위해서 앵글로 색슨 왕국은 집권화된 하나의 왕국으로서보다는 주의 연합체로서 움직였다. 노르만 정복 이후

53) Elizabeth M. Hallam, *Domesday Book through Nine Centuries*, p. 16.

노르만인들도 잉글랜드의 통치 형태와 방법을 다수 계승하였다. 그런 가운데에서도 새로운 중앙집권적 통치체제를 마련하였다. 그런 점에서 본다면, 둠즈데이 조사도 중앙집권적 통치체제 수립을 위한 과정 중에 하나로 실시된 것이다.

둠즈데이 북에는 대토지소유자인 윌리엄의 직수봉신들의 목록은 물론 그들의 재산상태가 기록되어 있다. 또한 장원 한 두 곳을 소유한 직수봉신의 배신(sub-tenant)들의 명단도 있다. 그리고 고위성직자들인 대주교, 주교, 대수도원장들의 토지소유 현황도 조사되었다. 이처럼 고위귀족과 하위귀족은 물론 고위성직자들의 재산 상태를 조사하여 국왕의 신민이면 누구라도 불법적으로 토지를 소유하지 못하게 하고, 각 토지소유자들의 재산을 파악함으로써 그에 근거하여 군역을 징수할 수 있게 되었다. 비록 귀족들이 국왕에게 진 군역납부의 의무가 구체적으로 기록되어 있지는 않지만, 봉신들의 토지재산에 관한 기록은 모두 다 과세와 기사할당량과 관계된 자료가 되었다. 국왕은 봉신들이 소유한 토지를 바탕으로 필요한 군사력을 확보하려고 하였으며, 또한 국왕의 직영지로부터의 수입뿐만 아니라 봉신들로부터 징수한 세금을 왕실 재정에 충당하였다. 그러나 정복자 윌리엄이 둠즈데이 북 시대에 토지와 연관된 군사제도를 처음으로 잉글랜드에 도입한 것은 아니다. 이미 알프레드 대왕 통치기에도 5하이드마다 1명의 퍼드를 파견한 제도를 운영하였기 때문이다.

11세기 중반까지 정복자 윌리엄은 정복 후 빠른 시간 내에 상층 지배층을 교체함으로써 지배 체제의 변화를 달성하였으나, 하층민에 대하여는 그러한 급격한 변화를 이루어 낼 수 없었다. 그래서 정복자 윌리엄은 단순한 과세 자료를 얻기 위한 수단으로서뿐만 아니라 하층민들에 대한 국왕의 지배권 수립을 위한 수단으로 둠즈데이 토지조사 사업을 한 것이다. 윌리엄이 여러 농민층이 보유한 토지면적, 토지가격 등 재산 상태와 함께 그들의 신분을 조사하도록 명하였다. 11세기 후반 잉글랜드 농촌사회의 인적 특성의 파악도 그러한 조사 때문에 가능하다. 이 자료에 근거하여 농민층의 신분을 구분한 엘리스(H. Ellis)의 연구에 따르면, 다섯 범주로 농민층을 구분하였는데, 그들의 점유 비율은 다음과 같다. 자유농민인 리베리 호미네스(liberi-homines)-12,000명(4.4%), 빌레인(villein)-108,000명(39.2%), 보다(bordar)-82,600명(29.9%), 코타(cottar)-6,800명(2.5%), 소크맨(sokeman)-23,000명(8.3%), 노예(slave)-25,000명(9.1%)[54]이다. 이에 준하여 본다면 엘리스는 당시 조사 대상 지역의 전체 인구를 267,800명으로 추산하였다. 농노층이 전체 농민 중에서 40% 정도를 점유하고 있었다. 한편 동일한 연구를 한 다비(H. C. Darby)는 총인구수를 268,984명으로 집계하여 엘리스의 조사와 1,184명의 차이가 난다. 이는 양자 간에 인구집계 방법의 차이로부터 나타난 결과일 것이다. 이러한 인구 계정의 차이는 둠즈데이 북에는 인구 조사 기록이 없기 때문에 일어난 문제이다. 다비는 1977년에 펴낸 그의 저서인 『둠즈데이 잉글랜드(Domesday England)』에서 농민층의 분포를 다음과 같이 산정하였다. 자유농민인 리베리 호미네스-13,553명(5.0%), 빌레인-109,230(40.6%), 소크맨-23,324명(8.7%), 보다-81,849명(30.4%), 코타-5,205명(1.9%), 노예-28,235명(10.5%), 기타 소와 돼지치기와 같은 목동이

54) V. H. Galbraith, *Domesday Book, Its Place in Administrative History* (Oxford, 1974), p. 132; 이영구, 「영국 봉건사회의 농민계층 문제」, 『부산여자대학교 논문집』 제 44집 (1997), 374-391쪽; 이영구, 「둠즈데이 영국의 성립과 인구구조」, 『부대사학』 제 15, 16합집 (1992), 53-54쪽.

5,846명(2.1%)으로 전체 농민층이 구성되었다.[55] 엘리스의 연구와 유사하게 다비의 연구에서도 농민층 가운데 농노인 빌레인이 40%를 점유하여 농민층의 주류를 이루었으며, 자유농민층인 리베리 호미네스와 소크맨이 14% 정도를 점유하고 있다. 그리고 소농으로서 그들이 보유한 토지만으로는 가족의 생계를 유지할 수 없기 때문에 임금노동을 통한 수입으로 생계수단을 보충해야 한 보다와 코타가 38.9%라는 높은 비중을 차지하고 있다. 이러한 비율로 보면 그들이 보유한 토지만으로 가족을 부양할 수 없는 생계유지 불안층의 비율이 상당히 높았음을 알 수 있다.[56] 그리고 노예인구가 10% 이상을 점유하고 있는 것으로 보아 윌리엄이 잉글랜드를 정복하는 과정에서 원주민인 앵글로 색슨인들이 노예로 전락한 경우가 많았던 것으로 추정된다. 그러나 12세기에 이르러 영주들이 노동력의 생산성을 높이고 지대와 부역의 수입을 증대시키기 위해서 노예들을 농노로 해방시켜 사실상 노예는 사라진다.

지금까지 언급한 사실들에 준하여 볼 때, 둠즈데이 북 시대의 사회적 특징은 철저한 신분제 사회였고, 국왕을 비롯한 지배층이 부를 독점한 독점 사회였다고 하겠다. 또한 정치적으로는 국가 통치의 권력은 국왕과 대귀족들이 나누어 가진 지방분권적 통치 체제를 이루었으나, 한편으로는 국왕이 자신의 권력을 강화시키고자 노력한 과도기적 시기가 바로 둠즈데이 북 편찬기이다.

55) H. C. Darby, ed., *Domesday England*, pp. 338-345.
56) 빌레인이 30에이커 이상의 토지를 보유하고 있는 반면에 보다와 코타와 같은 소농층은 5에이커나 그 이하를 보유하고 있었기 때문에 그들은 영주나 부농의 임금노동자로서 활동하여 부가적인 수입을 얻어야 가족을 부양할 수 있었다.

Ⅳ. 봉건제의 일반적 특징

1. 봉건제의 성립과정

봉건제(feudalism)의 의미와 그것의 역사적 기원은 무엇인가? 널리 알려진 것처럼 '봉건제'라는 용어는 중세 라틴어인 '페우둠(feudum)'에서 유래하였다. 그렇다고 봉건제라는 용어의 유래가 중세적인 것은 아니었다. 유럽에서 '봉건적(feudal)'이라는 용어가 사용되기 시작한 것은 16세기 말에서부터 17세기 초반이다. 1639년 헨리 스펠만(Henry Spelman)과 로버트 커튼(Robert Cotton)이 구체제가 지닌 악습을 추적하는 과정에서 '봉건적'이란 용어를 사용하기 시작하였으며, '봉건제도(feudal System)'라는 용어도 1776년에 아담 스미스가 그의 저서인 『국부론(Wealth of Nations)』에서 처음 사용하였다. 전통과 권위와 신앙에 대하여 저항하고 인간 이성에 의해 사물을 인식하여야 한다고 생각한 계몽주의 시대 학자들이 활동한 시대에 봉건제라는 용어의 개념적 정의가 이루어지기 시작하였다. 특히 기존체제를 구체제로 비판하고 신학적 견지에서 역사파악을 거부한 프랑스 계몽사상, 중세를 알려고 하는 것은 그것을 이해하기 위함이 아니라 비판하기 위해서라는 프랑스 계몽사상가들의 정신이 '봉건제'라는 용어의 형성에 많은 영향을 끼쳤다. 그러나 실제로는 '봉건제'라는 용어가 18세기 말까지는 사용되지 않았다. 그러다가

1789년 프랑스 혁명 후, 'feudalism' 혹은 'feudal system' 등과 같은 용어가 학자들이 사용한 일반적인 어휘가 되었다. 프랑스 혁명 이후 혁명정신에 어긋나는 구체제, 혹은 구체제를 지탱하는 정신과 제도를 타파하려고 노력하는 가운데 'feudal system'이란 용어가 사용되기 시작한 것이다. 오늘날 우리가 사용하는 '봉건제'라는 용어가 일반적으로 사용되기 시작한 것은 프랑스 혁명이 끝난 1839년부터이다. 그러므로 우리는 낭만주의 시대인 19세기에 이르러서나, 낮을 낳은 밤을 생각하는 낭만주의 시대에 이르러 중세사에 대한 새로운 조명이 시작되었고, 그 결과 봉건제에 대한 연구가 활발하게 이루어지기 시작하였다. 그러나 그 이후 지금까지 '봉건제'라는 용어가, 특히 '봉건적'이라는 용어가 정확한 의미를 담고 있는 학술용어로서 사용되기에는 어려움이 뒤따른다. 왜냐하면 시간과 장소에 따라서 그 의미가 너무나 광범하게 사용되기 때문이다. 우리가 중세 서유럽에 한정시켜 볼 때, 봉건제의 의미는 물론 그 성립 과정이나 시기를 파악하기가 한결 쉽다.

고전적 봉건제(classical feudalism)가 카롤링거(Carolinger) 왕조 말기인 800년 무렵에 프랑스 루아르(Loire) 강과 독일의 라인(Rhein) 강을 경계선으로 하는 그 사이 지역에서 나타났다.[1] 카롤링거 왕조 말기에 이슬람은 물론 노르만의 유럽 중심부로의 침입과 이동으로 인하여 중앙집권 체제를 유지한 왕권이 약화되는 과정에서 공법(public law)을 대신하여 사법(private law)이 크게 세력을 떨치기 시작하였다. 이러한 변화 속에서 세

1) 이기영, 「고전장원제와 영주권의 성립시기」, 『서양중세사연구』 제 7집 (2000), 95, 114쪽.

력 있는 제후들이 자신의 지배 영역을 지키려는 수단으로 새로운 방어체제를 이루는 과정에서 봉건제가 출현 발전하였다. 샤를마뉴 대제의 카롤링거 왕국은 엘베(Elbe) 강 어귀에서부터 피레네 산맥에 이르는 광대한 영토를 지배하였다. 그러나 피레네 산맥 너머 지역은 이슬람 세력이 지배하고 있었고, 피레네 산맥 이남 지역인 북서부에는 게르만족의 일파인 서고트족들이 왕국을 세워 지배하였다. 그러므로 피레네 산맥과 프랑크 왕국이 이슬람 세력의 서유럽 침입을 막는 방파제 역할을 하였다. 물론 샤를마뉴 대제와 같은 유능한 지배자가 존재하였던 점도 이슬람 세력이 서유럽 기독교 세계를 침입하지 못한 이유가 될 것이다. 한편 엘베 강 넘어 동쪽지방은 슬라브 족이 정착하여 프랑크 왕국과 접하고 있어서 프랑크 왕국의 세력이 약화되면, 이들이 서유럽을 침략할 수 있었다. 또한 평화시에도 그들의 활동으로 인하여 프랑크 왕국은 안정적으로 발전할 수 없었다. 한편 9세기 말에는 마자르족의 일파인 헝가리인들이 이탈리아의 롬바르디아 지방은 물론 독일의 작센 지방을 침입하여 큰 피해를 입혔다. 이들의 서유럽 침입은 10세기 중엽까지 지속되다가 오토(Otto) 1세의 정복에 의하여 소멸되었다. 이처럼 9세기에 이슬람과 마자르족과 같은 이민족의 서유럽 침입 기간 동안에 프랑스와 저지방 국가들의 지방 영주들이 자신의 영역을 방어하기 위해서 그들의 힘을 강화시켰다. 그러므로 9세기 이후 10세기에 걸쳐서 영주들은 국왕의 직접적인 간섭과 통제 없이 독립적으로 자신의 영역을 지배할 수 있게 되었다.[2]

2) David Nicholas, *The Evolution of the Medieval World: Society, Government and Thought in Europe, 312-1500* (London, 1992), p. 148.

이민족의 잦은 침략으로 그 세력이 약화되어 가던 프랑크 왕국에 결정적 타격을 가한 사건은 814년 샤를마뉴 대제의 사망이다. 샤를마뉴 대제의 사망 후, 왕국은 경건왕 루이(Louis the Pious: 814-840)의 지배를 거쳐서 그의 세 아들들인 로타르 1세(Lothar I: 840-855), 샤를(Charles the Bald: 843-877)과 루이(Louis the German: 843-876)에게 분할 상속되었다. 이때 장남인 로타르에게 황제의 칭호와 함께 중부 프랑크 지역인 북부 이탈리아, 네덜란드, 라인란트 지방 등 대부분의 영지를 물려주고, 두 동생들인 샤를에게는 서프랑크 지역, 루이에게는 동프랑크 지역을 물려주었다. 이러한 분할을 결정한 조약을 베르덩 조약(Treaty of Verdun: 843)이라고 부른다. 그러나 869년에 장남인 로타르 1세가 죽자, 북부 이탈리아를 제외한 기타 지역을 두 동생이 분할 장악한 메르센 조약(Treaty of Mersen: 870)을 체결하였다. 이로써 서유럽에 이탈리아, 프랑스, 독일 등 세 국가 성립의 기틀이 마련되었다. 왕국 분열은 987년 위그 카페(Hugh Capet) 왕조가 수립될 때까지 약 170년 동안 지속되었다. 왕국 분열의 와중에서도 카롤링거 왕국은 내부적으로는 카롤링거 왕통과 카페 왕통 사이에 권력 다툼이 일어나고, 대외적으로는 바이킹의 프랑스 해안 지대의 지속적인 약탈 공격이 있었고, 마자르족이 895년 헝가리 평원에서 900년에 다뉴브 강을 건너 바이에른 지방을 침입하였으며, 900년에 작센 지방, 937년에 프랑스의 랭스 지방까지 침입하였다가 955년 독일의 오토 1세와 벌인 레히펠트(Lechfeld) 전투에서 패배하여 궤멸하였다. 한편 이슬람 세력도 827년에 시칠리아를 공격하고 뒤이어 코르시카, 사르디니아를 공격하고 남부 프랑스의 론(Rhone) 강 유역을 장악하였다가 915년에 비잔틴 세력에 의해 추방되었다. 이와 같은 대내외적인 큰 혼란 속에서 봉건적 지배 체제가 프랑크 왕국 전역에 파급되었다. 혼란과 무질서 속에서 자신의 생명과 재산을 보호하기 위해서는 힘이 약한 자가 자신보다 강한 자에게 의탁할 수밖에 없었으며, 이것이 봉건적 지배 체제를 이룬 원인이었다. 그러므로 봉건제는 무질서와 혼란의 시기에 나타난 하나의 사회 체제이다. 이때 공권력은 무너지고 지방분권적인 통치를 위해 공권력은 사적 소유로 전락하였다. 그리고 왕국의 구성원들이 국왕에게 졌던 공적 의무가 사적 의무로 전락하고, 지배층의 사적 소유로 전락한 법원의 관리를 통하여 지배층은 많은 이익이 생기기를 기대하였다. 이때 지배층은 자신이 소유한 대영지의 경영을 통하여 막대한 수익을 올렸을 뿐만 아니라 대영지에 부속된 법원의 운영을 통하여서도 큰 소득을 얻을 수 있었다. 그러므로 봉건제는 스트라이어(Joseph R. Strayer)가 이야기하는 것처럼 정치적인 조직[3]일 뿐만 아니라 사회적이고 경제적인 조직이다.

고전적 봉건제의 성립 과정을 봉 제도(Lehenswesen)로서 이해한 독일의 브루너(Otto Brunner), 힌체(Otto Hintze)를 비롯한 학자들은 물론, 벨기에 학자인 간소프(F. Ganshof), 그리고 잉글랜드의 스탠턴(F. M. Stenton), 미국의 스티븐슨(C. Stephenson) 등은 물론, 봉건제를 봉(封) 제도 보다는 사회의 여러 방면에서 종합적으로 이해하여 전체적으로 재구성하려는 프랑스의 아날학파의 학자들, 예컨대 마르크 블로흐(Marc Bloch), 조르쥐 뒤비(Georges Duby), 자크 르 고프(Jacques Le Goff) 등도 봉건제의 성립시기와 그 과정에 대하여 대체로 견해를 같이 하고 있다.

3) Joseph R. Strayer and Dana C. Munro, *The Middle Ages 395-1500* (New York, 1970), p. 114.

그러나 봉건제의 성립시기와 그 발생 과정에 대한 견해와는 달리 봉건제의 구성요소와 그것들 간의 상호 관계에 대해서는 서로 견해를 달리하고 있다.

이민족의 침입과 프랑크 왕국의 분열 과정에서 과거 왕국의 발전기에 수립된 지방 통치조직이 지방분권화의 조직으로 변모하였다. 프랑크 왕국 전체에 약 250명에서 350명의 주백(州伯))이 존재하였는데, 이들이 각 주의 왕실 세입을 담당하였다. 한편 방어의 중요성이 큰 변경지역에 파견된 변경 백(margrave)이 자신의 영역을 지배한 지방 제후 세력으로 성장하였다. 국왕이 수많은 지방관리들의 동태를 파악하기 위해서 그의 측근들을 선발하여 각 주에 파견한 순찰사(missi dominici) 제도가 있었는데, 왕국의 해체기에는 이들에 대한 국왕의 영향력이 약화되어 국왕권이 지방에까지 미치지 못하였다. 특히 국왕의 가신과 같은 순찰사들은 국왕으로부터 직접 은대지(precarium)를 받아 그의 권력의 중심지로 삼았으며, 중무장 기병의 핵심적인 세력을 보유하였다. 그리고 850년경에 이르면 은대지의 세습화, 870년경에 순찰사 제도의 소멸, 880년경에는 국왕의 가신들이 지방의 유력자들에게 종속되었으며, 890년경에는 주백들이 지방의 세습적 귀족이 되었다. 이 무렵부터 봉을 의미하는 페우둠이라는 용어가 사용되기 시작하였으며, 프랑스의 영주들이 성이나 요새를 축조하기 시작하였고, 전사(miles)의 중심에 보병이 아닌 기병이 자리 잡아 나갔다. 그러므로 9세기 말에 이르러 이른바 '봉건제'의 기틀이 마련되었으며, 이후 2세기에 걸쳐서 서유럽에서 정치, 경제, 사회, 문화 등 모든 분야를 지배한 제도로 발달하였다. 특히 980년부터 1060년까지 급격하게 봉건적 사회질서가 형성되는데, 이에 비례하여 중앙집권적 정치체제를 유지시킨 공권력과 그를 떠받친 공법(public law)이 약화되고 대신 관습과 전통에 입각한 사법(private law)이 강화되고, 이에 근거한 지방 제후들의 세력과 그들의 지배가 한층 강화되었다. 그러므로 중앙집권적 통치의 중요한 기반인 법의 통일성이 무너지게 되었다.

기사 칭호가 사료 상에 처음 나타난 것은 군사적 목적으로 곳곳에 성이 축조되기 시작한 10세기 말이다. 특히 프랑스 남부 지방에서 처음 나타나 11세기 초에 프랑스의 다른 지방으로 확대되었다. 그리하여 11세기 후반에는 귀족 중에 80% 이상이 기사 신분이었다. 특히 십자군 전쟁 무렵에 '신의 전사'라는 이념이 전파되면서 기사의 고귀함이 배가되어 귀족층에 포함되기에 이르렀다. 전투에 필요한 일에 종사한 기사들은 토지경영의 부담으로부터 벗어날 필요가 있었다. 기사들의 지속적인 전쟁과 그 전쟁의 원격지화와 장기화는 농민들에게 큰 부담이 되었다. 전사들에게 식량을 공급해주어야 하였기 때문이다. 그러므로 기사를 비롯한 귀족들이 보유한 영지를 생산단위, 즉 장원(manor)으로 잘 조직할 필요성이 제기되었다. 자연스럽게 토지경작에 필요한 노동력을 소유한 농민들과 무력을 소유한 귀족들의 결합이 이루어졌다. 이러한 과정에서 신분적으로 예속적인 농민들이 노동력을 투하하여 기사를 비롯한 지배층의 토지를 경작하는 생산체제가 출현하게 되었다. 이때 장원이 농업생산의 기본이 된 제도라는 측면에서 장원제(manorial system)라고 부르기도 하며, 한편 신분적으로 영주에게 예속되어 강제적 혹은 반강제적으로 영주의 직영지에 노동력을 투하하여 직영지(demesne)를 경작하고, 이에 더하여 여러 가지 형태의 공납을 영주에게 강제로 납부한 주체가 농노(villein)들이었다는 측면에서, 마르크스적 입장을 지닌 학자들이 이 제도를 농노제(villeinage)라고 부르기도 한다.[4] 장원제이냐 아니면 농노제이냐의 관점은 노동력을 납부한 주체인 농민들의 신분과 그들이 납부한 노동력의 성격에 따라 결정된다고 하겠다. 그러므로 장원제나 농노제라는 명칭 어느 것도 절대성을 지니지 못한다. 장원을 구성한 농민들의 신분적 성격, 즉 크게 나누면 자유인이 있는가 하면 부자유인이 있고, 부자유인 가운데에서도 노예와 농노들이 존재하였기 때문이다. 한편 농민들이 납부한 노동력의 형태와 그 성격도 다양하였다. 그러므로 농민들의 신분(status)과 그들이 보유한 토지의 성격, 즉 토지보유조건(tenure)이 일치하는 경우도 있으나, 그렇지 않은 경우도 있었다. 신분적으로는 자유인이었으나, 그가 경작한 토지의 성격이 부역과 공납을 납부한 예속적인 토지일 수 있었다.5) 비록 자유인이

---

4) 모리스 돕(Maurice Dobb)이 1946년에 펴낸 『자본주의 발달사 연구(Studies in the Development of Capitalism)』에서 자본가들이 노동자들의 잉여노동력을 착취한 제도가 자본주의라고 본 마르크스 이론에 근거하여 봉건제의 핵심을 생산양식(mode of production)으로 파악하였다. 돕은 영주의 경제적 요구를 충족시키기 위하여 노동력을 소유한 농민들, 특히 농민들 중에 다수를 점유한 농노들이 자신의 의사와는 상관없이 강제적 혹은 반강제적으로 노동력을 착취당하였다고 보았다. 그러므로 그의 눈에는 봉건제도가 농노제로 보일 수밖에 없었다. 장원제 하에서 농민들은 자신의 노동력을 자유롭게 자신을 위해서 투하하는 독립적 생산자가 아니고, 생산된 것의 많은 부분을 토지소유자에게 각종 명목으로 착취당하였으며, 그렇다고 자신의 영주를 자유롭게 선택하거나 바꿀 수 있는 자유도 없는 예속적 지위에 있는 자들이었다. 모리스 돕이 본 봉건사회 특징에 대한 주장을 계승한 마르크스적 역사가인 로드니 힐턴(Rodney Hilton)도 봉건제의 특징을 영주와 예농 사이의 지배와 종속, 그리고 착취관계로 보았다. 그러므로 그는 봉건사회를 토지소유자들과 노동력 소유자인 농민간의 계급투쟁의 사회로 간주하였다. 이러한 견해는 주군과 봉신간의 정치·군사적 관계로 본 법제적 혹은 정치적 관점에서 본 봉건제의 특징과는 확연하게 다르다.

5) 일반적으로 자유인과 농노를 구분하는 기준은 그들이 납부한 의무에 따라서 분류하기도 한다. 자유인도 농노와 마찬가지로 대부분의 시간을 들판에서 유사한 노동을 하면서 보냈지만, 자유인은 그가 영주와의 계약 당시에 납부하기로 한 고정지대(annual rent)를 납부하면, 영주가 그에게 더 이상의 지대납부를 요구할 수 없다. 그러나 농노의 경우는 부역과 지대를 납부하였을 뿐만 아니라 영주의 요구가 있을 경우에는 여분의 노동력을 영주의 직영지 경작에 투입하여야 한다. 그러므로 농노는 영주의 의지에 예속된 존재이다.

농노보유지의 성격을 가진 토지를 보유하여 영주에게 여러 가지 의무를 바칠 수는 있으나, 그렇다고 그가 신분적으로 농노는 아니다. 왜냐하면 그는 농노와는 달리 언제나 그 보유지로부터 자유롭게 떠날 수 있기 때문이다. 그러므로 어느 시각에서 농민들을 평가하느냐에 따라서 농민의 신분이 결정되었으며, 그들의 구성분포도 달라질 수 있었다. 법률적인 관점에서 볼 때, 농노는 스스로 아무것도 획득할 수 없으며, 내일 무슨 일을 해야 할지 전날 저녁에 알지 못하고, 영주의 의지에 따라서 토지를 보유하였기 때문에 영주에게 각종 부담을 져야 할 의무가 있는 자들이다.[6] 이러한 이유 때문에 장원과 결부된 농민의 신분구성비나 토지보유조건에 따른 농민들의 신분에 대한 해석이 다양하게 제기될 수 있다.

9세기 후반에 왕국이 분열되면서 실질적인 통일체로서 남아 있는 것은 기독교 교회조직뿐이었다. 8세기 중반 프랑크 왕국과 교황 사이에 공식적인 동맹관계가 맺어졌다. 비잔틴 제국의 세력이 확대되자, 롬바르드인들은 이탈리아에서 비잔틴 세력을 몰아내고자 교황과 제휴하였으며, 교황은 비잔틴 제국에 대신할 후원자로서 프랑크 왕국을 선택한 것이다. 그러므로 이탈리아 반도 내에서 교황, 롬바르드인, 프랑크 왕국 사이에 서로의 이해관계에 따라서 동맹을 체결하였다. 특히 교황과 프랑크 왕국과의 제휴는 여러 차례에 걸쳐서 이루어졌다. 피핀 3세(Peppin III: 741-768)가 그의 아버지인 샤를 마르텔(Charles Martel: 714-741)이 사망한 후 프랑크 왕국의 궁재직을 상속받고 난 다음, 교황 자카리

6) W. J. Whittaker, ed., *The Mirror of Justices* (Seldon Society, VII, London, 1895), p. 79. (이하 *Mirror of Justices*로 약칭함.)

아스(Zacharias: 741-752)에게 "프랑크인들의 왕은 실권이 없음에도 불구하고 왕의 직책을 계속 수행하여야 하는가"를 묻자, "질서유지를 위하여 실권자가 왕이 되어야 한다."는 답변을 교황으로부터 들었다. 그래서 그는 메로빙거 왕조의 마지막 왕인 킬데리크 3세(Childeric III: 743-751)를 폐위시키고 스스로 궁재의 지위에서 왕위에 올랐으며, 왕으로서의 신성함을 얻는 기독교적 인준 의식인 도유식(coronation)을 거행하였다. 왕의 이마에 성스러운 기름을 바름으로서 신에게서 선택된 자임을 보여준 의식인 도유식을 거쳐서 자신의 불법적인 국왕 지위 찬탈을 정당화시켰다. 그런 다음 그는 새로운 왕조인 카롤링거 왕조를 개창하였다. 한편 교황 스테파누스 2세(Stephanus II: 752-757)는 롬바르드인의 침입에 직면하여 피핀 3세(Pepin III: 751-768)에게 도움을 요청하였다. 이에 피핀은 755-756년에 군대를 이끌고 이탈리아에 원정하여 롬바르드인들을 굴복시키고 그들로부터 빼앗은 이탈리아 중부지방의 넓은 땅을 교황에게 양도하였다. 이탈리아에 정착한 게르만족의 일파인 롬바르드족은 기회가 있을 때마다 이탈리아 전역을 정복하려고 하였으며, 이는 교황에게 큰 불안감을 안겨 주었다. 한편 교황과 프랑크 왕국 간의 긴밀한 관계는 피핀의 아들인 샤를마뉴(Charlemagne: 768-814)에게도 이어졌다. 롬바르드족이 로마를 침입하자, 교황 하드리아누스(Hadrianus: 772-795)는 프랑크 왕국에 도움을 요청하고, 이에 샤를마뉴 대제가 군대를 이끌고 이탈리아로 진격하여 롬바르드 왕국의 중심지인 파비아(Pavia)를 773년에 함락시켜, 드디어 교황에게 항상 불안감을 준 롬바르드 왕국이 멸망하였다. 샤를마뉴 대제는 롬바르드 왕국으로부터 얻은 영토의 상당 부분을 교황에게 양도하여 교황령의 기반을 다질 수 있게 하였다. 한편 799년에 교황 레오 3세

(Leo Ⅲ: 795-816)에 대한 반란이 일부 로마 귀족에 의해서 일어나자, 교황은 샤를마뉴의 궁정으로 피신하고, 샤를마뉴가 출병하여 이들을 단죄하였다. 이 사건을 계기로 교황은 샤를마뉴에게 보답하기 위해서 800년 성탄절에 그를 서로마 황제로 대관하는 의식을 거행하였다. 이 사건을 계기로 교황은 비잔티움의 동방정교회의 중심지인 콘스탄티노플 교구의 총대주교와 대등한 지위를 차지하게 되었으며, 프랑크 왕국의 국왕은 이미 멸망한 서로마 제국을 잇는 계승자의 지위를 차지하여 비잔티움 제국과 어깨를 나란히 하게 되었다. 그러나 그는 교황보다 우월한 왕권 수립에 열중하였으며, 이는 중세 내내 성속(聖俗)이 서로 대립하는 출발점이 되었다. 그러나 그의 통치시기에 비잔티움이나 이슬람에 비하여 후진적이었던 서유럽 문화가 발전할 수 있는 기회를 잡았다. 그의 문화정책으로 서유럽 사회는 게르만적인 문화, 기독교 사상, 그리스 로마의 고전고대 문화가 결합하여 서유럽만의 독특한 문화가 발달하기 시작하였으며, 이로써 하나의 서유럽문화권을 형성할 수 있는 기반이 마련되었다. 이러한 문화발달을 카롤링거 르네상스(Carolingian Renaissance)라고 부르기도 한다. 샤를마뉴 대제 시대의 문화부흥을 바탕으로 하여 12세기에 이르러 서유럽의 문화가 동유럽의 비잔티움 문화권과 이슬람 문화권에 비견될 수 있게 되었다.

프랑크 왕국의 왕들과 교황들 사이에 맺어진 동맹은 국가와 국가 사이에 맺어진 정치적 동맹의 성격뿐만 아니라 종교적 성격도 지녔다. 양자 사이에 맺어진 동맹을 이행하지 않는 것은 곧 신에 대한 불복종으로 인식하였기 때문이다. 이로써 카롤링거 왕국의 왕은 교황과 교회를 보호하여야 하고, 교황은 카롤링거 왕국의 통치자들을 지원해 주어야 하였다. 앞으로 기독교와 교황이 중세 서유럽 사회의 모든 분야에 지속적으로 영향을 끼칠 수 있는 기반이 마련된 것이다. 그러나 국왕을 비롯한 세속권도 국가의 우두머리로서 자신의 왕국 내에 있는 교회도 지배하려고 하였다. 실제로 국왕으로부터 봉토를 받은 주교나 수도원장이 국왕의 직수봉신이 되기도 하였다. 그러나 문제는 프랑크 왕국의 세속적인 것과 종교적인 것이 혼재되어 있는 가운데 교황과 국왕 중에 누가 더 왕국의 모든 문제에 간섭할 수 있는 우선권을 갖느냐 하는 점이었다. 이는 중세 내내 성속(聖俗) 간의 대결과 분쟁으로 이어지는 문제였을 뿐만 아니라 중세 서유럽 국가들의 정치적 성격을 규정해주는 문제이기도 하다. 교황 그레고리오 7세(1073-1085)와 신성로마제국의 하인리히 4세(1056-1105)와 사이에 서임권 투쟁으로 일어난 카노사(Canossa)의 굴욕(1076)이라는 사건이 그러한 문제점을 극명하게 드러낸다.

2. 주종제(vassalage)

봉건제를 연구한 학자들의 주장에 따르면, 봉건제를 구성하는 몇 가지 공통적인 요소가 있다, 즉 봉토를 매개로 하여 주군과 봉신 사이에 관계를 맺어 형성된 제도인 주종제, 주종제의 기반인 봉토, 백작을 비롯한 지배층의 무력적 기반인 기사와 기사제, 그들의 권력과 지배권을 상징하고 외부 세력의 침입을 방어한 요새인 성이 바로 그것이다. 위에서 언급한 요소들의 일부분이 중세 잉글랜드 사회에서 나타나기는 하지만, 그것만으로 중세 잉글랜드 사회를 봉건제 사회라고 지칭하기에는 제약 요소가 너무나 많다. 더구나 프랑스에서 나타나는 '전형적인 봉건제'는 중세 잉글랜드에서는 그대로 존재하지 않았다. 그러므로 중세 잉글랜드의 봉건제를 논하려고 한다면, 잉글랜드식의 봉건제를 언급할 수 밖에 없다.

주군과 봉신 간의 관계는 자유로운 계약을 전제하고 있지만, 그 계약 속에는 양자 간의 지배와 복종이 전제되어 있다. 이미 위에서 언급한 것처럼 9세기 후반에 카롤링거 왕조가 해체되는 과정에서 많은 소왕국들이 난립하였다. 이러한 상황에서 자신의 영토를 보존하고 생명을 지키기 위해서는 강력한 세력을 구축한 자에게 의존할 필요성이 있었으며, 이러한 가운데 강한 자와 약한 자가 서로 보호와 봉사를 조건으로 자유로운 계약관계가 성립되었다. 이때 힘이 약한 자를 봉신이라 부르고, 강한 자를 주군이라고 부른다. 봉신은 그의 주군에게 충성을 서약하고 신서를 행함으로써 주군과 긴밀한 인적 주종관계를 맺게 된다. 그러므로 주종관계의 성립에 있어서 신서가 매우 중요한 요소이다. 그렇다면 신서란 무엇인가? 신서란 주군과 봉신 간에 맺어진 법적인 예속의 끈이다. 법적인 관계는 봉신이 주군으로부터 군역납부를 조건으로 한 봉토를 받음으로써 이루어진다.7) 신서를 행하여야 할 의무가 있는 남성은 그의 주군에게 진 의무인 복종과 경의를 표하기 위해서 주군의 궁정에 출두하여야 한다. 이때 만약 주군이 봉신으로부터 신서를 받아들이고자 하면, 보증과 보호의 징표로서 양손으로 봉신의 손을 잡은 가운데, 봉신은 다음과 같이 말한다. "당신이 나에게 수여한 봉토를 위해서 당신의 신하가 되고자 한다. 그리고 나는 국왕과 국왕의 상속자들에게 바칠 충성을 제외하고 생명을 다 바쳐서 당신에게 충성을 받칠 것을 맹세한다."8)

7) *Bracton*, f.78b; *Fleta*, Book III, p. 37.
8) *Bracton*, f. 80; *Fleta*, p. 39.

신서를 행한 다음 뒤이어 봉신은 주군의 성물이나 성서에 손을 놓고서 충성을 맹세한다. "나는 당신에게 충성스러울 것이며, 모반하지 않겠고, 군역납부의 의무를 비롯한 내가 진 모든 의무를 최선을 다해서 수행할 것이다."[9] 이러한 신서와 충성의 의식을 통하여 주군과 봉신 사이에 주종관계는 완성된다. 이와 같은 제도 전체를 통틀어 주종제라고 부른다. 이에 관한 보다 자세한 절차와 그 내용은 뒤에서 다시 언급하기로 하자. 신서를 통해서 맺어진 양자 간의 관계는 양자 중에 누군가가 사망하지 않는 한 지속된다.[10] 그러나 다음과 같은 특별한 상황 하에서는 양자간의 관계가 해소될 수 있다. 양자 사이에 약속된 보호와 봉사(service)를 하지 않거나 중죄를 범하는 등의 정당한 이유로 인하여 재판을 통해서 양자 간의 관계가 해소된다면, 주군은 봉신에 대한 그의 영주권을 상실하고, 봉신은 주군으로부터 받은 그의 봉토를 상실하게 된다.[11]

주종관계가 성립될 때 일반적으로 주군은 봉신에게 그들의 관계를 상징하는 농민이 딸린 토지와 그에 대한 지배권, 즉 불입권(immunity)을 부여한다. 불입권이란 비록 주군이라도 봉신의 영지와 그에 대한 지배권에 간섭할 수 없는 특권을 말한다. 특히 봉신의 영지에 거주하는 농민들을 비롯한 모든 사람들에게 미친 재판권을 비롯한 사법적 지배권에 대하여 주군이라도 간섭할 수 없었다. 그러므로 봉(封: fief)이란 주군이 봉신에게 부여한 토지, 즉 봉신의 경제적 자립을 위한 자원으로서의 토지만을 의미하는 것이 아니라 그에 대한 모든 지배권도 포함되는 것이다. 그런데

9) *Bracton*, f. 80.
10) *Ibid.*, f. 82.
11) *Ibid.*, f. 80b; *Fleta*, p. 40.

토지에 대한 지배권, 즉 사법권은 다음과 같은 세 가지 이유 때문에 그 가치를 인정받는다. 첫째, 사법권은 경제적 이익을 준다. 봉신이나 소작인이 불법침해와 같은 경범죄를 범하였을 때 그에게 내린 형벌은 벌금형이었다. 이때 징수한 벌금은 주군이나 영주가 소유하였다. 살인, 강도, 강간, 방화, 절도와 같은 중죄를 범한 봉신이나 소작인의 재산은 주군이나 영주가 몰수할 수 있었기 때문에 범죄의 형태가 어떤 것이든 간에 주군이나 영주에게 경제적 이익을 주었다. 보통법에 따르면, 중죄를 범한 봉신이나 소작인들이 교수형에 처해지면 봉신이나 소작인의 재산은 국왕이나 영주에게 귀속되었다. 한편 영주는 장원법원에서 각종 조례를 위반한 경범죄자들로부터 벌금을 징수할 수 있었다. 그러므로 당시에 "정의는 커다란 수익을 준다."라는 격언이 있다. 둘째, 사법권을 통하여 주군이나 영주는 그의 봉신이나 소작인들을 통제할 수 있었다. 주군이나 영주는 그의 봉신이나 소작인들을 강력하게 통제할 수 있는 근거가 바로 봉토와 그에 부속된 지배권 때문이었다. 셋째, 사법권을 소유한 주군이나 영주는 그의 예하의 신민들에게 권위를 소유할 수 있었다. 그러므로 봉토의 분봉 과정에서 나타난 사법권의 분할은 지방분권적인 통치 형태의 원형이 되었다는 점 이상으로 중세사회의 특징을 구체적으로 나타낸 중요한 요소가 되었다.

한편 직수봉신이 국왕으로부터 받은 봉을 재분봉(sub-infeudation)하여 그것들을 자신의 봉신들에게 나누어줄 수 있었다. 이러한 재분봉의 과정을 통하여 지배층 맨 하단에 하찮은 기사들에 이르기까지 봉의 세분화가 이루어졌다. 이러한 과정을 통하여 주종제의 확산이 이루어진다. 우리는 주종제의 확산 과정에서 두 가지 중요한 사실을 이해할 수 있다. 첫째로는 봉의 세분화 과정 속에서 봉에 대한 지배권도 세분화되어 나갔기 때문에 지방분권적 통치체제가 성립되었다. 이를 통하여 우리는 봉건적 지배구조는 지방분권적이라고 이야기할 수 있는 것이다. 둘째로는 봉건사회의 지배구조는 수직적인 피라미드 형태를 이루었다. 이러한 사회구조 속에서는 수평적인 인적 관계 수립이 차단되었다. 그러므로 중세 지배층의 사회구조는 끼리끼리의 모임이나 집단이 기본을 이루었고, 이러한 구조 하에서는 봉토를 매개로 하여 성립된 끼리끼리 집단 내에서 지배와 예속만이 그들의 생존수단이기 때문에 그 속에서는 폐쇄적인 조직의 형성과 문화가 발달할 수밖에 없었다.

중세사학자들이 봉건제의 핵심적 요소인 주종제의 기원을 로마와 게르만의 유습 속에서 찾는 것이 일반적이다. 즉 주종제의 원형을 로마의 피보호제나 게르만족의 종사제(comitatus)에서 그 원형을 찾는다. 로마의 역사가이자 정치가인 게르마니아(Germania)를 저술한 코르넬리우스 타키투스(Cornelius Tacitus: 55?-c. 120)가 『게르마니아(Germania)』, 『역사(Historia)』, 『연대기(Annals)』 등의 여러 저술을 남겼는데, 그 중에서도 고대 게르만인들의 생활습성에 대하여 쓴 『게르마니아』에서 19세기 역사가들은 중세 봉건제의 기원을 발견하려고 노력하였다. 즉 주종제의 기원을 게르만의 유습인 종족의 수장(首長)과 그를 따르는 부족의 전사들인 종사(從士)와의 관계를 정의한 전사조직인 코미타투스(comitatus)에서 찾은 것이다.12) 타키투스가 그의 저서에 붙인

12) Carl Stephenson, *Medieval Feudalism* (Cornell University Press, 1942), p. 4. (타키투스가 코미타투스라고 부른 전사조직은 후대에 고트족, 프랑크족, 롬바르드족, 앵글로 색슨족, 스칸디나비아의 바이킹족에게서 나타난다. 특히 『베어울프』에서 보인다.)

원제목이 『게르만인들의 기원, 소재, 관습에 관하여』였던 것을 통해서 이해할 수 있듯이, 그는 이 저서에서 게르만족의 민속, 제도, 도덕, 풍습 등을 자세하고 광범하게 설명하고 있다. 그 중에서도 봉건제를 연구하는 학자들이 특히 주목한 것이 바로 코미타투스라는 게르만족의 제도이다. 게르만족은 원시적인 부족제를 형성하여 공동생활을 영위하였는데, 이러한 부족을 이끌어 나간 사람이 우두머리라는 의미를 지닌 수장(chieftain)이다. 수장은 군사적 지도자이다. 그리고 수장을 따르는 코메스(comes)[13]는 전사들이다. 젊은이는 그의 아버지나 다른 친족이나 혹은 수장으로부터 창과 방패를 받아 전사로서 자격을 얻었다. 무기수여 의식은 다른 젊은이들과 함께 무술훈련을 할 자격을 얻는 것을 상징한다. 이때부터 코메스는 그 무리의 다른 동료들에게 지지 않으려고 부지런히 무술을 연마하고, 수장에게 충성을 받쳐 경쟁자들을 능가하려고 노력하였다. 수장에게는 항상 부족원들의 안전을 지켜야 하는 임무가 있었다. 만약 다른 부족과의 사이에 전투가 일어나면 수장은 코미타투스라는 전사 집단을 선발하여 전쟁터에 나가 싸웠으며, 전쟁에서의 승리로 생긴 말이나 무기는 물론 식량과 같은 전리품들을 전사들의 전공에 대한 보상으로 나누어주었다. 수장의 힘은 종사의 수와 그들의 용감성에 달렸다. 그리고 전사는 전투에서 수장을 보호하고 용감하게 싸워 적을 물리치는 것이 최고의 덕목이었다. 그러나 주종제의 기본적 요소 중의 하나인 주군과 봉신 간의 토지를 매개로 한 인적 관계의 수립에서 보는 바와 같은 매개체인 토지가 수장과 종사 간에는 존재

---

13) 코메스란 동료(companion)라는 의미의 게르만 어이다. 수장들 옆에서 용감하게 싸우다가 죽는 코메스는 앵글로 색슨족의 서사시에 등장하는 영웅적인 게지스(gesith)나 데인(thegn)에서 나타난다. (*Ibid.*, p. 4.)

하지 않았다. 그런 점에서 주종제의 게르만 기원설은 한계가 있다. 그럼에도 불구하고 19세기 독일 역사학자들을 중심으로 게르만족의 종사제의 모습 속에서 중세 봉건제의 핵심적 제도 중의 하나인 주종제의 근원을 찾으려고 하였고, 이것이 봉건제의 게르만 기원설의 근원이 되었다.

한편 주종제의 로마 기원설이 있다. 로마제국 시대에 해방노예가 비록 신분적으로 해방되었다고 하더라도 이전 주인의 보호를 계속하여 받거나, 가난한 자유인이 원로원 의원 같은 권력자의 보호를 받은 제도인 피보호제가 있었는데, 이것이 마치 종사제와 유사하고, 중세 주종제의 원형이라고 보는 견해가 있다. 이러한 주장을 하는 학자들은 중세 봉건제를 구성하는 가장 중요한 요소 중의 하나인 봉토는 완전한 소유권을 갖는 것이 아니라 지대납부를 비롯한 일정한 의무 수행을 조건으로 토지의 용익권을 갖은 로마 제국 말기에 프레카리움(precarium)[14]이나 프랑크 왕국에서 시행된 베네피키움(beneficium)[15]에서 유래되었다고 주장한다. 이러한 제도가 로마 제국에 정착한 게르만인들에게 계승 전파되어 중세에 전달되었다는 것이다. 이러한 제도는 특히 프랑크

14) 조의설 편, 『세계사 대사전』(민중서관, 1976), 1296쪽 참조. 로마 공화정 시대의 생활관습인 프레카리움(청원)이 중세 시대에 이르러, 자유민이 영주로부터 토지의 용익권을 양도받기 위해서 청원한 제도로 변형되었다. 토지의 증여와는 달리 용익권만을 양도하였다는 점에서 중세의 베네피키움과 유사하다.

15) 영어로는 베네피스(benefice)라고 칭하는 이 용어는 수령자에게 도움을 줄 수 있는 돈, 토지, 직책과 같은 은혜를 베푼다는 의미를 갖는다. 증여자는 양도된 것에 대한 일정한 권리를 보유하였다. 그리고 증여자는 수령자로부터 일정한 수입이나 봉사(service)를 받기를 기대하였다. 그 역의 형태는 반드시 군역은 아니었다. 그러므로 베네피스를 수령한 자는 사회적 신분으로 볼 때 증여자보다 하위의 사람이다. 그런데 시간이 흐르면서 증여자는 수령자로부터 군역과 정치적 지원을 대가로 받는 경향이 나타났다. 그러므로 '베네피스'가 '봉토(fief)'와 거의 동등한 의미를 갖게 되었다. [Joseph R. Strayer, ed., *Dictionary of the Middle Ages*, Vol. 2 (New York, 1983), pp. 179-180.]

왕국의 메로빙거 왕조에서 지방귀족들의 세력이 확장되어 중앙권력이 약화되고, 색슨족이 프랑크 왕국의 동쪽 변경지대를 자주 침략하고 이슬람 세력이 크게 확대되어 위협이 되었을 때, 마련되기 시작하였다. 특히 이 시기는 기병 세력이 강하였던 이슬람에 대항하기 위해 중무장 기병(mounted warrior)의 양성이 절실하던 때이다. 봉신들의 주요 기능 중의 하나가 전투였으며, 중무장 기병과 같은 전문화된 전사계급의 필요성 증대는 당시 시대적 상황 속에서 대두한 변화였다. 기병 한 명의 전투력이 보병 10명의 전투력과 맞먹을 정도로 기병의 전투력이 우세하였다. 8세기 초 이슬람의 기병이 피레네 산맥을 넘어서 프랑크 왕국으로 공격하여 들어올 때 얼마나 위협적이었는지 짐작할 만하다. 그러나 일반 자유인들은 말을 타고 전투를 할 수 있는 장비를 스스로 조달할 수 없었다. 국왕과 대영주들만이 값비싼 기병의 장비들을 공급할 수 있었다. 기병들의 장비가 고가였기 때문이다. 전투용 말 한 필의 값이 암소 45마리, 암말 15마리의 값과 동일하였다. 그래서 샤를 마르텔(Charles Martel: 714-741)은 기병을 양성하기 위하여 교회재산을 몰수하여 기병으로 종사한 자들에게 은대지(beneficium)로 지급하였다. 교회의 입장에서 볼 때, 그들에게 지급한 토지는 은혜로서 지급한 것이다. 그러므로 베네피키움은 은대지인 것이다. 이러한 제도가 샤를 마르텔의 지배기부터 10세기 위그 카페(Hugh Capet)가 지배할 때까지 서프랑크 왕국 전역에 전파되었다. 비록 샤를 마르텔이 중무장 기병을 양성하였다고 하더라도, 기병은 계속된 훈련을 통해서만이 그 기능을 발휘할 수 있기 때문에 토지경작에 얽매여 있어서는 안 되었다. 이러한 문제점을 해결할 수 있는 방법은 중무장 기병에게 토지를 지급하고, 그 토지를 농민이 경작하게 하는 제도를 창안하는 것이었다. 당시의 경제적 상태에서 주군이 봉신들에게 봉급을 지불하는 것은 불가능하였다. 그래서 봉신들이 필요한 경제적 재원을 얻게 하려고 주군이 봉신에게 소규모 영지를 양도한 제도를 고안해 낸 것이다. 은대지를 받은 기사들은 국왕에게 군역을 납부하고, 이전에 교회영지의 소유자에게는 소규모 지대를 납부하는 조건으로 토지를 보유한 제도를 만든 것이다. 이때 샤를마뉴로부터 은대지를 받은 자들은 지방귀족과 이민족들에 대항하여 싸웠으며, 이들을 국왕의 봉신(vassi dominici)이라고 불렀는데, 이들이 직수봉신의 기원이 되었다. 이들은 불입권의 특권을 향유하였다. 불입권의 특권을 얻고자 주교와 같은 성직자들도 노력하였다. 교회가 이 권리를 얻으면 국왕의 관리라고 하더라도 교회영지에 마음대로 들어갈 수가 없었다. 초기에 이 제도는 백작들이 체포하고자 하는 범법자가 교회에 잠입하였을 때 그가 교회로 들어가 체포하지 못하고 교회가 그를 체포하여 백작의 관리에게 인계하는 권한을 의미하였는데, 그러한 사법권이 고위성직자에게도 부여되었다. 고위성직자들도 교회영지에 대한 사법권을 소유함으로써 세속지배자가 되는 경향을 띠게 되었다.

샤를마뉴 대제 지배 시에 주종제는 왕정과 양립하였다. 점차 군대에 대한 통제권과 지방 정부의 통제권이 지방의 영주들에게 넘어갔다. 이러한 조건 하에서 내란의 발생이나 이민족의 침략의 긴장 속에서 지방의 세력가들이 독립적이고 독자적인 정치적 지배 체제를 만들어 갔다. 한편 9세기에 왕들은 그의 측근 수행원들과 종자들을 바수스(vassus)라고 칭하였는데, 이 용어는 11세기에 가신(家臣)을 지칭한 용어인 바살루스(vassalus)와 매우 유사하다. 이와 같은 사회체제가 9세기부터 10세기에 이르는 동안 서서히 형성되어 갔다. 그래서 맨 위로는 국왕으로부터 그의 직수봉신인 소수의 공작과 백작과 같은 대귀족들이 위치하고 있었고, 이들은 다시 예하에 봉신들을 거느리기 위해서 자신의 봉토를 재분봉(再分封)하였다. 이러한 과정을 거치면서 맨 하단에는 자신의 신분적 지위를 겨우 유시하는데 필요한 토지를 소유한 하급기사들이 있었다. 그러므로 봉건제 하에 사회구조는 분열적이고 수직적이었다. 긴 관점에서 볼 때, 결국 자유인 대다수는 대귀족들의 예속인이 되었고, 그들 중의 대다수는 단순한 농민들이었다. 전투기술을 가진 소수자들은 독립된 경제적 기반인 장원을 소유하고, 주군들을 군사적으로 호위한 봉신이자 기사가 되었다. 그러나 일부 봉신들은 그의 주군의 집에서 거주한 가내 종자(household servant)들이었다. 주군이 그들을 부양한 반면, 종자들은 주군에게 군사적 봉사를 행한 하위 기사들이었다.

마르크 블로흐는 그의 저서인 『봉건사회』에서 봉건제의 기원을 다음과 같이 말한다. 봉건제는 국가의 공권력이 크게 약화된 상황, 특히 국가의 보호기능의 약화라는 현상이 발생하였을 때 나타났다. 그러므로 봉건제는 게르만족의 침입으로부터 빚어졌던 혼란이 없이는 이해하기 어렵다. 사실 유럽의 봉건제는 게르만족의 대이동 때문에 인적 교류가 심각하게 차단된 상황, 화폐경제가 쇠퇴하면서 화폐유통이 위축되어 봉급을 받던 관료층이 형성될 수 없었던 상황, 자기 주변에 가까이 있는 것들에만 집착한 폐쇄적인 심성을 전제로 형성될 수 있었다.[16] 물론 봉건제란 중앙권력이 약해지고 지방 제후 세력들의 성장 속에서 나타날 수 있다고 할 수 있으나, 진정한 의미에 봉건제는 게르만족 이동 이후보다 훨씬 뒤인 9세기부터 10세기에 일어난 프랑크 왕국의 분

---

16) 마르크 블로흐 저, 한정숙 역, 봉건사회 II (한길사, 1989), 254-257쪽.

열과 혼란 속에서 그 형태를 갖추고 성장할 수 있었다.

프랑크 왕국의 샤를마뉴 대제가 사망한 814년부터 약 170년 동안 프랑크 왕국의 혈통이 단절되고 혼란에 빠졌다가, 987년에 새로운 왕조인 위그 카페(Hugh Capet) 왕조가 들어서면서 점차 안정을 기할 수 있게 되었다. 그런데 이 시기에 대내적인 혼란뿐만 아니라 대외적으로 이민족이 자주 변경지역을 침입하여 혼란을 가중시켰다. 혼란이 장기화되면서 중앙정부의 힘이 약화되자, 독립적인 정치적 기반을 세우려는 봉건영주들의 활동이 강화되었다. 이러한 상황에서 힘이 약한 자들은 자신의 생명과 재산을 보호하려고 힘이 강한 자에게 의존할 수밖에 없었다. 그들이 서로 관계를 맺는 과정에는 몇 가지 의식과 절차가 뒤따랐다. 이 의식에 관한 하나의 실례를 들면 다음과 같다.

1127년에 플랑드르 백작 윌리엄 클리토(William Clito)가 봉신으로부터 충성서약을 받고 봉토를 수여한 의식에 관한 기록에 따르면,

윌리엄 백작: “그대가 진정으로 나의 봉신이 되기를 원하는가?”

봉신: “네, 나는 진정으로 당신의 봉신이 되고자 합니다.”

이에 백작은 봉신의 두 손을 감싸 잡고, 봉신은 주군의 손에 입맞춤을 한다. 이 의식 속에 담긴 뜻은 두 손을 잡힌 봉신은 주군인 윌리엄에게 복종과 충성의 의무를 다 하고 주군은 봉신을 보호하겠다는 약속의 의미이다. 그리고 입맞춤은 계약 당사자 쌍방 간에 의무를 확인하는 것을 상징하는 것이다. 이러한 의식이 끝난 다음에 또 다른 의식이 계속되었다.

윌리엄 백작: 봉신에게 봉토 수여를 상징하는 행위로서 한 줌의 흙을 수여한다. 그러나 봉토가 아니라 음식과 옷을 수여하는 경우도 있기 때문에 봉토가 매개되지 않아도 주종관계가 성립할

수 있었다. 음식과 옷의 수여는 부양을 의미한다. 이로부터 주군의 가내 종자들의 존재를 언급한다. 이러한 사실로부터 주종제에서 인신적 주종관계가 봉토보다 선행하는 중요한 요소임을 알 수 있다.

봉신: 성경이나 주군의 성스러운 유물에 손을 놓고서 말하기를, "이후부터 나는 주군인 윌리엄 백작에게 충성스러울 것이며, 나의 신서는 기만 없이 잘 지킬 것을 신의로서 맹세합니다." 이것은 양자 사이에 맺어진 계약관계에 대하여 기독교적 인준이나 신성함을 부여한 의식이다.[17] 충성의 맹세는 신서 안에 내포된 의무에 대한 기독교적 인준을 부여한 의식이다. 이렇게 하여 주군과 봉신 사이에 주종관계가 성립되었다.

그런데 이러한 의식 하에 성립된 양자의 관계에서 봉신과 주군은 다음과 같은 점을 항상 명심하여야 한다. 양자 간에 맺어진 관계는 쌍무적 계약관계이기 때문에 이론적으로는 다음과 같은 몇 가지 사항을 위반을 하였을 경우에는 양자 간에 맺은 계약관계는 해지될 수 있다. 첫째, 봉신이 주군의 신체에 위해를 가하여서는 안 된다. 자신의 뜻과 맞지 않는다고 봉신이 주군을 공격하여서는 안 된다는 의미이다. 둘째, 봉신은 주군의 힘의 근거지인 그의 저택이나 성을 수비할 의무가 있다는 것이다. 봉신이 진군사적 의무가 전시에는 할당된 기사들을 이끌고 전투에 참여하는 것이 의무이지만, 평화 시기에는 주군의 성을 수비하는 것이 봉신의 의무였다. 이것이 군역납부의 의무이다. 여러 가지 봉신의 의무 중에서도 군역납부의 의무가 가장 중요한 것은 봉신이

17) *Bracton*, f. 80; *Fleta*, p. 39; F. L. Ganshof, *Feudalism* (London, 1964), pp. 65, 111; Carl Stephenson, *Medieval Feudalism*, p. 18.

주군의 재산과 신체를 보호해야 하기 때문이다. 물론 이러한 보호의 의무는 봉신에게만 있는 것이 아니라 주군에게도 있다. 주군은 봉신의 신체와 재산을 적으로부터 보호해 주어야 할 의무가 있었다. 만약 봉신이 타인으로부터 신체와 재산의 침해를 받을 경우, 주군은 동료 봉신들과 함께 곤경에 처한 봉신을 도와주려고 출정하여야 하였다. 또한 봉신이 국왕의 법원에 기소될 경우, 법원에 출두하여 그를 변호해 주어야 한다. 그러나 무엇보다도 주군의 봉신에 대한 중요한 의무는 봉토를 그에게 분급하여 그의 생계를 책임져야 하는 것이다. 물론 주군의 거주지에서 함께 거주하면서 부양된 봉신들도 있으나, 대체로 11세기에서 12세기에 이르면 이러한 유형의 봉신은 사라지고 대부분 주군으로부터 봉토를 받아 독자적인 생활을 유지하였다. 이러한 이유 때문에 주군과 봉신 간의 주종관계 형성을 쌍무적 계약관계라고 말하는 것이다. 셋째, 봉신은 주군의 고유권한인 사법권을 침해하여서는 안 된다. 이러한 의무는 주군에게도 해당된다. 주군은 봉신의 영지 내에서 이루어지는 사법권에 대하여 간섭할 수 없었다. 위에서 이야기한 것처럼 이러한 이유 때문에 봉건적 지배체제를 지방분권적이라고 이야기하는 것이다. 넷째, 봉신이 주군의 재산에 해를 입혀서는 안 된다. 마찬가지로 주군도 봉신의 재산에 해를 입혀서는 안 된다. 만약 같은 주군에 속한 봉신들 사이에서나, 혹은 주군과 봉신 사이에 재산권 다툼이 발생하면 동일한 주군에 속한 모든 봉신들이 주군의 궁정에 소집(궁정출사의 의무)되어 발생한 문제의 해결을 위한 방책을 강구하였다. 궁정출사의 의무는 주군의 장남의 기사서임 때, 장녀의 결혼식 때에 부조를 하여야 할 의무와 함께 봉신이 주군에게 바쳐야 할 여러 가지 의무 중에 하나이다. 궁정출사의 의무 이외에 다른 의무 납부는 부정기적이지만, 13세기 요크 지방에서는 현금으로 납부하기도 하였다.[18] 1256년 5월 14일에 웨스트민스터와 1268년 7월 22일에 열린 요크 법정에서 토지소유권에 관한 재판에서 불법점유자는 매 3주마다 주군의 궁정에 출사하고 신서를 행한다는 조건으로 토지보유권을 인정하였다.[19] 그러나 모든 궁정출사의 의무가 매 3주마다 이루어진 것은 아니다. 1268년 5월 6일 요크에서 열린 재판에서 벨라 란다(Bella Landa) 대수도원장과 불법점유자인 랄프 사이에 진행된 토지 소유권 소송에서 1년 중에서 미카엘제, 성탄절, 부활절 등 3번에 걸쳐서 대수도원장의 궁정에 출사하여야 한다고 판결하였다.[20] 그러므로 궁정출사와 주군에 대한 환대의 의무는 주군과 봉신간의 계약에 따라서 달랐다. 다섯째, 주군이 행하거나 성취하고자 하는 일에 봉신이 장애가 되어서는 안 된다.[21] 그 이외에도 다음과 같은 경우는 계약관계의 해지 사항에 해당된다. 만약 봉신이 무기를 들고 주군을 공격하거나, 주군을 해치기 위해서 매복하여도 주군이 계약을 파기할 수 있었다. 또한 전쟁터에서 주군이 위험에 빠졌는데에도 보호하여 주지 않거나 주군이 적에게 포로로 잡혀 포로석방금이 필요할 때에 포로석방금을 지불할 수 있을 정도로 부유한 봉신이 이를 행하지 않아도 계약관계를 해지할 수 있다. 한편 봉신이 주군에게 쌍무적 계약관계를 해지할 것을 요구할 수 있는 경우에 대하여 샤를마뉴법에서 정하고 있다. 이에 대하여 스티븐슨(C. Stephenson)은

18) Colonel John Parker, ed., *Feet of fines for the County of York from 1246 to 1272* (Yorkshire Archaeological Society, 1932), p. 29.
19) *Ibid.*, pp. 104, 158.
20) *Ibid.*, p. 137.
21) F. L. Ganshof, *Feudalism*, p. 76.

다음과 같이 간단하게 설명하고 있다. 첫째, 만약 주군이 봉신을 억지로 예속상태로 만들려고 시도하면, 둘째, 만약 주군이 봉신의 생명을 노린다면, 셋째, 만약 주군이 봉신의 아내와 간통을 한다면, 넷째, 만약 주군이 봉신을 칼로서 공격한다면, 다섯째, 만약 주군이 할 수 있는 능력이 있음에도 불구하고 봉신을 위험으로부터 보호해 주지 않으면, 봉신은 주군에게 양자 간의 쌍무적 계약관계의 해지를 요구할 수 있다.[22] 두 학자가 지적한 쌍무적 계약관계의 해지에 관한 점에는 큰 차이가 없다. 이러한 쌍무적 계약을 성실하게 이행하지 않을 경우에는 이론상 양자 사이에 맺어진 계약은 해지될 수 있었다. 그러나 이론과는 달리 봉신이 주군에게 계약해지를 요구하는 경우는 드물었다. 만약 봉신의 세력이 주군의 세력보다 강한 경우에는, 계약해지가 이루어질 수도 있었으나, 대부분의 경우는 그렇지가 못하였다. 다만 동일한 주군에 속한 봉신들 사이에서 분쟁이 발생하였을 경우, 이때 주군이 어느 한 편에 치우친 태도를 갖게 되면, 그 반대편에 처한 봉신이 주군에게 주종관계의 해지를 요구하는 경우는 있었다.

주군과 봉신 간의 주종 관계가 튼튼하게 유지되기 위해서는 각자가 지켜야 할 여러 가지 의무가 뒤따랐다. 주군과 봉신 사이에 계약이 성립되면, 양편에게 지켜야 될 의무가 생긴다. 이론적으로는 주군은 그의 봉신을 보호하고 봉신을 도와주어야 할 의무가 있다. 봉신이 그의 주군에게 진 가장 중요한 의무는 군역납부이다. 주종계약을 체결할 당시에 봉신이 주군을 위해서 전시에는 몇 명의 기사를 동원하여 출정할 것이며, 평화시에는 몇 명의 기사를 동원하여 주군을 위해서 어떻게 봉사할 것인가를 명시하는

22) Carl Stephenson, *Medieval Feudalism*, p. 20.

것이 일반적이다. 이러한 봉신의 군역납부는 주군으로부터 받은 봉토에 대한 대가 지불이다. 군역납부에 대하여서는 기사와 기사도에서 보다 자세히 언급하기로 하자. 봉신의 의무는 군역납부 이외에도 여러 가지가 있다. 그 중에서 부조(aid)의 의무가 있다. 봉신이 주군에게 부조하여야 하는 경우는 다음과 같은 세 가지가 있다. 첫째, 주군의 장자가 기사로서 서임될 경우, 둘째, 주군의 장녀가 결혼할 경우, 셋째, 주군이 포로로 잡혀 석방을 위한 포로석방금을 납부하여야 할 경우 등이다.[23] 그러나 지역에 따라서는 이러한 원칙이 지켜지지 않는 경우가 종종 있었다. 즉 장자가 아닌 아들이 기사가 될 경우나 장녀가 아닌 딸들이 결혼할 때 부조가 징수되기도 하였으며, 주군이 십자군 원정을 떠날 때나 국왕의 궁정에 출두할 때에도 봉신이 주군에게 부조의 의무를 납부하였다. 한편 봉신은 그의 주군을 환대(hospitality)하여야 할 의무가 있다. 주군이 봉신의 장원을 방문하였을 때 무료로 환대할 의무가 봉신에게 있었다. 또한 봉신은 주군의 궁정에 출사할 의무가 있었다. 그의 주군이 봉신들에게 출두할 것을 요구하였을 때에 봉신들은 몸소 자신의 비용으로 주군의 궁정에 출두할 의무

23) Doris Mary Stenton, *English Society in the Early Middle Ages* (Middlesex, 1964), p. 75. (부조를 합리적으로 징수할 양에 관하여 주군과 봉신 사이에 항상 분쟁이 일어났다. 위에서 언급한 것과 같은 경우에 주군이 봉신에게 부조를 요구할 수 있다는 규정이 존 왕 시대에 발표된 대헌장 제 15항에서 언급되었다. 여기에 따르면, 국왕은 자유인들로부터 한 번만 부조금을 징수하겠다고 언급하였다. 이는 부조금 징수를 둘러싸고 주군과 봉신 사이에 마찰이 있었음을 나타내는 증거이다. 한편 1275년에 발표된 웨스트민스터 법령(Statute of Westminster)에 따르면, 국왕이 직수봉신들에게 부조를 요구할 수 있는 양에 제한을 두었다. 기사영지 당 20실링이나 봉신이 보유하고 있는 토지 가치의 20파운드 당 20실링을 징수할 수 있는 것으로 정하였다. 동시에 국왕은 장자가 15세에 이를 때까지 부조를 받는 것을 금하였다. 그리고 장녀가 7세가 될 때까지 결혼을 위한 부조를 징수하는 것을 금하였다.)

가 있었다. 주군은 전쟁이나 조약체결과 같은 그들 공동체의 이익과 관계가 있는 문제를 그의 봉신들과 의논하기를 원하였다. 그러므로 궁정출사의 의무는 자연히 조언을 할 의무와 연관성이 있었다. 만약에 주군과 봉신의 집단체 내에서 모반과 같은 사법적 문제가 발생하면, 주군은 이 문제의 처리를 위해서 봉신들에게 자문을 구하거나 배심원의 역할을 할 것을 요구할 수도 있다.

주군은 봉토의 상속을 통하여 그에 대한 지배권자가 바뀔 때에 상속세(relief)[24]를 취득하였다. 원칙적으로 봉신과 주군 간에 맺은 주종관계의 효력은 1대에 한한 것이기 때문에 주군과 봉신 중의 누군가가 사망하면 양자 간에 맺은 계약은 종료되는 것이다. 주군이 사망하면 봉신이 주군에게 행한 신서는 소멸된다. 그러므로 양자 간의 주종관계도 해지되는 것이다. 한편 봉토의 보유자, 즉 봉신이 사망하면 봉토는 즉시 주군에게 귀속되어야 한다. 이때 만약 사망한 봉신의 상속자가 봉토를 상속하기를 원하면, 주군에게 그 토지에서 생산되는 소득 1년 치에 해당하는 것을 상속세로 납부하고, 그 봉토를 보유할 수 있었다. 이것은 봉건적 계약의 갱신을 의미한다. 그러나 봉신에게 상속권자가 없을 경우에는 봉토는 주군에게 귀속(escheat)되었다. 그리고 주군은 그것을 원하는 다른 자와 계약을 맺고 양도하였다. 새로운 주종관계가 성립하는 것이다. 이 이외에도 주군은 다른 가치 있는 권리를 소유하였다. 만약 어느 봉신이 미성년자인 상속권자를 남기

24) 성년에 달한 봉신이 조상이 보유하고 있던 봉토를 상속할 때 주군에게 납부한 세금이 상속세(relief)이다. 대헌장에 따르면, 백작령의 경우는 상속세가 100파운드를, 바론의 경우는 100마르크를, 기사영지의 경우는 100쉴링을 상속세로 납부한다고 규정하였다. 이것이 절대적인 기준은 아니지만, 상속세의 규모를 파악할 수 있는 하나의 기준은 된다.

고 사망하였다면, 주군은 그가 성년[25]이 될 때까지 봉토를 보유 관리할 수 있는 권리인 후견권(wardship)[26]을 행사하였다. 이론적으로 그 봉토에 딸린 군역납부 의무를 어린 상속권자가 납부할 수 없기 때문에 그가 군역을 납부할 수 있는 성년이 될 때까지 주군이 직접 관리하거나 혹은 주군이 지정하는 자가 그 봉토를 대신 관리할 권한을 소유하였다. 미성년자인 상속권자가 성년이 될 때까지 그의 모든 생활비는 주군이 공급해 주었으며, 그가 성년이 되어 봉토를 상속할 때에는 주군에게 상속세를 납부하여야 한다. 후견권과 밀접한 관계가 있는 주군의 봉신에 대한 권리가 결혼허가권이다. 주군은 자연히 그와 적대관계에 있는 가문들과 그의 봉신들이 결혼을 통하여 인척 관계로 연결되는 것을 원하지 않았다. 그래서 봉신들의 자녀들이 결혼하려고 할 때 이 문제에 신중을 기하였다. 주군은 특히 여성 상속자의 결혼 통제에 심혈을 기우렸다. 왜냐하면 봉건법상 남편이 그의 아내의 봉토에 대하여 전권을 소유하였기 때문이다. 마지막으로 주군은 식품징발권(right of purveyance)을 소유하였다. 이것은 봉신들이 주군에 대하여 환대를 하여야 하는 의무를 말하는 것이다. 종종 주군은 그의 봉신들을 1년에 한 번씩 방문하였으며, 이때 주군과 그의 수행원들이 한 달 동안이나 봉신의 궁정에서 머물 수 있었다.

25) 만약 미성년자가 신서를 행하면, 주군은 이를 받아들여서는 안 된다. 그런 점에서 성년은 신서를 행할 수 있는 기준이 된다. 상속자들과 보유지의 성격에 따라서 성년의 연령이 달랐다. 만약 봉토가 기사영지라면 그것을 보유하려는 봉신은 21세에 이르러야 성년으로 간주하였다. 만약 군역의 의무 이외에 노역과 지대의 의무를 진 토지보유의 경우는 15세에 이른 자를 성년으로 간주하였다. 여성의 경우는 12세에 이르면 성년으로 간주한다. 그 나이에 이른 여성은 성숙하여서 남편을 맞아들이기에 충분하다고 생각하였다.

26) 미성년자는 성년이 될 때까지 주군이나 근친이나 친족의 보호를 받았다. (Glanvill, vii, 9.)

물론 이때 필요한 비용 모두를 봉신이 부담하였다.[27]

주군의 주요 의무는 그의 영역을 침범한 자들을 몰아내고 봉신들 간의 모든 분쟁을 자신의 법정에서 다루어 질서를 유지하는 것이었다. 그러나 만약 주군의 강력한 힘을 가진 봉신이 주군에게 대항하거나 그에게 사적 전투를 원하면, 주군은 무기력하였다. 물론 이때 주군은 다른 봉신들과 협력하여 강력한 힘을 소유한 봉신에 대항하겠지만, 두 세력 간의 싸움으로 인하여 주군의 세력이 약화되면, 이는 주군의 권위에 큰 손상을 입히는 결과를 낳는다. 만약 봉신과의 분쟁에서 승리하지 못한다면, 그의 봉신들은 독립된 지배자가 될 것이다.

3. 장원과 장원제

장원제(manorial system)가 봉건제의 핵심적 요소라고 보는 견해가 경제적 개념으로서의 봉건제이다. 그렇다면 장원제 형성의 기초적인 요소인 장원(manor)이란 무엇인가? 학자마다 자신의 관심에 따라서 다양하게 정의한다. 메이트랜드는 장원을 나타내는 용어인 '매너리움(manerium)'은 정복자 윌리엄과 함께 잉글랜드에 소개되었다고 주장한다. 왜냐하면 둠즈데이 북에 처음으로 그 용어가 등장하기 때문이다. 그러나 그 의미는 매우 모호하게 사용되었다. 지역마다 장원의 의미를 다르게 설명하고 있기 때문이다. 예컨대 둠즈데이 북 조사서에서 표기한 장원의 규모와 가치가 주마다, 그리고 같은 주에서도 장원마다 서로 다르게 표

27) Joseph R. Strayer and Dana C. Munro, *The Middle Ages 395-1500*, pp. 122-124.

현되고 있다. 예컨대 서머싯의 이치토카(Ichetoca) 장원은 경작지 중의 절반이 직영지이고 나머지 절반은 7명의 보다(border)들이 보유하였다. 그리고 직영지에 4마리의 황소가 끈 쟁기팀(plow team)이 유일하게 있었다.[28] 한편 같은 서머싯에 어느 장원은 경작지 전체가 직영지였고 유일하게 한 명의 보다(border)만이 있었다. 그러므로 쟁기를 끈 네 마리 황소도 직영지에 속하였다.[29] 또한 데본셔에 오프로미어(Oplomia) 장원에는 경작지 모두가 직영지이고 소작인도 없고 가축도 없었다.[30] 한편 서머싯의 에씨포다(Aisseforda) 장원은 한 명의 농노가 경작지를 모두 점유하여 경작하였고, 가축들에 대한 언급은 없다.[31] 이처럼 규모와 가치에 있어서 크고 작은 장원들이 있었는가 하면, 어느 장원에는 자유소작인들만이 있고, 어느 장원에는 관습소작인들만이 있는 장원들도 있었다. 또한 직영지만이 있고 소작인들의 보유지가 없는 장원들도 있었는가 하면, 반대로 직영지는 없고 관습소작인들의 보유지만이 있는 장원도 있다.[32] 이처럼 다양한 모습의 장원을 접한 메이트랜드로서는 "장원이란 이런 것이다"라고 쉽게 정의할 수 없었을 것이다. 그러므로 메이트랜드는 장원이란 기술적인 전문용어(technical term)라고 정의한 것이다.[33] 만약 메이트랜드의 장원에 대한 정의를 수용한다면 다음과 같은 학자들의 장원에 대한 정의는 모든 장원을 포괄할 수 있는 일반성을 가진 정의라고 할 수는 없을 것이다. 왜냐하면 그들의 정의는 둠즈

28) *Domesday Book*, I, 93b.
29) *Domesday Book*, I, 96.
30) *Domesday Book*, I, 112b.
31) *Domesday Book*, I, 95b.
32) *Domesday Book*, I, 127b.
33) F. W. Maitland, *Domesday Book and Beyond* p. 128.

데이 북 시대에 존재한 장원의 일면만을 본 것이기 때문이다.

장원의 개념을 간결하게 정의한 경우를 예로 들면 다음과 같다. 코스민스키(E. A. Kosminsky)는 장원이란 부자유 촌락인인 농노들의 생활 공동체라고 정의하였다. 부자유인들의 생활 모습에 특히 주목한 그에게는 그러한 정의가 당연하다. 한편 하드겟(Gerald A. J. Hodgett)은 토지소유자인 영주와 노동력 소유자인 예속소작인들이 있는 경작단위라고 정의하였고, 마르크 블로흐는 예속인들을 경제적으로 착취한 단위로 정의하였다. 이에 반해 폴 스위지(Paul M. Sweezy)는 자가소비를 위한 생산체제로 정의하고, 데니스 헤이(Denys Hay)는 자급자족적인 경제생활의 단위로 인식하였다. 그런데 이들이 내린 장원에 대한 개념 정의에는 다음과 같은 공통점이 있다. 지배계급인 영주와 예속민인 농민들의 예속적 관계를 맺어준 근거가 장원이고, 농업에 전적으로 의존한 생산체계에서 지배와 피지배를 떠나서 모든 중세사회 구성원들은 장원에서 생산된 각종 생산물에 의존하여 생활하였다. 그러므로 영주와 농민의 생활에 근간이 된 것이 장원이다. 지배층 상호 간의 지배와 복종, 그리고 보호와 봉사라는 주종제, 그리고 토지를 소유한 영주와 노동력을 소유한 농민 사이에 이루어진 제도인 장원제는 서로 연관성이 없는 별개의 제도가 아니라 하나의 제도 속에 존재한 두 국면이라는 사회사적 개념이 20세기 중반에 아날학파의 학자들에 의해서 제기되었다. 주군과 봉신이 소유한 봉토가 경제적 가치를 가지려면, 그것을 생산단위로 만들어서 경작하여야 한다. 그렇다면 자연히 봉토는 노동력을 소유한 농민들과 관계를 맺어야 한다. 이것은 지배계급의 맨 상층에 위치한 국왕으로부터 맨 하층에 위치한 기사에 이르기까지 누구에게나 적용되는 보편성을 지녔다. 그러므로 봉건사회의 구성원 모두는 보호와 복종, 토지의 소유권과 토지경작권을 매개로 하여 유기적으로 유대관계를 맺었다. 영주들은 노동력을 소유한 농민들과의 관계 속에서 장원을 효율적인 생산조직으로 만들었다. 장원이라는 제한된 영역에서 농민들이 생산과 소비를 하고 영주와 지배 예속관계를 맺었기 때문에 장원제는 일차적으로 경제제도이다. 그러나 한편에서 보면 장원의 소유자인 영주와 노동력 소유자인 농민간의 지배 예속의 틀을 바탕으로 성립한 사회제도이기도 하다. 영주는 장원에 속한 농민들에 대한 방대한 영주권을 소유하였다. 그러므로 장원제의 개념을 정의할 때 두 가지 측면에서 접근할 필요가 있다. 첫째로는 영주가 자신이 소유한 봉토를 생산체제로 만들어서 운영한 제도라는 개념으로서의 장원제와, 둘째로는 토지소유자인 영주들이 그에게 예속된 농민, 특히 농노들의 노동력과 생산물을 수취한 지배체제라는 측면에서 장원제이다.

그렇다면 장원의 기원은 무엇인가? 장원의 역사는 이중성을 가지고 있다. 즉 어떻게 대영지(large estate)가 형성되었고, 어떻게 대영지가 장원으로 전환되었는가? 장원의 유래에 대하여 다음과 같은 두 가지 주장이 있다. 첫째, 중세 잉글랜드의 촌락은 여러 가지 면에서 로마의 빌라(villa)와 유사하다. 로마가 세 차례에 걸쳐서 페니키아의 식민시인 카르타고와 지중해 패권을 사이에 두고 포에니 전쟁(Punic War: 264-241 B.C.)을 하였다. 이 전쟁에서 승리한 후, 로마 사회 내에 대농장인 라티푼디움(Latifundium)이 성립되고 자영농이 몰락하는 등의 큰 변화가 일어났다. 귀족층이 대외적 정복을 통하여 획득한 공유지를 사유화하고, 이를 노예노동에 의존하여 경작한 것이다. 이러한 문제점을 개혁하기 위한 개혁정책이 필요하였다. 그락쿠스(Gracchus) 형제의 농지법이나 곡물법은 이러한 상황에서 제기된 개혁정책이었다. 일부 학자들은 로마 시대의 라티푼디움이 마치 중세시대에 장원과 유사한 형태를 띠었다고 생각하였다. 그러나 앵글로 색슨 왕국의 촌락이 로마 빌라에서 생성되지 않은 경우가 있으며, 새로 생긴 촌락들도 있었다. 그런 점에서 앵글로 색슨 왕국의 촌락을 바탕으로 한 장원이 로마의 빌라로부터 연유하였다는 주장은 항상 올바른 것은 아니다. 둘째, 일부 학자들은 장원이 로마 시대보다 훨씬 후대인 게르만족의 일파인 색슨 지배기에 유래하였다고 주장한다. 게르만족이 로마의 지배영역으로 이주한 다음, 각 민족들이 새로운 지역에 왕국을 건설하는 과정에서 로마의 대농장제를 그대로 계승하였으며, 이것이 장원의 원형을 이룬다고 그들은 생각하였다. 그러나 이 주장도 문제가 있다. 왜냐하면 6세기 색슨인들의 잉글랜드 정착은 자유인들의 정착이었기 때문에 장원에 거주한 예속인들은 없었다. 만약 색슨인들의 지배시기에 장원에 예속인들이 없었다면, 진정한 의미에서 영주가 지배하고, 이에 예속된 농민들의 집단거주지로서의 장원은 존재하지 않았다고 말할 수 있다. 만약 이러한 주장이 사실이라면, 노르만 정복 이후에 장원의 존재를 분명하게 인식할 수 있기 때문에 이때부터 잉글랜드의 장원을 논할 수 있는 것이다.

로마나 게르만족의 대농장제와 중세 잉글랜드의 대농장제는 서로 다르다. 지배층인 국왕이나 대귀족들과 같은 세속인들이 대농장을 소유하고, 이들이 영주가 되었으며, 대농장을 자급자족적인 경제생활의 기본단위로 변모시킨 것이 잉글랜드의 대농장제이다. 이에 더하여 수도원이나 교구와 같은 기독교 공동체의 우두머리들도 대농장을 소유하고 영주가 된 점도 로마나 색슨인들의 관습에는 없던 사실이다. 고대 로마나 게르만의 제도와 중세 잉글랜드의 장원제가 서로 다른 점이 또 있다. 봉건사회 지배층 대부분은 기사인 동시에 토지소유자였다. 그들이 기사로서의 효율적인 생활을 위해서 그들이 소유한 토지를 장원으로 조직하였다. 그러므로 장원은 경제적 생산단위로서의 기능뿐만 아니라 지방의 평화수호와 질서유지를 위한 사법적 기능은 물론 외적의 침입에 대비한 군사적 기능도 하였다. 이러한 주장에 따르면, 중세 잉글랜드의 장원을 올바로 이해하기 위해서는 장원의 경제적 기능뿐만 아니라 군사적이고 사법적 기능도 파악하여야 한다.

로마나 메로빙거 왕조에서는 토지소유자가 직접 혹은 그의 대리자가 장원을 관리하였다. 그러나 점차 토지소유자들이 많은 시간을 정치와 전쟁에 사용하면서부터 그의 영지를 직접 경영할 수 없게 되자, 영주의 대리인이 장원을 경영하는 것이 일반화되기 시작하였다. 그리고 장원은 장원 내에 거주하는 모든 사람들을 위한 자급자족적인 소규모 경제단위로서 발전하였다. 더구나 10세기 이전에 무질서와 혼란의 시기에는 자급자족적인 소규모 단위로 영지가 분할되었다. 이 시기에는 여행이 너무나 위험하였기 때문에 상공업 발전도 제약되고, 식량을 비롯한 생활필수품을 원거리로부터 확보하는 것도 어려웠다. 이것이 자급자족적 경제생활의 발달을 더욱 촉진시켰다.

그러면 장원에 거주한 농민들의 특성에 대하여 살펴보기로 하자. 장원에 거주한 농민들은 크게 두 부류, 즉 자유농(freeholder)과 영주에게 신분적으로 예속된 관습소작인, 즉 노예(slave)와 농노(villein)로 분류된다. 그런데 노예들은 13세기 이전에 모두 사라지고 농노에 편입되었다. 그렇다면 신분적으로 영주에게 예속된 자들을 구분하는 중요한 기준은 무엇인가? 일반적으로 농민들은 토지보유조건(tenure)과 신분(status)에 따라서 예속된 정도,

즉 자유와 부자유를 가늠한다. 영주의 토지를 경작하는 경우에 농민, 특히 농노들은 예속적 토지보유조건(dependent tenure)과 예속 신분(dependent status)에 따라서 부역과 공납을 비롯한 규칙적이고 정기적인 각종 세금을 영주에게 현물이나 화폐로 납부하였다. 그러나 이러한 조건을 벗어나는 경우가 종종 있다. 예컨대 신분적으로는 자유인이면서도 예속적 토지보유조건의 토지를 경작한 경우가 있었다. 그러므로 그것만으로는 농민들의 신분을 자유인과 부자유인으로 구분하는 것은 어려운 문제이다. 그러므로 그 조건 이외에도 다른 여러 가지 조건으로 자유농과 농노를 구분하기도 한다. 다른 조건은 다음과 같다. 첫째, 영주의 허락 없이 장원을 벗어나지 못하였다. 즉 이동의 자유가 제한되었다. 농노는 영주에게 예속된 존재이기 때문이다. 둘째, 영주의 허락 없이 자녀들을 결혼시킬 수가 없었다. 결혼허가세(merchet)[34]를 영주에게 납부하고 결혼 허가를 얻었다. 특히 다른 영주에게 예속된 남성과 결혼하는 여성의 경우, 그녀가 속한 해당 영주의 입장에서는 자신의 장원에서의 노동력 감소를 뜻하는 것이기 때문에 그에 대한 보상의 성격으로 결혼허가세를 징수하였다. 셋째, 인두세(poll tax)와 같은 정기세(annual tax)를 납부하였다. 기본적으로 인두세는 정해져 있으나, 그렇지 않은 경우도 있었다. 넷째, 가축과 같은 자신의 소유물을 판매하더라도 영주의 승인을 받아야 하였다. 그리고 가축을 판매할 때에 거래허가세를 납부하여야 한다. 다섯째, 부자유인들은 정기적으로 정해진 만큼의 부역을 영주에게 납부하였다. 농번기에는 일주일에 3-4일 동안 영주의

34) 딸의 결혼 허가를 얻기 위해서 농노가 영주에게 납부한 세금이기 때문에, 이것은 농노들이 영주에게 예속된 징표 중의 하나이다.

직영지에 노동력을 투하하여 곡물의 파종과 수확을 책임졌으며, 농한기에는 장원의 유지관리는 물론 건초보관소, 곡물창고, 울타리 등의 수선과 관련된 각종 노동, 영주가 소유한 가축 돌보기 등을 위해 일주일에 1-2일 동안 영주에게 노동력을 납부하였다. 그런데 이러한 노동 의무의 형태와 양은 장원마다 서로 달랐다. 그것은 장원의 관습에 따라서 결정되었기 때문이다. 여섯째, 농노는 보유지를 상속시킬 때 상속세를 영주에게 납부하였다. 봉건적인 관습법에 따르면, 영주와 농노간의 토지보유 계약은 당사자들 사이의 1대에 한정된 것이다. 따라서 영주로부터 토지 이용권을 받은 농노가 사망하면 그것을 영주에게 반환하여야 한다. 그리고 토지를 보유한 농노가 사망할 경우, 그를 상속할 자와 영주 사이에 새로운 계약을 맺고 상속세[35]를 납부하는 것이 일반적인 관습이다. 그리고 관습적으로 상속자는 사망자의 직계 후손이 되는 것이 보통이었다. 일반적으로 상속세는 해당 토지에서 1년 동안 산출되는 생산물과 동일한 액수였다. 일곱째, 이 외에도 농노와 같은 부자유인들은 무기를 소지할 수 없으며, 아들을 성직자로 만들 수도 없었다. 또한 자유인들과는 달리 국왕의 법원에 소송을 제기할 수도 없었다. 그러므로 농노들은 분쟁이 일어났을 때에 장원법원에만 제소할 수 있었다. 이처럼 농민들은 영주의 토지를 경작함으로써 토지경작세를 납부하는 것 이외에도 광범위하게 경제외적 강제로 영주에게 예속되어 있었다.

그렇다면 자유농민이란 어떤 사람들인가? 자유농민은 영주에게 부역의 의무를 지지 않고, 현물이나 화폐로 고정지대 납부의 의무

35) 주군과 봉신 사이에 납부한 상속세와는 달리 이것은 자유인이든 농노든 간에 소작인이 그가 사망하게 되면, 영주에게 납부한 세금이다.

를 졌다. 이러한 특징은 그가 신분(status)으로서가 아니라 토지보유조건(tenure)으로서 영주의 경작지를 보유하였음을 나타낸다. 비록 자유농민이 영주의 토지를 보유한 대가로 노동지대(부역)를 납부하더라도 농노와 같이 규칙적이고 정해진 주 부역(week work)이 아니라 농번기에 부정기적으로 수확이나 타작과 같은 일에 약간의 노동력을 바쳤다. 이처럼 자유농민은 영주에게 부역의 의무를 지지 않았거나, 비록 장원의 관습에 따라서 부역의 의무를 졌다고 하더라도, 농노에 비하여 그 정도가 가벼웠다. 그렇기 때문에 자유농민은 인신적(人身的)으로 영주에게 예속되어 있지 않았거나, 비록 예속되었다고 하더라도, 예속된 정도가 매우 느슨하였다. 위와 같은 자유인들 사이에 맺어진 계약도 영주와 농노 사이에 맺어진 계약처럼 보호와 봉사와 복종이라는 원칙이 적용되었다. 그러나 영주와 농노, 영주와 자유인 사이에 맺어진 계약 사이에 있는 큰 차이점은 인신적 예속이라는 점이 자유인들 사이에 맺은 계약에는 존재하지 않았다는 점이다. 그러므로 자유인이 그의 영주에게 바친 의무는 주로 공납이었다. 한편 자유인들은 농노들과는 달리 무기를 소유할 수 있었고, 영주가 위기에 처하였을 때에 군역납부를 위해 동원되기도 하였다. 이러한 점은 앵글로 색슨 왕국 시대의 자유농민인 퍼드가 국왕에게 바친 군역납부에서 이해할 수 있다. 또한 자의대로 영주의 승인 없이 딸을 결혼시킬 수 있으며, 아들을 성직자로 만들 수도 있다. 그가 원하면 그가 소유한 가축을 자유롭게 판매할 수 있었다. 그리고 소유권 분쟁이 일어났을 때, 농노들과는 달리 자유인들은 장원법원보다 상위법원인 국왕의 법원에 제소할 수 있는 권한도 지녔다.

잉글랜드의 왕령지나 성속 영주들의 장원은 1,000에이커 정도의 작은 규모도 있으나, 대체로 5,000에이커에서 6,000에이커로 구성되었다. 그런데 장원과 촌락은 항상 일치하는 것은 아니다. 사실상 장원(manor)과 촌락(villa)은 완전히 다르다.[36] 둠즈데이북의 기록에 따르면, 물론 일치하는 경우도 있으나, 동부 지역에서는 일치하지 않았다. 남부 지방에서는 하나의 촌락에 하나 이상의 장원이 존재하였다. 12세기 말 이전에 장원이 하나의 영지를 의미한 경제적 단위를 의미하게 되었다. 그러므로 장원에는 자급자족적인 생활을 위한 여러 시설들이 있었는데, 그 중에서 빵을 만들기 위해 곡물을 밀가루로 만든 방앗간, 빵을 만들기 위한 오븐 등 식생활에 필수적인 시설들을 영주가 독점하고, 이에 대한 사용세를 농민들로부터 징수하였다. 그 중에서 방앗간 이용에 관하여 알아보자. 모든 촌락에는 한 곳이나 그 이상의 곡물을 빻기 위한 방앗간이 있다. 방앗간에 이용되는 동력은 수차나 풍차를 돌려서 얻었다. 잉글랜드에서 최초의 풍차가 가동된 시기로 알려진 것은 1191년이다. 그러므로 풍차가 이용되기 이전에 수차가 일반적으로 사용되었다. 모든 방앗간은 영주의 소유이다. 영주에게 방앗간 사용세를 내지 않으려고 농민이 자신의 집에 소규모 맷돌을 두고 이용하다가 적발되면 맷돌은 몰수되고 6펜스의 벌금이 부과되었다.[37] 그리고 교통의 요지에 위치한 장원의 경우 상인들이나 외부인들이 사용한 도로나 다리의 이용세도 영주가 거두었다.

장원의 중심지에는 영주의 저택, 농민들의 가옥, 교회 등이 위치하고, 그 주변에 농경지가 산재하여 있었다. 장원 거주자들의

36) *Domesday Book*, ii. 174.

37) W. P. Baildon, ed., *Court Rolls of the Manor of Wakefield*, vol. II (Yorkshire Archaeological Society, 1901), pp. 8, 164; J. Amphlett, S. G. Hamilton and R. A. Wilson, eds., *Court Rolls of the Manor of Hales, 1272-1307*, 3 vols. (Worcester Historical Society, 1910-1933), vol. I, pp. 118-119, 136, 138, 152.

생계에 필수적인 농경지는 두 가지 형태로 존재하였다. 그 하나는 영주가 농노들이 납부한 부역으로 직접 경작한 직영지와 농민들이 자신과 가족의 생계를 유지하는데 필요한 농민보유지가 장원 여러 곳에 분산되어 있었다. 그 이외에도 영주 소유는 물론 농민들이 소유한 양이나 소와 같은 가축사육을 위한 목초지는 물론 영주의 사냥을 위해서나 땔나무 채취에 필요한 산림지도 있었다. 촌락의 외곽지대에 존재한 산림지와 목초지는 영주와 촌락인들이 공동 관리하면서 이용하였다. 수확 후에 경작지에 떨어진 이삭을 주울 수 있는 권리, 목초지에 가축을 방목할 수 있는 권리, 산림지에서 땔감을 채집할 수 있는 권리, 소택지에서 땔감으로 수집한 이탄(泥炭) 채집의 권리 등이 장원 관습에 따라서 촌락인들에게 공유되었다. 이러한 관습은 촌락공동체 구성원들은 물론 영주라고 하여도 존중하고 지켜야 하였다. 이러한 규칙이 장원의 질서가 붕괴되지 않고 유지될 수 있는 힘이며, 만약 이를 위반하면 장원법원에서 벌금으로 단죄하였다. 이와 같은 관습과 규칙은 공존을 위한 장원의 구성원들 사이에 이루어진 합의였다. 공동체적 권리는 구성원들 모두에게 촌락의 관습으로 보장되었다. 이러한 모습의 장원은 지나치게 정적이고 폐쇄적이다. 그러므로 장원의 변화는 외적인 충격과 자극이 주어지지 않는 한 이루어질 수 없었다. 자급자족적인 농업경제가 아닌 교환이 가능한 경제 체제로의 변화가 장원에서 일어날 때에 폐쇄적인 장원 체제는 무너질 수 있었다. 이러한 변화는 장원 내부에서 발생한 장원 구성원들 사이에 대립과 갈등을 통해서 달성될 수도 있을 것이고, 또한 화폐를 매개로 한 교환경제의 발달과 같은 외적인 충격으로 이루어질 수 있을 것이다. 그러나 대부분의 변화가 전자보다는 후자의 경우를 통하여 일어났다. 농촌경제가 시장과의 교환

관계를 형성하여 자급자족적인 폐쇄성이 무너지는 경우가 그에 해당한다. 이때 장원은 그 경영에 이중성에 처하게 된다. 첫째는 지방시장의 발달에 따라서 시장 공급을 위한 농민의 생산체제가 발달하고 영주들도 농민들로부터 부역을 받아들이는 것보다는 화폐로 그 의무를 받아들이는 여건이 형성되었을 때 장원 내부에 변화가 일어날 수 있다. 즉 시장과 농민의 결합이 이루어지면 농민들이 영주에게 부담하고 있던 부역의 의무가 화폐로 납부하는 변화가 일어난다. 이러한 변화를 금납화(Commutation)라고 부른다. 금납화(金納化)를 통해서 농민들의 신분적 해방이 진행되고, 장원의 정적인 폐쇄성은 무너지며, 이에 따라서 장원의 해체가 진행될 수 있다. 둘째, 만약 곡물가격이 상승하면 그로부터 이익을 얻으려는 영주가 곡물시장과 밀접한 관계를 맺는다. 곡물시장과 영주의 장원 경영이 결부되면, 이전에 금납화되었던 농민의 의무가 다시 부역으로 환원되고, 부역의 양도 강화될 수 있었다. 왜냐하면 영주들은 직영지 면적을 확대하여, 이곳에 농민들의 노동을 투하하여 더 많은 곡물을 생산하여서 시장에 판매함으로써 전보다 더 많은 경제적 이득을 얻으려고 노력하였기 때문이다. 이러한 과거로의 회귀 정책을 봉건반동(Feudal Reaction)이라고 부른다. 이러한 상황 하에서는 장원 경영의 폐쇄성은 전보다 더 강화될 수 있다. 이러한 폐쇄성의 파괴는 농민들의 적극적인 저항이나 도시발달과 같은 외적인 힘의 성장으로 농민들의 도피처가 생겨날 때에 진행될 수 있다.

게르만족의 침입 이후 혼란에 빠지고, 시장과 도시가 쇠퇴하여 화폐경제와 교환경제의 역할이 축소된 가운데, 장원은 생산과 소비를 스스로 해결하여야 하는 최적의 생활수단을 갖춘 구조를 갖출 필요가 있는 가운데 등장하였다. 그러므로 장원의 규모가 비교적 크고, 농민뿐만 아니라 일용품, 쟁기나 다른 농기구는 물론 다른 생활용품을 만드는 사람들이 장원에서 함께 생활하여야 장원거주자들의 자급자족이 가능하였다. 그러나 장원마다 농민들의 생활수준의 차이는 컸다. 예컨대 둠즈데이 북 시기에 규모가 큰 장원으로서는 웨스트민스터의 성 베드로(St Peter of Westminster) 교회가 소유한 교회영지인 미들섹스(Middlesex)에 스테인스(Staines) 장원을 예로 들 수 있다. 이 장원은 19하이드(hide)[38]로 구성되어 있으며, 24개의 쟁기팀(plough team)이 있었다. 이 중에서 11하이드가 직영지였고, 직영지에 속한 쟁기팀이 13개 팀이나 되었다. 그리고 이 장원에 거주한 농민들이 쟁기팀 11개를 소유하였다. 141명의 농민들이 장원 내의 모든 토지를 경작하였다. 이 장원에는 방앗간이 6곳이나 될 정도로 장원의 규모가 컸다.[39] 그러나 이보다 훨씬 규모가 작은 장원들도 있었다. 예컨대 웨스트민스터의 콜리(Cowley) 장원의 경우, 쟁기팀이 겨우 한 팀에 불과하였고, 두 명의 농노만이 소작인으로 있었다.[40] 이처럼 장원 내에 거주한 농민들의 경제적 규모는 다양하였다. 레지날드 레나드(Reginald Lennard)의 연구에 따르면, 요크셔의 웨스트 라이딩(West Riding) 지역에 반스리(Barnsley) 장원에서는 한 명의 농노가 두 개의 완전한 쟁기팀을 소유하고 있었다.[41] 그런가 하면 서식스의 프레스톤(Preston) 장원에서는 5명의 농노가 겨우 2마리의 황소를 소유한 경우도 있었다.[42] 그런데 경작

38) 1하이드(hide)는 120에이커에 해당한다. 물론 지역에 따라서 1하이드의 넓이가 그 보다 더 많거나 작기도 하였으나, 중세시대 잉글랜드의 일반적인 토지면적 측정단위로서의 1하이드의 넓이는 120에이커였다.

39) *Domesday Book*, I. 128; *Ibid.*, I. 128b.

40) *Ibid.*, I. 128b.

41) Reginald Lennard, "The Economic Position of the Domesday Villani", *Economic Journal*, Vol. 56 (June, 1946), p. 260.

조를 이룬 한 팀의 황소가 8마리라고 가정할 때, 32개 주의 평균을 낸 결과, 농노 1인당 평균 2.9마리의 황소를 소유하였다.[43] 이러한 이유 때문에 농민들은 공동경작제도를 실시할 수밖에 없었다. 그러나 어떤 일반화된 원칙을 세울 수는 없다. 그러므로 장원마다 각각의 특징을 찾는 것이 가장 현명한 방법이다. 지역마다 분포된 장원들의 특징은 장원의 크기, 장원 내에 존재한 직영지의 규모나 그 장원에 거주한 농민들의 신분적 특징과 그들이 영주에게 납부한 각종 의무, 그들이 보유한 토지 규모 등을 분석하여 각각의 특징을 찾아내는 것이 가장 좋은 방법이다.[44]

농업의 개방경작제(open field system)는 영주의 통제 하에 있는 촌락들에서와 마찬가지로 자유로운 촌락에서도 실시되었다. 농민들의 경작지가 영주의 직영지와 함께 울타리를 둘러치지 않고 여기저기에 흩어져 있는 지조(strip)[45]들로 구성되어 있었기 때문에 개방경작제도로 운영된 것이다. 그러나 농민 한 명이 농업에 필요한 쟁기질 팀을 구성할 만큼 많은 소나 말을 소유하지 못하였기 때문에, 특히 둠즈데이 북 시대에 쟁기질 팀은 8마리의 소가 한 팀으로 구성되었다. 그렇기 때문에 농민 혼자서 그러한 쟁기질 팀을 구성하여 운영할 수 있는 경제적 능력이 없었다. 그

42) *Ibid.*, p. 260.

43) *Ibid.*, p. 262.

44) 이영구, 「둠즈데이 영국의 성립과 그 인구구조」, 『부대사학』 15, 16합집(1992), 48-59쪽; 이영구, 「앵글로 노르만 봉건사회의 소농계급에 대한 연구」, 『부산여자대학교 논문집』 제 39집(1995), 297-310 참조.

45) 토지경작의 기본단위가 지조(strip)이다. 지조란 길고 좁은 고랑으로 구성되었다. 때로는 셀리온(selion)이라고도 불린다. 그것의 길이와 넓이는 부분적으로는 토지 모양에 의해서, 부분적으로는 쟁기를 끈 소들의 수에 의해서 결정되었다. 그 이유는 8마리의 황소가 2열종대로 배치되어 끈 쟁기(plough-team)로 밭을 갈 때에 쟁기를 자유자재로 회전시키기가 어려웠다. 그래서 가급적 힘든 쟁기의 회전을 적게 하려는 의도에서 모든 경작지가 길고 좁은 고랑으로 이루어 진 것이다. 셀리온의 넓이는 보통 6 1/2피트 정도 되었다.

러므로 공동경작제도를 이룰 수밖에 없었다. 한편 공동경작을 위해서는 각자의 보유지에 영역을 표시한 울타리를 설치할 수 없었으며, 그래서 개방경작제도가 실시되었다. 그러므로 개방경작제도하에서 촌락공동체 구성원들이 정해진 시간에 밭을 갈고, 씨를 뿌리고 수확하는 등 공동으로 농경을 하여야 한다. 개방경작제도하에서는 공동체 내에 누구도 서로 다른 시기에 다른 곡물을 파종하고 생산할 수 없으며, 그의 이웃의 지조에 파종한 곡물과 다른 곡물을 파종할 수도 없었다.[46] 바로 이러한 사실들이 개방경작제가 공유지적 성격을 나타내는 것이다. 이러한 개방경작제도를 효율적으로 운영하기 위해서 장원 내에 거주하는 모든 농민들은 그들이 보유한 경작지를 공동으로 경작하고 그들 소유의 가축들을 공동 방목하였다. 그러므로 효율적인 경작제도를 운영하기 위해서는 그들이 공유한 여러 가지 규칙인 장원관습법이 생겨나고, 구성원들은 그것을 준수하여야 한다. 만약 구성원 중에 누군가 그러한 규칙을 위반하면 이에 대한 제재가 장원법원을 통하여 가해졌다. 그러므로 개방경작제도는 다음과 같은 네 가지 요소가 충족되어야 한다. 첫째, 경작지와 목초지가 경작자들 사이에 지조로 나뉘어져 있다. 둘째, 곡물수확이 끝난 후에나 휴경지나 목초지에 모두가 소유한 가축들을 방목하도록 개방된다. 셋째, 공동 목초지와 황무지가 있다. 지조를 소유한 자들이 이곳에서 가축방목권은 물론 목재와 연료를 채취할 권한을 소유한다. 넷째, 위와 같은 활동은 장원법원이나 촌락회의에서 규제한다.[47]

---

46) Doris Mary Stenton, *English Society in the Early Middle Ages*, p. 126.

47) J. Z. Titow, "Medieval England and the Open Field System", ed. R. H. Hilton, *Peasants, Knights and Heretics* (Cambridge Univ. Press, 1976), p. 33.

곡물을 수확한 이후에는 개방경작지에 지조를 소유한 자들은 그곳에 가축을 방목하였다. 여름에는 목초지나 황무지에 가축을 방목하여 키웠다. 만약 촌락공동체가 산림지나 황무지를 공유하였다면 도토리나 너도밤나무의 열매를 돼지들이 먹도록 방목하였다. 농부들이 직면할 수 있는 가장 큰 어려움은 겨울에 인간과 가축에게 먹이를 공급하는 일이다. 그러므로 촌락인들에게 가장 가치 있는 자산은 목초지였다. 만약 물이 마을 근처에서 흐른다면, 목초지도 그 근처에 있었다. 가축을 방목하기에 매우 편리하기 때문이다. 겨울식량의 부족을 해결하기 위해 가축을 잡아서 염장하여 보관하였다가 겨울식량으로 사용하였는데, 다른 가축보다 키우기 쉽고 매우 빠르게 성장하는 돼지가 농민의 주요 고기 공급원이었다. 이 외에도 토끼, 사슴 등의 고기도 가끔 먹을 수 있었다.

영주는 장원의 중심지에 있는 언덕 위에 그의 거주지인 장원관을 세우는 것이 일반적이었다. 그가 지배하는 영역을 한 눈에 볼 수 있는 곳에 그의 거주지를 세우는 것이 최적의 조건이었을 것이다. 그러나 그가 장원관리에 필요한 모든 일을 직접 통제하지는 않았다. 그를 대신할 여러 형태의 장원관리들, 예컨대 장원 경영과 지대와 공납의 징수는 물론 장원 내에서 일어난 여러 가지 범법행위를 다루는 등의 전반적인 문제를 직접 관리한 집사인 스튜어드(steward), 사냥터와 땔감이 있는 산림지를 유지 관리한 관리, 심지어 영주가 소유한 양이나 소를 관리한 관리 등을 두어서 영주의 자산관리는 물론 장원에 거주한 농민들의 지배를 통한 경제적 이익을 추구하였다. 영주의 관리들 중에서도 특히 집사의 역할이 컸다. 집사는 부재지주인 영주를 대신하여 1년 동안 장원의 전반적인 문제, 특히 수입과 지출의 문제, 위법행위자에 대한 벌금징수 등의 문제를 기록하여, 수확이 끝나는 시기인 성 미카엘 축일인 9월 29일에 1년 동안의 장원경영에 대하여 영주에게 보고하였다. 이에 관한 기록들이 오늘날 장원법원문서(manorial court rolls)로 다수 남아 있기 때문에 중세 잉글랜드의 장원 연구에 귀중한 자료로 이용되고 있다.

장원에 거주한 농민들은 영주의 소유물인 제분소, 양조장, 제빵소와 같은 시설들을 반강제적으로 이용하면서 그에 대한 사용세를 영주에게 납부하였다. 농경지는 영주가 그의 대리인인 집사나 행정관(bailiff)을 통해서 부역의 의무를 납부한 농민들의 노동력으로 경작한 직영지와 농민들이 자신과 가족의 노동력으로 경작한 농민보유지로 구성되었다. 장원에 거주한 농민들은 자유인과 농노로 구성되어 있는데, 대체로 자유인보다는 농노들의 수가 더 많았다. 농노들이 영주에게 납부한 부역이란 농노들의 경제적 부담일 뿐만 아니라 육체적 속박을 의미한다. 육체적 속박을 의미한 부역은 영주의 직영지 경작을 위해 정기적으로 납부하였다. 그런데 많은 노동력을 필요로 한 수확기에는 농민들이 여분의 노동력을 영주를 위해서 납부하였다. 이 역을 수행할 때에는 영주가 부역을 제공하는 농민들에게 음식을 제공하는 것이 관례였다. 이와 같은 형태의 노동을 추가 노동(boon work)이라고 부른다. 이때 맥주와 같은 음료를 식사와 함께 제공하면, 이것을 'wet boon work'라고 부르고, 음료를 제공하지 않을 경우에는 'dry boon work'라고 칭하였다. 영주에게 납부한 노동 이외의 시간은 농민들이 자신의 경작지에 노동력을 투하하였다. 한편 농민들이 영주에게 납부한 또 다른 중요한 의무는 공납이다. 보통 12세 이상 된 부자유 농민들은 고정지대인 신분세를 영주에게 매년 1회 납부하였으며, 토지면적보다는 수확량에 비례하여 징수한 토지경작세도 납부하였다. 토지경작세는 통상 1/10세였다. 즉 농민보유지에서 생산된 수확량의 1/10을 영주에게 토지경작세로 납부하였다. 그 이외에 부정기적으로 납부한 결혼세, 상속세, 농노들이 장원을 벗어나 생활할 수 있도록 허용하고 징수한 이주세 등이 공납에 해당한다. 공납의 경우는 다수가 곡물, 가축, 포도주, 직물과 같은 것으로 물납을 하였다. 영주의 예속민이라는 신분적 지위 때문에 공납을 납부하였다. 그러므로 부역과 함께 공납을 동시에 납부한 자들은 농노와 같은 예속민이었다. 포스탄(M. M. Postan) 학파에 속한 학자들은 농민들이 납부한 이러한 의무를 계량화할 경우, 농민 소득의 약 1/2을 각종 명목으로 영주들이 수취하였다고 주장하였다.[48] 그만큼 영주들이 각종 명목을 붙여서 공납과 지대를 농민들로부터 과도하게 거두었다. 이는 영주들이 농민들을 단순히 수취하는 정도를 벗어나 농민들의 생활수준, 더 나아가 생존수준의 유지와도 밀접한 관계를 맺는 문제였다.

---

48) M. M. Postan, *The Cambridge Economic History of Europe* (Cambridge, 1966), vol. I, p. 603. [한편 럿셀(J. C. Russell)은 농민의 전체 생산고의 약 33% 정도가 각종 명목으로 지출되었다고 가정하였다. [J. C. Russell, "The Pre-plague Population of England", *Journal of British Studies*, Vol. 5 (1966), pp. 20-24.] 그러나 그의 가정에는 의복비, 농기구 구입비와 수선비, 가축사료용 곡물 지출비 등이 제외되었기 때문에 농민의 총 지출을 과소평가한 결과를 낳았다. [J. Z. Titow, *English Rural Society 1200-1350* (London, 1969), pp. 90-91.]

4. 기사와 기사도

1) 기사의 기원

조르주 뒤비가 그의 저서인 『세 위계: 봉건제의 상상 세계(Les trois ordres ou l'imaginaire du féodalisme)』에서 봉건사회에는 세 계급이 존재한다고 언급하였다. 즉 노동하는 사람인 농민, 기도하는 사람인 성직자, 그리고 적의 침입을 막아주는 사람인 전사, 즉 기사가 있다.[49] 그들이 어떤 기능을 하였는지에 기초하여 신분을 나눈 것이다. 위에서 이미 언급한 것처럼 앵글로색슨 왕국 시대에도 사회계급을 3신분으로 구분하였다. 아마도 조르주 뒤비도 이로부터 영향을 받았을 것으로 생각한다. 수직적 사회구조 하에서 권력을 쥐고, 무력을 소유한 귀족과 기사의 기능과 역할은 중세 잉글랜드 사회에서 절대적이라고 하여도 과언이 아니다. 그러므로 역사가들이 피지배층인 농민이나 영적인 영역을 담당하였던 성직자들보다 지배층인 기사들의 특징과 역할에 대하여 주목하는 것이다. 그런데 사회적 기능에 근거한 3신분 체제는 법적인 신분의 3등급화와는 다르다. 즉 귀족, 자유민, 농노라는 법적인 3신분은 기능에 따른 3신분과는 다르다. 그렇다면 어째서 신분을 구분하면서 셋으로 분류하였을까? 이것은 기독교 사상과 관련이 있을 것이다. 중세 기독교 교리 중에서 가장 중요한 교리 하나를 지적하라면, 그것은 삼위일체(三位一體)일 것이다. 325년 제 1차 니케아 공의회에서 정통교리로 인정된 삼위일체론의 기반이 마련되고, 381년에 제 2차 콘스탄티노플 공의회에서

---

49) 세 위계에 대한 보다 자세한 내용은 성백용 옮김, 『세 위계: 봉건제의 상상 세계』, (문학과 지성사, 1977)을 참조하기 바람.

확정된 삼위일체론은 신경(creed)에 다음과 같이 반영되었다. “또한 주님이시며, 생명을 주신 성령, 성부와 성자에게서 발하시고, 성부와 성자와 더불어 영광과 흠숭을 받으시며, 예언자를 통하여 말씀하신 성령을 믿나이다.” 이와 같이 중요한 기독교 교리 중에 하나인 삼위일체론이 2차에 걸친 공의회를 거치면서 만들어졌으며, 이후부터 기독교에서 삼(3)이라는 수자가 갖는 의미가 매우 중요하여졌다. 완전한 도형인 삼각형이 만들어지기 위해서는 세 각과 세 변이 필요하듯이 성부, 성자, 성령의 세 위격이 하느님이라는 하나의 몸체로 이루어져 완전체가 형성된다고 본 것이다. 이로부터 중세 시대에는 삼(3)이라는 수자를 완전한 것으로 생각하였고, 다른 기독교 이론에도 삼(3)이라는 수를 자주 이용하였다. 그런 점에서 3신분이라는 계급이론도 결국은 기독교 사상의 영향을 받아 하나의 완전한 사회를 이루기 위해서는 각각 다른 기능을 한 세 계급이 존재하여야 한다는 주장에 기반을 두고 성립된 것이라고 생각한다.

전투에 나가 싸워 승리하기 위해서는 고가의 기병 장비를 갖추어야 함은 물론 이것들을 능숙하게 다루는 기능을 평소에 연마하여야 한다. 그러므로 귀족들처럼 무장에 필요한 비용을 조달할 수 있는 경제적 여력이 있거나 주군으로부터 봉토를 받아 그것을 장원이라는 생산체제로 바꾸어 운영할 수 있는 자들이 기사가 될 수 있었다. 그런데 기사들이 갖추어야 할 기본적 장비 중에서 가장 고가의 장비가 바로 잘 훈련된 말이었다. 기사도(chivalry)라는 용어가 불어의 쉬발(cheval), 즉 말(horse)에서 유래하였음을 통해서 그 의미를 이해할 수 있다. 그래서 기사란 말을 탄 전사라는 의미이고, 이들이 지켜야 할 도리를 기사도라고 부른다. 말의 값이 비쌌을 뿐만 아니라 기사가 갖추어야 할 갑옷을 비롯한 다른 장비의 값도 고가였기 때문에 부유한 귀족 가문의 아들이 기사가 될 수 있었다.

11세기에 이르러 기사와 귀족들이 세속적 지배층을 형성하였다. 그리고 12세기에 이르러 귀족과 기사가 하나의 지배집단으로 통일되기 시작하여 13세기에 이르면 하나로 완전하게 통합되기에 이른다. 그러므로 13세기에 이르러 귀족이 곧 기사로 불리게 되었다. 그렇다면 잉글랜드에서 기사들의 기원은 무엇인가? 기사(knight)란 용어는 12세기 말에 활동적인 전사로서 쇠사슬갑옷을 입고 말을 타고 전투에 임한 전사를 상징하게 되었다. 그러므로 실제로 잉글랜드에서는 약 1200년경부터 '나이트(knight)'라는 용어가 널리 사용되기 시작하였다. 그렇다면 12세기 말 13세기 초에 등장한 기사의 원형은 무엇이고 그 기원은 무엇인가?

1066년에 존재한 4-5천 명의 세속 영주들 중의 다수가 '중간층의 토지소유자(middling landowner)'의 범주에 속한다.[50] 한편 둠즈데이 북 시대에 전사들(miltes)의 경제적 수입이 부유한 농민들이 토지로부터 얻는 수입보다도 더 적은 경우도 있었다.[51] 이처럼 소규모 토지를 보유한 전사들이 중무장 기병(heavy cavalryman)으로서 활동하는데 필요한 각종 장비인 말과 무기를 구비하기는 어려웠을 것이다. 그러므로 이들은 부유한 주군들과 경제적으로 밀접한 관계를 맺을 수밖에 없었으며, 이들이 주군의 경제적 후원의 대가로서 주군에게 무력을 납부하였을 것이다. 그

50) John Gillingham, "Thegns and Knights in Eleventh-Century England: Who was then the Gentleman?" *Transactions of the Royal Historical Society*, Vol. 5 (Dec., 1995), p. 130.

51) Sally P. J. Harvey, "The Knight and Knight's Fee in England", *Past and Present*, Vol. 49 (Nov., 1970), pp. 3-43.

러나 11세기까지 도시와 농촌경제가 발달하면서부터 이전보다는 기사의 상징인 말과 쇠사슬갑옷을 소유할 수 있는 자들의 수가 증가하였다. 심지어 자유인인 케올(ceorl)도 11세기에 투구와 쇠사슬갑옷과 금도금을 한 칼을 소유하였다.[52] 그러나 이들은 데인이 아니라 부유한 자유인 농민이었다.

대영주인 백작과 국왕의 데인들과 공통적인 관심사를 가진 자들이 '크니트(cniht)'와 '게니트(geneat)'이다. 리처드슨과 세이레스(H. G. Richardson and G. O. Sayles)는 '크니트'가 근본적으로 말을 타고 전투를 한 기사였다는 파격적인 주장을 한다.[53] 그러나 이들의 주장을 입증할 문서나 기록은 없다. 그들의 이러한 주장은 5하이드 단위로 징집된 군사들은 기본적으로 '크니트'였다는 점에 근거를 두고 있다. 그러나 '크니트'는 본질적으로 기사가 아닌 대귀족의 가내 종자(household retainer)였다.[54] 비록 이들의 주장이 구체적인 근거에 기반을 두고 있는 것은 아니지만, 이에 대한 학자들 간의 찬반 논쟁이 있다. 그들의 주장에 찬성하는 학자들은 기본적으로 '크니트(cniht)'와 '나이트(knight)' 사이에 그들이 갖춘 장비나 기능상으로 볼 때 유사하였다는 주장에 근거한 것이고, 반대하는 학자들은 기본적으로 '나이트'라는 용어는 1066년 이후에나 존재할 수 있다는 믿음을 가지고 있었다.[55] 단절설(소개설)을 주장한 스텐턴(F. M. Stenton)은 '크니트'

52) Richard Abels, *Lordship and Military Obligation in Anglo-Saxon England* (London, 1988), p. 165.

53) H. G. Richardson and G. O. Sayles, *Governance of Medieval England*, pp. 56-61.

54) F. M. Stenton, *The First Century of English Feudalism 1066-1166* (Oxford, 1932), pp. 132-136; F. M. Stenton, *Anglo-Saxon England*, p. 527; Frank Barlow, *The Feudal Kingdom of England, 1042-1216* (New York, 1972), p. 116.

가 '나이트'일 수 없다는 점을 강조한다. 그의 주장의 이면에는 군사적 전술이라는 견지에서 볼 때, 기사는 말을 타고 전투에 임한다는 뜻이 강하게 내포되어 있다. 비록 메이트랜드와 스탠턴이 '크니트'는 말을 타고 이동을 할 수 있는 젊은 귀족이라는 점에는 견해의 일치를 보이고 있지만, 메이트랜드와는 달리 스탠턴은 '크니트'의 승마는 전투를 위한 수단이 아니라 장소를 이동하는 수단이라고 생각하였다. 즉 '크니트'의 승마는 주군을 호위하거나 사냥을 나간 주군과 동행하는 수단이라고 생각하였다. 그러나 만약 수 백 하이드의 토지를 받은 '크니트'가 그처럼 상대적으로 사소한 임무를 수행하였겠는가? 라는 의문이 제기될 수 있다.[56] 앵글로 색슨 왕국 시대에 종자들이 주군의 사냥에 동행하거나 호위하는 임무를 매우 중요시하였다. 그런 점에서 크리스토퍼 다이어(Christopher Dyer)는 종자들이 주군과 동행하는 일이나 호위 임무를 과소평가한 것이라고 주장하였다. 11세기에 국왕의 종자였던 데인도 국왕을 호위하고 말을 타고 국왕의 메시지를 전달하는 메신저 역할을 하였다. 또한 '게니트'는 영주의 각종 일들을 보좌하는 역할을 하였을 뿐만 아니라 그를 호위하고 말들을 보살피고 전갈을 전하는 일을 하였다.[57] 그러므로 그 대상이 다르기

55) Sally P. J. Harvey, "The Knight and Knight's Fee in England", p. 4; David Crouch, The Image of Aristocracy in Britain 1000-1300 (London, 1992), p. 130; John Gillingham, "Thegns and Knights in Eleventh-Century England", p. 138; F. M. Stenton, Anglo-Saxon England, p. 527; F. W. Maitland, Domesday Book and Beyond, p. 363.

56) Christopher Dyer, *Lords and Peasants in a Changing Society, The Estates of the Bishopric of Worcester 680-1540* (Cambridge, 1980), p. 43.

57) John Gillingham, "Thegns and Knights in Eleventh-Century England", p. 140; *English Historical Documents*, I, p. 468; *English Historical Documents*, II, p. 875.

는 하였으나, 데인이나 '게니트'가 한 일들이 그들의 주군이나 영주를 호위한 의무 수행, 메신저의 역할 수행, 사냥동행 등을 하였던 점에서는 유사하다. 그리고 '크니트'의 역할도 위와 같은 업무와 유사하였다.[58] 이러한 주군의 종자들의 역할은 베이유 테피스트리의 두 번째 장면인 헤롤드가 그의 전사들 무리 속에서 매와 개들과 함께 있는 장면을 통해서도 확인된다. 물론 이러한 기능을 한 자들이 농민은 아니다. 11세기에 말을 타고 전장에 나간 자들을 모두 '전사들(milites)' 혹은 '기사들(knights)'로서 칭하였다.[59]

그렇다면 기사를 구분한 기준은 무엇인가? 그들이 한 군사적 역할이 기준인가 아니면 그들의 사회적 지위가 기준인가? 만약 그들의 사회적 지위에 기준을 두어 기사를 구분하였다면, 기사의 수는 매우 적을 것이다. 왜냐하면 1400년까지 기병들 중에 아주 적은 수에게 기사작위가 수여되었기 때문이다. 또한 에드워드 1세 통치기에 기병의 약 20-30%만이 기사 신분이었다. 에드워드 2세와 에드워드 3세 시대에 스코틀랜드 원정에 동원된 기사들의 비율도 에드워드 1세 시대의 기사 동원 비율과 유사하다.[60] 한편 말을 타지 않은 기사와 쇠사슬갑옷을 입지 않은 기사들이 존

---

58) Peter R. Coss, *The Knight in Medieval England 1000-1400* (Gloucestershire, Stroud, 1993), p. 12.

59) Michael Prestwich, "Miles in Armis Strenuus: The Knight at War", *Transactions of the Royal Historical Society*, Vol. 5 (Dec., 1995), p. 201; J. Scammell, "The Formation of the English Social Structure: Freedom, Knight and Gentry, 1066-1300", *Speculum*, Vol. 68, No. 3 (July, 1993), pp. 598-599; D. Fleming, "Landholding by Milites in Domesday Book: a Revision", *Anglo-Norman Studies*, Vol. 13 (1990), pp. 83-98.

60) Michael Prestwich, *op. cit.*, p. 202.

재하였다. 예컨대 1193년에 런던 타워 수비대에 쇠사슬갑옷을 입은 12명의 말을 탄 서전트(sergeant)[61]와 쇠사슬갑옷을 입지 않은 6명의 서전트와 함께 20명의 기사들이 있었다.[62] 그러면 말을 탄 서전트를 기사로 볼 것인가 아니면 단순히 기병으로 볼 것인가? 위에서 언급한 것처럼 말을 탄 병사들을 모두 기사로 간주한 기준에 따르면, 이들도 모두 기사이다. 그러나 12세기 후반부터 기사와 말을 탄 서전트를 구분하기 시작하였다. 이러한 변화는 기사들의 수가 극적으로 감소한 14세기 말에 더욱 확대되었다. 이러한 변화 속에서 우리가 파악할 수 있는 점은 말을 타고 이동하였다는 사실만으로 단순하게 그들을 기사로 간주하지 않았다는 사실이다. 에드워드 1세 통치 하에서 기병의 약 20~30%만이 기사신분이었던 점을 상기한다면, 말을 타고 이동하였다는 사실 하나만으로 그들의 신분을 기사라고 단정하기는 어렵다. 만약 단순하게 말을 타고 전투에 임하였다는 사실만으로 기사의 요건을 갖춘 것으로 구분한다면, 기사들은 기사작위를 받은 고위신분에서부터 하위신분에 이르기까지, 심지어 부자유 신분인 사람까지도 기사로서 분류되어야 할 것이다. 헤이스팅스 전투에서 윌리엄은 말을 탄 기사들의 힘을 이용하여 승리를 거두었다. 그러나 스티븐 시대인 1141년에 링컨 전투에서는 스티븐의 군대는 보병으로 전투를 하였다. 에드워드 1세는 여러 전투에서 비기

61) 12세기에 이르러, 기사라는 지위와 기사도는 고귀한 태생과 깊은 관계를 갖게 되었다. 하지만, 이 말은 평민이 기사가 될 수 없었다는 의미는 아니다. 평민들은 자신의 무용을 전쟁이나 마상시합에서 증명함으로서 기사가 될 수 있었다. 이들 중의 일부가 서전트(sergeant)라고 불린 보병이었으며, 이들은 기사들과 함께 전장에서 싸웠다. 이들 중 특별히 공을 세운 서전트는 기사로서의 작위를 받기도 하였다.

62) *Ibid.*, p. 202; D. M. Stenton, ed., *Pipe Roll 5 Richard I* (Pipe Roll Society, 1927), p. 132.

사적인 기병(non-knightly cavalry)들을 다수 소집하였다. 그런데 기사가 아니면서도 말을 타고 전투에 참여한 자들은 기사들의 갑옷을 들고 따라 다니는 자(armour-bearer)와 방패를 들고 기사를 따라 다니는 자(scutifer)들이었다.[63] 본질적으로 이들이 말을 타고 전장에 투입되었다고 하더라도, 기사들의 장비를 지니고 기사들을 따라 다닌 종자였지, 말을 타고 전투를 한 기능을 하지 못하였기 때문에 이들을 기사라고 부를 수는 없는 것이다. 이와 마찬가지로 '크니트'와 '게니트'를 기사라고 볼 수는 없다. 그러므로 앵글로 색슨 왕국 시대에 정통적인 기사는 존재하지 않았다고 할 수 있다. 한편 1322년 바러브릿지(Boroughbridge) 전투에서 잉글랜드 군과 스코틀랜드 군 모두가 보병으로 전투를 하였다. 덩치가 큰 말을 타고 전투를 하는 것보다는 기사들이 보병으로 전투하는 것이 더 효과적이었기 때문에 그와 같은 전술적 변화를 시도한 것이다. 또한 1332년에 스코틀랜드와 싸운 드풀린 무어(Dupplin Moor) 전투나 1333년에 싸운 할리던 힐(Halidon Hill) 전투에서, 그리고 백년전쟁의 크레시 전투(1346)에서 기사와 보병이 힘을 합쳐 싸웠다.[64] 위와 같은 예를 통해서 볼 때, 중세 시대의 전투는 지형적인 조건이나 전술적인 변화에 맞추어 말을 탄 기사들이 중심적인 역할을 할 것인지 아니면 보병이 중심적인 역을 할 것인지 아니면 기사와 보병이 합동작전을 필 것인지가 결정되었을 것이다. 더구나 전투에서 사용된 기사장비가 지닌 제약점으로 인하여 보병의 역할이 요구되었다. 투구를 쓴

63) Peter R. Coss, "Knights, Esquires and the Origins of Social Gradation in England", *Transactions of the Royal Historical Society*, Vol. 5 (September, 1995), p. 157.

64) Michael Prestwich, *op. cit.*, pp. 204-205.

기사는 전후좌우의 동료들과의 소통에 방해를 받았으며, 칼과 긴 창을 가지고 말을 타고 전투를 하는 것이 일대일의 전투에는 용이하였으나, 집단적으로 장기간에 걸쳐서 전투하는 데에는 기사 장비들이 오히려 전투에 방해 요소로 작용하였다. 더구나 기사가 갖추어야 될 장비가 고가이기 때문에 가난한 하급기사들이 그것들을 구비하는 것은 사실상 불가능하였다. 12세기에 기사가 자신의 무장에 필요한 비용이 5파운드였으나, 13세기에는 그 비용이 5배에서 10배 정도 인상되었다고 주장하기도 한다. 그리고 기사가 탈 말 한 필의 값이 20파운드에서 100파운드에 이르기까지 다양하였다.65) 이에 더하여 쇠사슬갑옷과 금속으로 만든 정강이 보호대는 물론 칼과 창, 그리고 방패 등을 준비하려면 많은 돈이 필요하였다. 여기에도 수 십 파운드의 돈이 지출되었을 것이다. 그러므로 이러한 기사장비는 부유한 귀족들만이 갖출 수 있었다. 그와 같은 기사 장비 구입에 필요한 비용 지출을 당시 영주들의 1년간 장원에서의 수입과 비교하여 보면, 기사 장비를 갖추는 데 필요한 액수가 매우 많았음을 이해할 수 있다. 그러므로 코스(Peter R. Coss) 교수는 점증하는 정교한 기사 장비를 갖추는데 필요한 비용, 특히 말과 갑옷의 비용과 기사가 되기 위한 의식비용이 1180년부터 이후 100년 동안 기사들의 수가 감소하는 핵심적인 요소라고 주장66)한 점을 쉽게 이해할 수 있다. 기사 장비를 갖추는 것에 더하여 국왕으로부터 기사작위를 얻으려고 국왕에게 많은 돈을 지불하였으며,67) 기사로서의 숙련된 기능을 습득

---

65) N. Denholm-Young, *History and Heraldry* (Oxford, 1965), pp. 19-20.

66) Peter R. Coss, Lordship, *Knighthood and Locality: A Study in English Society c. 1180-c.1280* (Cambridge, 1991), pp. 253-254; David Crouch, *The Image of Aristocracy in Britain 1000-1300*, p. 147.

하기 위한 토너먼트(tournament)와 같은 훈련이 필요하였다. 그러나 문제는 그 훈련에 많은 비용이 투입되어야 한다는 점이다. 이러한 모든 요소들이 중세 잉글랜드의 전사들이 기사, 서전트, 기병, 보병으로 분화되는 중요한 역할을 하였을 것이다. 따라서 기사의 신분을 단순하게 말을 타고 전투를 하였는지 여부로 구분하는 것은 잘못된 방법이라고 하겠다. 그렇기 때문에 기사의 기원이나 기사란 어떤 자들인가를 구분하거나 평가하는 것은 그들의 사회·경제적 지위뿐만 아니라 군사적 역할을 참작하여야 할 것이다.

2) 기사와 기사도

기사들은 기사의 덕목을 연마함은 물론 전쟁과 사냥으로 시간을 보냈다. 사냥은 실전과 같은 훈련을 의미한다. 그러므로 사냥과 전쟁은 밀접한 관계가 있는 기사들의 활동이다. 전시에는 주군과 함께 적을 물리치기 위해서 야전에서 싸우고, 평화시에는 주군의 성을 수비하였다. 한편 전쟁이 없을 때에는 기사들은 토너먼트라고 불린 모의 전투를 통하여 기사로서의 기능을 연마하고 단조롭고 무료한 생활에 활기를 불어넣었다. 평화시에 주군은 자신의 궁정에 봉신들을 소집하여 연회를 베풀거나 마상창시합(joust)과 같은 경기를 열어 기사들의 용맹성과 전투력을 과시하기도 하였다. 또한 기사들은 불의에 대항하기 위한 모험을 하기 위해서나 사랑을 찾아서 전국을 여행하기도 하였다. 이때 기사들

67) 시기와 지역에 따라서 기사작위 취득을 위해 국왕에게 납부한 액수는 다르다. 그런데 13세기에 기사작위 수여의 단편적인 사실에 근거하여 볼 때 5파운드에서 15파운드를 국왕에게 지불하였다. (Michael Prestwich, *op. cit.*, p. 207.)

은 귀족들의 성을 방문하여 먹고 자는 손님으로서 환대를 받기도 하였으며, 연회에서 자신이 실제로 겪거나 들은 모험적인 이야기를 과장하여 이야기함으로써 성주의 환대에 보답하기도 하였다. 이 이야기들이 바로 기사이야기인 로망스(romance)의 근원이다.

11-12세기를 통하여 봉건 귀족계급이 지켜야 할 이상적인 생활환경이나 생활양식 혹은 그들이 지녀야 할 덕목을 기사도라고 불린 윤리적인 이상으로 발전하였다. 그러므로 기사도란 기사들의 집단이 지켜야 할 규범[68]을 뜻한다. 전사들이 갖추어야 할 덕목에 대한 존중은 프랑크 왕국의 귀족들로부터 유래된 것은 아니다. 게르만의 관습 중, 특히 남자들의 중요한 기능은 전투였고, 전쟁터에서는 수장을 도와 용감히 싸워 승리하여야 한다는 관습이 있었는데, 이러한 정신이 중세 봉건사회에 접목되었다. 중세 봉건사회의 훌륭한 기사들은 충성, 무용, 명예와 그가 세운 무훈을 중시하였다. 기사들에게 요구된 또 다른 덕목은 관용과 우아하고 세련된 태도였다. 특히 약자를 돕는 관용의 정신이 기사들의 중요한 덕목이다. 강자들이 저지르는 비행과 폭력에 맞서 싸운 기사들을 미화시켜, 이것을 기사들의 중요한 덕목으로 발전시켰다. 한편 12세기에 기사들이 갖추어야 할 예절로서 여성들에게 정중하고 세련된 화술과 춤과 노래가 강조되었다. 세련되게 옷을 입고 훌륭한 식사예절을 갖추고, 춤을 잘 추는 것이 기사들의 덕목으로 발전하였다. 여성, 특히 귀부인을 존중하고 보호하여야 한다는 덕목이 기사들의 이상으로 자리 잡았다. 기사들은 이상적

68) 규범은 다음과 같은 세 가지로 분류할 수 있다. 첫째, 봉건적 기사도라고 부르는 이상적 행동양식이 봉건귀족의 생활양식에서 발달하였다. 둘째, 종교적 관점에서 본 기사도는 교회에 대한 이상적인 기사의 태도를 나타내고 있다. 셋째, 귀부인에 대한 경건한 사랑이라고 불린 이상이 귀부인이나 봉건귀족들에 의해서 발달하였다.

인 여성, 주로 주군의 부인에게 헌신적으로 봉사하는 것을 큰 명예로 생각하였다. 중세 봉건사회에서 여성의 지위는 남성에 비하여 상대적으로 낮았다. 여성은 항상 한 남자의 보호를 받아야 하였으니, 처녀 때는 아버지, 결혼 후에는 남편, 과부가 되었을 때에는 주군이나 큰 아들의 보호를 받아야 하였다. 여성은 봉건적 의무인 군역을 납부할 수 없었기 때문에 남편을 통해서 만이 봉토를 지배할 수 있었다. 이러한 불평등한 성적 구조 속에서 귀부인에 대한 경건한 사랑이라는 기사도 정신이 그러한 불평등 구조를 완화시키는데 일조하였다.

기사들의 행동규범으로서의 기사도는 기사들이 추구하여야 할 이상이었다. 현실은 이와 다르게 나타나기도 한다. 영웅적인 모험을 위해 떠돌아다닌 기사들은 살인, 약탈, 배신을 저지르고 거칠었다. 이러한 기사들을 순화시키기 위하여 교회는 〈신의 평화〉[69]와 〈신의 휴전〉[70]을 기사들이 지켜야 할 덕목으로 발전시켰다. 그러므로 기사문학 속에 등장하는 이상적인 기사가 갖추어야 할 덕목인 충성, 자비, 관용, 귀부인에 대한 우아한 사랑인 궁정식 사랑의 이야기는 이상적인 기사의 모습을 그린 기사문학 속에 이야기일 뿐이다. 예컨대 「란슬롯과 귀네비어」의 이야기나 「트리스탄과 이졸데」의 이야기에서는 기사의 불륜과 비극적인 사랑은 물론 기사들의 모험담에 관한 이야기를 다루고 있다. 남자 주인공이 왕비를 사랑함으로써 국왕에 대한 맹세를 배반한 것이다. 또한 기사들이 하룻밤을 지낸 성의 성주의 딸과 불륜을 저지르는

69) 여자, 상인, 농민, 성직자 등 비전투원에 대한 공격을 금지한 기사들이 지켜야 할 윤리적 덕목이다.

70) 일요일은 물론 성심강림절, 사순절 등과 같은 기독교의 축일에 전투행위를 금지시킨 평화운동이다.

이야기들이 기사문학 속에 자주 등장한다. 물론 이러한 이야기들은 현실의 이야기를 말하는 것이 아니라 독자들이 듣고 싶은 이야기를 묘사한 가상의 이야기일 수 있다. 그러나 이러한 불륜과 배신의 이야기가 작가의 상상 속에 이야기일 수도 있으나, 또한 작가가 현실 속에서 듣고 본 이야기를 각색한 것일 수도 있다. 그것이 어떤 측면에서 만들어진 작품이던 간에, 기사문학 작품은 당시 사회의 영향 속에서 만들어졌다는 점을 기억할 필요가 있다.

기사, 의사, 성직자, 기능공 등의 양성을 위한 전문적인 교육은 매우 긴 기간에 걸쳐서 이루어졌다. 의학교육과 같은 대학교육도 오랜 동안 교육과 실습과정을 거쳤으며, 성직자가 되기 위해서 성직에 알맞은 전문적인 교육을 받아야 하고, 기능공이 되기 위해서 장기간 기술교육을 받았던 것처럼 기사가 되기 위해서는 기사가 되기 위한 전문적인 기사교육을 오랫동안 받았다. 귀족 집안의 소년들은 7-8세에 이르면, 통상 그의 아버지의 주군이나 가까운 친족의 궁정에서 귀족사회의 생활을 익히는 시동(侍童: page: 프랑스에서는 valet라고 칭함)으로서 출발한다. 그는 주군의 시중을 두는 것이 주요 임무였다. 주군인 기사의 무기, 갑옷, 말 등을 간수하는 방법이나 그것들을 다루는 방법을 배웠다. 또한 수렵, 씨름, 창시합 등의 훈련을 받았다. 14세 정도에 이르면 시동 때보다 더 힘들고 전문적인 교육을 받은 종자(squire: 프랑스에서는 écuyer라고 칭함)가 되었다. 종자는 갑옷을 입고 말 타기를 익혔으며, 성벽 기어오르기, 씨름 등을 익혔음은 물론 주군을 따라 전쟁터에 가서 주군의 여분의 말이나 무기를 관리하거나 기사가 낙마하거나 부상당하였을 때 구조하였으며, 혹은 주군이 잡은 포로를 관리하는 등의 전쟁에 필요한 여러 가지 기술을 보고 배웠다. 이에 더하여 기사가 갖추어야 할 각종 예의범절을 습득하기도 하였다. 이때 여성들의 호감을 얻을 수 있는 언어, 춤, 예법 등도 익혔다. 보통 20-21세에 이르러 전투에 필요한 여러 가지 기술을 익혔다고 판단되었을 때, 주군인 기사의 동의하에 엄숙한 기사서임식을 거쳐서 완전한 기사가 되었다. 기사서임식은 새로운 기사가 탄생하였음을 알리는 의식인 동시에, 이때 주군으로부터 봉토를 받기도 하여 성년이 되었음을 나타내는 의식이기도 하다. 베이유 테피스트리에 따르면, 노르망디의 윌리엄이 헤롤드 백작에게 다음과 같은 말을 하면서 기사작위를 수여하였다. "여기 윌리엄이 헤롤드에게 무기를 수여하노라. (Hic Willelmus dedit Haroldo arma.)" 백작은 이미 갑옷을 입고 왼손에 창을 들고 오른쪽 허리에는 칼을 차고 있다. 그리고 머리에는 투구를 썼다.[71] 기사가 되기 위한 의식은 그를 지금까지 가르친 기사가 새로 기사가 되고자 하는 자의 어깨를 칼등으로 가볍게 두드린 의식인 아두브망(adoubement)을 행하는 것이었다. 그런데 아두브망 의식에 성직자가 참여하는 것은 본래 기사의 무기를 축성하기 위해서이다.

기사서임식은 엄숙하게 진행되었다. 기사가 되고자 하는 자들은 수일간에 걸친 기도와 참회를 한 다음, 새 옷으로 갈아입고 식이 거행되는 교회나 혹은 수도원으로 향하였다. 기사서임식의 과정에서 중요한 부분을 이룬 과부, 교회, 가난한 사람들을 보호하겠다는 서약과 성직자에 의한 무기의 축성은 교회가 기사들에게 끼친 영향을 이해할 수 있는 한 부분이다. 교회가 기사들에게 요구한 중요한 덕목 중의 하나가 바로 '그리스도의 기사'가 되는 것이다. 기사서임식에 성직자들이 개입하기 시작한 것은 '하느님

71) *Bayeux Tapestry*, figure 1.

의 평화운동'이 일어난 980년에서 1030년 이후의 일로서 추정한다. 그러나 유럽 여러 지역에서 기사서임식이 일반화되기 시작한 것은 12세기 초 이후이다. 그리스도의 평화를 이루는 일, 이것이 바로 주교들의 사명이고, 이를 이루기 위한 여러 가지 방법이 교회에서 시행되었다. 하느님의 평화운동과 기독교적 기사서임식도 그러한 움직임 속에서 나타난 결과이다. 1093년경 캉브레의 교회에서 거행된 의식에 따르면, 기사 서임식은 다음과 같은 과정을 거쳤다. 먼저 주교가 다음과 같이 군기(軍旗)를 축성하였다. "기도합시다. 전쟁을 위해 마련한 이 군기를 천상의 축복으로 신성하게 하소서. 그리하여 당신께서 보호하사, 기독교도의 적들에게 두려움을 더하게 하소서." 그리고 주교는 다음과 같이 칼을 축복하는 기도를 한다. "당신의 종이 찬 이 칼을 축복하소서. 그리하여 이 칼이 교회를, 과부와 고아들을, 하느님을 섬기는 모두 이들을 사나운 적들로부터 보호하고 지키게 하소서."[72] 그러나 세속적 의식 하에 시행된 기사서임식은 이와는 약간 달랐다. 기사서임식 전에 목욕을 하고, 새 의복으로 갈아입고, 검을 받는 의식에 참석하는 것은 동일하였다. 그러나 지금까지 기사도를 깨우쳐주기 위해서 노력한 기사, 즉 주군 앞에 무릎을 꿇고 앉으면, 주군이 "나는 성 미카엘의 이름으로 그대에게 기사의 지위를 부여하니, 용감하고 충성스러워야 한다."라고 말한 다음, 주군이 그의 어깨나 목을 칼등으로 가볍게 세 번 치면서 독립된 기사가 되었음을 선언하였다. 그런 다음, 주군이 새로 탄생한 기사에게 투구, 방패, 창과 같은 무기를 수여함으로써 완전히 독립된 기사가 되었다. 그런 다음 주군은 그에게 봉토를 수여하기도 하였다.

72) 프레데리크 들루슈 편, 윤승준 역, 『새 유럽의 역사』(까치, 1995), 149쪽.

이로써 주군과 기사와의 주종관계는 성립되고, 평생 동안 봉신으로서 그에게 주어진 군역의 의무를 비롯한 봉신의 의무를 바치며 충성할 것을 맹세하였다. 그러한 의식 속에 기사는 성직자와 교회는 물론 약자와 가난한 자를 보호할 것을 맹세한 점이 담겨 있다. 이러한 모습은 중세 독일 궁정시인인 볼프람 폰 에셴바흐(Wolfram von Eschenbach)가 1200년경에 쓴 서사시인 「파르치발(Parzival)」에서 묘사된 기사서임식에서 확인된다. 이 작품은 12세기 후반 프랑스 궁정문학 작가인 크레티앙 드 트루아(Chrétien de Troyes)가 쓴 예수가 최후의 만찬에서 술을 따라 마신 술잔과 관련된 이야기인 「성배 이야기」를 바탕으로 영국 웨일스 지방에서 색슨족에게 저항한 브리튼족의 영웅인 아서 왕의 전설과 성배(聖杯)에 관한 주제를 혼합하여 만든 서사시이다.

음유시인들의 활동시기와 그 기원에 관한 주장은 다양하여 일률적으로 '이것이다'라고 제시하기에는 어려움이 있으나, 대체로 다음과 같은 시기와 지역에서 기사이야기가 시작되었다고 말할 수 있다. 11세기 말경에 프랑스 공작인 기욤(Guilleaume)이 최초로 기사들의 사랑에 관한 시를 지었는데, 이것이 중세 기사문학의 시초를 이루었다. 그 후에 남부 프랑스의 프로방스 지방에서 활동한 트루바두르(troubadour), 프랑스 북부 지방에서 활동한 트루베르(trouvére), 영국의 「원탁의 기사」로 대표되는 기사문학은 물론 남서독 지방의 음유시인들인 민네징거(minnesinger)의 서정시와 서사시의 모범이 되었다. 음유시인들은 주로 기사들의 사랑을 주제로 한 기사이야기를 청중들이 즐거움을 느낄 수 있도록 멜로디를 붙여서 읊었다. 그러므로 음유시인들의 기사이야기 낭송은 단순하고 평범하게 이야기 하는 것이 아니라 리듬을 타면서 마치 청중들이 그 시기에 존재하였던 주인공인 것처럼 느낄 수 있도록 감동을 주면서 이야기를 이끌어 나갔다. 또한 음유시인들은 기사들의 사랑뿐만 아니라 기사들의 모험과 기사도에 관한 것을 주제로 삼았다. 이들 모두는 선조들로부터 내려오는 이야기에다가 자신의 경험이나 다른 사람들로부터 들은 이야기를 첨부하여 재미있게 재구성하였다. 기사이야기는 특히 구전되어 내려오는 기사들의 영웅적인 이야기가 중심이 되었는데, 이는 성직자나 소수 귀족들만이 글을 읽을 수 있는 문맹의 시대인 중세에 음유시인들이라고 예외일 수 없었다. 그러므로 각 국가나 지방마다 음유시인들이 읊은 기사이야기의 내용이 조금씩 차이가 있을 수 있고, 등장하는 인물들도 자신의 지역에서 영웅적인 활동을 한 사람들로 대치시킬 수가 있었다.

어둠이 깃들면 조명이 밝지 않아서 침침한 성에서 주군이 주최한 향연에 기사들과 귀부인들이 참석하여 춤을 추고 노래를 부르거나 곡예인 아크로바트(acrobat)를 보면서 즐거운 시간을 보냈다. 이 자리에서 음유시인은 기사의 낭만, 사랑과 용감성과 관련된 작품들을 낭송하면서 즐거움을 더하였다. 예컨대 중세 독일의 음유시인인 민네징거에 의해서 전파된 서사시는 기사 신분의 주인공이 귀부인인 주군의 부인을 사랑하는 구애의 형식을 띠었다. 그 중의 한 문장을 인용하면 다음과 같다.

"그녀는 내가 무료한 시간을 메워주는
그런 남자가 아니라는 점 기억해 주었으면 좋겠노라.
나는 어릴 때부터 그녀한테
내 마음과 영혼을 몽땅 다 바쳤다네.
내 그녀를 사랑한 이후로
내 마음 그녀의 시녀요

또한 언제나 그녀에게 충실하고 싶어라.
나의 귀부인이 어떤 태도를 취하는지 보아 주었으면 좋겠는데.
이럴 경우 어떤 결별도 있을 수 없나이다."[73]

위의 서사시에서 볼 수 있듯이 귀부인에 대한 사랑의 표현은 궁정에서 반복하여 음유시인들에 의해서 읊어졌으며, 이러한 과정에서 이들에 의해서 이상적인 기사도가 전파되었다. 위와 같은 사랑을 주제로 한 서사시가 있는 가하면, 기사의 영웅적인 행위를 주제로 한 서사시인 무훈시도 있다. 11세기 말 작자 미상인 프랑스의 기사문학 작품인 「롤랑의 노래(La Chanson de Roland)」는 현존하는 기사의 무훈시(Chanson de Geste) 중에서 가장 오래 된 최고의 걸작으로 꼽는다. 8세기에 프랑크 왕국의 왕인 샤를마뉴 대제와 에스파냐에 진주한 이슬람인과의 전투에서 영웅적인 전투를 한 롤랑의 활동을 주제로 한 대표적인 무훈시가 바로 「롤랑의 노래」이다. 그러나 이 무훈시는 실제 역사적 사실과는 거리가 먼 허구를 주제로 하여 이야기를 전개하였다. 예컨대 샤를마뉴 대제의 후위 부대의 책임자인 가눌롱의 배신으로 이슬람 군대의 공격을 받은 것으로 기술되었으나, 이는 사실과는 다른 이야기이다. 이외에도 영국의 기사문학 작품인 「아서 왕 이야기」, 게르만족 대이동기인 5세기에 훈족에 의해서 멸망한 부르군드 왕국의 몰락을 주제로 한 독일의 기사문학 작품인 「니벨룽겐의 노래」 등이 있다. 이것은 400년대를 배경으로 한 영웅들의 이야기인데, 그 내용이 음유시인들의 입을 통해서 전해오다가 1200년경에 문자로 기록되어 오늘날까지 전해온다. 이들 무훈시

73) 허창운 저, 『독일 민네장』(서울대학교 출판부, 2003), 74쪽.

의 내용은 주로 전쟁과 복수를 주제로 구성되었다. 그리고 간간히 기사들의 사랑에 관한 이야기도 삽입되었다. 이러한 모습에서 볼 수 있듯이 무훈시는 당시 프랑스에서 유행하던 기사들의 사랑과 모험과 전쟁에 관한 이야기들을 답습하여 독자적으로 발전시켜 나가는 형식을 띠었다.

기사는 그의 생애 대부분을 사냥과 전쟁에 참여하는 것으로 보냈다. 사냥도 사실은 전투의 연속 과정 중의 하나이다. 사냥은 말 타기에 익숙하여야 할 뿐만 아니라 활로 야생 동물을 정확히 타격하여야 할 기능이 요구되었기 때문에 격렬한 전투와 같은 놀이이다. 한편 12세기 초 이후 봉건적 전쟁에 대비한 연습의 일환으로 기사들은 마상창시합(joust)과 같은 모의전투를 즐겼다. 이는 기사들이 정해진 규칙에 따라서 양 편으로 갈라져 말을 타고 달려오면서 상대편을 긴 봉이나 창으로 밀어서 말에서 떨어트리는 시합이다. 실제 전투와 같이 격렬한 시합이 이루어졌기 때문에 엄격한 규칙을 준수하여야 한다. 초기에 마상창시합은 다수의 기사들이 두 팀으로 나뉘어 싸운 집단 전투의 형태를 띠었으나, 14세기에 이르러 집단 전투가 아닌 1 대 1로 대결하는 형식을 띠었다. 점차 형식화되고 오락의 형태로 변한 것이다. 그러나 마상창시합도 경제적인 부담을 안을 수도 있었다. 비록 모의전투이지만 실제 전투에서 상대편을 포로로 잡으면, 포로석방금을 받고 석방시킨 것과 같이 모의전투에서도 상대편을 말에서 떨어트려 포로로 잡으면, 상당한 몸값을 받았다. 그러므로 기사들의 모의전투는 일종의 오락이면서도 전투술을 익힌 수단이었다. 모의전투에서나 실전에서나 말에서 떨어지지 않고, 비록 말에서 떨어지더라도, 부상을 당하지 않기 위해서 기사들의 장비가 보다 정교해지고 무거워졌다. 통상 기사들은 쇠고리로 연결된 무릎까지 내려오는 쇠사슬갑옷을 입어 자신의 몸을 보호하였다. 쇠사슬갑옷은 적의 칼 공격에 견딜 수 있도록 견고하였으나, 창이나 활의 공격에는 견디기 어려웠다. 그래서 가슴을 보호하기 위해서 쇠로 만든 철판을 가슴에 댔다. 1300년대에 이르러 차츰 쇠사슬갑옷 대신에 무거운 철판으로 만들어 진 갑옷을 입었다. 철판 갑옷이 무거워 낙마하면 오히려 부상을 당할 수 있기 때문에 기사를 말 안장에 고정시키는 장치를 하여 쉽게 낙마하지 않도록 하였다. 그러나 기사의 생명을 보호하고자 한 이러한 장치들이 기사들의 활발한 활동에는 지장을 주었다. 이와 더불어 기사들의 기능도 이전에 비하여 약화되었다.

그렇다면 봉건제의 존재를 가늠하는 하나의 요소로서의 기사가 앵글로 색슨 왕국 시대에도 존재하였는가? 만약 존재하였다면 봉건제의 계속설을 입증할 수 있는 하나의 예가 될 것이다. 물론 앵글로 색슨 사회에서도 전사 집단은 존재하였다. 국왕이나 대귀족들에게 속한 무장한 가신들인 게지츠(gesiths)가 있음이 알려졌다. 그런데 알프레드 왕 시대에 덴마크인과의 전쟁에서 가신과 전사로서 시작하여 노르만 정복 전에 토지귀족이 된 자들인 데인으로 대치되었다.[74] 그러나 1066년까지 효율적인 군사적 엘리트로서 데인들이 얼마나 역할을 하였는지는 의심스럽다.[75] 그럼에도 불구하고 국왕과 백작들의 친위대원인 데인이 앵글로 색슨 왕국 시대의 주요 전사들이었다. 이들이 노르만족의 잉글랜드 정복

74) H. R. Loyn, "Gesiths and Thegns from the Seventh to the Tenth Century", *English Historical Review*, Vol. 70, No. 277 (Oct., 1955) 참조바람.

75) F. M. Stenton, *The First Century of English Feudalism 1066-1166*, p. 119.

전 앵글로 색슨 군의 가장 중요한 전사였다.[76] 한편 데인과 유사한 기능을 하였던 국왕이나 대귀족들의 가내 무장세력, 즉 사적 세력이 있었는데, 이들을 하우스컬(housecarl)이라고 불렀다. 이들은 두 손으로 사용한 전투용 무기인 양날 도끼(battle-axe)로 무장한 보병이었다. 일반적으로 전투에서 어떤 무기를 사용하느냐에 따라서 전술의 형태를 결정한다. 양날 도끼를 무기로 사용하였다는 점에서 하우스컬이나 데인은 기사가 아니었다. 노르만 정복 전 잉글랜드 군에 기병(cavalry)이 없다는 점은 기사가 없다는 점과 같다. 엄격히 말하면 기병과 기사는 다르다. 기사는 기병일 수 있지만, 기병이 기사일 수는 없다. 앵글로 색슨 왕국 시대에도 기병은 있었다. 다만 이들이 전투에 참여할 때 말을 타고 전장에 나갔으나 막상 싸움을 할 때에는 말에서 내려 보병으로 전투하였다. 예컨대 991년 덴마크의 올라프(Olaf)의 군대가 침입하여 에식스에서 일어난 말던(Maldon) 전투[77]에서도, 또한 1013년 노섬브리아를 침입한 덴마크의 스웬 군대와의 이스트 앵글리아에서의 전투[78]에서도, 1015년에 캔트와 에식스를 침입한 덴마크의 크누트 군대에 맞서 싸운 전투에서도 잉글랜드 군은 보병이었다.[79] 그리고 1016년 웨식스를 침입한 덴마크의 크누트에 대항한 애싱던(Ashingdon) 전투에서도 웨식스 군은 보병으로 싸웠다.[80] 그리고 1066년 10월에 헤이스팅스 전투에서도 헤롤드는 각 전사들에게 말에서 내려 보병으로 전진하라고 명령하였다.

---

76) R. Allen Brown, *Origins of English Feudalism*, p. 35.
77) *Anglo-Saxon Chronicles*, p. 141.
78) *Ibid.*, p. 157.
79) *Ibid.*, pp. 160-161.
80) *Ibid.*, pp. 164-165.

그러므로 헤롤드의 앵글로 색슨 세력의 전술도 보병에 기초를 두고 있다.81) 사실 앵글로 노르만 시대에서도 전체 전투력 중에서 기병이 차지하는 비중이 그리 높지 않았다.

만약 기사를 중무장 기병으로서 군사적이고 사회적인 엘리트 계급의 전사들이라고 정의한다면, 앵글로 색슨족에 존재한 군사적 계급인 국왕이나 대귀족의 가내 친위대인 하우스컬(housecarl)은 기사가 아니다. 마찬가지로 앵글로 색슨 시대에 전사계급인 데인도 기사가 아니다. 데인은 평화 시에 국왕의 궁정에서 국왕을 도왔고, 전시에는 국왕의 호위군으로 활동하였다. 이에 대한 대가로 국왕은 데인에게 토지를 지급하였다. 그리고 그의 지위는 상속되었다. 그런데 데인이 말을 타고 전투를 하였는지 여부와 상관없이 그들은 전투시 후대의 기사와 유사한 기능을 하였다. 크누트 왕 통치기에 데인 계층에게 부과된 상속세에 관한 증거는 그들이 기사와 유사한 기능을 하였음을 파악할 수 있게 한다. 일반적으로 데인은 안장을 갖춘 말 한 마리, 방패, 창, 칼, 투구, 갑옷을 갖추었다. 이는 베이유 테페스트리에 그려진 헤이스팅스 전투 모습에서 확인할 수 있다. 데인들의 기사와 같은 기능을 한 증거로서 제시할 수 있는 것이 그들이 납부한 상속세이다. 백작은 8마리의 말, 8자루의 창과 방패, 4벌의 투구, 칼, 쇠사슬갑옷으로 구성된 상속세를 납부하였다. 이때 4마리의 말만 안장을 달았다. 이것은 4명의 완전 군장을 갖춘 전사와 4명의 경장비를 갖춘 종자가 전투에 참여하였음을 전제하고 있다. 이에 비해 데인은 두 마리는 안장을 얹고 나머지 두 마리는 안장 없는 말 네

81) *Bayeux Tapestry*, figure 73; F. M. Stenton, *Anglo-Saxon Chronicles*, pp. 194-195.

마리와 함께 투구 하나, 쇠사슬갑옷 한 벌, 두 자루의 칼, 네 자루의 창, 네 개의 방패를 상속세로 납부하였다. 이를 통해서 볼 때 한 명은 기사와 같이 완전 군장을 갖춘 데인이었고, 나머지 사람은 말을 돌보는 종자일 것이다.[82]

그러나 이러한 장비를 갖춘 문제와 그들이 실제 어떻게 전투를 하였는지는 별개의 문제이다. 크누트 왕 때에 전사들이 기사 장비를 갖추었다고 하더라도, 전투에서 그들이 말을 타고 싸웠느냐 하는 문제가 제기될 수 있다. 데인들이 말을 타고 전쟁에 참가하였으나 실제 전투할 때에는 말에서 내려 보병으로 싸웠다. 베이유 테페스트리에 따르면, 비록 1066년 헤이스팅스 전투에서 전투가 시작되기 전에 헤롤드가 무장하고 말을 타고는 있었으나, 그의 군대는 실제 전투에서 말에서 내려 보병으로 원형 방패를 들고 양날 도끼를 들고 싸웠다.[83] 그런 의미에서 데인은 기사가 아니라고 주장할 수 있다. 그러나 비록 데인이 기사가 아니라는 주장을 수용하더라도, 우스터 주교의 봉신들은 군역 납부를 조건으로 주교로부터 봉토를 받았음이 분명하다.[84] 비록 말을 타고 싸우지는 않았으나, 앵글로 색슨 왕국 시대의 데인들도 국왕이나 대귀족들과 고위성직자들로부터 군역 납부를 조건으로 그들로부터 토지를 받은 계약을 맺었기 때문에 전형적 봉건제 하에서의 주군과 봉신 간의 관계와 크게 다르지 않았다. 사실 노르만 기사들도 전투 시에 말에서 내려 보병으로 전투를 한 경우도 있다. 예컨대 1138년에 스탠다드(Standard) 전투와 1141년 링컨 전투

82) Peter R. Coss, *The Knight in Medieval England 1000-1400*, pp. 15-16.
83) *Bayeux Tapestry*, figures 62-65, 70-73.
84) *Domesday Book*, vol. 1, p. 172.

에서 기사들이 말에서 내려 보병으로 전투를 하였다. 이 전투를 통해서 볼 때, 기후, 지형, 적의 작전에 적절하게 대응하기 위해서 기사도 보병으로의 기능을 할 수 있었다. 『앵글로 색슨 연대기』와 함께 앵글로 색슨 시대의 역사를 알려주는 당대 최고의 자료 중의 하나인 「베이유 테피스트리」에 따르면, 잘 무장한 백작들과 하우스컬의 일부는 보병이 사용한 구 원형 방패(old round shield)를 소유하였고, 헤롤드를 포함한 다수가 양날 도끼를 들고 있었다.[85] 이에 반하여 윌리엄의 군대에는 궁병을 포함한 강력한 보병은 물론 기사들이 참전하였다.[86] 그러나 기사들이 그 기능을 발휘하기 위해서는 보병의 역할이 매우 중요하였다. 중세 잉글랜드에서 벌어진 전투의 특성상 각 부대의 위치는 다음과 같았다. 방패, 칼과 창, 그리고 투창용 긴 창을 소유한 보병들이 방패로 장벽을 만들어 무릎을 꿇고 맨 앞줄에 위치하였다. 보병의 뒤편에는 궁병이 위치하여 적들에게 화살을 날려 피해를 입혔고, 궁병의 뒤에는 기사들이 위치하였다. 그러므로 기사들은 그들을 지원한 보병들의 역할이 절대적으로 필요하였다.

기사의 장비는 베이유 테피스트리에 생생하게 묘사되어 있다. 그리고 기사의 장비는 노르만 정복 이래 2세대가 지나는 동안 큰 변화가 없었다. 평화시에 기사의 통상 복장은 허리에 벨트를 맨 튜닉(tunic)을 입고 긴 양말을 신었다. 그리고 겉에는 망토를 입고 머리에는 후드(hood)를 썼다. 전쟁 시에는 기사들의 복장이 바뀐다. 망토에 금속조각을 꿰매어서 만든 무릎까지 내려온 쇠사슬갑옷을 입고 얼굴과 머리를 보호하기 위해서 원뿔형 투구를 썼

85) *Bayeux Tapestry*, figures 62-63, 64-65, 76, 70, 71-72.
86) *Ibid.*, figure 68.

다. 그리고 팔과 손을 보호하기 위해서 벙어리장갑을 끼고, 다리를 보호하기 위해서 정강이 보호대를 하였다. 그러나 이러한 복장으로는 적의 긴 창이나 화살에 견디기 어려웠다. 그래서 기사의 장비가 진화하는데, 특히 그 중에서도 기사의 몸통을 보호하기 위해서 금속으로 만든 투구와 금속판으로 만든 갑옷이 중세 말에는 유행하였다. 이러한 갑옷과 투구가 기사들을 적의 공격으로부터 보다 안전하게 보호하여 주기는 하였으나, 기사들의 활동을 크게 제약하였다. 무장을 하고 기사 홀로 말에 오르기도 힘들어 도움이 필요하였으며, 전투하다가 말에서 떨어지기라도 하면 꼼짝 없이 보병의 포로가 되기 십상이었다. 이러한 지경에 이르러서는 기사들의 기능이나 역할이 그만큼 보병이나 궁병보다 떨어질 수밖에 없었다. 기사들이 사용한 주요 무기로는 칼과 긴 창이 있다. 그리고 방패를 들었다. 왼손에는 방패를 들고 오른손으로는 말고삐를 잡고 오른손에 든 긴 창으로 적을 공격하였다. 만약 긴 창을 사용할 수 없을 경우에는 허리에 찬 칼을 빼서 적을 공격하였다. 보병들도 말을 타지 않았을 뿐이지 사용한 무기는 기사와 크게 다르지 않았다. 다만 기사들은 말을 타고 전투에 임하여야 했기 때문에 비교적 말 위에서 움직이기가 편한 가운데 전투를 하기 위해서 칼과 긴 창을 주요 무기로 사용하였을 뿐이다.

주군에게 납부한 봉신의 가장 중요한 의무가 군역, 즉 기사역의 납부이다. 주군은 기사역 납부자에게 봉토를 수여함으로써 양자 사이에 주종관계가 형성되었다. 그러므로 기사영지의 수여가 양자 간의 개인적 관계 형성에 가장 중요한 요소이다. 비노그라돕(P. Vinogradoff)이 “기사영지란 충분한 장비를 갖추고 전투할 수 있는 기사를 양성하기 위한 도구”라고 언급[87)]한 것처럼 기사가 그의 기능을 충분히 발휘하기 위해서는 그가 필요한 모든 것을 공급받을 수 있는 충분한 기사영지가 필요하였다. 그렇다면 기사영지로서 적합한 면적은 어느 정도인가? 하나의 기사영지를 이룬 토지면적은 일정한 것이 아니라 시기나 지역에 따라서 상이하였다. 예컨대 헨리 3세 통치기인 1218년 요크 주에서 일어난 토지소송에 등장하는 한 명의 기사영지에 관한 기록에 따르면, 2카루케이트(carucate),[88]로부터 6카루케이트, 6 1/2카루케이트, 9카루케이트, 12카루케이트, 14카루케이트, 15카루케이트, 37카루케이트, 48카루케이트에 이르기까지 그 면적이 다양하였으며, 심지어 면적이 구체적으로 표시되지 않고 7곳의 촌락이 하나의 기사영지를 이루었다는 기록도 등장한다.[89] 또한 하나의 장원이 6개의 기사영지로 구성된 곳도 있다.[90] 이처럼 주군과 봉신 사이에 맺은 계약에 따라서 기사영지의 규모는 결정되기 때문에 기사영지의 규모가 다양하였으며, 그 결과 학자들마다 기사영지의 규모를 각각 다르게 주장할 수밖에 없다. 라운드는 한 명의 기사를 동원하여야 할 기사영지의 규모가 2하이드[91]에서 10하이드에

87) P. Vinogradoff, *English Society in the Eleventh Century* (Oxford, 1908), p. 44.

88) 8마리의 황소가 끈 쟁기팀(plow team)이 1년 동안 경작할 수 있는 토지면적으로서, 지역에 따라서 면적이 상이하지만, 대체로 60-120에이커의 면적을 나타내는 토지측정 단위이다.

89) Colonel John Parker, ed., *Feet of Fines for the County of York from 1218 to 1231* (Yorkshire Archaeological Society, 1921), pp. 9, 10, 13, 14, 42, 95, 97, 114; Colonel John Parker, ed., *Feet of Fines for the County of York from 1232 to 1246* (Yorkshire Archaeological Society, 1925), pp. 8, 28, 36.

90) W. Paley Baildon, ed., *Feet of Fines for the County of York from 1347 to 1377* (Yorkshire Archaeological Society, 1915), p. 23.

91) 1 하이드의 면적의 넓이는 일정한 것이 아니라 지역에 따라서 달랐다. 그러나 통상 120에이커에 해당하는 면적을 나타내는 단위이다. 그런데 하이드는 카루케이트와 동일한 면적을 나타내는 용어이다. 요크와 같은 덴마크의 영향을 받은 북부 지역에서는 하이드 대신에 카루케이트라는 용어를 사용하였다.

이른다고 생각하였다. 만약 1하이드를 120에이커로 생각한다면 240에이커에서 1200에이커에 이르는 면적이 기사영지이다. 한편 풀(A. L. Poole)은 그 면적을 27하이드까지 확대시켰다. 반면에 스탠턴은 전형적인 기사영지의 규모를 파악하기 어려운 문제라고 결론지었다.[92] 실제로 둠즈데이 북에 기록된 기사영지 면적을 분석한 결과, 다음과 같은 사실을 파악할 수 있다. 각 기사가 보유한 하이드나 카루케이트의 면적이 세부적으로 기록된 약 500건의 예들을 분석한 결과, 둠즈데이 북 시대에 기사들의 통상적인 토지보유 면적은 약 1 1/2하이드에 지나지 않는다. 만약 1하이드를 120에이커로 계산한다면, 결국 각 기사들은 평균 180에이커의 토지를 기사영지로 보유하였다는 이야기가 된다. 그런데 둠즈데이 북 시대에 기사들 중에 1/3 이상은 3/4하이드에서 1 1/2하이드에 이르는 기사영지를 보유하였다. 그러나 평균치보다 더 많은 기사영지를 보유한 경우도 있다. 예를 들면 둠즈데이 북 시대에 피터바러(Peterborough) 교회영지에 속한 기사들이 62명이었는데, 그들이 보유한 기사영지가 모두 120하이드였다.[93] 그러므로 이들이 평균 1인당 2하이드보다 약간 적은 토지를 보유한 것이다. 둠즈데이 북 시대에 기사영지의 평균보다 약간 많은 영지를 보유한 셈이다. 그렇다면 기사들이 자신의 지위를 유지하기에 적절한 규모의 기사영지를 보유한 것인가? 기사영지의 적절한 규모를 정하기 어려운 문제이다. 전투하는 기사 한 명을

92) J. H. Round, *Feudal England*, pp. 231-232; A. L. Poole, *From Domesday Book to Magna Carta* (Oxford, 1954), p. 15; F. M. Stenton, *The First Century of English Feudalism*, p. 23.

93) Sally P. J. Harvey, "The Knight and the Knight's Fee in England", pp. 15-19.

지원하기 위해서 1-2하이드의 토지가 적절한 규모인가? 기사는 각종 무기와 1-2마리의 말이 필요하고 그것들을 유지 관리할 재원이 필요하다. 앵글로 색슨 왕국의 전사는 관습적인 군역 60일을 수행하기 위한 비용으로 일당 4펜스로 계산하여 총액이 1파운드에 이른다. 그 액수는 그의 군역을 대신한 대체자에게 지불한 대역전과 동일하다.[94] 옥스퍼드, 워윅, 말메스버리(Malmesbury)에서도 어느 병사가 군역의무를 면제받기 위해서 국왕에게 1파운드를 지불하는 것이 관례였다. 둠즈데이 북에서도 기사보유지의 하이드 당 가치를 1파운드로 인식하였다. 그러므로 둠즈데이 북 시대에 기사영지 보유자들은 매년 1-2파운드의 소득이 있었다고 추정할 수 있다. 기사들의 수입은 토지나 혹은 화폐봉지(money fief)[95]로부터 발생하였다. 이에 준하여 기사로서 복무한 자들은 대체로 매년 30실링에서 2파운드 사이에 소득이 생겼다. 기사영지의 소유는 주군에게 군역, 즉 정해진 기사역을 납부한다는 조건으로 보유한 봉토이다. 더 나아가 계약시에 해외원정에 필요한 군역 납부 사항도 명시하였다.[96] 예컨대 8카루케이트가 하나의 기사영지인 곳에서 2 보베이트에 대해서만 해외원정에 필요한 군역납부 의무를 진 경우가 있다.[97] 이러한 예들은

94) C. Warren Hollister, *The Military Organization of Norman England* (Oxford, 1965), p. 16.

95) 전형적인 봉건제 형성에 중요한 요소 중의 하나인 봉토와는 달리, 화폐봉지는 주군이 그의 봉신에게 신서와 충성을 맹세하고 군역을 납부한 대가로 지불된 화폐이다. 이것은 고정지대이다. 때로는 화폐 대신에 곡물, 포도주 등과 같은 현물로 지급되기도 하였다. 12-14세기 잉글랜드 왕은 화폐봉지의 지급을 통해서 필요한 군역의 상당량을 얻었다. 화폐봉지는 15세기 중엽 봉건제의 해체와 함께 사라졌다.

96) Colonel John Parker, ed., *Feet of Fines for the County of York from 1232 to 1246*, pp. 73, 101, 106.(기사영지의 보유로 인하여 생긴 기사역의 1/4, 혹은 1/2, 3/4은 해외 원정시에 납부한다고 구체적으로 명시한 경우도 있다.)

헨리 3세 시대 재산권 분쟁으로 인하여 요크 지방에서 1년에 네 번[98] 열린 민사소송 재판 기록 곳곳에서 찾을 수 있다.[99] 그러나 전체 기사영지에 대하여 해외원정 기사역을 부담한 경우도 있다.[100] 이러한 예들에서 보는 것처럼 해외원정시에 납부하여야 할 기사역의 양이 기사영지 전체를 대상으로 정해진 것이 아니라 계약에 의해서 그 양이 명시되었다.[101] 그런데 위에서 언급한 예들로 보아서 기사영지에 부과된 해외원정 기사역의 양은 일정하

---

97) *Ibid.*, p. 124. [(8카루케이트가 하나의 기사영지를 구성한 가운데 1/2카루케이트에만 해외원정 기사역이 부과된 경우도 있다. 또한 9카루케이트가 하나의 기사영지를 구성한 가운데 1/2보베이트에 대해서만 해외원정 군역을 부과한 경우도 있으며, 9카루케이트의 기사영지 중에서 2 보베이트의 영지에 대해서, 그리고 16카루케이트가 하나의 기사영지인 가운데 2카루케이트에 대해서만 해외원정 군역을 부담한 기사영지도 있다. (*Ibid.*, pp. 125, 126, 129.) 그러므로 해외원정시 부담해야 할 기사역의 양은 일정하지 않고 계약에 따라서 서로 달랐다.]

98) F. H. Slingsby, ed., *Feet of Fines for the County of York 1272-1300* (Yorkshire Archaeological Society, 1956) p. 2. (웨스트민스터를 제외한 모든 지역에서 열린 순회재판은 1년에 네 번 열렸다. 즉 성촉제인 2월 2일, 성모 마리아 영보 대축일인 3월 25일, 4월 중순이나 하순에 오는 부활절, 세례자 요한 대축일인 6월 24일, 성 십자가 대축일인 9월 14일, 성 미카엘 천사와 모든 천사들의 축일인 9월 29일, 위령의 날인 11월 2일, 성 마르티노 축일인 11월 11일, 성 니콜라우스 축일인 12월 6일 등 9번의 기독교 축일 중에서 네 번 정도가 선택되어 열렸다.)

99) Colonel John Parker, ed., *Feet of Fines for the County of York from 1232 to 1246*, p. 135. (8카루케이트가 하나의 기사영지를 이룬 가운데 6보베이트의 기사영지에 대해서만 해외원정시 기사역을 납부한다.); *Ibid.*, p. 136. (10카루케이트의 기사영지 중에서 1/2카루케이트에 대해서만 해외원정시 기사역을 납부한다. 또 다른 예로서 16카루케이트의 기사영지 중에서 2카루케이트만 해외원정 기사역을 납부한다.); *Ibid.*, p. 145. (48카루케이트가 하나의 기사영지를 이룬 가운데 2보베이트에 대해서만 해외원정시 기사역을 납부한다.); *Ibid.*, p. 149. (12 1/2카루케이트의 기사영지 중에서 20보베이트의 토지에 대해서만이 해외원정시 기사역을 납부한다.) 이 외에도 같은 기록의 159쪽, 162쪽, 164쪽 등에서도 발견된다.

100) *Ibid.*, p. 135. (32카루케이트가 하나의 기사영지를 이루었는데, 불분명한 면적에 대하여 해외원정 기사역을 납부하도록 계약이 체결되었다.)

101) *Ibid.*, p. 133. (7 1/2카루케이트가 하나의 기사영지를 이룬 가운데, 그 중에서 1/2보베이트에만 해외 원정 기사역이 부과된 경우도 있다.)

지 않고 그 양도 계약에 의해서 결정되었다. 그런데 한 가지 빠트려서는 안 될 사항이 있다. 주군에게 기사영지를 받은 봉신인 기사는 주군에게 기사역을 실역으로 납부하면서도 한편으로는 현금으로도 의무를 납부하였다.[102] 기사역을 현금으로 납부하였을 뿐만 아니라 지대의 경우도 현금으로 납부하였다. 예컨대 1280년 세례자 요한 탄생 축일 후 15일에 이루어진 불법점유 소송에서 승소한 원고에게 피고는 평생 동안 매년 지대 5마르크를 성 마르티노 축일과 성령강림절 축일에 절반씩 납부하고 주군을 위해 해외원정시 군역납부를 하도록 한 판결을 내렸다.[103] 이러한 지대납부와 면역전을 현금으로 납부한 예들은 여러 곳에서 볼 수 있다.[104] 이러한 형태의 지대납부와 군역납부는 14세기인 에드워드 3세 통치기에도 지속되고 그 범위도 점차 더 넓어졌다.[105] 이는 군역의 금납화는 물론 화폐봉지가 더욱 일반화됨을 알리는 징표이다. 이와 같이 기사역 뿐만 아니라 지대도 현금으로 납부하도록 한 판결은 금납화가 시행되었기 때문에 가능한 일이었다. 그러나 지대를 반드시 현금으로만 납부한 것이 아니라 현물로도 납부하였다. 토지의 불법점유자인 피고에게 승소한 원고에게 토

---

102) F. H. Slingsby, ed., *Feet of Fines for the County of York, 1272-1300*, p. 85. [주군에게 실역을 납부하고, 주군 평생 동안 봉신은 매년 성령강림절(Whitsuntide)과 11월 11일인 성 마르티노 축일(Martinmas)에 5마르크의 절반씩을 나누어 납부한다.]; *Ibid.*, p. 96. (기사영지의 소유권에 대한 소송에서 승소한 자에게 패소한 자는 신서를 행하고, 해외원정의 기사역을 납부함은 물론 성령강림절과 상 마르티노 축일에 3쉴링을 절반씩 나누어 지불한다.)

103) *Ibid.*, p. 57.

104) *Ibid.*, p. 66.

105) W. Paley Baildon, ed., *Feet of Fines for the County of York from 1327 to 1347* (Yorkshire Archaeological Society, 1910), pp. 62, 65, 74, 83, 84, 91, 174, 182; W. Paley Baildon, ed., *Feet of Fines for the County of York from 1347 to 1377*, p. 52.

지를 보유하는 대신에 원고에게 매년 일정한 곡물과 같은 현물로 지대를 납부하도록 한 판결을 통해서 우리는 그러한 사실을 파악할 수 있다.[106]

만약 기사영지에 부과된 기사역을 봉신이 직접 수행하지 못할 경우 자신을 대체할 대체자를 고용하여 기사역을 납부하여야 한다. 그런데 주군에게 군역을 수행한 대체자를 고용할 경우에는 그에 대한 일당을 기사 자신이 부담하여야 한다. 즉 봉신은 기사영지에 부가된 만큼의 기사역을 대신할 면역전을 국왕이나 주군에게 납부하여야 한다. 다만 면역전 납부는 직수봉신이 그의 예하의 봉신들로부터 거두어서 국왕에게 납부하는 형식을 취하였다. 이러한 방식으로 면역전을 징수한 국왕은 자신에게 필요한 형태의 군역 확보를 위해서 기사역 납부를 대신할 대체자를 고용하였다.[107] 헨리 2세 통치기에 기사의 일당은 8펜스였다.[108] 1159년 프랑스의 툴루즈(Toulouse) 원정으로부터 기사들의 일당이 인상되면서 면역전도 인상되었다.[109] 만약 40일 동안 기사역을 납부하였다면, 면역된 기사는 자신의 군역 납부 대체자에게

106) *Ibid.*, p. 87. 피고는 원고에게 원고 평생 동안 매년 현금 16마르크와 함께 20쿼터의 소맥, 12쿼터의 보리, 10쿼터의 귀리를 성 마르티노 성인 축일과 성령강림절에 각각 절반씩 납부한다.)

107) Colonel John Parker, ed., *Feet of Fines for the County of York from 1232 to 1246*, p. 53; Colonel John Parker, ed., *Feet of Fines for the County of York from 1246 to 1272*, p. 43. [대수도원장인 아담이 백작인 윌리엄의 토지 1카루케이트와 8곳의 가옥과 그에 딸린 토프트(toft)를 소유하기 위해서 그 토지에 부속된 면역전을 백작에게 납부하여야 한다.]; *Ibid.*, p. 111.

108) Sally P. J. Harvey, "The Knight and the Knight's Fee in England", pp. 150-159.

109) C. Warren Hollister, "The Significance of Scutage Rates in Eleventh and Twelfth-Century England", *English Historical Review*, Vol. 75, No. 297 (Oct., 1960), p. 577.

320펜스, 즉 26실링 8펜스를 부담하여야 하였다. 그런데 시기가 지나면서 기사들의 일당은 점차 인상되었다. 1173년에는 기사들의 일당이 8펜스에서 1실링으로 인상되었으며, 존 왕 치하에서 2실링으로 인상되었다.[110] 기사들의 면역전 징수와 기사들의 일당은 시기가 지나면서 점차 인상되었다. 이는 장거리 군사원정으로 인한 부담으로 군역납부 대체자의 일당도 점차 인상된 결과이다. 이러한 점은 에드워드 1세 시대의 스코틀랜드와의 지속적인 전쟁에서도 나타나는 일반적인 현상이다.[111] 그런데 기사들의 일당이 오르는 시기에 곡물가격도 급격히 인상되었다. 기사들의 일당도 물가상승과 연동하여 인상된 것이다. 기사들의 일당이 오른 바로 전년도인 1172년에는 물론 1178-1204년까지 물가가 급격히 인상되었다. 이러한 변화는 기사 장비 가격 상승에도 영향을 끼쳤다. 예컨대 둠즈데이 북 시대에는 기사의 말 한 필의 값이 1파운드였으나, 그보다 100년 뒤인 1100년대 후반에 말 값이 최소한 5파운드로 인상되어 둠즈데이 북 시대에 비하여 5배나 올랐다.[112]

중세 말로 가면서부터 석조성이 발달하고, 이를 근거로 방어하는 전투 형태가 발달하면서 기사들의 기능이 점차 약화되었다. 이러한 변화 속에서 야전에서 전투한 기사전투의 실용성의 문제가 제기되었다. 그러므로 주군은 봉신들이 납부한 기사역 대신에 화폐로 대신 납부하게 한 군역의 금납화, 즉 봉신들이 납부한 면역전

110) C. Warren Hollister, *The Military Organization of Norman England*, pp. 157, 212-215; J. H. Round, *Feudal England*, pp. 271-272.

111) Helena M. Chew, "Scutage in the Fourteenth Century", *English Historical Review*, Vol. 38, No. 149 (Jan., 1923), pp. 19-41.

112) *Domesday Book*, I, 154b; Pipe Roll Society, ed., *Pipe Roll 3 Richard I* (Pipe Roll Society, ii, 1926), p. 91.

(scutage)[113]을 가지고 주군은 보병이나 궁병을 고용하여 기사역을 대신하게 하였다. 예컨대 1198년 리처드 1세는 캔터베리 대주교를 통하여 그의 잉글랜드 봉신들에게 1년 동안 노르망디에서 그와 함께 군역을 납부할 300명의 기사를 파견하든지 아니면 각 기사 당 일당 3실링의 비율로 다른 사람을 고용하는데 필요한 돈을 납부하든지 둘 중의 한 가지를 선택하도록 요구하였다.[114] 이러한 변화는 전술상의 변화도 있었지만 성곽전투에 대비한 전투형태의 변화를 반영한 결과로 일어났다. 용병 중에서 보병이 특히 잘 훈련되고 발달된 무기를 소유하여 그 가치가 증명되었다. 긴 창으로 무장한 보병들이 기병에 충분히 대항할 수 있음도 입증되었다. 그리고 장궁의 화살이 일반 갑옷을 쉽게 관통할 수 있었기 때문에 궁병이 장궁을 아주 효과적으로 이용하였다. 이러한 과정에서 대귀족들은 견고한 석조성에서 거주하면서 필요한 사병을 거느린 큰 세력으로 성장함으로써 국왕권을 위협하였다. 사병을 고용한 대귀족들이 백년전쟁 시기에 보병과 궁병이 중심인 용병을 거느리고 국왕에게 군역을 납부한 중추적 세력이었다. 대포의 발명과 그것이 성채 공격에 효과적으로 사용됨으로써 새로운 전술전략의 수립이 필요하게 되었다. 이러한 변화 속에서 기사의 전투력을 대신할 효율적인 무력의 필요성이 등장

113) 면역전이란 용어는 이미 헨리 1세 즉위 초에 사용되었다. 그리고 12세기 중엽까지는 그 제도가 일반화되었다. 일반적으로 면역전은 각 기사영지 당 20실링 비율로 부과되었다. 이를 납부하면 기사역 납부의 의무를 진 기사는 몸소 기사역을 납부하지 않아도 되었다. (Doris Mary Stenton, *English Society in the Early Middle Ages*, p. 74.) 그렇다면 왜 헨리 1세 시대부터 면역전 납부가 시작되었는가? 이미 이때에 화폐경제가 발달하여 귀족들의 화폐소유가 일반화되었고, 앵글로 색슨 왕국 시대부터 광범위하게 존재한 용병제도가 큰 영향을 끼쳤을 것이다.

114) *Ibid.*, p. 92.

하고, 이것이 군역의 금납화를 촉진시켰다. 14세기 중엽에 국왕은 물론 대귀족들도 용병계약서를 작성하여 인솔해야 될 병력의 수, 군역납부 기간과 장소, 용병에게 지불하여야 할 임금, 원정시에 말과 무기 등의 수송비 부담, 전리품의 처리 등의 문제를 계약서에 담아 작성하였다. 이처럼 중세 말에 이르면 봉건적 군역납부 체제는 무너지고 계약에 의하여 군역을 납부한 용병 체제로 전환되었다. 농민들이 납부한 부역의 금납화가 어느 정도 진전되었는가를 통하여 장원제의 붕괴를 논하였듯이 군역의 금납화와 용병 고용의 정도를 통하여 주종제의 붕괴를 논할 수 있다. 만약 장원제와 주종제가 변형되어 본래의 모습을 상실하였다면, 우리는 봉건제의 몰락을 이야기할 수 있다. 이러한 변화가 나타난 시기는 군주권이 강화되고 교황권도 쇠퇴하여 근대사회로의 이행이 준비된 때이다.

5. 성(castle)과 그 기능

성이란 영주의 요새화된 거주지이다. 노르만 정복 이후 거의 60년 동안 국왕은 개별적인 바론들과 기사들의 충성심에 의존하여 왕국을 통치하고 방위하였다. 앵글로 노르만 왕조가 국내의 반란이나 노르웨이나 덴마크와 같은 외적의 침입으로부터 안전하게 된 것은 스티븐(Stephen) 통치기의 내란 이후이다. 스티븐 통치 때에만 해도 바론들의 성이 반란의 중심지였다. 혼란한 이 시기에 우리가 주목할 점은 스티븐 왕(1097-1154) 통치기 중에서도 정치적 혼란의 절정기에서 스티븐 왕이 사망한 시기, 즉 1135년부터 1154년까지 백작령이 크게 증가하였다는 사실이다. 1135년에는 8곳이었던 백작령이 20년 후인 1154년에는 22곳으로 증가하였다.[115] 정치적 혼란 속에서 스티븐은 백작령의 확대를 통하여 대귀족들의 불만을 잠재우면서 왕국을 다스린 것이다. 또한 정치적 혼란기에 또 다른 특징은 성의 수가 크게 증가한 점이다. 스티븐 왕이 사망한 시기부터 헨리 2세(1154-1189), 리처드 1세(1189-1199), 존 왕(1199-1216)의 통치에 이르는 약 60여 년 동안에 걸쳐서 성 숫자의 증감을 통하여 당시의 정치적 변동 모습을 파악할 수 있다. 특히 이 시기는 바론들이 국왕에 대항하여 혼란이 야기된 바론의 전쟁(Baron's War)이 일어난 때이다. 스티븐 통치 말에 건설된 성의 수가 약 327곳에 이르는데, 1154년에는 바론들이 세운 성들이 225곳, 국왕의 성이 49곳에 이르러, 바론의 성과 국왕의 성 사이에 수적 비율이 약 5:1에 이른다. 한편 존 왕 통치기인 1214년에는 바론의 성이 179곳, 국왕의 성이 93곳으로서, 그 비율이 2:1로 축소되었다.[116] 이러한 바론들이 세운 성과 국왕의 성들 사이에 비율 변화는 당시의 정치적 상황을 그대로 반영한다. 스티븐 왕 통치의 혼란기에 바론들이 군사적 가치가 높은 성들을 많이 세운 반면, 헨리 2세 통치기에는 바론들의 세력 거점인 성들을 국왕이 몰수하거나 혹은 파괴시켜서 바론들의 세력을 약화시켰다. 에드워드 1세 통치기에는 웨일스 지역에서 발생한 반란을 억제하고 진압하기 위해서 국왕은 잉글랜드와 웨일스 국경지대에 많은 성을 세웠다.[117] 이처럼 성은 당대의 정치적 상황에 따라서 건축되고, 그곳에 기사를 비

115) F. M. Stenton, *The First Century of English Feudalism 1066-1166*, p. 227.
116) R. Allen Brown, "A List of Castles, 1154-1216", *English Historical Review*, Vol. 74, No. 291 (Apr., 1959), p. 249.
117) R. Allen Brown, "Royal Castle-Building in England, 1154-1216", *English Historical Review*, Vol. 70, No. 276 (July, 1955), pp. 353-398.

롯한 무력 소유 집단을 주둔시키는 경향이 있다. 이 시기에 또 다른 특징은 성주권을 상속시킨 점이다. 물론 헨리 1세 통치기에도 성주권의 상속을 허용하였으나, 스티븐의 뒤를 이어 즉위한 헨리 2세는 성주권의 상속을 억제함으로써 바론들의 세력을 제압하려고 하였다. 헨리 1세가 봉건왕정의 중앙집권화를 시도하였으나, 스티븐의 통치기에 일어난 내란으로 왕국의 질서는 무너졌다. 그러나 스티븐의 뒤를 이어 즉위한 헨리 2세는 무너진 질서를 재건하고, 중앙집권화를 시도하였으며, 이에 군사제도는 물론 법률제도를 개혁하고자 하는 노력을 하였고, 그 결과 큰 성과를 냈다. 그래서 법을 통한 중앙집권화를 꾀하고 잉글랜드 중부와 남부 지역에 위치한 바론들의 성들에 대한 파괴를 통해서 그들의 군사적 중요성을 크게 약화시켰다. 이러한 변화를 통하여 12세기 말까지 웨일스와 스코틀랜드 국경지대를 제외하고 왕국 방위는 바론들의 군사력이나 성들에 의존하지 않고 국왕의 성과 용병들의 무력에 의존하게 되었다.[118] 이처럼 헨리 1세는 물론 헨리 2세도 대귀족들의 세력을 억제하려고 하였으며, 이를 통하여 지방분권적 체제를 극복하고 중앙집권적 왕국을 건설하려고 노력하였다.

예외 없이 국왕의 성들은 행정적 중심지로서의 기능을 위해 도시에 건설되었으며, 그 관리는 국왕의 관리인 주지사들이 맡았다. 윌리엄 1세 통치 이후 봉건적 군역의 의무가 하나의 제도로서 자리 잡으면서 성 수비는 봉신들의 군사적 의무로 부과되었다. 그리고 성 수비 의무는 전쟁 때 뿐만 아니라 평화시기에도

118) 국왕의 성들이 위치한 장소와 목록은 R. Allen Brown, "List of Castles, 1154-1216", pp. 249-280 참조하기 바람.

주어졌기 때문에 봉신들에게는 무거운 부담이었다.[119] 특히 노르만의 잉글랜드 지배가 안정화된 1100년경까지 직수봉신들에게 각각 10명에서 60명에 이르는 기사할당량이 부과되었다. 이러한 제도는 1166년까지 건재하였다.[120] 이러한 성에 대한 잉글랜드에서의 연구는 봉건제를 구성하는 다른 요소들인 봉(fief), 주종제, 군역 등에 대한 연구보다 뒤졌다. 왜냐하면 다른 요소들에 대한 연구는 이미 19세기에 시작되었으나, 성에 대한 본격적인 연구는 20세기 초에 시작되었기 때문이다. 초기 잉글랜드 성에 대한 연구는 고고학자들이나 건축학자들에 의해서 시작되었다. 그러므로 성의 가치와 역할을 역사적으로 해석하는데 한계가 있었다. 역사학자로서 성의 연구를 개척한 인물 중의 한 사람이 라운드(J. H. Round)이다. 그는 1902년에 성의 수비 의무에 관한 논문을 발표하였다. 라운드는 기사역과 성 수비의 의무에 대하여 연구함으로써 성에 대한 역사적 접근을 시도하였다.[121] 그러나 잉글랜드의 성에 대한 연구에 본격적인 불을 지핀 사람은 아미테이지(E. S. Armitage)이다. 그녀는 1912년에 초기 노르만 성들에 관한 연구 성과를 저서로 발표하였다.[122] 그녀는 노르만의 잉글랜드 정복의 결과로 프랑스인과 노르만인들의 축성기술인 모트 앤드 베일리(motte and bailey) 형태가 브리튼 제도로 유입되었다고 주장한다.[123] 물론 모트 앤드 베일리 형태의 요새가 노르망

---

119) 기사들은 전시에 자신의 비용으로 60일 동안 주군의 전투에 참여하였으며, 평화시에는 40일 동안 주군의 성 수비와 군사적 훈련으로 보냈다.

120) Frank Barlow, *The Feudal Kingdom of England 1042-1216*, p. 111.

121) J. H. Round, "Castle Guard", *Archaeological Journal*, Vol. LIX (1902), pp. 144-159.

122) Ella S. Armitage, *Early Norman Castles of the British Isles* (London, 1912).

디 지방에 있었고, 이러한 형태의 요새가 11세기 잉글랜드에도 있었다고 하더라도, 그 자체가 잉글랜드 성의 기원이 노르망디로부터 유입된 것이라고 단정적으로 말할 수는 없다. 그러나 성 자체의 존재는 봉건사회를 설명하는데 매우 중요한 요소이다. 만약 봉건제의 존재 여부를 확인할 수 있는 하나의 요소가 성의 존재와 그 성을 수비한 기사들의 존재라고 본다면, 그녀의 주장은 잉글랜드 봉건제의 단절설(소개설)과 서로 상통하는 것이다. 그녀는 노르만의 잉글랜드 정복 전에는 잉글랜드에는 제대로 만들어 진 성이 존재하지 않았다고 주장하였기 때문이다. 1960년대에 이르러 잉글랜드 성에 대하여 연구한 여러 학자들이 그녀의 주장을 이어 받았다.[124] 그렇다면 앵글로 색슨 왕국 시대에는 성이 없었는가? 헤이스팅스(Hastings) 성, 피벤지(Pevensey) 성, 윌리엄의 경쟁자인 헤롤드 고드윈이 세운 도버(Dover) 성, 그리고 런던 성은 물론 웨일스와 맞대고 있는 헤리퍼드셔(Herefordshire)에 세 곳, 동부 해안가의 에식스에 한 곳, 서식스의 아룬델(Arundel)에 성이 앵글로 색슨 왕국 시대에 세워졌다. 그러나 이 모든 성들은 에드워드 고백왕에게 군사적으로 봉사한 노르만 기사들이 세운

---

123) Ella S. Armitage, "The Early Norman Castles of England: Part I", *English Historical Review*, Vol. 19, No. 74 (Apr., 1904), p. 209; T. Davies Pryce and Ella S. Armitage, "The Alleged Norman Origin of 'Castle' in England", *English Historical Review*, Vol. 20, No. 80 (Oct., 1905), pp. 703-718.

124) John H. Beeler, "Castles and Strategy in Norman and Early Angevin England", PP. 581-601; Brian K. Davison, "The Origins of the Castle in England", *Archaeological Journal*, Vol. 124 (1967), pp. 202-211; R. Allen Brown, "Royal Castle-Building in England, 1154-1216", pp. 353-398; R. Allen Brown, "A List of Castles, 1154-1216", pp. 249-280; R. Allen Brown, "An Historian's Approach to the Origins of the Castle in England", *Archaeological Journal*, Vol. 126 (1969), pp. 131-148.

것이다.[125] 그러므로 이 성들은 자연히 노르만의 성 건축 양식에 따라서 세워졌다. 그리고 이는 당시 노르망디 지역에 있던 모트 앤드 베일리 양식을 따른 것이다.[126] 지름이 약 100피트, 높이가 약 50피트 정도로 흙으로 쌓아올린 둔덕인 모트(motte)에는 망루(keep)가 설치되어 적의 동향을 감시하였다. 그리고 베일리(bailey)는 모트 아래에 위치한 평평한 평지를 말한다. 이곳에 병영, 일반인들의 거주지, 마구간, 대장간 등 사람들이 살고 활동할 수 있는 공간이 있다. 그리고 그 주변으로 돌아가면서 원형으로 나무로 성벽을 둘러쳤다. 적의 공격으로부터 이 성벽을 보호하기 위해 성벽 주변을 원형으로 돌아가면서 웅덩이를 파서 그곳에 물을 채우거나 혹은 나무를 깎아서 박아놓은 해자(moat)를 설치하여 외부에서 베일리로 자유롭게 들어오지 못하도록 하였다. 그리고 베일리를 벗어나 밖으로 출입하기 위한 수단으로 도개교(draw bridge)를 설치하였다. 10-11세기에 유행한 이러한 형태의 성의 전형은 버크햄스태드(Berkhamsted) 성이다.[127] 이러한 형태의 성의 주요 기능은 방어적인데 있었다. 혼란의 시기에 국왕뿐만 아니라 귀족들도 자신의 재산과 생명을 지키기 위해서 성을 세우기 시작하였다. 12세기부터 점진적으로 나무로 된 목책을 돌로 대치하기 시작하여 성이 보다 견고해지기 시작하였으며, 이러한 석조성이 나타나면서 기사들보다는 보병이나 궁병의 역할이 강화되기 시작하였다. 그러므로 성의 발달과 함께 전술상의 변화도 불가피하게 나타났다.

---

125) Joseph and Frances Gies, *Life in a Medieval Castle*, p. 9.
126) Ella S. Armitage, "The Early Norman Castles of England, part I", p. 209.
127) *Anglo-Saxon Chronicles*, p. 207.

초기 형태의 성, 즉 목책을 둘러친 형태의 성을 세우는 데에는 특별한 기술이 필요하지 않았으며, 석조성에 비하여 상대적으로 많은 비용을 들이지 않고도 쉽게 세울 수 있었다. 그러나 단점이 있었다. 국왕의 허가 없이 바론들이 세운 이러한 형태의 성은 국왕이나 적대적 세력인 이웃에 의해서 쉽게 불태워져 파괴될 수 있었다. 즉 성의 견고성이 약하였다. 이러한 형태의 성들은 정치적 위기와 반란시기인 1051-1052년에 주로 세워졌다.[128] 노르만 정복 이전에 세워진 잉글랜드 성들의 특징은 국왕이나 지방 제후들의 필요성에 따라서 각지에 세운 봉건적인 성이 아니라 국가적인 필요성에 따라서 건축된 성이다. 노르만 정복 이전에 세워진 성으로서 대표적인 것은 덴마크의 침입에 대비하여 알프레드 대왕이 세운 부르(burh)이다. 알프레드 통치 이후에도 그의 후계자들이 덴마크인들의 침입에 대비하기 위한 수단으로 계속하여 방어의 개념을 가진 부르를 건설하였다. 그러나 부르는 요새(fortification)이지 성은 아니었다. 도버 유역에 로마인들이 세운 많은 석조 요새들이 있으나, 후대의 관점에서 볼 때 그것은 성이 아니었다. 마치 로마인들이 건설한 하드리아누스 성벽(Hadrian's Wall)이 성이 아니라 요새인 것과 같은 것이다. 비록 앵글로 색슨 왕국 시대에 세워진 성들이 왕국의 방어를 위한 체계적인 방어 기능을 하였다고 하더라도, 이것들이 노르만 정복 전 잉글랜드의 통치 도구로서 인식된 국왕의 성이라는 확실한 증거가 없다.[129] 앵글로 색슨 왕국에서의 요새는 공동체적 성격을 가지고 있다. 알프레드 왕과 후기 색슨 왕들은 스칸디나비아인들의

128) R. Allen Brown, *Origins of English Feudalism*, p. 75.
129) Colin Platt, *Medieval England* (New York, 1978), p. 2.

공격에 대비한 요새인 부르로서 알려진 도시방어 제도를 발전시켰다.[130] 또한 도시의 요새들이 바이킹들이 지배한 데인로우(Danelaw) 지역[131]에서 발달하였다. 노르만 정복 전에 개인이 세운 성들은 드물다. 1051년 9월 『앵글로 색슨 연대기』에 따르면, 외부인들이 하나의 성을 헤리퍼드셔에 위치한 도시인 헤리퍼드에 세웠다. 이 성을 세운 자들은 그 지역에 국왕의 신하들일 가능성이 있다.[132] 그러므로 1066년 노르만 정복 이후 잉글랜드 각지에 세운 성들은 앵글로 색슨 왕국 시대의 성들과는 그 성격이나 성들의 형태에 있어서 차이가 있었다.

130) burh 혹은 borough라는 단어의 어원적 의미는 성채(fortification) 혹은 방어진지(fortified place)이다. (A. H. Smith, "English Place-Name Elements", *English Place-Name Society*, Vol. 25 (1956), pp. 58-59.

131) 8세기 말 7왕국 시대부터 9세기에 걸쳐서 잉글랜드 동쪽 해안 지방을 데인이라고 불린 바이킹이 자주 침입하였다. 노르웨이인과 덴마크인으로 대표되는 바이킹의 잉글랜드에 대한 첫 번째로 침입한 곳은 793년 6월에 린디스판(Lindisfarne)이었고, 뒤이어서 노섬브리아 대수도원, 제로(Jarrow) 수도원이 이들에게 약탈당하였다. 그 뒤 거의 매년 반복적으로 바이킹이 잉글랜드와 아일랜드를 침입하였다. 첫 번째 잉글랜드를 침입한 바이킹은 노르웨이인이었고, 뒤이어 덴마크인들이 침입에 합류하였다. 이들은 머시아, 노섬브리아, 이스트 앵글리아를 정복하였고, 요크에서 런던에 이르는 잉글랜드 동부의 많은 지역을 지배하였다. 그리하여 잉글랜드 남부의 웨식스 만이 앵글로 색슨 왕국의 지배하에 있었다. [P. H. Sawyer, *From Roman Britain to Norman England*, (London, 1998), p. 144.] 878년에 웨식스의 알프레드 왕이 바이킹의 지도자인 구스럼(Godrum)과 에딩톤(Eddington)에서 벌인 전투에서 데인족을 몰아내고, 그 결과 체결된 웨드모어(Wedmore) 조약에서 알프레드와 데인 족 사이에 데인족이 정착하여 지배한 데인로우 지역을 설정하기로 합의하였다. 그러므로 웰런드(Welland) 강과 티즈(Tees) 강 사이 지역을 지칭하는 데인로우 지역을 데인족들이 합법적으로 점령하게 된 것이다. 이러한 조약 체결과 데인로우 지역 설정을 통하여 데인족들의 남하를 저지하였다. 잉글랜드 북부의 요크셔, 링컨셔, 이스트 앵글리아에 스칸디나비아어로 된 지명이 오늘날까지도 남아 있고, 남아 있는 돌로 만든 십자가를 비롯한 데인족의 유물은 데인족이 이 지역을 지배하였다는 증거이다.

132) *Anglo-Saxon Chronicles*, p. 178.

국왕이나 다른 세력에 대항하기 위해서 불만을 가진 자들이 잉글랜드 각지에 그들의 세력 거점으로 성들을 축조하기 시작하였다. 그리하여 정복자 윌리엄의 통치 말까지 잉글랜드와 웨일스 각지에 약 50개의 성들이 축조되었고, 11세기 말까지 84개의 성들이 세워졌다.[133] 그리고 정치적 혼란기인 윌리엄의 잉글랜드 정복 이후 1100년까지는 잉글랜드 전역에 많은 성들이 세워졌다.[134] 큰 세력가인 백작들은 물론 지방의 바론들도 윌리엄의 지배에 저항한 정치적 혼란을 틈 타 자신의 세력 거점으로 이용하기 위해서 각지에 성을 세웠다. 특히 헤리퍼드셔와 스롭셔(Shropshire) 지역에 가장 조밀하게 성이 세워졌다. 위에서 언급한 것처럼 앵글로 색슨 왕국 시대에 축조된 성들의 근원적 모습은 모트 앤드 베일리의 형태였다. 그러나 노르만 정복 후 돌로 싼 석조성이 등장하기 시작하였다. 헤이스팅스 전투 후, 정복자 윌리엄의 잉글랜드 정복에 큰 공을 세운 윌리엄 오스번이 국왕의 직수봉신으로서 헤리퍼드 백작으로 봉해졌다. 그는 웨일스와의 국경선에 위치한 지역적 특성 때문에 자신의 세력 거점을 도버에서 체프스토우(Chepstow) 지역으로 옮겼다. 그리고 이곳에 석조성을 세웠다.[135] 이처럼 노르만 정복 후의 성은 외적의 침입에 대비하기 위한 국가적 방어 시설로서의 성이 아니라 지방 제후들과 같은 세력가들이 자신의 세력 거점으로 활용하기 위해서 성을 쌓았다. 그런데 앵글로 색슨 시대는 흙으로 성을 쌓았으나, 앵글로 노르만 시대에는 직사각형의 돌로 세운 석조성이 등장하였다는 차이

133) *Anglo-Saxon Chronicles*, p. 145; Ella. S. Armitage, *op. cit.*, pp. 94-95.

134) Frank Barlow, *The Feudal Kingdom of England 1042-1216*, p. 87.

135) Joseph and Frances Gies, *Life in a Medieval Castle*, p. 16.

점이 있다. 두 성들이 가진 공통점은 적의 침입을 효과적으로 방어하기 위해 세운 요새였다는 점이다.

성은 단순히 방어적인 요새 이상의 의미를 갖는다. 즉 성은 다목적 기능을 가지고 있다. 둠즈데이 북에 등장하는 약 50곳의 성들을 통해서 볼 때, 노르만 정복 직후에 축성의 규모는 물론 축성기간도 잘 나타난다. 성은 적의 침입에 대비한 요새인 동시에 성주의 지배권을 상징하였으며, 성주의 우아한 저택의 기능도 하였다. 성주와 그의 가족은 물론 봉신이나 하인들이 거주한 주거공간이 성이었다. 성은 전시에는 성주와 그의 식솔들은 물론 성 주변에서 거주한 농민들이나 상인들의 피난처가 되었으며, 평화시에는 성주인 영주의 거주지이자, 그의 영지를 지배하는 힘의 중심지였다. 성주는 시장의 치안과 상인들의 상품거래를 보호하여 주는 대신에 상인들로부터 조세를 징수하였으며, 만약 자기가 지배하는 영지 내에서 범법행위가 발생하였을 경우에는 그의 성에서 장원법원을 열어 범법자에 대한 재판을 하였고, 그로부터 징수한 벌금은 영주의 중요한 수입이 되었다. 한편 살인, 방화, 중절도와 같은 중죄인이 발생하였을 경우에는 국왕의 순회재판이 열리기 전에 자신의 성 내에 있는 감옥에 투옥하여 그를 감시하였다가 순회재판이 열리면 그곳으로 인계하였다.

잉글랜드를 정복한 윌리엄 1세의 첫 번째 과제는 잉글랜드의 중심지인 런던에 대한 장악력을 공고히 하고, 나머지 지역에 대한 그의 지배권을 강화시키는 것이었다. 그 방책으로 강구한 첫 번째 대책이 바로 그의 군대를 배치할 성을 세우는 일이었다. 그는 노르만의 초기 성을 그대로 모방하여 성을 세웠다. 그러나 정복자 윌리엄이 런던과 콜체스터(Colchester)에 세운 성은 요새, 행정적 중심지, 군의 주둔지, 군의 창고로서의 기능뿐만 아니라 거주의 기능도 강조되었다. 1066년 노르만 정복 후 1세기 반 동안에 수많은 모트와 베일리 시설을 갖춘 성들이 각지에 세워졌다. 이는 잉글랜드와 웨일즈에 국한되지 않고 스코틀랜드 동부는 물론 아일랜드 동부에도 축성되었다. 1067년에 정복자 윌리엄이 노르망디로 일시적으로 귀환하였을 때에, 잉글랜드에서의 축성작업은 그의 부섭정자(vice-regent)들인 윌리엄 오스번과 주교 베이유의 오도(Bishop Odo of Bayeux)가 지속하였다.[136] 오데릭 비탈리스는 정복자 윌리엄이 잉글랜드를 완전히 장악하기 위해 서부 지역에서 1067-1069년에 일어난 반란 이후, 차후 반란이 일어날 것에 대비하여 1068년에 엑서터(Exeter), 워윅(Warwick), 노팅엄, 요크, 링컨, 헌팅던, 캠브릿지 등지에 성을 세웠다고 언급하였다. 이 성들 중에 로마 성벽의 구석에 성을 세운 엑서터와 절벽 꼭대기에 세운 노팅엄 성을 제외한 모든 성들이 모트 앤드 베일리의 형식으로 축성하였다. 그 이후에도 윌리엄 1세의 축성 작업은 계속되었다. 1070년에는 체스터(Chester)와 스태퍼드(Stafford)에, 1071년에는 엘리(Ely)에, 그리고 1072년에는 더럼(Durham)에 국왕의 성을 세웠다.

잉글랜드에서 언덕 위에 목책을 둘러친 성(timber castle)에 대신하여 석조성을 축성한 시기는 1066년 이후 10년이 지난 무렵 이후부터이다. 둠즈데이 북이나 다른 자료들을 통하여 축성자로서 정복자 윌리엄의 활동에 대하여 파악할 수 있다. 자신을 잉글랜드인으로 언급하였지만 노르망디 지방에 대하여 잘 알고 있던 오데릭 비탈리스의 언급에 따르면, 이 시기에 노르망디 지방에는 이미 석조성이 세워졌다. 그러므로 석조성이 1066년 이후

136) Colin Platt, *Medieval England* (New York, 1978), p. 47.

잉글랜드에서 축조되기 시작한 것은 노르만족의 잉글랜드 정복으로부터 시작되었다고 유추할 수 있다. 또한 잉글랜드에서 석조성 축조의 영감은 잔존한 로마의 석조 요새로부터 얻었을 것이다. 그러므로 초기 성들의 대다수가 어떻게 당시까지 잔존한 로마 요새들 내에 축성되었는지를 주목하여야 한다. 분명히 정복자 윌리엄과 그 일행이 잉글랜드에 상륙하였을 때, 그들은 도버(Dover)에 잔존한 돌로 만든 로마의 요새에 진지를 구축하였고, 이를 바탕으로 노르망디에 있던 석조성을 모방하여 잉글랜드에 석조성을 축성하였을 것이다. 이러한 변화 속에서 앵글로 색슨 왕국 통치기에 존재한 구릉 위에 세운 나무로 만든 요새들이 석조성으로 점차 대치되어 나갔을 것이다. 노리치에서 목재로 세운 성을 대신한 헨리 1세가 세운 석조성은 정복자 윌리엄이 런던과 콜체스터에 세운 복합적 기능을 하도록 설계된 성과 가장 유사하다. 이처럼 앵글로 색슨 시대의 성과 앵글로 노르만 시대의 성에 있어서 큰 차이점은 목조성이냐 아니면 석조성이냐이다. 그러나 우리가 명심하여야 할 것은 성의 건축에 있어서 차이가 있다고 하더라도, 그 성의 기능은 유사하였다는 점이다.

평화시나 혹은 전시나를 막론하고 봉신이 주군에게 진 가장 중요한 의무 중의 하나는 주군의 성을 수비하는 의무이다. 직수 봉신들은 주군인 국왕과 맺은 계약에 따라서 성을 수비할 기사들을 파견하였다. 그러나 파견된 기사의 수는 고정된 것이 아니라 양자 간의 합의에 따라서 그 수가 변하였다. 예컨대 윈저(Windsor) 성은 4명의 바론들이 파견한 기사들이 수비하였다. 이들 중의 한 명인 아빙던(Abingdon) 대수도원장이 30명의 기사 파견을 담당하였고, 다른 두 명은 각각 15명씩, 그리고 나머지 한 명은 10명의 기사를 파견할 의무를 졌다. 한편 도버 성은

9명의 바론들이 연합하여 파견한 기사들이 수비를 담당하였는데, 그들 중에서 바론 한 명이 170명의 기사를 파견하였다.[137] 그런데 헨리 2세 치하에서는 도버 성이 5명의 바론들이 파견한 60명의 기사들에 의해서 방어되었다. 이처럼 12세기에 국왕의 성들이 바론들이 연합하여 파견한 기사들에 의해서 수비되었다. 그러면 직수봉신들이 파견한 기사들이 어떻게 성을 수비하였는가? 기사들이 1년을 4개월씩 나누어 3교대로 성 수비 군역을 납부하였다고 더글라스(D. C. Douglas)는 주장한다.[138] 그러나 라운드는 기사들의 성 수비의 임무가 15일씩이고, 수비 의무를 대신할 대체 인력을 하루에 8펜스를 지불하고 고용함으로써 성 수비 의무의 대체가 가능하다고 주장하였다. 성 수비 의무의 금납화는 평화시에 주로 이루어졌으며, 그들을 대체한 인력은 주로 용병들이었다.[139]

14세기에 이르면 성은 전투에 있어서 방어적 기지로서보다는 성주의 권위를 상징하는 상징물로 변모되었다. 이러한 변모는 이 시기에 오리엔트 지방으로부터 들어온 화약과 화포의 사용, 그리고 성들이 요새화되면서부터 보병이나 궁병의 역할이 강화되기 시작한 결과이다. 이러한 변화가 지속되면서 기사의 쓸모가 점차 약화된 반면, 보병이나 궁병의 역할은 점점 더 강화되기 시작하였다. 이러한 상황에서 기사역의 금납화(金納化)를 통하여

137) F. M. Stenton, *The First Century of English Feudalism 1066-1166*, p. 213; Hubert Hall, ed., *The Red Book of the Exchequer* (London, 1896), ii, pp. 613-619, 717-722에 그 목록이 있다.

138) D. C. Douglas, ed., *Feudal Documents from the Abbey of Bury St. Edmunds*, (British Academy Record, London, 1932), vol. viii, pp. lxxxvi-lxxxvii.

139) Sidney Painter, "Castle-Guard", pp. 455-459.

궁병이나 보병을 용병으로 고용하는 군사적 변화가 일어났다. 석조성의 축조와 그로 인한 성의 방어적 기능의 강화가 곧 기사들의 기능약화를 초래하였다. 이제 튼튼한 석조성을 공격하기 위해서 보병의 기능이 강화된 시대가 도래하기 시작한 것이다. 그러므로 기사의 기능 약화와 석조성의 건축, 그리고 보병과 궁병의 기능 강화는 중세 말에 일어난 가장 중요한 군사적 변화 중의 하나였다.

V. 잉글랜드 봉건제의 유래 논쟁

1. 잉글랜드 봉건제와 일반화

역사가들이 과거에 일어난 사건에 대한 설명이나 해석 과정에서 종종 일반화를 시도한다. 그렇다면 일반화란 무엇이며, 왜 일반화를 시도하는가? 역사가는 역사적 사실들 속에서 탐구한 결과를 체계적이고 논리적인 일관성을 갖게 서술하여야 한다. 그리고 탐구한 결과를 유사한 역사적 사실을 설명하거나 해석하는데 확대 적용시키려는 시도를 하는데, 우리는 이를 일반화라고 부른다. 역사가들은 일반화를 시도하기 위해 종종 비교사적 방법을 사용한다. 그를 통하여 여러 역사적 사실들이 지닌 공통적인 특징이나 유형을 밝혀내고 그들 상호 간에 어떤 관련성이 있는가를 찾아보려고 노력한다. 그리고 이렇게 하여 얻은 결과를 가설 검증이나 명제를 입증하는 수단으로 이용한다. 물론 사실들 간의 유사점이나 공통점을 찾아 이를 역사적 변화와 발전을 효과적으로 설명하고 이해하는 수단으로 사용할 수 있다면, 그러한 시도를 할 수 있고 또한 그렇게 할 필요도 있다. 그러나 그러한 과정에서 생겨날 수 있는 문제점이 없어야 한다는 전제가 필요하다. 사실 비교사적 방법을 통한 일반화 시도가 지닌 가장 큰 문제점은 유사성을 찾는 데에만 집착하여 역사적 사실들이 가지고 있는 개별성과 개체성 혹은 다양성을 이해하지 못하거나, 혹은 애초부터 역사적 사실에 대한 개별성을 이해하려고 하지 않는 데에 있다. 물론 역사적 변화와 발전을 구조화하여 이해하려면 불가피하게 일반화를 시도하여야 할 필요성이 있을 것이다. 그러나 일반화 시도 속에 잠재한 위험성은 일반화를 통해서 얻은 결과를 모든 역사적 현상에 확대 적용할 수 있다는 절대성에 대한 믿음이다. 그러므로 일반화는 각각의 역사적 사실이 지닌 개별성과 다양성이 상실되지 않는 전제 하에서만이 가능하다. 사실 일반화를 통해 얻은 역사적 개념이나 용어도 하나의 가설적 개념이요 용어일 것이다.

이 장에서 필자가 살펴보려고 하는 잉글랜드의 봉건제도 위와 같은 범주에 속하는 문제일 것이다. 역사가들은 9세기에 북부 프랑스에서 생성 발달한 봉건제를 전형적이라고 전제한 가운데, 그 봉건제를 구성하는 일반적 요소를 축출하고, 이를 다른 지역이나 국가에 확대 적용시켜, 그러한 틀 속에 맞는 요소들을 갖추고 있으면 그곳에서도 봉건제가 성립 발달하였다고 결론을 내린다. 잉글랜드의 봉건제라는 주제도 그러한 과정 속에서 탄생한 부산물이다. 통상 일부 학자들은 중세 잉글랜드 사회를 구성한 일반적 요소들을 당시 북부 프랑스의 봉건제라는 개념적 틀에 대입시켜 비교한 다음, 잉글랜드에서도 북부 프랑스와 유사한 봉건제가 존재하였다고 결론짓기도 한다. 그러나 당시 잉글랜드 사회는 북부 프랑스 사회와는 다른 사실들이 너무나 많이 존재하였다.

노르망디 지역이 1066년 이후 뿐만 아니라 그 이전에도 봉건적이었다는 점을 의심하는 중세사학자들이 없는 것처럼 잉글랜드도 1066년 전후에 봉건적이었다는 것을 의심할 수 없는가? 일부 역사가들은 잉글랜드의 봉건제를 북부 프랑스로부터 시작된 대륙의 봉건제와 구별하여 '집권적 봉건제'라고도 부른다. 그러나 '집권적'이라는 용어와 지방분권적 지배 체제를 전제한 '봉건제'를 하나로 묶는 것은 분명히 문제가 있는 발상이다. 어떻게 집권과 분권이라는 용어를 하나로 묶을 수 있는가? 그렇다고 역사가들이 그러한 문제점을 이해하지 못하고 그와 같은 용어를 사용한 것은 물론 아니다. 그렇다면 왜 그러한 문제점이 있음을 알면서도 그러한 용어를 사용하였을까? 이것은 분명 봉건제라는 일반적 개념을 전제한 가운데 중세 잉글랜드의 사회 체제를 설명하려고 시도하였기 때문에 나타나는 문제일 것이다. 사실 헨리 1세부터 에드워드 3세에 이르는 시기인 12세기 초부터 14세기 말에 걸쳐서 잉글랜드에서는 우리가 봉건제 사회라고 부르는 일반적 특징과는 다른 정치·사회적 발전이 나타난다. 이미 1086년에 윌리엄 1세가 봉신들에게 '솔즈버리 맹약(Oath of Salisbury)'을 요구하였을 때, 왕에 대한 신서와 충성이 다른 모든 신서와 충성의 서약보다 우선함을 주장하였고, 직수봉신들이 자신의 예하 봉신들, 즉 배신(sub-tenant)들과 주종관계를 맺을 때에 국왕에 대한 신서와 충성을 유보하였기 때문에 국왕에 대한 신서와 충성이 최하급 봉신들에게까지 미친다는 점에 근거하여 중세사학자들 중의 일부는 잉글랜드의 봉건제를 '집권적 봉건제'라고 주장한다. 또한 왕권이 지방에까지 미칠 수 있는 순회재판소의 운영이나 주지사를 통한 국왕의 각 지방에 대한 직간접적인 통제, 재산권 분쟁이나 기타 대귀족들 사이에 일어난 분쟁들을 국왕의 법원(왕령재판소)에서 재판함으로써 대귀족들의 세력을 억제할 수 있게 되고, 그 결과 국왕권이 강화될 수 있었다. 이러한 변화가 부락톤의 보통법에 담겨 있기 때문에 우리는 그 사실을 분명하게 이해할 수 있다. 특히 12-13세기 잉글랜드에는 토지소유와 분봉의 관습, 대귀족들과 고위성직자들에 대한 왕권의 강력한 영향력의 소유는 물론 앵글로 색슨 왕국의 여러 제도 속에 담겨 있던 중앙집권적 요소들이 앵글로 노르만 사회로 계승 발전되고 있었다. 비록 노르만 정복 후 노르만인에 의해서 노르망디의 봉건제가 잉글랜드에 이식되어 앵글로 색슨 시대의 제도와 통합되어 하나의 제도로 발전하여 나간 사회통합이 있었음을 인정하더라도, 이때는 또한 봉건화 과정과는 다른 집권적 왕정 체제 형성을 위한 여러 가지 제도의 개혁과 국왕권의 강화 현상이 두드러지게 나타나는 시기이기도 하다. 이러한 변화를 통해서 볼 때, 1066년부터 1166년까지 100년 동안에, 즉 윌리엄 1세 통치기부터 헨리 2세 통치기까지를 중요한 역사적 변화가 일어난 시기로 설정하고, 이 시기에 봉건적 사회체제가 형성되었음을 설명하려는 스텐톤의 시도는 분명히 문제가 있는 발상이다. 1166년까지 헨리 2세는 그의 조부가 통치하였던 왕국의 영역을 회복하였을 뿐만 아니라 더 많은 대륙의 영토를 획득하여, 이른바 앙주 제국을 건설하였으며 보통법을 발전시켰다. 그리고 그 법에 담긴 기본 정신은 왕권 강화였다. 재판제도의 개혁과 대주교를 비롯한 잉글랜드 교회지도자들의 임명권 장악, 무장령을 통해서 잉글랜드만의 독특한 군사력 동원 제도 마련 등은 왕권 강화 수단이었다. 그리고 실제로 그것을 통해 상당한 정도 바론들에 의한 지방 분권적 지배 체제를 극복할 수 있었다. 그러나 국왕도 직수봉신을 거느린 봉건 영주이기도 하다. 이러한 역사적 상황을 표현하기 위하여 '집권적 봉건제'라는 용어를 사용하였을 수도 있다. 그러나 필자는 '집권적'과 '봉건제'를 하나의 용어 속에 결합시킴으로서 개념적 오류를 일으킬 수 있는 가능성이 크다고 생각한다. 그렇다면 이러한 문제점을 어떻게 극복할 수 있는가? 이미 위에서 필자가 지적한 것과 같이 무리하게 시도한 일반화적 개념들을 해체하여 앵글로 색슨 시대나 앵글로 노르만 시대의 변화와 발전을 개별적이고 개성적으로 서술하여 나가면 될 것이다. 그렇다고 일반화 시도를 포기하여야 한다고 주장하는 것은 아니다. 다만 '집권적 봉건제'와 같은 문제가 있는 개념들을 해체시키자는 것이다. 필자가 생각건대, 오히려 프랭크 바로우(Frank Barlow)가 언급한 '봉건왕정(Feudal Monarchy)'이라는 용어가 이 시기의 특징을 표현하는 데 더 적절할 수도 있다.[1)]

2. 잉글랜드의 봉건제-계속설

잉글랜드의 봉건제를 논할 때, 가장 핵심적인 문제 중의 하나가 과연 잉글랜드의 봉건제가 언제부터 어떻게 유래하였는지에 대한 논쟁이다. 이에 대한 연구가 지금까지 진행된 결과, 다음과 같은 세 가지 유형으로 분류된다. 첫째, 앵글로 색슨 시대에 봉건적인 제도들이 이미 원초적인 형태를 띠고 있었고, 이것들이 앵글로 노르만 시대에 전달되어 잉글랜드식의 봉건제가 발달하였는데 중요한 역할을 하였다고 주장하는 학자들이 있다. 이러한 주장을 하는 학자들로서는 프리맨(E. A. Freeman), 스텁스(W. Stubbs), 메이트랜드(F. W. Maitland), 존(Eric John), 비노그라돕(P. Vinogradoff), 홀링스(Marjory Hollings) 등이 있다. 이들은 앵글로 색슨 시대 국왕의 전사계급인 데인(thegn 혹은 thane)이 앵글로 노르만 시대의 기사(knight)로 발전하였으며, 앵글로 색슨 시대에 전사들을 육성하기 위한 '5하이드 원칙(five

1) Frank Barlow, *The Feudal Kingdom of England 1042-1216* (London, 1972) 참조.

hide rule)'이 앵글로 노르만 시대에 기사영지(knight's fee) 제도로 발전하였다고 보았다. 필자는 이들의 주장을 계속설이라고 부르고자 한다. 둘째, 노르망디 지방에서 발달한 봉건제가 전형적인 형태라고 전제한 가운데, 노르만의 잉글랜드 정복을 계기로 이 제도가 잉글랜드로 이식되어 잉글랜드에도 봉건제가 발달하기 시작하였다는 주장을 하는 일단의 학자들이 있다. 라운드(J. H. Round)가 1895년에 발표한 그의 대표적 연구서인 『Feudal England: Historical Studies on the Eleventh and Twelfth Centuries』에서, 기사역(knight service) 납부를 조건으로 보유한 토지인 군사적 토지보유(military tenure) 제도가 윌리엄의 잉글랜드 정복 후에 노르망디 지방에서 잉글랜드로 도입됨으로써 지배계급의 대폭적인 교체가 이루어지고, 군사제도가 기사제도에 근거하여 재편되었다고 주장한다. 이른바 '봉건혁명론(Feudal Revolution)'을 주장한 것이다. 그러므로 그는 앵글로 색슨 왕국 시대에 전사인 데인과 기사와는 하등의 연관성이 없으며, 그렇기 때문에 앵글로 색슨 왕국 시대에 존재하였던 '5하이드 원칙'과 정복자 윌리엄이 잉글랜드에 도입한 기사영지 제도는 서로 관계가 없다고 보았다. 이러한 점을 근거로 라운드는 잉글랜드의 봉건제가 노르만의 잉글랜드 정복 후에 잉글랜드에 이식된 것으로 주장한다. 정복자 윌리엄은 잉글랜드를 정복한 후, 그에 대항하였던 앵글로 색슨 왕국의 지배계급의 토지를 몰수하고, 또한 헤이스팅스 전투를 비롯한 잉글랜드 정복 과정에서의 충돌로 사망한 자들의 토지를 몰수하여, 이것을 그를 추종한 자들에게 분배함으로써 봉건적 토지보유 제도가 시작되었다고 주장한다. 이러한 라운드의 주장은 스탠턴(F. M. Stenton), 졸리페(J. E. A. Jolliffe), 달링톤(R. R. Darlington), 스티븐슨(Carl Stephenson),

브라운(R. Allen Brown), 더글라스(David Douglas), 스트라이어(Joseph R. Strayer), 홀리스터(C. Warren Hollister) 등이 계승 발전시켰다. 이들은 노르만의 잉글랜드 정복이 잉글랜드에 봉건제 사회가 수립되는 결정적 계기가 되었다고 본 것이다. 이러한 견해를 필자는 단절설(소개설)이라고 지칭한다.[2] 셋째, 계속설과 단절설(소개설)간의 극단적인 대립을 조화시켜 제 3의 중간지대를 형성한 종합설을 주장하는 일단의 중간학파(moderate school)가 있다. 잉글랜드의 봉건제를 논할 때, 종합설을 주장한 학자들이 사용한 핵심적인 단어는 '도입(importation)'이 아니라 '상호작용(interaction)'이다. 요셉 스트라이어가 잉글랜드의 봉건제는 노르망디 지방에서 발달한 봉건제를 모델로 만들어진 것도 아니고 노르망디의 제도가 잉글랜드의 모델을 따라서 만들어진 것도 아닌 두 가지 요소가 상호작용한 결과로 형성된 것이라는 그의 언급 속에 종합설의 의미가 담겨있다. 이러한 스트라이어의 주장에 프레스트위치(J. O. Prestwich), 스매일(R. C. Smail), 빌러(John Beeler), 더글라스(David Douglas) 등이 부분적으로 동의한다. 이들은 직수봉신들이 국왕에게 납부한 기사할당량 제도가 정복자 윌리엄에 의해서 잉글랜드에 도입되었다고 인정하여 단절설(소개설)에 동의하고는 있지만, 한편으로는 앵글로 색슨 왕

2) 단절설이란 노르만 정복 이후에 잉글랜드에 도입된 봉건제가 앵글로 색슨 왕국 통치 시대의 제도와는 관계없이 노르만의 제도가 잉글랜드에 소개되어 성립되었다는 점을 강조한 주장이다. 한편 소개설이란 잉글랜드의 봉건적 제도들이 노르만의 잉글랜드 정복 이후 노르만족에 의해서 잉글랜드에 소개되었다는 의미로 사용한 용어이다. 두 용어가 잉글랜드의 봉건제가 앵글로 색슨 왕국 시대에 형성된 것이 아니라 노르만족의 잉글랜드 정복 이후에 성립되었다는 점에서는 큰 차이가 없으나, 봉건제 도입의 주체를 앵글로 색슨족에 두느냐, 아니면 노르만족에 두느냐에 따라서 다르게 표현된 것이다. 어느 것에 강조점을 두느냐에 따라서 사용할 용어가 달라지기 때문에 필자는 두 용어를 병기하였다.

국과 앵글로 노르만 왕국과의 군사조직 사이에 제도적 연속성이 있음을 주장하여 계속설의 입장을 취하기도 하였다.

17세기 대법관인 매튜 헤일(Matthew Hale)[3]은 그의 저서인 『The History of the Common Law of England』에서 노르만 정복에 대하여 다음과 같이 언급하였다. 그는 잉글랜드에서 노르만 왕조가 성립됨으로서 정복 이전과 다른 제도적 변화가 일어나지는 않았다고 주장한다. 즉 그는 법의 관점에서 계속설을 주장한 것이다.[4] 왜냐하면 정복자 윌리엄이 잉글랜드에 온 것은 정복자로서가 아니라 에드워드 고백왕(Edward the Confessor)의 뒤를 이어 잉글랜드의 왕위를 계승할 권리의 정당성을 주장하러 왔기 때문이다. 특히 법의 관점에서 볼 때, 노르만 정복의 결과로 잉글랜드 법의 급격한 변화가 초래될 수 있었다. 그러나 기존의 잉글랜드 법이 크게 변하지 않고 지속되었으며, 변화가 있더라도 서서히 지속적으로 이루어졌다. 정복자 윌리엄은 그의 왕위 계승이라는 실질적인 필요성 때문에 새로운 체제 수립이라는 한계 내에서 잉글랜드 법이 이전과 동일한 테두리 내에서 작동하도록 허용한 것이다. 비록 정복자 윌리엄이 법적 쇄신을 시도하였다고 하더라도, 그것은 잉글랜드의 기본규범의 계속성과 양립할 수 있었다.[5] 잉글랜드는 여러 민족들, 예컨대 로마인, 픽트족, 색슨족, 덴마크인, 노르만인으로 구성된 다민족 국가이다. 이들을 하나의

3) 매튜 헤일(Matthew Hale: 1609-1676)은 17세기 국왕의 법원의 재판관이었다. 아마도 그가 쓴 것으로 알려진 『The History of the Common Law of England』가 잉글랜드 보통법의 발달 과정을 이해할 수 있는 최초의 체계적인 저서일 것이다. 이것을 1971년에 차알스 그레이(Charles M. Gray)가 편집하여 발간하였다. (Charles M. Gray, ed., *Matthew Hale, The History of the Common Law of England* (University of Chicago Press, 1971).

4) *Ibid.*, p. xxvii.

5) *Ibid.*, p. xxviii.

민족, 하나의 국가로 통합시키기 위해서 여러 가지 난제가 뒤따랐다. 그 중에서도 다양한 법적 체계를 보통법으로 통합시키는 것이 가장 큰 어려움이었다. 이러한 어려움이 글렌빌과 부락톤의 노력을 통하여 헨리 2세와 헨리 3세 시대의 보통법으로 통합되어 나갔다. 그러나 그러한 변화가 시작된 시기를 정확하게 언급하기는 어렵다. 그리고 우리는 잉글랜드 법의 기원을 확실하게 알 수 없다. 그래서 잉글랜드 법의 기원을 찾아내기가 어렵다. 여러 민족들의 혼합체가 잉글랜드이기 때문에 그들이 잉글랜드로 이주하거나 침입하여 정착하는 과정에서 여러 법들이 혼합되어 잉글랜드를 지배하였다. 이러한 법의 다양성을 극복하고 잉글랜드 전역에 보편적으로 적용될 수 있는 법이 바로 보통법이고, 재판관들의 사법 활동의 핵심은 바로 어느 민족의 법도 아닌 과거부터 내려온 재판관들의 판결 결과에 의존하여 사건들을 재판하는데 있었다. 그리고 그 결과의 모음집이 관습법이다. 그러므로 잉글랜드 보통법이란 관습법의 집대성인 것이다. 이러한 보통법이 잉글랜드 전역에 그 영향력을 발휘할 때인 13세기에 이르러서 법의 통합이 이루어졌다. 그리고 보통법은 여러 민족의 법과 지역마다 차이가 있던 법의 계속성과 통합성 위에서 수립되었다.

프리맨(E. A. Freeman)은 1860년에 발표한 논문인 「The Continuity of English History」에서, 그리고 1867년에 발표한 그의 저서인 『The History of the Norman Conquest of England』에서 잉글랜드 역사의 특징은 계속성에 있다고 주장하였다. 그는 앵글로 색슨 왕국의 데인(thegn)이 앵글로 노르만 왕국의 기사의 전신이며 앵글로 색슨 시대의 부르(burh)가 앵글로 노르만 시대의 성(castle)의 전신이라는 근거에서 계속설을 주장한 것이다. 한편 1931년에 모리스 포위크(Maurice Powicke)가

"잉글랜드 역사에서는 다른 국가에서 드물게 나타나는 계속성이 있다."고 주장하면서 노르만의 잉글랜드 정복이 잉글랜드 역사의 새로운 방향을 제시하였으나, 역사의 계속성을 깨트리지는 못하였다고 언급하였다.[6] 한편 앵글로 색슨 왕국 시대부터 14세기에 이르는 시기에 기사들의 군사적 의무를 설명한 저서[7]에서 미카엘 포위크는 잉글랜드 봉건제의 계속설을 강조하였다. 에릭 존(Eric John)도 두 가지 관점에서 계속설을 주장하였다. 첫째, 잉글랜드는 토지보유조건(tenure)과 군사조직(military organization)의 문제에서 볼 때, 노르만족의 잉글랜드 정복 이전에 이미 봉건적이었다고 그는 주장한다. 군사적 의무를 진 토지보유(military tenure) 제도가 앵글로 색슨 왕국 시대에도 존재하였다고 보았으며, 이를 근거로 그는 앵글로 색슨 시대의 데인(thegn)과 앵글로 노르만 시대의 기사(knight)는 구분되지 않는 전사들이라고 주장한다. 그리고 노르만의 기사할당량 제도는 앵글로 색슨 왕국의 5하이드 원칙으로부터 연유한다고 생각하였다. 둘째, 앵글로 색슨 왕국의 에델레드 2세 통치 이후에 통치자들은 노르만 정복 이후에 나타난 군사제도를 이미 사용하고 있었다.[8] 그런 관점에서 앵글로 색슨 왕국 시대의 퍼드(fyrd) 제도가 정복 후 잉글랜드의 봉건제도에 큰 영향을 끼쳤다고 에릭 존은 생각하였다.[9] 그러나

6) Maurice Powicke, *Medieval England, 1066-1485* (London, 1931), pp. 15, 23.

7) Michael Powicke, *Military Obligation in Medieval England* (University of Toronto Press, 1962).

8) Eric John, *Land Tenure in Early England* (Leicester University Press, 1960); J. O. Prestwich, "Anglo-Norman Feudalism and the Problem of Continuity", *Past and Present*, Vol. 26, (Nov., 1963), p. 39.

9) Eric John, *Land Tenure in Early England*, p. 160; J. O. Prestwich, "Anglo-Norman Feudalism and the Problem of Continuity", pp. 39-40.

홀리스터(C. Warren Hollister)는 앵글로 색슨 왕국의 퍼드가 앵글로 노르만 시대로 직접 연결되었다는 점을 믿지 않았다. 즉 그는 봉건적 징집제도는 잉글랜드적인 것이 아니라 노르만적인 것이라고 생각하였다.[10] 홀리스터의 비판에 대하여 에릭 존은 앵글로 색슨 왕국 시기에 퍼드의 군역납부기간이 60일이었는데, 60일의 군역납부기간은 앵글로 노르만 시대의 스티븐 통치하에서도 그대로 유지되었다는 사실에 근거하여 계속설을 주장한 것이다. 한편 베이유 테피스트리에 처음 등장하는 인물들은 잉글랜드의 헤롤드와 그의 전사들(milites)이다. 단수로서의 '전사(miles)'라는 용어는 본래 어떤 종류의 말을 탄 병사(soldier)라는 의미이다. 그런데 10세기 말 이후부터 당대의 저술가들이 무장한 자들의 집단을 '전사들(milites)'로서 언급하기 시작하였다. 그래서 이때부터 그 용어가 말을 탄 병사 즉 기병(cavalryman)을 의미하게 되었다. 그러다가 11세기 말부터 '전사(miles)'라는 용어가 말을 타고 전투 훈련을 한 전사인 '기사(knight)'로서 사용되기 시작하였다. 이러한 사실에 근거하여 군사제도의 계속성을 강조한 것이다. 본래 그 용어의 고전적 정의는 단순히 '병사(soldier)'였다.[11] 그러나 하비(Sally Harvey)는 'miles'의 의미를 다르게 해석한다. 그는 'miles'가 'knight'보다는 'vassal'에 더 가깝다고 주장한다.[12] 만약 우리가 'miles'의 의미를 하비가

---

10) C. Warren Hollister, "The Norman Conquest and the Genesis of English Feudalism", *American Historical Review*, Vol. 66, No. 3 (April, 1961), pp. 641-664.

11) John France, *Western Warfare in the Age of the Crusades 1000-1300*, p. 53.

12) Sally P. J. Harvey, "The Knight and the Knight's Fee in England", p. 11.

주장한대로 이해한다면, 둠즈데이 북에서 언급한 'miles'는 기사가 아니라 '퍼드'로 생각할 수 있다. 실제로 둠즈데이 북에서 그렇게 기술되어 있다.[13)]

본래 기사들의 출신성분은 귀족으로서, 어느 자의 봉신이었고, 또한 전사였다. 그러므로 하비의 주장이나 홀리스터의 주장이 동일한 맥락에서 이해될 수 있는 문제이다. 장자를 제외한 나머지 아들들은 상속에서 제외되는 변화 속에서 토지 없는 가내 기사들이 일반화되었다. 그래서 11세기 말까지 기사 집단은 기존의 직수봉신과 같은 대귀족들은 물론 소규모 토지를 보유한 중소 귀족들과 기사 장비를 겨우 마련할 수 있는 하위 귀족들과 혼합된 집단으로 변모하였다. 이러한 사실들을 전제한 가운데, 앵글로 색슨 왕국 시대의 데인들도 전사로서 언급된 점을 고려한다면, 기사를 지칭한 전사들이 노르만 정복 이후에나 존재하게 된다는 주장은 반박당할 여지가 있다. 이때 데인은 기사처럼 말을 타고 전투를 하지 않았기 때문에 기사가 아니라고 주장할 수도 있다. 그렇다면 역으로 기사와 기사제도가 일반화되었던 시대인 에드워드 1세 통치기에 스코틀랜드 원정을 한 기사들이 말에서 내려 보병의 형태로 전투한 사실은 어떻게 설명할 수 있는가? 예컨대 1138년 스탠다드(Standard) 전투, 1141년에 링컨(Lincoln) 전투에서 기병들이 말에서 내려 보병으로 전투를 하였다. 그렇다고 이들을 기사가 아니라고 주장할 수 있는가? 보병은 모든 전투에 기본요소였다. 그리고 보병과 연관된 하나의 전사인 '서전트(sergeant)'도 때로는 말을 타고 싸운 기병이었다. 이때 말을 탔

13) *Domesday Book*, I, 56b; C. Warren Hollister, "The Knights of Peterborough and the Anglo-Norman Fyrd", *English Historical Review*, Vol. 77, No. 304 (July, 1962), pp. 430, 432.

든 안탔든 간에 서전트는 엘리트 보병으로 취급되었다. 그는 전장에서 군기를 든 기수로서 활약하기도 하였다. 그러므로 이들은 기사들과 같은 기간 동안 같은 장소에서 활약한 전사였다. 실제로 중무장 기병으로만 구성된 군대보다 여러 형태나 기능을 가진 전사들로 구성된 군대가 더 유용성이 있고, 작전에 유연성이 있을 수 있으며, 지형적 특수성이나 적의 전술에 알 맞는 작전을 필 수 있다.[14)]

프리만 이래, 계속설은 여러 학자들에 의해서 계승 발전하였다. 특히 1897년에 메이트랜드(F. W. Maitland)가 『Domesday Book and Beyond』를 발표하면서 라운드의 단절설(소개설)을 비판하였다. 그는 특히 잉글랜드의 '봉건적' 모습이 앵글로 색슨 왕국 시대에 나타나는가? 또한 정복자 윌리엄이 잉글랜드에 새로운 제도를 도입하였는가? 하는 문제에 대하여 심도 있게 논의하였다. 그는 영주재판권, 자유인의 점진적 종속의 문제, 군역납부를 조건으로 한 종속적 토지보유 제도의 발전에 대하여 언급하였다.[15)] 이러한 문제들을 검토한 결과, 그는 봉건제가 앵글로 색슨 시대에 존재하였으며, 이것이 앵글로 노르만 사회에 전달되었다는 결론에 도달하였다. 그 근거로서 그는 10세기 초에 우스터 주교인 오스왈드(Oswald)가 그의 데인들에게 양도한 은대지(beneficium)에서 봉건적 토지보유와 매우 유사함을 발견하였음을 언급하였다. 특히 메이트랜드의 계속설 주장은 우스터 주교에게 속한 성모 마리아 교회가 소유한 백호장인 오스왈드슬로우(Oswaldslow)의 토지와 그에 딸린 군역납부 제도에 기반을 두고

14) John H. Beeler, "The Composition of Anglo-Norman Armies", *Speculum*, Vol. 40, No. 3 (July, 1965), p. 414.

15) F. W. Maitland, *Domesday Book and Beyond*, pp. 160, 220-356.

있다. 노르만 정복 전에 오스왈드슬로우 백호장이 퍼드 60명을 국왕에게 파견할 의무가 있었다. 왜냐하면 그 백호장 내에는 경작지가 300하이드[16]가 있었는데, 그것은 교회의 직영지였고, 만약 그 토지를 군역납부를 조건으로 누군가에게 임대한다면, 5하이드 당 1명의 전사를 파견하여야 하기 때문이다. 그런데 노르만 정복 후에도 그 백호장을 소유한 주교가 앵글로 색슨 왕국 시대의 관행과 마찬가지로 계속하여 국왕에게 60명의 기사할당량을 부담하였다.[17] 예컨대 헨리 2세 통치 초기에 주교는 직수봉신으로서 국왕에게 60명의 기사를 파견할 의무를 지고 있었다. 이러한 예로 볼 때, 정복 전이나 정복 후나 군역납부 의무에 변화가 없었다고 생각한 메이트랜드는 계속설을 주장한 것이다. 이러한 주장에 대하여 라운드는 다음과 같은 문제점을 제기하였다. 우스터 주교가 부담한 60명의 기사할당량이 12세기에 이르러 50명으로 감소하였다. 특히 라운드는 정복 전 우스터 주교가 부담한 60명의 전사를 국왕에게 파견하여야 한다는 직접적인 증거는 없다고 말한다.

오스왈드 주교의 뒤를 이어 우스터 주교가 된 울프스탄(Wulfstan)은 윌리엄의 잉글랜드 정복 바로 직전인 1062년에 한 명의 전사를 위해 5하이드를 제공하여야 된다고 생각하였으며, 그가 사망할 때인 1095년에 5하이드 단위를 언급하였다.[18] 그러므로 이곳에 국한시켜 볼 때 윌리엄의 잉글랜드 정복 전이나 후나 큰 변화 없이 기사영지가 5하이드 단위였다고 생각하였다. 앵

16) *Domesday Book*, I, 172b.
17) F. W. Maitland, *Domesday Book and Beyond*, p. 199; R. Allen Brown, *Origins of English Feudalism*, p. 149.
18) Christopher Brooke, *From Alfred to Henry III*, p. 106.

글로 색슨 왕국 시대에 봉건제가 존재하였다는 메이트랜드의 주장은 예속적 토지보유, 사적 재판권, 토지보유조건 중의 하나인 군역납부 제도가 존재하였다는 점에 의존하고 있다. 그러나 아담스가 비판하였듯이 봉건적 계약에 기반을 둔 토지보유가 앵글로 색슨 왕국 시대에는 존재하지 않았기 때문에 진정한 봉건적 사법권이나 봉건적 군사제도는 존재하지 않았다고 볼 수 있다.[19] 그렇다고 아담스가 계속설을 전혀 수용할 수 없다고 주장한 것은 아니다. 왜냐하면 프랑스의 봉건제를 전형적인 형태로 전제한 가운데, 만약 이에 준하지 않으면, 그것을 봉건제라고 할 수 없다는 주장은 수용할 수 없기 때문이다. 얼마든지 변형된 형태의 봉건제는 존재할 수 있다. 이러한 관점 때문에 스탠턴이 노르만 정복 이전에 잉글랜드의 사회적 특징을 '봉건적(feudal)'이라는 용어를 적용하려고 하였을 것이다. 더구나 잉글랜드에서 봉건제가 완성된 시기로 언급된 12세기의 사회구조를 살펴본다면 메이트랜드 주장에 어느 정도 동의할 수 있다. 12세기에 사회구조의 특징은 정치와 군사적 실권을 장악한 토지소유층인 영주와 토지에 예속된 농민층으로 구성되었다. 만약 이러한 인적 분화가 앵글로 노르만 왕들의 봉건화 정책의 결과라고 한다면, 그것은 잘못된 견해이다. 왜냐하면 앵글로 색슨 왕국 시대에도 이미 그러한 사회적 분화가 진행되었기 때문이다.[20] 한편 1948년에 마조리 홀링스(Marjory Hollings)가 우스터 주교의 기사영지가 5하이드로 구성되어 있는데, 이는 앵글로 색슨 왕국 시대의 군사제도와 토

19) George Burton Adams, *The Origin of the English Constitution* (New Haven, 1912), pp. 44-50.

20) 신분별로 속죄금(wergild)의 액수가 크게 차이나는 점은 바로 앵글로 색슨 사회가 신분사회였음을 나타내는 증거이다.

지보유제도가 계속된 결과라고 주장하면서 메이트랜드의 주장을 옹호하고 라운드의 주장을 비판하는데 가담하였다.[21] 피터 소야(Peter Sawyer)는 토지에 대한 영주권의 계속성이 노르만 정복 이후에 토지양도의 전형적 형태였다고 주장하였다.[22] 그는 노르만 정복 전 앵글로 색슨 왕국의 영주들의 토지보유와 1086년 둠즈데이 북 편찬 시기 영주들의 봉토 보유 형태가 크게 변하지 않았기 때문에 노르만 정복으로 혁명적인 변화가 일어나지 않았다고 주장한다.[23] 그러나 이들의 주장이 반드시 올바른 것은 아니다. 둠즈데이 북에 기록된 토지보유에 관한 조사를 보면, 일부는 조상으로부터 상속을 받아 토지를 계속 보유하였으며,[24] 일부는 조상들로부터 상속받지 않은 토지를 보유한 경우가 있기 때문이다.[25]

노르만 정복 전야에 군사적 의무는 누가 졌는가? 이는 잉글랜드 봉건제의 기원 논쟁과 결부된 문제이자 질문이다. 홀리스터의 이러한 질문[26]에 대한 답변이 여러 학자들 사이에 논쟁으로 발전하였다. 그 대표적인 인물이 알렌 브라운(R. Allen Brown)이다. 그는 봉건제의 기원에 관한 논쟁을 재개시켰는데, 특히 '봉건

21) Marjory Hollings, "The Survival of the Five Hide Unit in the Western Midlands", *English Historical Review*, Vol. 63, No. 249 (Oct., 1948), pp. 453-487.
22) Peter Sawyer, "!066-1086: A Tenurial Revolution?", in *Domesday Book: A Reassessment*, ed. Peter Sawyer (London, 1985), pp. 76-78.
23) *Ibid.*, p. 78.
24) Robin Fleming, *Kings and Lords in Conquest England* (Cambridge University Press, 1991), p. 113.
25) *Ibid.*, p. 114.
26) C. Warren Hollister, "The Norman Conquest and the Genesis of English Feudalism", pp. 641-664; C. Warren Hollister, "1066: The Feudal Revolution", *American Historical Review*, 73, No. 3 (Feb., 1968), pp. 708-723.

혁명(Feudal Revolution)'이 일어났는가에 대한 논쟁을 촉발시켰다.[27] 결론부터 이야기하자면, 그는 봉건혁명은 일어나지 않았다고 주장하였다. 즉 계속설을 주장한 것이다. 한편 군역납부의 의무에 관한 논쟁에서 퍼드(fyrd)가 납부한 군역이 자유농민들의 의무였다고 주장하여 자유농민들의 군사적 의무를 언급하였다. 또한 퍼드의 군사적 의무는 데인처럼 개인에게 부과된 의무가 아니라 지역에 부과한 의무였다. 5하이드 당 1명의 퍼드를 동원해야 될 의무가 자유농민들의 공동체에 있었다. 이러한 사실은 둠즈데이 북의 버크셔의 기록에서 찾을 수 있는데, 어느 지역에서나 지역민들은 5하이드마다 한 명의 전사(miles)를 파견하고, 그에게 필요한 식량은 물론 2개월 동안의 급료로서 4실링을 제공하여야 하였다.[28] 이 기록에서 'miles'란 직수봉신인 데인이 아니라 자유농민인 퍼드였다.[29] 그러나 반드시 5하이드마다 한 명의 퍼드를 파견한 것은 아니다. 801년 경 머시아의 코엔울프(Coenwulf) 왕의 특허장에서 30하이드의 영지를 수여하는 대신에 군사적 원정 시 5명의 자유농민군인 퍼드를 파견한다는 언급

---

27) R. Allen Brown, *Origins of English Feudalism*; John Gillingham, "The Introduction of Knight Service into England", *ante*, IV (1981), pp. 53-64.

28) *Domesday Book*, I, 56b. 버크셔의 하이드 규모는 잉글랜드 중부지방의 120에이커보다 적은 40에이커이다. (F. M. Stenton, *The First Century of English Feudalism 1066-1166*, p. 118.)

29) 둠즈데이 북에서 언급된 'miles'가 무엇을 의미하는가에 대한 학자들 사이에 논의와 논쟁이 있다. 필자가 이미 언급한 것처럼 'miles'란 자유농민인 퍼드(fyrd)를 지칭하는 것이라는 주장이 있는가 하면, 그 용어가 '기사(knight)'로 번역되어야 한다고 주장하는 학자들도 있다. 한편 하비(Sally Harvey)는 기사보다는 '봉신(vassal)'으로서 번역하는 것이 더 적절하다고 주장한다. [Sally P. J. Harvey, "The Knight and the Knight's Fee in England", p. 11; C. Warren Hollister, "The Knights of Peterborough and the Anglo-Norman Fyrd", pp. 430, 432.]

이 처음 나온다.[30] 6하이드의 비율로 한 명의 퍼드를 파견한 것이다. 그리고 피터버러(Peterborough) 수도원이 소유한 노샘프턴 장원에서도 4-5하이드 당 한 명의 퍼드가 동원되었다.[31] 그런데 이미 위에서 언급한 것처럼, 둠즈데이 북의 기록에 다르면, 버크셔(Berkshire)에서는 매 5하이드 당 한 명의 퍼드를 파견하여야 하며, 만약 그것이 여의치 않으면 4실링을 납부하여야 하였다.[32] 이처럼 일관되게 잉글랜드 전역에서 5하이드 단위가 군역 납부에 적용된 원칙이 아니기 때문에, 스탠턴이 지적한 것처럼 버크셔에서 실시된 5하이드 원칙을 잉글랜드 전역에 확대 적용시킬 수는 없다.[33] 만약 버크셔에서 실시된 5하이드 원칙이 앵글로 노르만 시대의 기사할당량 제도로 발전하였다면, 앵글로 색슨 왕국의 제도가 앵글로 노르만 왕국의 제도로 계승되었다고 할 수 있다. 그러나 이러한 사실을 잉글랜드 전역으로 확대 적용시킬 구체적 자료가 부족하다는 문제점이 있다.

11세기 잉글랜드 군대의 핵심 세력인 데인은 말을 타고 출정하였기 때문에, 그리고 국왕의 직수봉신이기 때문에 퍼드와는 달랐다. 또한 데인은 기사와도 달랐다. 왜냐하면 데인이 비록 말을 타고 전장에 출정하였으나, 전투 전에 말에서 내려 보병으로 싸웠기 때문이다. 그러므로 말을 타고 전투하는 기술을 익힌 과정

30) C. Warren Hollister, "The Five Hide Unit and the Old English Military Obligation", *Speculum*, Vol. 36, No. 1 (Jan., 1961), pp. 61-74.

31) C. Warren Hollister, "The Knights of Peterborough and the Anglo-Norman Fyrd", p. 426.

32) *Domesday Book*, I, 64b, 56b.

33) 스탠턴은 버크셔의 하이드 규모가 작고, 버크셔는 외부 공격에 적게 노출된 지역 중에 하나이며, 한 곳의 증거를 가지고 그것을 잉글랜드 전역에 일반화시키는 것은 위험하다고 지적하였다.

을 통하여 전투력을 습득한 기사들과는 근본적으로 달랐다. 앵글로 색슨 왕국 후기에 국왕과 직접 관련을 맺고 국왕으로부터 토지를 받은 데인은 국왕에게 군사적 의무를 졌다.[34] 필자가 확인한 바에 따르면, 『앵글로 색슨 연대기』에서 데인에 관한 언급이 총 12번 등장한다.[35] 그런데 기록에 등장한 데인의 내용을 살펴본 결과, 다음과 같은 두 가지 특징을 파악할 수 있다. 첫째, 국왕의 전투에 데인이 반드시 참여하였다. 이러한 점은 알프레드 대왕 통치기에 덴마크인과의 전투에서 서술되었다. 둘째, 데인과 관련된 서술 곳곳에서 '국왕의 데인'이라는 표현이 자주 등장한다. 이러한 점은 데인이 단순히 국왕의 전투에 동원된 전사가 아니라 국왕을 위해 국왕의 전투에 참전한 국왕의 신하임을 나타내는 것으로 이해된다. 즉 데인은 국왕의 사적 군대로서 국왕의 직수봉신이었음을 알려주는 하나의 근거가 된다.[36] 이러한 주장을 하는 학자들이 공통적으로 동의하고 있는 점은 앵글로 색슨 왕국 말기에 군대 징집에 결정적으로 작용한 요소는 토지이다. 특허장에 의해서 양도된 토지를 보유한 자들은 그것 때문에 군사적 의무를 납부할 의무가 있었다. 이러한 사실은 봉토에 기반을 둔 봉신들의 군역납부 의무와 유사하다. 즉 토지보유와 군역납부 의무라는 사실은 앵글로 색슨 시대나 앵글로 노르만 시대나 동일하였

34) Eric John, *Land Tenure in Early England*, pp. 140-161; H. G. Richardson and G. O. Sayles, *The Governance of Medieval England from the Conquest to Magna Carta*, pp. 22-61; C. Warren Hollister, *Anglo-Saxon Military Institutions on the Eve of the Norman Conquest* (Oxford, 1962), pp. 59-84.

35) 757년 기록에 처음 등장하면서부터 874년, 893년에 두 차례, 895년, 896년에 두 차례, 903년, 988년, 1035년, 1041년, 1065년의 기록에 데인에 대한 언급이 있다. 그런데 알프레드 대왕의 통치기의 기록에서 다수 등장한다.

36) 『앵글로 색슨 연대기』 111페이지의 내용 중 896년을 참조하기 바람.

다는 주장이다. 그러나 개인적으로 국왕과 인적 관계를 맺은 데인은 국왕의 명령에 따라서 국왕의 군사적 원정에 참여하여야 한다.[37] 그런 점에서 데인과 퍼드가 전시에는 비슷하게 군역을 납부하였지만, 평화시에는 서로 다른 의무를 납부하였다. 아마도 부유한 데인은 몸소 다리를 수리하지도 않았고, 국왕의 사슴울타리를 만들거나 해안가를 수비하지도 않았을 것이다. 오히려 그들은 그러한 역을 수행하는 자들에 대한 감독 책임을 졌을 것이다.[38] 그렇다면 요새 유지를 위해 자유농민들은 각종 노동력을 납부하였는가? 11세기 초에 등재보유지를 보유한 자는 그의 이웃에 있는 다리와 요새를 유지 관리할 책임이 있었다.[39] 국왕이 적과 싸우러 갈 때, 그는 누군가를 병사로 소집하여 출정하여야 한다. 그리고 국왕으로부터 토지를 받은 모든 자유인들은 이에 응하여야 한다. 출정의 의무를 진 자들은 국왕으로부터 직접 토지보유권을 양도받은 국왕의 신하들이었다. 그러므로 이들은 일반적인 자유인이 아니었다. 만약 이들이 국왕의 소집에 불응하면, 고의적인 불복종이고, 그에 대한 대가로 재산몰수의 처벌을 받았다.[40] 그러나 만약 다른 영주에 속한 자유인을 국왕의 군사적 원정에 동원하려면, 이는 영주와 관련된 문제이다. 그러므로 국왕과 직접 관련이 있는 자유인과는 서로 달랐다. 만약 군역납부를 위해 소집된 자가 자신을 대신하여 다른 자를 참전하게 한다면, 그는 자신을 대신하여 참전한 자의 영주에게 40실링을 지불하여

37) Stephen Morillo, edited and introduced, *The Battle of Hastings: Source and Interpretations* (The Boydell Press, 1996), pp. 58-59.
38) *Domesday Book*, I, 67b.
39) Stephen Morillo, edited and introduced, *op. cit.*, p. 61.
40) L. J. Downer, ed., *Leges Henrici Primi* (Oxford, 1972), p. 116 (13:1).

야 하였으나, 만약 누구도 그를 대신하여 소집에 응할 수 없다면, 그는 자신의 영주에게 40실링의 벌금을 지불하여야 한다. 그리고 그의 영주는 국왕에게 군역납부를 이행하지 못한 자를 대신하여 40실링을 납부하여야 한다.[41] 이러한 기록을 통하여, 우리는 국왕의 군사적 원정 시에 퍼드가 납부하여야 할 군역의 본질과 그 납부 방법에 대하여 이해할 수 있다.

그렇다면 퍼드와 달리 데인은 어떻게 선발되었는가? 메이트랜드는 '5하이드 원칙'이 잉글랜드 대부분의 지역에서 시행된 것으로 추론하였다. 예컨대 윌턴(Wilton) 바러(borough)에서는 5하이드마다 20실링을 납부하던지 한 사람의 전사를 파견해야 할 의무가 있었다.[42] 엑스터(Exeter)에서도 5하이드 원칙이 있었다.[43] 이러한 제도를 통해서 소집된 전사는 퍼드였으며, 그 수가 많지도 않았고, 토지면적에 근거하여 소집된 군대로서 기사영지에 근거하여 조직된 기사역과는 성격이 달라 보인다. 그런데 토지에 근거한 군역납부라는 측면에서 본다면, 5하이드 원칙에 근거하여 소집된 퍼드와 데인과 같은 전사와 기사영지에 근거하여 육성된 기사의 파견은 유사한 제도라고 할 수 있다. 그러나 퍼드는 지역에 기반을 둔 국민군의 성격이 있다면, 데인은 국왕과 인적인 관계를 맺은 사적인 관계이고, 기사도 주군과 봉신 사이의 개인적인 관계를 바탕으로 성립된 관계라는 유사점이 있다. 그렇다면 퍼드를 대신하여 데인이 앵글로 색슨 왕국의 군역을 책임진 것은 어떤 동기로부터 비롯되었는가? 앵글로 색슨 왕국의 국왕들

---

41) *Domesday Book*, I, 172; F. Maitland, *Domesday Book and Beyond*, p. 159.

42) *Domesday Book*, I. 64b.

43) *Ibid.*, I. 100.

은 덴마크인들의 잦은 침략을 방어하기 위해서 보다 강력한 군대가 필요하였다. 한편 농민들이 퍼드를 유지할 경제력이 부족하여 퍼드를 대신한 군사력의 확보가 필요하였고, 이로부터 5하이드의 토지를 보유한 데인들이 등장하게 되었다. 만약 데인이 국왕의 군사적 원정에 동원되었을 때 불참하면, 그가 보유한 토지를 몰수당하는 처벌을 받았기 때문에 국왕에게 복종하여야 하였다. 그러므로 지역적 성격을 띤 퍼드와는 달리 데인은 직수봉신이자 전사이고 국왕의 신하였다고 스탠턴은 주장한다.[44]

에릭 존은 퍼드의 군역이 노르만 정복 후 기사역으로 직접 발전하였다고 주장한다.[45] 홀리스터도 노르만 정복 후 봉건 군대가 퍼드로부터 직접 발전된 것은 아니지만 봉건 군대가 퍼드로부터 영향을 받은 것은 틀림없다고 단정적으로 언급한다.[46] 군역 문제를 집중적으로 연구한 홀리스터는 군사적인 조직의 계속이라는 측면에서 계속설을 주장한 것이다. 그에게 있어 봉건제란 군역납부를 조건으로 봉토를 받은 주군과 봉신 간의 사회조직이었다. 그렇기 때문에 봉건제의 핵심은 군역납부 제도에 있다고 생각하였다. 한편 잉글랜드의 봉건제는 앵글로 색슨 뿐만 아니라 노르만의 영향 하에서 성립되었다고 그는 주장한다. 그런 점에서 에릭 존과 홀리스터의 계속설 사이에는 차이가 있다. 홀리스터도 노르만 정복 전 잉글랜드에서 예속적인 군사적 토지보유 제도가 실시되었다고 주장한 점에서는 에릭 존과 동일하다. 그러나 에릭 존과는 달리 홀리스터는 앵글로 색슨 왕국의 자유농민군인 퍼드

44) F. M. Stenton, *op. cit.*, pp. 117-119.
45) Eric John, *Land Tenure in Early England*, pp. 140, 161.
46) C. Warren Hollister, "The Annual Term of Military Service in Medieval England", *Medivalia et Humanistica*, Vol. 13 (1960), pp. 40-47.

가 앵글로 노르만의 군대로 직접 연결되었다는 점을 믿지 않았다.[47] 물론 퍼드가 노르만 봉건제가 잉글랜드에 소개되어 잉글랜드화 되어가는 과정에서 중요한 역할을 하였다. 왜냐하면 윌리엄 1세와 윌리엄 2세 통치기에 퍼드가 국왕의 전투에서 계속하여 중요한 역할을 수행하였기 때문이다. 그러나 군사적 역할 수행과 군사제도의 계승과는 다른 문제이다. 그렇다면 홀리스터가 생각한 군사제도에 있어서 계속설 주장의 근거는 무엇인가? 그것이 바로 데인이다. 홀리스터는 앵글로 색슨 왕국 시대 국왕의 신하인 데인이 노르만 정복 이후에 기사로 연결되었다고 생각하였다. 그러나 앵글로 색슨 왕국의 군사제도가 앵글로 노르만 왕국의 군사제도로 점진적으로 계승 발전되었다는 그의 주장과는 달리, 성의 축조에 대하여는 다른 생각을 가졌다. 그는 노르만인이 성을 축조하고 그것을 유지하는 방법을 잉글랜드에 도입하였다고 주장한다.[48] 성의 축조에 관한 한 단절설(소개설)을 주장한 것이다. 이러한 점에서 볼 때 홀리스터는 일부는 단절설(소개설)의 입장을 취하면서도 한편으로는 계속설의 주장을 내세워 양 학설을 종합하려는 태도를 보였다고 할 수 있다.

만약 우리가 프랑크 왕국에서 971년에 처음 등장한 전사를 의미한 'miles'가 1032년 무렵부터 기사를 일컫는 용어인 'knight'로 사용되기 시작한 점을 상기한다면, 그리고 잉글랜드에서도 그러한 용어가 이미 앵글로 색슨 왕국 말기에 사용된 점을 주목한다면, 비록 'miles'가 'knight'라는 용어로 직접 연결되었다는 직

47) C. Warren Hollister, "The Norman Conquest and the Genesis of English Feudalism", pp. 641-642.
48) J. O. Prestwich, "Anglo-Norman Feudalism and the Problem of Continuity", p. 40.

접적인 증거가 없더라도, 토지에 기반을 둔 전문적인 전투력을 갖춘 전사들이 앵글로 노르만 시대뿐만 아니라 앵글로 색슨 시대에도 양성되었음이 분명하다. 사실 말을 타고 전투에 임하였느냐 여부와 기사서임식의 존재 여부는 부차적인 문제이다. 더구나 기사라고 반드시 말을 타고 전투에 임한 것도 아니었음은 이미 위에서 언급하였다. 앵글로 노르만 시대에 기사영지에 기반을 둔 기사제와 마찬가지로 토지에 기반을 둔 전사들이 앵글로 색슨 시대에도 존재하였다는 사실이 중요하다. 한편 964년에 우스터 주교인 오스왈드가 국왕 에드가로부터 주교영지를 받았다. 그런데 오스왈드와 그의 후손들이 다른 곳의 고위성직자들처럼 그의 영지를 봉신들에게 다양한 지대와 군역의 납부를 조건으로 양도하였는데, 그 중에 일부는 군역납부를 조건으로 데인에게 양도하였다. 이때 데인이 납부한 군역은 주군에게 납부한 것이 아니라 국왕에게 납부한 것이다. 여기에서 잉글랜드 군역납부 제도가 지닌 특징의 한 단면을 파악할 수 있다. 정복자 윌리엄이 '솔즈버리 맹약'에서 상하의 모든 봉신들에게 국왕에 대한 충성을 유보하도록 요구한 것과 동일한 맥락에서 우스터 주교령의 군역납부 제도를 이해할 수 있다. 봉신들의 군역납부가 주군이 아닌 국왕에게 집중되었다고 하여 이것을 봉건적이 아니라고 주장할 수는 없다. 오히려 이것은 당시 잉글랜드의 정치체제인 봉건왕정의 특징 중의 한 단면을 보여주는 것일 수 있다.

국왕은 각 지역에서 파견한 군역납부자들이나 혹은 실역 납부 대신에 대역전(代役錢)을 받아 그것으로 용병을 고용하여 군대를 편성하였다. 예컨대 둠즈데이 북에 따르면, 옥스퍼드 시는 20명의 전사나 20파운드를 납부하였다.[49] 레스터 시는 12명의 전사,[50] 워윅(Warwick)은 10명의 전사를 파견할 의무가 있었다.[51] 또한 계속설을 주장하는 학자들에 의해서 자주 인용되는 버크셔에 5하이드 원칙에 관한 기록도 있다. 그러나 이러한 5하이드 원칙이 잉글랜드 각지에서 시행되었는지 여부는 알려지지 않았다. 그러므로 이것을 일반화시켜 앵글로 색슨 시대에도 앵글로 노르만 시대의 기사제도와 같은 제도가 존재하였고, 그래서 앵글로 색슨 시대에도 봉건제가 존재하였다고 주장할 수는 없다. 그러나 반대로 메이트랜드가 언급하듯이 5하이드 원칙이 버크셔에만 유독 존재하였었다고 주장할 수도 없다. 물론 전국적인 자료에 근거하여 검증된 주장은 아니지만, 잉글랜드 일부 지역에 5하이드 원칙이 존재하였을 가능성은 있다.[52] 그에 관한 일부 증거로서 다음과 같은 사실을 제시할 수 있다. 이미 위에서 언급한 것처럼 윌턴(Wilton) 바러(borough)는 국왕에게 20실링을 납부하거나 5하이드 당 한 명의 전사를 파견하여야 할 의무가 있었다.[53] 엑스터(Exeter)에서도 군대에 소집되거나 해군 함대(fleet)에 필요한 전사들을 소집하였을 때도 5하이드의 원칙이 적용되었다.[54] 그러나 이러한 국왕의 정책으로 모은 군대의 규모는 크지 않았고, 경작지와 연계된 제도이기 때문에 안정적이고 효율적인 군대 동원 정책은 되지 못하였다.

홀트(J. C. Holt)는 시드니 페인터(S. Painter)의 견해를 받아들여서 성의 수비 임무를 진 기사들의 일당이 6펜스나 8펜스로 고정된 것이 아니라 주군과 봉신 사이에 맺어진 계약의 문제라고

---

49) *Domesday Book*, I, 154.
50) *Domesday Book*, I, 230.
51) *Domesday Book*, I, 238.
52) F. W. Maitland, *Domesday Book and Beyond*, p. 156.
53) *Domesday Book*, I, 64b.
54) *Domesday Book*, I, 100.

주장한다.[55] 반면에 스탠턴은 헨리 2세 통치기에는 이들의 일당이 8펜스였고, 헨리 1세 통치기에는 일당이 6펜스였다고 주장한다.[56] 또한 그는 전시와 평화시에 각각 다르게 군역을 납부하였다고 주장한다. 둠즈데이 북에서 버크셔의 경우를 언급하는 과정에서나 이 시기에 군역납부 기간에 관한 지식을 알려준 기록이 담긴 서머싯(Somerset)의 휴(Hugh de Ralegh of Nettlecombe)에게 토지를 양도한 존 길버트(John fitz Gilbert)의 특허장에 언급된 것에 준한다면, 군역을 전시에는 연 60일, 평화시에는 연 40일을 납부하였다.[57] 이러한 모습은 헨리 2세 통치기인 1158년 아빙던(Abingdon) 대수도원과 말메스버리(Malmesbury) 대수도원의 봉신들이 헨리 1세 통치기에 행하였던 군역납부 기간을 그대로 계승한 결과일 것이다.[58] 그런데 군역납부 기간이 60일인 경우는 노르망디에서는 찾아볼 수 없기 때문에, 이는 정복 전 앵글로 색슨 왕국에서 퍼드의 군역납부 기간이 60일이었던 점을 계승한 것이라고 생각할 수 있다. 이에 준하여 볼 때 앵글로 색슨 시대의 군역납부 기간이 헨리 1세 통치기에 전달된 것으로 추정할 수 있다.

홀리스터는 면역전 납부에 관한 재미있는 수식을 인용하였고, 이를 홀트(J. C. Holt)도 언급하였다.[59] 그가 제시한 면역전 납

---

55) S. Painter, "Castle-Guard", pp. 450-459; J. C. Holt, "Feudalism Revisited", *Economic History Review*, Vol. 14, No. 2 (1961), p. 335.

56) J. H. Round, "Castle Guard", pp. 147-152; Sidney Painter, "Castle-Guard", pp. 450-459; F. M. Stenton, *The First Century of English Feudalism 1066-1166*, p. 209.

57) *Ibid.*, p. 178; A. L. Poole, *Obligations of Society* (Oxford, 1946), p. 39; A. L. Poole, *From Domesday Book to Magna Carta*, p. 15; Frank Barlow, *The Feudal Kingdom of England : 1042-1216*, p. 117.

58) J. C. Holt, "Feudalism Revisited", p. 336.

부에 관한 수식은 다음과 같다. 즉 면역전(S) = 임금(W) × 군역 납부기간(T)이다. 이 수식에 기사들의 봉건적 의무를 대입하여 보면 다음과 같다. 만약 전시에는 60일 동안 자비로 필요한 비용을 들이면서 군역을 납부하였고, 평화시에는 자비로 필요한 비용을 조달하면서 40일 동안 군역을 납부하였다는 주장과 헨리 2세 시대에 기사의 일당이 8펜스였던 점을 근거로 하여 기사들의 성수비 의무를 금납화할 경우에 다음과 같은 결과가 산출된다. 평화시에는 S = 40일 × 8펜스 = 320펜스로 계산되어 면역전 납부액이 320펜스 ÷ 12펜스 = 26.6쉴링이다. 즉 평화시에는 기사역 납부의 의무를 졌던 기사가 면역을 위해서 면역전을 약 27쉴링 납부하였다. 한편 전시에는 60일 × 8펜스 = 480펜스, 즉 40쉴링을 납부하였다. 한편 헨리 1세 통치기에는 기사들의 일당이 6펜스라고 알려진 바에 준하여 본다면, 60일 × 6펜스 = 360펜스이다. 이를 쉴링으로 환산하면 360펜스 ÷ 12펜스 = 30쉴링이다. 즉 전시에는 면역전을 30쉴링을 납부하여야 하였다. 이 공식을 앵글로 색슨 시대에 군역의 금납화에도 확대 적용하려고 하는 점은 흥미롭다. 위에서 언급한 것처럼, 앵글로 색슨 시대 어느 전사가 그의 의무를 이행하지 못할 경우, 한 명 당 40쉴링을 국왕에게 납부한 점과 헨리 1세 통치기에 봉신이 전시에 부담한 면역전의 액수가 동일하다. 이러한 유사성이 계속설에 의미를 부여하게 만든다. 홀리스터는 앵글로 색슨 시대의 에드워드 고백왕 통치기와 앵글로 노르만 시대의 헨리 1세와 헨리 2세 통치기에 기사역의 금납화를 서로 연관시켜 군역납부의 유사성을

59) C. Warren Hollister, "The Significance of Scutage Rates in Eleventh and Twelfth Century England", pp. 577-588; J. C. Holt, "Feudalism Revisited", p. 334.

찾으려고 노력하였다. 그의 계산에 따르면, 한 명의 전사를 파견하여야 할 공동체는 군역의 금납화로서 한 명 당 20실링을 부담하여야 한다. 그는 이 점을 웨스트 색슨의 바러들로부터 나온 증거를 가지고 그러한 주장을 입증하려고 노력하였다. 예컨대 둠즈데이 북의 기록에 따르면, 버크셔에서는 5하이드 당 한 명의 전사를 파견하거나 20실링을 납부하였는데, 말메스버리(Malmesbury) 수도원에서도 전사 한 사람을 파견하거나 대신 20실링을 납부하였다는 증거가 있다는 사실에 근거하여 군역납부 제도의 계속성을 주장하였다. 이러한 것들은 앵글로 색슨 시대나 앵글로 노르만 시대나 군역의 금납화가 모두 20실링이었음을 알려주는 좋은 예이다. 다만 양자 간에 서로 다른 점이 있다면, 버크셔의 경우는 20실링이 파견된 전사에게로 간 반면, 말메스버리 수도원의 경우는 그 돈을 국왕에게 납부하였다.60) 말메스버리 수도원으로부터 나온 증거가 바러들이 지고 있던 퍼드 파견의 의무가 금납화될 수 있다는 점을 나타내는 것이라고 한다면, 버크셔의 경우는 20실링이 퍼드의 관습적 임금이었다. 그런 점에서 두 경우가 서로 다르지만, 두 제도가 면역전이라는 측면에서 보면 유사성을 지니고 있기 때문에 군사제도의 계속성을 주장할 수도 있다. 그러나 홀리스터의 주장이 언제나 변함없이 정당성을 지니려면 둠즈데이 북의 버크셔 편에서 언급된 군역납부기간에 관한 증거가 정복 전 잉글랜드의 전형적 형태라는 점이 전제되어야 한다. 더구나 위의 공식에서 〈S〉는 가변성을 지녔고 국왕의 의지에 따라 변할 수 있는 요소이다. 또한 〈W〉와 〈T〉도 헨리 1세와 헨리 2

60) *Domesday Book*, I, 56b, 64b. 참조; J. C. Holt, "Feudalism Revisited", p. 336.

세 시대에 모두 적용될 수 있는 일반성을 지닌 것이 아니라 가변적인 요소이다. 예컨대 헨리 1세 통치 후기와 헨리 2세 통치기 사이에 군역납부 기간이 60일에서 40일로 감소되었음을 전제하고 있다. 또한 존 길버트(John fitz Gilbert)의 특허장에서 보는 것처럼 헨리 왕들의 통치기에도 전시에는 60일간, 평화시에는 40일간의 군역납부기간이 혼재하였다. 그러므로 홀리스터의 수식을 통하여 어느 특정한 한 시기에 군역납부의 특징을 파악할 수는 있으나, 그것을 일반화시켜서 확대 적용시킬 수 없는 문제점이 있다.

홀리스터는 버크셔에서 군역을 납부한 사람들이 데인이냐 아니면 자유농민이냐로 구분하지 말고 5하이드 단위를 대표하는 하나의 단위로서 간주하여야 한다고 주장한다.[61] 홀리스터는 지방의 유력자들인 데인이냐 아니면 자유농민들인 퍼드이냐를 구분할 필요가 없이 5하이드 단위로 군역납부자를 소집하였다는 사실 자체를 중요시한 견해를 제시한 것이다. 그가 이러한 모호한 주장을 하는 이유는 "만약 누군가 국왕으로부터 군사적 원정에 동참하도록 소환되었을 때, 이에 응하지 않으면 그는 국왕에게 그가 소유한 모든 토지를 몰수당하였다"는 사실 만이 둠즈데이 북에 언급되었기 때문이다. 윌리엄 정복 이후 수립된 새로운 군사 제도가 앵글로 색슨 시대와 다르다는 점이 둠즈데이 북에서 기록으로 나타나지 않는다. 앵글로 색슨 시대나 노르만 정복 이후 둠즈데이 북에서나 똑같이 경작지가 기사영지(knight's fee)가 아니라 하이드로 구분되었기 때문에 나타난 결과이다. 이처럼 계속설을 주

61) C. Warren Hollister, *Anglo-Saxon Military Institutions on the Eve of the Norman Conquest*, p. 73.

장하는 학자들의 이론이 앵글로 색슨 시대나 둠즈데이 북 시대 모두에 적용되는 일반성을 지니고 있지 않기 때문에 그들의 주장은 한계성이 있다. 바로 이러한 이유 때문에 노르만의 잉글랜드 정복으로 노르만의 군역납부 제도가 잉글랜드에 도입되어 잉글랜드의 군역납부 제도에 큰 변화가 일어났다는 단절설(소개설)이 제기될 수 있는 것이다.

3. 잉글랜드의 봉건제-단절설(소개설)

잉글랜드에 봉건제를 소개한 것은 노르만인들의 잉글랜드 침입과 함께 이루어졌다는 전통적인 견해인 단절설(소개설)은 라운드(John Horace Round)로부터 시작된다. 이를 계기로 19세기 말부터 계속설과 단절설을 주장하는 학자들 사이에 '봉건혁명(Feudal Revolution)'에 대한 긴 논쟁이 시작되었다. 1891년에 발행된 영국 역사잡지(English Historical Review) 제 6권에 「The Introduction of Knight-Service into England」라는 논문을 처음 발표한 이후, 1895년에 초판을 발표한 그의 저서 『Feudal England: Historical Studies on the Eleventh and Twelfth Centuries』에서 라운드는 단절설(소개설)을 강력하게 주장하였다. 라운드는 노르만 정복 이후 잉글랜드에 기사역이 도입된 것, 즉 기사할당량과 봉토와의 상관관계를 분석한 가운데 단절설(소개설)을 주장한 것이다. 그는 잉글랜드의 군사제도의 핵심인 기사역에 기초한 토지보유제도가 노르만족의 잉글랜드 정복을 통해 노르망디로부터 잉글랜드에 도입되었으며, 이를 바탕으로 잉글랜드의 봉건제가 성립되었다는 견해를 피력하였다. 그러므로 그는 노르만의 잉글랜드 정복을 잉글랜드의 지배계급의 재편과 군사제도의 변화를 가져온 중요한 계기로 본 것이다. 그의 주장을 입증할 자료로 제시한 것이 앵글로 노르만 시대의 기사영지와 기사할당량 제도이다. 앵글로 색슨 시대의 군사제도가 앵글로 노르만 시대의 기사제도와는 하등의 관계가 없다는 라운드의 주장이 '봉건혁명론'의 핵심적 요소이다. 이때에 두 시기의 군사제도의 연속성을 주장한 프리맨과 라운드 사이에 일어난 격렬한 논쟁이 주목을 끈다.[62] 1890년대에 프리맨과 라운드 간에 본격적으로 시작된 잉글랜드 봉건제의 기원론에 관한 논쟁은 그 이후 여러 학자들이 가담하여 논쟁을 계속 이어갔다. 프리만은 잉글랜드의 봉건제는 앵글로 색슨 시대의 제도를 계승하여 앵글로 노르만 시대에 이르러 완성되었다는 계속설을 주장하였다. 그는 정복자 윌리엄이 토지보유조건을 새로운 형태로 잉글랜드에 직접 도입하였다고 생각할 근거가 없다고 주장한다. 그의 통치기에 연대기나 토지조사서(survey)에 그러한 믿음을 암시하는 언급이 하나도 없다고 부언하였다. 반면에 라운드는 노르만의 잉글랜드 침입으로 노르망디 지방에 있던 제도가 잉글랜드에 도입되어 잉글랜드에 봉건제가 이식되었다는, 이른바 '봉건혁명론'으로 프리맨의 계속설 주장에 대해 맞섰다. 그래서 라운드에게는 잉글랜드의 봉건제를 논함에 있어서 '노르만의 잉글랜드 정복'이 아주 중요한 요소다. 라운드는 기사영지가 반드시 5하이드 단위로 분할되어 기사들을 동원할 수 있는 영지로 활용되지는 않았다고 주장한다. 우스터의 레드 북(Red Book of Worcester)에는 우스터 주교에게 군역을 납부한 기사들의 목록이 담겨있다. 우스터 주교의 영

62) Edward A. Freeman, *The History of the Norman Conquest of England* (6 vols, Oxford, 1867-79), Vol. II, p. 352; J. H. Round, *Feudal England*, p. 304.

지는 300하이드로 평가되는데, 5하이드 단위로 한 명의 기사를 파견하였다는 주장에 따르면, 우스터 주교는 국왕에게 60명의 기사를 동원할 책임이 있다. 실제로 헨리 1세는 우스터 주교에게 납부할 기사할당량을 60명에서 50명으로 경감시켜주었다.[63] 이에 따르면 헨리 1세 통치기 이전에 우스터 주교가 5하이드의 토지 당 한 명의 기사를 국왕을 위해 동원하였다는 주장에 정당성을 부여할 수 있다. 그러나 우스터 주교의 영지에서와는 달리 다른 여러 자료에 등장하는 기사할당량이 그렇게 5하이드 단위로 획일적으로 부여되지 않았다는데 문제가 있다. 1172년 기록인 재무성의 레드 북(Red Book of the Exchequer)에 등장하는 직수봉신들의 기사할당량에 따르면, 5나 10과 같은 5의 배수로만 분할되지 않고 불규칙적으로 기사할당량이 정해졌다.[64] 예컨대 우스터셔에서는 4하이드 당 한 명의 기사동원을 부담하였는가 하면, 심지어 1하이드에서 한 명의 기사를 동원할 부담을 진 경우도 있다. 한편 글로스터셔에서도 2하이드나 1하이드에서 한 명의 기사를 동원할 책임을 진 경우도 있다.[65] 이에 준하면 기사할당량은 하이드 면적에 따라서 결정된 것이 아니라 각 지역의 사정에 따라서 결정된 것으로 생각할 수 있다.

한편 또 다른 단절설(소개설)의 주장자인 스탠턴(F. M. Stenton)도 봉건제의 본질은 말을 타고 전투하는 기사라고 생각하였으며, 마르크 블로흐도 전문화된 전사계급인 중무장 기병으로서의 기사

63) C. Warren Hollister, ed., *The Impact of the Norman Conquest* (Florida, 1982), p. 66.

64) Eric John, *Land Tenure in Early England*, pp. 149-153.

65) Marjory Hollings, ed., *The Red Book of Worcester* (London, Worcestershire Historical Society, 1950), vol. iv, pp. xxv-xxvii.

의 존재가 봉건제의 본질이라고 생각하였다.[66] 그러므로 그들의 입장에서는 기사계급을 경제적으로 지원하기 위해 고안된 기사영지보다도 더 본질적인 것이 기사계급의 존재이다. 기사들이 말을 타고 싸우는 훈련뿐만 아니라 실제 전투에서도 많은 비용이 필요하다. 말과 칼을 비롯한 무기, 그리고 자신을 보호하기 위한 갑옷 등의 장비를 갖추는데 많은 비용이 들기 때문이다. 또한 한 명의 완전한 기사가 되기 위해서는 오랜 수련기간을 필요로 한다. 그러므로 기사 양성 과정은 전문가를 만드는 과정이고, 전문가가 되었다고 대외적으로 표방하는 의식이 기사서임식이다. 한편 전문적인 전투 기술과 기능을 지닌 한 명의 기사가 탄생하더라도, 그가 경제적으로 자립할 수 있는 자원, 즉 장원이 반드시 필요하였다. 그러므로 기사는 전사일 뿐만 아니라 장원을 소유한 영주이기도 하다. 영주가 장원을 효율적으로 경영하고 그로부터 영주가 자신의 경제생활을 유지하기 위한 재원을 창출하기 위해서 그에게 필요한 것은 영주재판권(seignorial justice)이다. 영주가 자신이 지배하는 장원 내에 거주하는 모든 농민들을 사법적으로나 경제적으로 지배한 근거가 영주재판권이다. 그래서 메이트랜드는 봉건제의 모든 요소 중에서 영주재판권보다 더 본질적인 것은 없다고 주장한다.[67] 만약 주종제가 봉건제의 핵심이라고 주장하는 학자들의 논리에 따른다면, 봉건제는 지배계급의 문제이지 농민층과는 관계가 없다고 주장할 수 있다. 그렇다면 지배층의 토지와 농민들의 노동력을 바탕으로 형성된 장원제는 봉건제와 관계가 없다는 말인가? 이에 대한 답변을 적절하게 하지 못

66) R. Allen Brown, *Origins of English Feudalism*, p. 24.
67) F. W. Maitland, *Domesday Book and Beyond*, p. 307.

한다면, 새로운 군사제도와 기사영지제도의 성립이 봉건제의 핵심적 요소라는 라운드를 비롯한 여러 학자들의 주장에는 문제가 있는 것이다. 정복 전 잉글랜드의 장원화가 여러 지역에서 진행되고 있었는데, 만약 이것이 잉글랜드 봉건제의 기원 문제와 크게 관계가 없다면, 11-12세기 잉글랜드 봉건제의 특징을 설명할 하나의 축으로서의 장원제의 가치는 무엇인가? 이에 대한 여러 가지 질문 속에서 주종제가 봉건제의 핵심적 요소라는 봉건제 연구 학자들의 견해에 비판이 가해 질 수 있다. 이런 관점에서 보면, 라운드의 주장이 안고 있는 한계를 파악할 수 있다.

정복자 윌리엄 시대에 작성된 기사영지 양도에 관한 두 가지 기록을 통하여 노르만 정복 이후 기사역 납부에 관한 사실을 파악할 수 있다. 첫째, 윌리엄의 기사였던 피터(Peter)가 국왕의 허락 하에 대수도원장인 발드윈(St. Edmund and Baldwin)의 봉신이 된 계약 문서이다.68) 정복자 윌리엄이 발드윈에게 부여한 그 문서에서 빌드윈의 기사들과 소농민인 소크맨(sokeman)들의 토지보유조건을 언급하고 있다.69) 국왕과 대수도원장을 위해 소집되었을 때, 피터는 자신의 비용으로 3-4명의 기사를 대동하고 왕국 내에서 국왕을 위해 봉사하여야 한다. 그리고 그는 대수도원장이 원할 때에는 왕국 내에서나 왕국 밖에서나 군역 수행을 위해 대수도원장에게 한 명의 기사를 동원하여야 한다. 그러므로

68) D. C. Douglas, "A Charter of Enfeoffment under William the Conqueror", *English Historical Review*, Vol. 42, No. 166 (April, 1927), pp. 245-247. (발드윈은 1065년부터 1098년까지 대수도원장을 지냈다.)

69) 둠즈데이 북에 따르면, 직수봉신, 고위성직자를 비롯한 지배층이 약 4%에 불과하고, 농노(villein)를 비롯한 하층 소농민층이 95% 정도를 점유하고 있다. 그 중에서 소크맨이 약 8.3%을 차지하고 있다. (이영구, 앵글로 노르만 봉건사회의 소농계급에 대한 연구, 297쪽.)

이 문서는 노르만 정복 후 잉글랜드에서 봉건제가 성립된 점을 증명하는 증거로 이용되고 있다. 둘째, 헤리퍼드 주교인 로버트 로징가(Robert Losinga)가 로저 레시(Roger de Lacy)와 사이에 맺은 두 가지 계약에 관한 기록이다. 이 기록에 근거하여 잉글랜드 봉건제에 대한 특징을 연구한 논문을 갈브레이드(V. H. Galbraith)가 발표하였다. 첫 번째 계약문서는 두 명의 기사역을 납부하는 조건으로 홈 레시(Holme Lacy) 장원을 로저 레시에게 양도한 기록이다.[70] 그런데 그 장원은 로저의 아버지가 이미 보유하고 있었다. 그러므로 그 장원은 상속절차에 따라서 아버지가 아들에게 상속한 장원일 것이다.[71] 물론 이 예를 통하여 둠즈데이 북 작성 무렵 봉토와 기사역 납부의 연관성 문제와 그 기원에 관한 사실을 분명하게 해명하는 데에는 한계가 있다. 그러나 1086년 무렵 잉글랜드에서의 봉토와 기사역 납부와의 상관관계를 파악할 수 있는 근거로서는 이 자료가 이용될 수 있을 것이다. 두 번째 계약 문서는 잉글랜드 서부의 샐럽(Salop) 주에 오니버리(Onibury)에게 20실링의 고정지대 납부를 조건으로 평생권을 전제로 토지를 양도한 문서이다. 이 문서들은 노르만의 잉글랜드 정복 후 재분봉(sub-infeudation)의 한 과정을 보여준다. 그런데 우리는 이 문서를 통해서 노르만 정복 직후 봉건적 계약이 평생권 만을 전제로 맺어졌음을 파악할 수 있다.

1890년대에 라운드가 주장한 봉건혁명론의 개념이 굳건히 자리 잡으면서, 그 이후 1920년대부터 1940년대에 이르기까지 잉글랜드의 봉건제에 대한 연구는 라운드의 봉건혁명론을 강화시키

70) V. H. Galbraith, "An Episcopal Land Grant of 1085", *English Historical Review*, Vol. 44, No. 175 (July, 1929), p. 245.

71) *Ibid.*, pp. 253-272.

는데 집중되었다. 그 가운데에서도 두드러진 업적은 스탠턴(F. M. Stenton)이 1932년에 발표한 저서인 『The First Century of English Feudalism: 1066-1166』이다. 스탠턴은 노르만의 기사역 제도가 정복자 윌리엄에 의해서 잉글랜드에 처음 도입되었다는 라운드의 가정에 대하여 설득력 있는 주장을 제시하였다. 노르만의 잉글랜드 정복 후 30년 이내에 정복자들은 험버 강 넘어 지역까지 노르만의 군역제도를 도입하였다. 그런데 이러한 노르만의 활동을 입증할 새로운 사료 발굴 작업이 1891년 이후 학자들에 의해서 활발하게 이루어졌고, 이것들이 정복자 윌리엄이 그의 직수봉신들로부터 징수한 기사역의 양이 그들이 보유하고 있던 토지의 넓이나 가치와는 분명히 관계가 없다는 라운드의 주장을 확인하게 만드는 계기가 되었다. 그리고 이것들이 잉글랜드에 봉건제가 도입된 것은 노르만 정복 이후라는 주장을 확신하게 만들었다고 스탠턴은 주장한다.72) 그러나 그의 주장은 다음과 같은 사실이 해명될 때 보다 큰 가치를 지닐 것이다. 잉글랜드의 봉건제에 관한 증거들이 10세기 앵글로 색슨 왕국 시대에 존재한다. 우스터의 주교 오스왈드가 우스터셔, 글로스터셔, 워윅셔에서 그에게 속한 고대 영지의 상당 부분을 3대에 걸쳐서 임대차 계약을 맺어 그 토지를 타인에게 양도한 사실이 기록된 문서가 발견되었다. 이 문서는 특히 962년과 992년 사이에 주교 오스왈드가 체결한 약 70건의 임대차 계약 문서이다. 이 임대차 계약은 대부분 3대에 걸쳐서, 즉 양수인의 생애, 그를 상속한 상속인의 생애, 그리고 그 상속인의 상속인 생애에 걸친 임대차였다. 이

72) F. M. Stenton, *The First Century of English Feudalism 1066-1166*, pp. 122-129.

임대 사실은 오스왈드 주교가 에드가(Edgar) 왕에게 보낸 비망록 기록과 관련시켜 볼 때, 그 의미가 더욱 중요하다. 그렇다면 양수인은 토지 임대의 대가로 주교에게 어떤 의무를 졌는가? 세 가지 의무를 졌다. 오스왈드 주교의 토지양도와 관련된 세 가지 필수적인 의무(trimoda necessitas)란 첫째, 다리건설의 의무, 둘째, 성채 건설의 의무, 셋째, 군역납부, 즉 퍼드(fyrd) 파견의 의무이다. 세 가지 의무에 관한 언급은 이미 794년 이후부터 나타난다. 앵글로 색슨 왕국 시대에 군사조직에 관하여 언급한 유일한 증거인 7세기 말에 웨식스의 잉 법은 76개 조항으로 구성되었는데, 그 가운데 봉건제와 관련하여 우리들이 주목할 조항은 국왕의 특허장에 의해서 양도된 모든 칙허보유지(book-land)[73]를 보유한 자들은 국왕이나 주지사가 군대를 소집하면 부과된 군역할당량을 납부하여야 한다고 언급한 점이다. 또한 토지소유의 유무와 관계없이 모든 자유인들이 퍼드로서 군역을 납부하였다. 웨식스 왕은 794년에 퍼드의 군역 납부(fyrd service), 801년에 다리 건설을 위한 부역(bridge work) 제공, 842년에 성채 건설 공사에 필요한 인력을 징발(borough work)하였다.[74] 이처럼 퍼드에게 세 가지 의무가 부과되었다.[75] 그런데 이들이 바친 세 가

73) 데인(thegn)이 한 영지의 완전한 소유권을 향유하였더라도 국왕의 허락 없이 그것을 자녀들에게 양도하거나 상속시킬 수가 없었다. 만약 그가 후사 없이 사망하면, 그 토지는 국왕에게 귀속되었다. 국왕의 특허장만이 그에게 그것을 매매, 교환, 유증할 수 있는 힘을 주었다. [H. P. R. Finburgh, *The Formation of England 550-1042* (London, 1974), p. 121.]

74) *Ibid.*, p. 98.

75) 에델울프(Ethelwulf: 839-858)가 이들 세 가지 보편적 의무를 토지소유자들에게 강요한 웨식스의 첫 번째 왕이다. 853년에 에델울프는 4살에 불과한 막내아들인 알프레드를 파견단의 일원으로 로마에 보냈고, 에델울프 자신도 855년에 직접 로마에 갔다. 그가 858년에 사망하자, 그의 아들인 에델발드(Ethelbald: 858-860)가 뒤를 이었다. 그가 요절하자, 그의 형제 중

지 의무 모두는 국왕에게 납부한 형태를 띠었다. 그러나 이 의무는 봉건제의 특징 중에 하나인 봉신이 주군에게 납부한 군역의 의무처럼 봉건적 형태가 아니었다. 퍼드의 역은 국가적(national)이었다면, 주군에게 바친 봉신의 군역은 개인적(personal)이었던 점에서 두 가지 의무는 성격상 서로 다르다. 앵글로 색슨 왕국 시대 퍼드가 수행한 역은 그 형태뿐만 아니라 성격상으로도 봉신들이 납부한 역과는 다르다. 그러므로 퍼드의 군역 납부를 근거로 앵글로 색슨 시대에 봉건군역제가 존재하였다고 주장하는 것은 적절하지가 않다. 실제로 1명의 퍼드가 군역을 납부하는 기준이 6하이드로 언급된 기록이 801년 머시아 왕국의 코엔울프(Coenwulf) 왕의 특허장에서 확인된다. 즉 30하이드의 토지 당 5명의 남성을 군대에 파견하였다. 세 가지 의무를 수행하기 위하여 매 6하이드 당 1명의 퍼드를 국왕에게 파견한 것이다.[76] 그러나 앵글로 색슨 시대의 군사제도와는 달리 둠즈데이 북의 기록에 따르면, 버크셔와 연관된 문구에서 5하이드의 토지 당 1명의 전사를 국왕이 원하는 곳으로 파견하여야 하였다. 그리고 파견된 전사의 2개월 동안의 임금과 식비로서 매 하이드 당 4쉴링을 파견된 전사에게 지급하였다.[77] 비록 스탠턴(F. M. Stenton)이 버크셔 증거에 근거하여 5하이드 원칙을 잉글랜드 전역에 적용하는 문제점을 지적하였지만, 라운드(J. H. Round)는 데인로우 지역이

의 한 명인 에델베르트(Ethelbert: 860-865)가 즉위하였고, 그가 죽자 에델울프의 셋째 아들인 에델레드 1세(Ethelred: 865-871)가 뒤를 이었다. 에델레드가 막내 동생인 알프레드를 남기고 871년에 사망하자, 23세에 이른 알프레드가 뒤를 이었다. 이제 알프레드의 통치기에 웨식스 왕국의 전성기를 맞게 된다. 이처럼 이 시기에는 형제상속이 보편적이었다.

76) R. Allen Brown, *Origins of English Feudalism*, p. 48.

77) *Domesday Book*, I, 56b.

나 스칸디나비아의 영향을 받은 지역에서는 6카루케이트(carucate)의 원칙이 있음을 언급하였다.[78] 그러므로 매 5하이드나 6카루케이트 토지마다 전사들을 파견한 것이 보편적이었다고 하겠다. 그렇다면 한 명의 퍼드를 파견하기 위한 토지와 군역납부를 조건으로 주군이 봉신에게 양도한 봉토와는 어떤 차이가 있는가? 앞에서 이미 언급한 것처럼, 퍼드의 군역납부는 국가적이며 동시에 국왕에게 납부한 것인 반면, 기사의 군역납부는 개인적인 의무이고 주군과 봉신 사이에 맺어진 계약의 이행을 위해 납부한 의무였다. 더구나 퍼드의 군역납부를 위한 토지는 봉토와는 다르다. 봉토는 주군과 봉신 간의 개인적 계약에 의한 군역납부의 매개체 역할을 한 반면, 퍼드의 5하이드 원칙에서 5하이드란 어느 공동체가 국왕에게 납부할 군역을 마련하기 위한 기본적 토지에 불과하다. 물론 앵글로 색슨 왕국 시대 퍼드의 징집에서 중요한 요소로 작용한 것은 토지 임대였다. 일정 기간 동안 명기된 역의 납부를 대가로 토지 임대가 이루어진 것이다. 이때 임대된 토지와 군역납부를 조건으로 봉토를 수여한 경우에는 유사성이 있다. 즉 두 경우 모두 국왕과 주군에게 역을 납부하는 조건으로 토지를 보유하였기 때문에 유사성이 있는 것이다. 그리고 퍼드의 경우 군역을 성실하게 납부한다는 조건으로 3대에 걸쳐서 토지를 임대할 수 있다는 조건이 있었지만, 두 경우 모두 토지가 자동적으로 상속되지 않는다는 점에서는 유사성이 있다. 그러나 국왕이 오스왈드슬로우(Oswaldslow) 백호장에게 요구한 역에서 보는 것처럼 퍼드의 군역 납부를 조건으로 한 토지 임대는 봉건적 토지, 즉

78) J. H. Round, *Feudal England: Historical Studies on the XIth and XIIth Centuries* (London, 1964), pp. 44ff. (이하 Feudal England라고 약칭함.)

봉토의 형태가 아니었다. 그가 바친 역의 형태는 기사역이 아니라 해군역이었다. 그가 보유한 300하이드의 토지대가로 전함과 그 전함에 승선할 전사들을 채우는 역의 형태일 수 있다.[79] 봉토를 받은 기사가 주군에게 납부한 역의 형태는 기사역이다. 그러므로 봉토의 보유자가 주군에게 군역의 의무를 개인적으로 지고 있는 것이 군역납부의 본질이다. 1166년 기사영지에 부과된 기사역에 대한 토지조사에서 나타난 것처럼, 직수봉신들이 국왕과의 계약에서 약속한 기사할당량을 국왕이 요구할 때에 동원하여야 할 의무를 지고 있었다. 이 사실만으로는 퍼드의 군역 납부 형태와 유사하게 보이지만, 그 다음의 문제는 전혀 다른 형태로 나타난다. 즉 직수봉신들은 자신의 예하에 또 다른 봉신들, 즉 배신을 거느리기 위하여 군역납부를 조건으로 한 봉건적 계약을 맺었다. 이 계약은 국왕과는 전혀 관계가 없는 개인적인 계약이다. 이것이 봉건제의 여러 가지 특징 중의 하나이다. 한편 봉신이 주군에게 납부한 군역의 형태는 기사역이었으나, 퍼드의 역은 분명히 보병이었다는 점에서도 양자가 서로 다르다. 그러므로 퍼드의 군역납부와 기사역 납부와는 어떤 연속성이나 유사성이 없다.

그러나 계속설을 주장한 학자들은 오스왈드 주교의 임대계약에 대하여 지나치게 봉건적이라는 측면에서 해석한 점이 있다고 강조하였다. 그 중에 하나가 임대 조건 중에 말을 타야 될 의무가 있는 자들을 과연 봉건시대의 기사와 연결시킬 수 있는가 하는 점이다. 봉건시대의 기사와 우스터 주교가 부과한 조건으로 토지를 보유한 자와의 사이에는 매우 유사한 점이 많다고 메이트랜드는 주장한다. 그렇기 때문에 잉글랜드의 봉건제는 그 본질에 있

79) Eric John, *Land Tenure in Early England*, pp. 110-121.

어서 노르만 정복 이전 앵글로 색슨 왕국 시대까지 거슬러 올라간다고 본 것이다. 그러나 이러한 견해에 대하여 스탠턴을 비롯하여 홀리스터는 다음과 같이 비판한다. 최소한 군사조직이라는 측면에서 보면 오스왈드 주교의 임대계약 문서는 봉건적 기사제도와는 관계가 없다. 그것은 단순히 주교의 피양도인들이 말을 소유하였음을 나타내는 것에 불과하다. 그리고 그들이 단순히 말을 탔음을 알려주는 것이지 그것이 군역납부와 관련되었다는 증거로서 이용될 수는 없다.

20세기 중반 경에 이르러 라운드의 봉건혁명론이 도전을 받기 시작하였다. 즉 계속설을 주장하는 새로운 학자들의 활동이 활발하게 나타난다. 특히 라운드의 이론은 다음과 같은 세 명의 연구자에 의해서 비판을 받았다. 첫째로는 프레스트위치(J. O. Prestwich)이다. 그는 앵글로 노르만 시대에 용병의 중요성을 조사하였다. 그를 통하여 노르만 왕조의 재정과 용병의 고용 사이에 밀접한 관계가 있음을 밝혔다. 그리고 프레스트위치는 이 용병들이 앵글로 색슨과 앵글로 노르만 사이에 중요한 연관성이 있음을 주장하였다.[80] 둘째로는 마조리 홀링스(Marjory Hollings)이다. 그녀는 『우스터의 레드 북(Red Book)』에 담긴 기사들의 목록을 주요 사료로 이용하여 데인의 보유지가 기사영지로 계승되었음을 강조하였을 뿐만 아니라 우스터의 기사영지들 중의 다수가 5하이드 단위로 구성되어 있는데, 이것을 앵글로 색슨 왕국 시대의 퍼드를 소집할 때 5하이드 단위로 한 명씩 파견하였던 사실과 연관시켰다.[81] 1948년에 홀링스가 헤리퍼드셔, 슈롭셔, 스태퍼드셔,

80) J. O. Prestwich, "War and Finance in the Anglo-Norman State", *Transactions of the Royal Historical Society*, Vol. 4 (Dec., 1954), pp. 19-43.

워릭셔가 있는 잉글랜드 중서부 지방(western midlands) 일부에서 기사영지의 기초가 된 앵글로 색슨 왕국 시대에 존재하였던 군역 납부 단위인 5하이드 단위의 원칙이 노르만 정복 후에도 잉글랜드에 그대로 존재하였음을 주장한다.[82] 그녀의 그러한 언급은 정복 전 앵글로 색슨 왕국의 전사인 퍼드의 소집을 위한 근거가 된 5하이드 단위가 정복 후 잉글랜드의 기사영지의 기반이 되었다고 주장한 것이나 마찬가지이다. 만약 이것이 사실이라면, 우스터 주교가 토지를 임대하면서 맺은 계약에 나타난 것처럼, 앵글로 색슨 왕국 후기에 있던 5하이드마다 한 명의 퍼드를 동원해야 할 의무와 앵글로 노르만 시대의 기사 동원 제도와를 서로 연관시켜 볼 수도 있다. 만약 이러한 가정이 입증된다면, 잉글랜드의 봉건제는 노르만 정복의 산물이 아니라 앵글로 색슨 왕국 후기의 산물이라고 주장할 수 있다. 셋째로는 1960년에 라운드 이론에 전면적인 공격을 가한 에릭 존을 들 수 있다. 그는 홀링스처럼 『우스터의 레드 북(Red Book)』의 내용을 증거로 하여 5하이드 단위의 군역 동원 체제를 강조하였다. 그는 우스터의 앵글로 색슨 왕국 주교들이 3대에 걸쳐서 획득하였던 토지보유권이 노르만 정복 후 20년 동안에도 계속 존재하였음을 강조하였다. 그것은 결국 노르만의 잉글랜드 침입의 영향을 받지 않고 앵글로 색슨 왕국 체제가 그대로 계속되었음을 나타내는 증거이다. 그는 우스터 주교령이 보여주는 것처럼 노르만 정복 후의 기사할당량

---

81) Marjory Hollings, "The Survival of the Five Hide Unit in the Western Midlands", pp. 453-487.

82) Marjory Hollings, ed., *The Red Book of Worcester*, vol. iv, pp. xx-xxiii; Marjory Hollings, "The Survival of the Five Hide Unit in the Western Midlands", pp. 453-487.

은 앵글로 색슨 왕국의 5하이드 단위의 징병제에 근거하고 있음도 주장하였다.[83] 위에서 언급한 세 사람 이외에도 세이레스(G. O. Sayles)는 1950년에 라운드의 봉건혁명론을 비판하면서 앵글로 색슨 왕국 후기에 봉건제가 존재하였다고 주장하였다. 그는 잉글랜드에서 봉건적 토지보유는 앵글로 색슨 왕국 이후 앵글로 노르만 시대에 이르기까지 점진적으로 발달하였다고 생각하였다. 이러한 생각을 세이레스는 리처드슨(H. G. Richardson)과 공유하였다. 그러면서도 그들은 헨리 2세 통치기인 1166년에 「기사영지 조사보고서」로서 알려진 문서에서 바론들에게 분봉한 봉토에 관하여 조사한 결과, 봉건적 토지보유의 형태가 1066년에서 1166년 사이에 더욱 발전하였다는 점에는 동의하였다.[84] 「기사영지 조사보고서」에는 직수봉신들 각각이 보유한 봉토와 그 수, 후대에 분봉에 의해서 봉토를 보유하게 된 자들의 성명과 그들이 보유한 봉토의 규모, 국왕에게 진 기사역의 규모 등이 기록되어 있다. 그러므로 이 문서를 통하여 헨리 1세 이후 기사영지의 분봉 실태와 그들이 부담한 기사역의 규모 파악이 가능하다.[85] 조사결과에 따르면, 캔터베리, 윈체스터, 링컨, 우스터 등의 규모가 큰 주교영지와 피터버러, 글레스턴버리 등의 교회영지에 각각 60명의 기사동원의 의무를 부과하였고, 세속귀족으로서는 헨리 1세의 서자인 로버트에게 100명의 기사할당량을 부과하였으며, 더비 백작이 80명의 기사할당량을 부담하고 있었다. 이 외에도 60명

---

83) Eric John, *Land Tenure in Early England*, pp. 140-143.
84) H. G. Richardson and G. O. Sayles, *The Governance of Medieval England from the Conquest to Magna Carta*, pp. 26-28.
85) F. M. Stenton, *The First Century of English Feudalism 1066-1166*, p. 138.

의 기사할당량을 책임진 세속 귀족이 7명이나 되었다.[86] 이 문서에 따르면, 직수봉신들이 부담한 군역납부의 의무가 1166년에는 이전 시기보다 경감되었다. 예컨대 국왕에게 40명의 기사 동원의 의무를 진 월터(Walter de Aincurt)는 11명으로 경감되었고,[87] 10명의 기사 동원의 책임을 졌던 로저(Roger de Burun)도 기사동원수가 6명으로 경감되었다.[88] 또한 30명의 기사 동원의 의무를 졌던 허버트(Hubert fitz Ralf)에게도 헨리 1세 사망 이전에 20명으로 그 수가 감소되었다.[89] 그렇다면 어째서 1135년에 비하여 1166년에 기사할당량이 감소하였는가? 이것은 장기간 해외원정의 난점, 기사영지의 분해, 기사장비가격의 지속적인 인상, 기사의 임금상승 등이 원인이었다.[90]

에릭 존, 리차드슨과 세이레스, 프랑크 바로가 발표한 저서로 인하여 과거부터 내려온 해묵은 논쟁이 재점화되었다. 재점화된 논쟁의 중심에는 라운드의 주장이 자리하였다. 이를 계기로 자연히 라운드 이론의 지지자들과 반대자들 사이에 논쟁이 일어났다. 이를 계기로 1960년대에 많은 논문이 양편의 학자들에 의해서 발표되었다. 그 가운데에서 특히 여러 편의 논문을 발표한 홀트와 홀리스터, 그리고 에릭 존이 주목받았다.[91] 에릭 존은 현존하

86) *English Historical Documents, 1042-1189*, pp. 903-904.
87) Hubert Hall, ed., *The Red Book of the Exchequer*, vol. 1, pp. 380-381.
88) *Ibid.*, 1, p. 342.
89) *Ibid.*, 1, p. 343.
90) Michael R. Powicke, "Distraint of Knighthood and Military Obligation under Henry III", *Speculum*, Vol. 25, No. 4 (1950), p. 457.
91) J. C. Holt, "Feudalism Revisited", pp. 333-340; C. Warren Hollister, "The Norman Conquest and the Genesis of English Feudalism", pp. 641-663; J. C. Holt, "Anglo-Norman Feudalism", *Economic History Review*, Vol. 16, No. 1 (August, 1963), pp. 114-118; C.

는 증거들로 볼 때, 토지보유와 군사조직에 있어서 노르만 정복 이전에 잉글랜드는 봉건적이라고 주장한다. 더욱이 노르만의 기사할당량 제도는 앵글로 색슨 왕국의 5하이드 원칙으로부터 유래되었다고 보았다.[92] 만약 에릭 존의 주장이 올바르다면, 기사할당량 제도가 노르만의 잉글랜드 정복 후에 잉글랜드에 도입되었다는 라운드의 주장은 유효하다고 볼 수 없다. 그러나 문제는 라운드가 가정한 정복자 윌리엄이 봉건적 기사할당량 제도를 시행하였다는 사실이 이브섬(Evesham), 피터버러(Peterborough), 아빙던(Abingdon)과 같은 대수도원 영지들의 기록에서 확인된다는 점이다. 이브섬 대수도원은 총 160하이드에 이르는 영지를 소유하였다. 그 영지들 중의 많은 부분이 우스터셔에 있다. 우스터셔에는 앵글로 색슨 왕국 시대부터 5하이드 규칙에 따라서 한 명의 퍼드를 파견하여야 하는 원칙이 있었다. 이에 따르면, 결국 이브섬 대수도원은 32명의 퍼드를 선발하여 국왕에게 파견할 의무가 있었다. 그러나 라운드가 인용한 1072년경 국왕의 공식서한(writ)에 따르면, 기사할당량은 5명이었다. 이러한 할당량은 거의 1세기 후인 1166년에도 변함없었다. 이처럼 기사할당량의 감소는 봉신들이 그의 배신에게 재분봉한 결과로 나타난 현상이다.[93] 만약 우리가 이러한 기록에 신뢰성을 부여한다면, 앵글로 색슨 왕국 시대의 5하이드 원칙에 따른 퍼드의 파견 의무와 노르만 정복 이후의 기사할당량과는 동일한 기준에서 이해할 수 없는 문제이다. 그런데 이브섬 대수도원으로부터 나온 자료에 따르

Warren Hollister, "1066: The'Feudal Revolution'", pp. 708-723.

92) Eric John, *Land Tenure in Early England*, p. 160.

93) Sally P. J. Harvey, "The Knight and the Knight's Fee in England", p. 8; J. H. Round, *Feudal England*, pp. 236-238.

면, 이곳에서 파견된 기사역은 말과 무기를 지참한 완전한 군역납부 형태였다. 그리고 대수도원장은 기사가 국왕의 역을 수행하는 동안 그에 필요한 비용을 부담하여야 한다.[94] 한편 피터버러 수도원의 기사할당량은 그가 보유한 보유지에 비하여 많은 수였다. 피터버러 수도원 영지의 면적에 준하여 추론컨대 퍼드 할당량은 70명을 넘지 않았을 것이다. 한편 헨리 2세 시대의 재무성의 회계감사 기록인 파이프 롤스(pipe rolls)에 기록된 봉건적 기사할당량은 60명이다. 이곳에서도 퍼드의 선발 징집과 기사할당량과의 사이에도 일치하는 점이 없음은 이브섬 대수도원의 경우와 동일하다. 마지막으로 1066년에 아빙던 수도원의 경우, 5하이드 원칙이 적용된 버크셔에 영지가 많았고, 옥스퍼드셔에 일부, 그리고 글로스터셔에 약간의 영지가 있었는데, 이것들 모두를 합쳐서 624 1/2하이드였다. 그런데 둠즈데이 북이 작성되던 1086년에는 425 3/4하이드로 크게 감소하였다.[95] 이 면적들을 5하이드 원칙에 적용시킨다면, 1066년에는 퍼드 선발 징집의 부담률이 125명, 1086년에는 85명을 부담한 것으로 계산될 수 있다. 그러나 정복자 윌리엄의 기사목록이나 1081년 웨일스 원정시에 국왕의 원정대에 합류하여줄 것을 요청한 기사의 수는 30명이었다. 한편 1166년에 조사한 기사할당량 조사보고서에서는 33명의 기사가, 그리고 헨리 2세의 회계감사 기록인 파이프 롤스에 기사할당량이 30명으로 나타난다.[96] 그러므로 아빙던 수도

94) Hubert Hall, ed., *The Red Book of the Exchequer*, vol. I, pp. 301-302.

95) C. Warren Hollister, ed., *The Impact of the Norman Conquest*, p. 115.

96) H. Hall, ed., *Red Book of the Exchequer*, vol. I, p. 329; John Beeler, "The Composition of Anglo-Norman Armies", p. 409; J. H. Round,

원에서도 앵글로 색슨 왕국 시대의 5하이드 원칙에 따른 퍼드의 선발 징집과 정복 이후의 기사할당량과는 크게 차이가 있음을 확인할 수 있다. 즉 5하이드 원칙이 적용되지 않았다. 최소한 이곳에서 검토한 세 곳의 대수도원령에 준한다면, 앵글로 색슨 왕국 시대의 5하이드 원칙이 노르만 정복 이후에 적용된 기사할당량과는 서로 일치하지 않음을 확인할 수 있다. 이에 준하여 본다면, 최소한 세 곳의 수도원령에서 실시된 군역납부 제도가 앵글로 색슨 시대에서 앵글로 노르만 시대로 계승되었다는 주장은 설득력이 없다고 하겠다. 이러한 사실에 따른다면, 윌리엄의 잉글랜드 정복 이후에 만든 봉건적 기사할당량 제도는 정복자가 새로 수립한 것이라는 라운드의 주장에 신뢰를 주게 된다. 한편 라운드의 주장은 하스킨스(Charles Homer Haskins)가 뒷받침하고 있다.[97] 그러나 문제는 그가 이용한 사료들이 주로 12세기의 것인데, 이에 근거하여 노르망디 지역에 존재한 기사할당량 제도가 정복 이후 잉글랜드에 도입되었음을 주장한 것이다. 그러므로 그의 주장이 과연 타당한 가 의심된다. 그럼에도 불구하고 하스킨스의 주장의 적합성은 데이비드 더글라스와 요셉 스트라이어에 의해서 부여되었다. 그러나 이들의 주장은 소수 대수도원 영지에 관한 기록에서 발췌한 예에 근거를 두고 있다. 그러므로 이들의 주장을 잉글랜드 전역에 확대 적용시키기는 어렵다고 생각한다. 더구나 위에서 살펴본 것처럼, 정복자 윌리엄이 노르만으로부터 도입한 제도로서 주장한 봉건적 기사할당량 제도는 노르만으로부터 전해진 제도가 아니라 앵글로 색슨 왕국 시대의 군역납부 제

Feudal England, pp. 199-204; C. Warren Hollister, "The Knights of Peterborough and the Anglo-Norman Fyrd", pp. 418-420.

97) Charles Homer Haskins, *Norman Institutions* (Cambridge, 1918).

도를 계승 발전시킨 것이라는 점을 입증할 여러 증거들도 있다. 이처럼 계속설과 단절설(소개설)을 입증할 자료들이 동시에 존재하고 있기 때문에 어느 주장이 타당한지를 결정하기가 매우 어려운 실정이다. 바로 이러한 배경 하에서 잉글랜드의 군역납부 제도가 노르만으로부터 '도입(importation)'된 제도가 아니라 노르만 제도와 기존의 잉글랜드에 존재한 제도들의 '상호작용(interaction)'의 결과물[98]이라는 종합설이 등장할 수 있는 것이다.

4. 잉글랜드의 봉건제—종합설

계속설을 주장하는 학자들과 단절설(소개설)을 주장하는 학자들 사이에 존재한 견해의 차이 속에서 노르만의 관습과 앵글로 색슨의 관습이 융합되어 새로운 봉건시대를 열었다고 주장하는 중간학파의 종합설이 등장하였다. 중간학파에 속한 학자들은 노르만인들이 잉글랜드 정복을 통해서 기사역 납부 제도를 잉글랜드에 도입하였으나, 그것이 앵글로 색슨 왕국 시대의 중앙집권적 정치제도 하에 편입되었고, 그래서 두 제도가 혼합된 잉글랜드만의 특별한 군사제도가 성립하게 되었다고 주장한다. 보통법의 성립 과정에서 보았듯이 앵글로 노르만의 사회체제는 앵글로 색슨족, 노르만족 등의 이민족의 침입과 정착 과정에서 여러 가지 이질적 요소들이 융합되어 형성되었다. 그러므로 중간학파의 학자들은 잉글랜드의 봉건제도 노르만의 잉글랜드 침입과 정착 과정에서 노르만의 제도가 잉글랜드에 소개 도입된 것이 아니라 기존

98) C. Warren Hollister, ed., *The Impact of the Norman Conquest*, p. 118.

에 앵글로 색슨적 요소와 노르만적 요소들이 상호작용을 통하여 하나로 융합되는 과정에서 형성된 것으로 이해하였다.

단절설(소개설)을 주장한 라운드는 주로 12세기의 자료를 이용하여 봉건적 기사할당량의 제도가 노르만 정복 전 노르망디 지방에 존재하였음을 주장하였다. 그의 주장은 후에 데이비드 더글라스, 루시앵 뮈세(Lucien Musset), 요셉 스트라이어 등의 학자들에 의해서 재강조되었다. 그러나 이들이 자신들의 의견 없이 라운드의 주장을 무비판적으로 따른 것은 아니다. 이들 중 특히 요셉 스트라이어는 기사할당량 제도는 노르만의 잉글랜드 정복 이전에 노르망디 지역에 없었다고 주장한다. 그의 주장에 따르면, 정복자 윌리엄이 잉글랜드의 봉건적 기사할당량 제도를 노르망디 지역으로부터 들여온 것은 아니었다. 그는 기존의 앵글로 색슨 왕국에 있던 퍼드 제도에 노르만의 제도가 보완되어 나타난 것이 기사할당량 제도라고 주장한다. 그러므로 중간학파에게는 잉글랜드의 봉건제를 논할 때 핵심적인 단어는 '도입(importation)'이 아니라 '상호작용(interaction)'이다. 스트라이어는 노르망디적 모델을 따라서 잉글랜드적인 것이 만들어진 것도 아니고 노르망디의 제도가 잉글랜드의 모델을 따라 만들어진 것도 아니라고 언급한 그의 말 속에 종합설의 의미가 다 담겨 있다. 또한 미카엘 포위크, 프레스트위치(J. O. Prestwich), 스매일(R. C. Smail), 빌러(John Beeler), 데이비드 더글라스 등의 학자들도 요셉 스트라이어의 주장에 부분적으로 동의한다. 이들은 모두 기사할당량 제도가 정복자 윌리엄에 의해서 잉글랜드에 도입되었음을 인정함과 동시에 앵글로 색슨 왕국과 노르만 잉글랜드의 군사조직 간에는 제도적 연속성이 존재하였음도 인정한다. 데이비드 더글라스는 "대귀족(magnate)들에게 군역납부를 조건으로 한 토지보유를 내건 정복자 윌리엄의 정책은 가장 성공적인 성과 중의 하나이다."라고 주장한다. 그러나 그는 한편으로 "잉글랜드에 대한 정복자 윌리엄의 충격은 잉글랜드의 전통에 따라서 완화되었다."[99]고 서술하였다.

잉글랜드에서의 봉건제 발달에 대한 에드워드 프리맨의 견해는 계속설을 주장하면서도 한편으로는 점진주의자(gradualist)의 입장을 표명한다. 이미 앵글로 색슨 왕국 시대부터 발달하기 시작한 봉건적 제도들이 윌리엄 2세에 이르기까지 점차적으로 발달하여 잉글랜드 방식의 봉건제가 성립되었다고 프리맨은 주장한다. 그러나 그의 견해는 본질적으로 계속설에 바탕을 두고 있다. 봉건제는 분할된 토지, 약화된 중앙정부가 특징이다. 그러나 정복자 윌리엄은 이러한 두 가지 경향의 출현을 오히려 억제하였다. 특히 그는 강력한 중앙정부의 수립에 도움을 받기 위해서 고대의 법과 제도들을 이용하였다. 이를 통하여 그는 정복자이지만 합법적인 통치자로서 잉글랜드를 통치하려고 하였다. 그렇다면 윌리엄이 정복할 당시의 잉글랜드의 봉건적인 모습은 어떻게 설명할 수 있는가? 윌리엄의 통치 초기에 조사 작성된 둠즈데이 북에는 전형적인 봉건제 하에서 존재한 기사역이나 군역납부를 조건으로 한 토지보유(military tenure)에 관한 기록은 없다. 아마도 그것은 전형적 봉건제 하에서 존재한 것과 같이 봉신이 주군에게 군역을 납부한 것이 아니라 직수봉신들이 국왕에게 납부한 것이기 때문일 것이다. 윌리엄의 잉글랜드 정복 후, 그는 추종자들에게 군역납부를 조건으로 한 토지보유 제도를 실시하여 중요한 세속 토지보유자들이 국왕의 직수봉신들이 되었다. 한편 직수봉신은

---

99) C. Warren Hollister, "1066: The 'Feudal Revolution'", p. 119.

국왕에게 진 군역납부의 의무를 수행하기 위해서 다시 자신의 배신(sub-vassal)들과 봉건적 계약을 체결하였다. 만약 기사영지를 보유한 하위 봉신이 그의 주군에게 군역납부를 이행하지 못하면 그 책임은 국왕이 아니라 그의 주군인 직수봉신에게 있었다. 이러한 군역체계가 윌리엄 2세(1087-1100) 통치 이후 헨리 1세(1100-1135) 통치기에 이르러서나 완성된다. 그러므로 만약 봉건제가 잉글랜드에 성립되었다면, 그 시기는 정복자 윌리엄이 아니라 윌리엄 2세 통치기라고 프리맨은 주장한다.100)

중간학파에 속한 학자들은 계속설과 단절설(소개설)의 주장에 정당성 여부는 다음과 같은 두 가지 문제의 해명에 달려있다고 보았다. 첫째, 앵글로 색슨 왕국 시대의 전사인 퍼드의 잔재가 앵글로 노르만 시대의 군사제도에 계승되었는지 여부의 문제이고, 둘째, 직수봉신들이 국왕에게 납부한 기사할당량의 문제가 언제부터 시작되었느냐 하는 문제이다. 중간학파에 속한 학자들은 1960년대부터 중세 잉글랜드의 군사제도와 군역납부에 대하여 본격적으로 연구한 사람들이다. 필자는 이들의 견해가 결국은 잉글랜드의 봉건제를 '집권적 봉건제' 또는 '봉건왕정'이라고 주장하는 계기를 초래하였다고 생각한다. 이들은 '집권적'이라는 개념과 상반된 '봉건제'를 하나의 개념으로 묶는 방법을 통하여 계속설과 단절설(소개설) 두 이론이 모두 안고 있는 문제점을 동시에 해결하려고 시도한 것이다.

잉글랜드 봉건사회는 노르망디의 봉건사회와 성격을 달리하고 있다. 그 이유는 무엇인가? 노르망디의 봉건제 형성과 기원은, 9

---

100) Edward A. Freeman, *The History of the Norman Conquest of England*, vol. 5, pp. 366-373, 376-378.

세기 샤를마뉴 대제의 사망 후 약화된 카롤링거 왕조와 바이킹, 이슬람, 마자르 등 이민족의 침입으로 인한 카롤링거 왕조의 해체 과정에 있다. 9-10세기에 북부 프랑스에서는 공권력의 점진적 분화가 이루어져 왕권은 크게 약화되고 지방 제후들의 세력이 강화되었다. 이러한 정치적 환경 하에서 봉건제가 형성된 것이다. 그러나 이와 달리 잉글랜드에서는 9세기에 왕권이 쇠퇴하거나 붕괴된 것이 아니라 오히려 강화되고 있었다. 앵글로 색슨 왕국 통치기에 잉글랜드는 주 법원, 백호장 법원, 데인겔트, 5하이드 원칙 등의 공적 제도가 사적 지배권보다 우월하였다. 그리고 프랑스와는 달리 노르만 정복 전 잉글랜드는 비교적 사적 전쟁으로부터 자유로워 퍼드와 같은 군대가 국왕의 군대로 존재할 수 있었다. 또한 봉토를 사이에 둔 주군과 봉신 간의 사적(personal) 관계와 같은 것은 아니더라도, 데인의 예에서 보는 것처럼 봉건제의 근간인 사적 관계가 국왕과 데인 사이에 존재하였다. 그런 의미에서 홀리스터가 언급한 것처럼 결국 앵글로 색슨 잉글랜드가 봉건적이었는지 아닌지 여부는 봉건제의 의미를 어떤 관점에서 어떻게 정의하느냐에 달려 있을 수도 있다.101) 그러나 한편으로는 노르만족의 잉글랜드 정복 후 노르망디의 여러 제도가 잉글랜드에 이식되었으며, 이것이 기존의 앵글로 색슨 왕국 제도와 결합하여 발전되는 과정을 거쳤음도 간과해서는 안 될 것이다.

필자는 기원론에 따라 계속설이나 단절설(소개설) 어느 한쪽에 편중된 잉글랜드 봉건제 연구는 중세 잉글랜드 사회의 특징을 올바르게 이해하는데 방해가 된다고 생각한다. 비록 잉글랜드에 노

101) C. Warren Hollister, *The Making of England, 55 B.C. to 1399*, p. 104.

르망디식의 통치 체제가 도입되었다고 하더라도, 그 체제는 원형 그대로가 아니라 잉글랜드의 실정에 알맞게 변형되었고, 그 중심에는 강력한 왕권을 지닌 국왕이 위치하고 있다. 노르만 정복 후 거의 300여 년 동안 잉글랜드의 정치적 흐름은 집권적 왕정 체제의 수립에 있었다. 비록 스티븐이나 존 왕의 치하에서 드러난 것처럼 일시적으로 왕권이 약화된 시기에는 상대적으로 바론들의 권한이 강화되었지만, 헨리 1세와 헨리 2세 통치기를 거쳐 에드워드 왕들에 이르는 시기 동안에 지향한 잉글랜드의 정치체제의 기본 방향은 집권적 왕정 체제의 수립에 있었다. 그 구체적 예를 들어 보면 다음과 같다. 첫째, 정복자 윌리엄이 '솔즈버리 맹약'에서 강조한 것처럼 최하단의 봉신조차도 국왕에 대한 충성을 유보한 가운데 주군과 봉신이 주종관계를 맺도록 윌리엄 1세는 요구하였다. 이러한 방법을 통해 지배층 모두가 자연스럽게 국왕에게 충성을 받치도록 하였다. 즉 왕권이 맨 하단의 봉신에게까지 미칠 수 있었다. 그러므로 봉건제의 정치적 특징인 지방분권이 어느 정도 극복될 수 있었다. 둘째, 국왕의 법원의 기능이 정상적으로 발휘되고 있었다. 귀족들과 관련된 중죄와 같은 형사소송은 물론 그들 사이에 제기된 토지소유권 소송과 같은 민사소송까지도 국왕의 법원에서 다루었다. 이러한 재판권 행사를 통해 바론들에 대한 왕권의 영향력을 확대 강화시킬 수 있었다. 이러한 정신은 특히 헨리 1세 이후 변함없이 지속 추진된 잉글랜드의 정치적 흐름이었다. 그리고 그러한 정신이 보통법에 실현되었다. 셋째, 순회재판제도의 실시로 국왕이 지방 제후들의 세력을 억제할 수 있었다. 국왕의 대사법관들이 주기적으로 지방을 순회하면서 범법자들을 재판함으로써 왕권이 지방 곳곳에 미칠 수 있었고 지방마다 서로 다른 관습을 하나로 통일시켜 나갈 수 있었다. 이것이 보통법 발달의 기초가 되었는데, 특히 헨리 1세 이후 실시된 순회재판의 기능은 헨리 2세 통치기에 이르러 더욱 강화되었다. 헨리 2세 시대의 정체를 '앙주 제국'이라고 칭할 수 있는 것도 넓은 영토를 지배하였다는 공간의 개념뿐만 아니라 그 지역을 통치한 국왕의 지배권에도 근거하고 있는 것이다. 넷째, 주지사에 의한 지방 통치 제도가 정착되었다. 국왕이 임명한 주지사는 국왕을 대리하여 지방을 통치한 통치자이다. 그러므로 주지사는 국왕의 명령을 지방 행정에 반영시킨 통로였다. 그리고 주지사는 그가 통치한 지역의 행정권과 함께 사법권도 장악하여 왕명을 집행하였다. 그리고 이러한 권한 행사의 밑바탕에는 순회재판소의 운영이 있다. 다섯째, 고위성직자나 바론들을 중심으로 한 회의체가 국왕의 통치를 위한 조언자의 역할을 하였다. 또한 사법개혁을 다룬 재판관 집단과 그들을 지원한 전문적 행정가인 서기 집단의 성장과 보통법의 발달이 국왕의 국가, 즉 잉글랜드 왕국 발전에 중요한 요소로 작용하였다. 이러한 변화는 헨리 2세 이후 에드워드 왕들의 통치기에 이르기까지 진행되었다. 특히 에드워드 1세 통치기에 이르러 보통법에 준한 국왕의 통치 체제를 바탕으로 한 왕국과 잉글랜드라는 국가를 결합시킨 과정은 의회 발달에 의해서 나타난 결과이다. 헨리 1세의 '자유의 특허장'이나 존 왕의 '대헌장'이 입헌 왕정 체제 수립을 위한 첫걸음이었다면, 에드워드 1세의 '모범의회' 성립은 입헌 왕정 체제를 보다 구체화시킨 계기가 된 사건이었다. 의회가 왕권을 적극적으로 제한하였다기보다는 오히려 국왕의 왕국 통치에 봉사한 측면이 강하였기 때문이다. 위에서 언급한 다섯 가지 요소들 중에서도 특히 잉글랜드의 정치체제를 이해할 수 있는 가늠자는 보통법과 그것을 적용하여 운영한 재판제도이다. 다음 장에서 이에 대하여 구체적으로 살펴보기로 하자.

사실 국왕 중심의 집권적 정치체제 수립을 위한 제도와 법의 개선이 이루어져 나갔는데, 이것이 앵글로 노르만 시대 잉글랜드의 기본적인 정치적 흐름이다. 그런 점에서 앵글로 노르만 시대의 잉글랜드 왕들은 '봉건왕정' 체제 수립을 위해 노력하였고, 이는 12-13세기에 이르러 성취되었다고 주장할 수 있다. 봉건왕정 체제 하에서 국왕은 국가를 통치한 왕이자 직수봉신을 거느린 봉건 영주이다. 그런 점에서 중세 잉글랜드의 정치·사회적 체제를 '봉건왕정' 체제라고 부르는 것이 '집권적 봉건제' 사회라고 부르는 것보다 더 적절할 수 있다. 그렇다고 '봉건왕정'이라는 용어가 중세 잉글랜드의 정치·사회적 특성을 완전히 포괄하는 용어로서 적절하다는 것을 주장하는 것은 아니다. 왜냐하면 '봉건'과 '왕정' 중에서 어디에다 더 강조점을 두느냐에 따라서 중세 잉글랜드의 정치체제를 봉건적이라고 할 수도 있고, 중앙집권을 지향한 왕정체제라고 주장할 수도 있기 때문이다. 만약 두 가지 중에서 하나에 더 비중을 두어야 한다면, 필자는 중세 잉글랜드의 정치체제를 봉건적이라기보다는 왕정에 더 중점을 둔 '봉건왕정'으로 이해하여야 한다고 생각한다.

위와 같은 종합설에 대한 견해는 다음과 같은 몇 가지 관점에 준하여 타당성 여부를 검토되어야 할 것이다.

첫째, 앵글로 색슨인들은 전문적인 기사계급이나 주종제에 입각한 봉건적 토지보유제도를 발전시키지 못하였다. 그러나 봉건제를 논할 핵심적 요소 중의 하나인 봉토소유와 군역납부 제도가 결합된 모습이 앵글로 색슨 왕국 시대에도 존재하였다. 그럼에도 불구하고 퍼드의 군역납부를 근거로 앵글로 색슨 왕국 시대에도 봉건제가 존재하였다고 주장하는 것은 적절하지 않다. 왜냐하면 퍼드가 바친 군역은 국가적(national)이었기 때문에 퍼드는 국민군의 성격을 지녔던 반면에 주군에게 바친 봉신의 군역은 개인적(personal) 계약에 의한 의무였기 때문이다. 한편 국왕은 956년에 특허장을 통하여 데인 계급에게 사적 재판권을 부여하였다. 사적 재판권이란 전형적인 봉건제 하에서 주군이 봉신에게 봉토와 함께 부여한 불입권(immunity)과 유사한 봉신들의 특권이다. 그럼으로 사적 재판권은 지방분권적인 통치 체제 성립의 핵심적 요소 중에 하나이다. 그럼으로 만약 봉건제를 구성하는 핵심적 요소가 사적 재판권이라고 한다면, 앵글로 색슨 말에 이미 봉건적 체제가 수립되었다고 주장할 수 있다. 다만 사적 재판권을 행사할 수 있는 터전인 봉토가 존재하여야 한다. 그러나 앵글로 색슨 왕국에서는 주군과 봉신 사이의 밀접한 개인적 관계 수립의 매개체인 봉토 제도가 발달하지 않았다. 그런 의미에서 볼 때 사적 재판권의 존재만 가지고 앵글로 색슨 왕국을 봉건 왕국이라고 주장할 수는 없다.

둘째, 5하이드 단위로 군역을 납부한 제도가 봉건적 군역납부 제도 성립의 중요한 기준으로 언급되고 있다. 앵글로 색슨 왕국 시대 특허장들을 보면, 국왕이 데인에게 군역납부를 조건으로 토지를 5하이드 단위로 분할하여 증여하였음을 볼 수 있다. 이미 위에서 검토한 것처럼, 반드시 5하이드 단위로 군역납부가 이루어진 것도 아니다. 그러나 대부분이 5하이드 단위로 퍼드의 군역납부가 이루어졌다. 지역적 단위를 기준으로 군역을 납부한 퍼드는 물론 국왕과 직접 토지를 매개로 하여 사적 관계를 맺은 데인의 경우도 5하이드 단위로 군사적 의무를 졌다. 비록 퍼드나 데인이 5하이드의 토지를 바탕으로 국왕에게 군역을 납부하였다고 하더라도, 국왕과의 관계가 지역적이냐 아니면 사적이냐에 차이가 있었다. 그런 점에서 우리는 스텁스의 주장에 주목한다. 스텁스는 앵글로 색슨 시대나 앵글로 노르만 시대나 군역 의무는 동일했고, 무장한 기사 양성을 위한 기사령도 5하이드 단위로 구성되어 있던 점도 같았다고 주장한다. 그는 앵글로 색슨 왕국의 알프레드 대왕 통치 시대 이래로 경작지 매 5하이드마다 한 명의 퍼드를 국왕에게 파견하였는데, 노르만 정복 이후 직수봉신들의 군역납부도 그가 소유한 영지 5하이드마다 한 명의 기사를 국왕에게 파견하였기 때문에 두 제도가 유사하다고 주장한 것이다. 이러한 사실에 준하여 앵글로 색슨 왕국의 군역납부 제도가 앵글로 노르만 사회로 계승되었다고 주장한다. 그러나 이러한 주장은 두 제도의 외관만 보고 내린 결론이다. 이들이 비록 5하이드마다 한 명씩 선발된 전사들이라고 하더라도, 퍼드는 한 지역에서 선발된 지역을 대표한 국민군과 같은 성격을 지닌 반면, 기사는 주군과 봉신 사이의 개인적 계약에 따라 선발된 전사이다. 그러므로 두 제도가 유사할 수는 없다.

셋째, 봉건제를 논하는 대부분의 학자들은 기사의 존재 여부를 봉건제를 논하는 중요한 기준으로 언급한다. 그러나 필자의 생각은 이와 다르다. 필자는 앵글로 노르만 봉건사회를 지탱한 중요한 요소인 봉토의 수여 과정에서 성립한 군역납부 제도는 앵글로 색슨 시대에도 앵글로 노르만 시대와 마찬가지로 존재하였음을 확인하였다. 다만 이때 납부한 군역의 형태가 어떤 것이었으며, 군역을 납부한 전사들이 말을 타고 전투에 임하였는가, 아니면 전쟁터까지는 말을 타고 이동하고 실제 전투에서는 보병의 형태로 전투를 하였는가의 문제에 있어서는 차이가 존재하였다. 그러나 말을 타고 전투한 경우와 말을 타고 전쟁터까지 이동한 다음 보병의 형태로 전투한 것과의 차이를 가지고 봉건제를 논하는 것은 큰 의미가 없다. 왜냐하면 말을 타고 전투하였느냐, 아니면 보병으로 전투하였느냐 하는 문제는 전투를 벌인 지역의 지형적 조건이나 전술상의 필요에 따라서 결정될 수 있는 것이기 때문이다. 실제로 12세기에도 기사들의 대다수가 전쟁터에 도착하여 말에서 내린 다음 보병으로 전투한 예를 다수 확인하였다. 그러므로 필자는 전투의 중심 세력이 보병이냐 아니면 기병이냐 라는 문제가 당시의 사회적 특징을 결정짓는 중요한 요소는 아니라고 생각한다. 오히려 이러한 전사들을 양성하기 위해 마련된 토지보유 제도가 무엇인가 하는 점이 매우 중요하다. 즉 봉토를 결부시킨 가운데 당시 군사제도를 논하는 것이 중요하다.

넷째, 봉건제 성립의 또 다른 기준으로 봉건 영주들의 권력의 중심지인 성의 존재 여부를 언급한다. 그런데 단절설(소개설)을 주장하는 학자들은 봉건적 성, 특히 석조성을 세우고 그것을 거점으로 권력이 분산된 봉건적 관습은 정복자 윌리엄과 그의 후계자들에 의해서 성립되었다고 주장한다. 그런데 앵글로 색슨 왕국 시대에도, 비록 석조성은 아니라고 하더라도, 목책을 둘러친 성들의 초기 모습을 볼 수 있다. 비록 두 시기에 건설된 성의 모습이 서로 달랐다고 하더라도, 두 시기에 건설된 성들이 당시 통치의 중심지이고 군사적 기능을 하였다는 점에서는 공통점을 가지고 있다. 그렇다면 이러한 점을 어떻게 해석할 것인가? 성의 모습으로 볼 때, 잉글랜드가 정복자 윌리엄 이후 봉건국가로 전환된 것으로 볼 것인가? 아니면 앵글로 색슨 시대에 이미 성을 비롯한 여러 가지 봉건적 제도가 발달하였고, 이것을 앵글로 노르만 시대에 계승 발전시켰다고 보아야 할 것인가? 아마도 그러한 계속설과 단절설(소개설)은 당시 잉글랜드의 정치, 경제, 사회의 모습과 결부시켜 해명될 수 있는 문제일 것이다.

다섯째, 장원제와 예속적 지배 체제의 존재도 봉건제를 논하는 중요한 기준 중에 하나일 것이다. 잉글랜드 사회는 모든 점에서 불평등한 귀족 중심 사회였다. 맨 밑바닥에 장원 1-2곳을 소유한 중소 영주들로부터 맨 상층부에는 다수의 장원을 소유한 백작을 비롯한 세속 대귀족들과 주교와 대수도원장을 비롯한 고위성직자들이 위치하고, 이들이 지배층을 형성하였다. 이들 대귀족들이 소유한 영지를 장원이라는 경제단위로서 분할하여 운영하였던 점은 앵글로 색슨 왕국이나 앵글로 노르만 왕국이나 동일하다. 그런데 그 장원들이 생산성을 지니려면 노동력을 소유한 피지배층인 농민들과의 연계가 필요하다. 영주와 농민사이에 불평등한 지배구조가 존재하였던 점도 앵글로 색슨 시기나 앵글로 노르만 시기나 유사하다. 또한 자원 분배에 있어서 불평등이 귀족들 사이에서 뿐만 아니라 귀족과 농민 사이에서, 그리고 농민들 사이에서도 있었다. 토지보유면적, 가축소유, 농업장비의 소유 등에서 농민들 사이에 경제적 불균형이 넓게 존재하였다. 이처럼 봉건제하의 중세 잉글랜드 사회는 불평등이 광범하게 존재한 귀족사회였다.[102) 이러한 불평등한 사회구조 속에서 국왕을 정점으로 하여 소수의 대영주들이 사회는 물론 다수의 사회 구성원들을 지배하였다.

지금까지 필자가 지적한 앵글로 색슨 사회와 앵글로 노르만 사회에 존재한 여러 가지 제도를 통해서 봉건제의 존재 여부를 검토하였다. 이에 따르면, 한편에서는 앵글로 색슨 왕국에서도 봉건적 요소가 존재하였으며, 또한 다른 한편에서는 봉건적 요소들

102) Grenville Astill and Annie Grant, ed., *The Countryside of Medieval England* (Oxford, 1988), p. 222.

이 아직 성숙하지 못한 경우도 있다. 그러므로 앵글로 색슨 왕국 통치시기를 어느 관점에서 보느냐에 따라서 '봉건적'이라고 할 수도 있으며, 또 다른 관점에서는 아니라고 볼 수도 있는 것이다. 그런 점에서 볼 때, 필자가 서론에서 이미 지적한 것처럼, 이러이러한 조건과 요소를 갖추어야 봉건제라고 지칭할 수 있다는 일반화적 주장을 철회하고, 대신 개별적 사실들의 특징을 하나하나씩 검토하여 그것을 바탕으로 중세 영국사회의 성격을 결정하려는 자세가 필요하다고 생각한다.

VI. 보통법의 발달과 재판제도

1. 원시재판제도와 그 개혁—대배심제도의 등장

9세기부터 12세기에 이르는 시기에 라틴 기독교 세계에서 범법자에 대한 재판에 신성재판(ordeal)이 광범하게 이용되었다. 유럽의 기독교 세계에서 신성재판은 절도, 살인, 방화, 위조, 마법을 포함한 모든 범법자의 재판에 이용되었는데, 이러한 경향에 잉글랜드도 예외가 아니다. 그 구체적인 예들이 법에 명시되었는데, 10세기 에드워드 선대왕(Edward the Elder: 899-924)의 법으로부터 12세기 헨리 2세의 조례(assize)에 이르기까지 신성재판에 관한 예들이 언급되었다.[1] 잉글랜드 관습법에 따르면, 형사소송의 경우는 피해자 측이 소송을 제기하여 법의 판단을 받게 되어 있다. 그러나 만약 소송에서 패하면 소송을 제기한 자는 매우 엄한 처벌을 받았다. 이러한 제도 하에서는 법원에 소송을 제기하는 일은 매우 큰 용기가 필요하였고, 그래서 형사범들이 처벌을 받지 않는 경우가 많았다. 헨리 2세는 이러한 문제점을 해결하고자 앵글로 노르만 통치사에서 기념비적인 법을 클라렌드에서 공포하였다. 1164년에 발표된 클라렌든 조례에 의해서, 그리고 1176년에 발표된 노샘프턴 조례에 의해서, 대배심(grand

---

1) Robert Bartlett, *Trial by Fire and Water: the Medieval Judicial Ordeal* (Oxford University Press, 1986), p. 25.

jury) 제도가 만들어졌다. 대배심 제도에 따르면, 주지사의 요구에 따라서 각 백호장으로부터 12명이나 24명의 심리 배심원을 선발하여 사건을 심리하도록 하였다.[2] 이 배심원들은 주지사나 순회재판관에게 지방에서 발생한 중요한 범죄 목록을 작성하여 보고할 의무가 있었다. 이것은 재판제도에 있어서 혁명적인 변화였다. 왜냐하면 전문적인 순회재판관들에 의해서 재판이 진행되고, 12명이나 혹은 24명의 배심원들이 증인이나 증거에 따라서 다수결의 평결로 피의자의 유무죄를 판단하였기 때문이다. 그러므로 대배심원 제도의 마련은 원시적인 재판제도로부터 벗어나는 계기가 되었다.

중세 잉글랜드에서 원시적 재판제도는 다음과 같은 세 가지 형태가 있다. 결투에 의해서 유무죄를 심판하거나, 무죄를 집단의 이름으로 맹세하여 증명하거나 신성재판(神聖裁判)에 의해서 범죄 혐의자의 유무죄 여부를 가렸다.[3] 이러한 재판제도들은 가장 원시적인 형태이다. 특히 그것들 중에서도 다음과 같은 두 가지 재판제도가 가장 원시적이다. 첫째, 물이나 불로서 인간의 죄를 판별한 재판(trial by fire and water)이다. 12-13세기에도 물이나 불로써 범죄의 유무죄 여부를 판단한 원시적인 신성재판이 시행되고 있었다.[4] 12세기 잉글랜드에서 신성재판의 시행은 법률서, 특히 헨리 1세의 법(Leges Henrici primi)에 잘 반영되어 있다.[5] 법의 규정을 벗어나서 실제로 행한 재판 기록이 13세기에 여러

2) Charles M. Gray, ed., *Matthew Hale: The History of the Common Law of England* (University of Chicago Press, 1971), pp. 160-167.

3) L. J. Downer, ed., *Leges Henrici Primi*, p. 107.

4) Robert Bartlett, *op. cit.*, pp. 2-3.

5) L. J. Downer, ed., *Leges Henrici Primi*, pp. 107, 120, 154, 164, 200, 202-204, 208, 212, 266, 278.

건 남아 있다. 예를 들면 1208년에서 1235년 사이에 신성재판이 실시된 기록이 348건이 있는데, 이는 연평균 25건에 이른다.[6] 이에 따르면 신성재판은 다음과 같은 특징이 있다. 신성재판이 열리면 성직자와 교회가 재판절차를 통제하였다. 범죄 용의자에게 불과 물로 하는 재판 중에 하나를 선택하도록 허용하였다. 신성재판은 신속하게 3일 동안 진행되었다. 물로 하는 재판의 경우, 범죄혐의자의 손과 발을 묶은 후에 찬물에 넣어 물속으로 가라앉으면 무죄, 뜨면 유죄로 판단하였다. 불로 하는 재판의 경우는 다음과 같은 것들이 있다. 뜨거운 물속에 있는 돌을 맨손으로 잡은 다음, 3일 후에 손이 곪지 않고 치료가 되면 무죄로 판단하였다. 한편 불에 달군 쟁기나 쇠붙이 위를 맨발로 걷거나 맨손으로 그것을 잡고 일정한 거리를 걷게 한 다음 3일 후에 화상을 입은 부위가 곪지 않으면 무죄, 곪으면 유죄라는 판결을 내렸다.

1215년 교황 인노첸시오 3세(1198-1216)가 제 4차 라테란느 공의회에서 발표한 공의회 법령 제 18조에 따라서 성직자들의 신성재판 가담을 금지시킴으로써 신성재판의 기능이 약화되기 시작하였다. 교황은 성직자들에게 달군 쇠붙이나 끓는 물이나 찬물에 의한 재판 중 어느 것에도 축성이나 강복과 같은 방법으로 가담하여서는 안 된다고 금지시켰다. 또한 그는 교령에서 귀족이나 기사들의 결투에 의한 재판도 금지시켰다. 이러한 원시적인 재판제도에 대신하여 증인과 증거에 의한 배심원들의 평결에 따라서 사건을 심리한 대배심 제도가 실시된 것은 사법사상 획기적인 변화였다. 왜냐하면 신성재판을 통한 죄인의 판결은 증거나 증인보다는 신의 의지를 더 신뢰한 데 기초를 두고 있기 때문이다.

6) Robert Bartlett, *op. cit.*, p. 63.

즉 인간이 만든 규범이나 제도보다는 신의 의지를 더 신뢰한 결과가 신성재판이다. 당대의 신학적 사고로는 한 인간이 다른 인간의 죄를 판단하지 못하였다. 그것은 오로지 신만이 판단할 수 있는 문제였다. 또한 신의 판결은 오류가 없다는 신학적 판단이 강하게 지배하고 있었다.

둘째, 결투에 의한 재판(trial by battle)이다. 결투에 의한 재판이란 물이나 불에 의한 재판을 통해서 유무죄를 판단하였던 것처럼 하느님이 정의로운 자에게 승리를 안겨줄 것이라는 신념이 바탕에 깔려있다. 원고와 피고, 혹은 그들의 대리인들이 무기를 가지고 싸워서 승리하는 자가 무죄, 패하는 자가 유죄라는 재판제도가 결투에 의한 재판이다. 결투는 성직자를 제외한 어느 누구도 가능하였다. 이러한 형태의 재판은 500-800년 사이에 초기 게르만족들, 즉 부르군드족, 롬바르드족, 튀링겐족, 프리지아인, 색슨족 등 여러 부족의 법적 관습 속에서 찾을 수 있다.[7] 이러한 관습이 잉글랜드에는 1066년 이후 보편적이지는 않지만 넓게 퍼져 있었다.[8] 결투에 의한 재판 제도는 민사소송은 물론 형사소송의 경우에도 적용되었다. 소송이 제기되면, 배심원에 의한 재판이냐 아니면 결투에 의한 재판이냐를 선택할 수 있었기 때문에 중세 내내 결투에 의한 재판제도가 존재할 수 있었다. 그러나 그 재판도 제약이 있었다. 결투에 의한 재판이 성직자들에게는 물론 런던과 뉴캐슬과 같은 도시민들에게는 허용되지 않았고[9], 또한

7) *Ibid.*, pp. 103-104.
8) *Ibid.*, p. 105.
9) A. Ballard, *British Borough Charters, 1042-1216* (Cambridge, 1913), pp. 132-134. 헨리 1세가 그의 아버지로부터 결투에 의한 재판제도를 물려받았으나, 뉴캐슬에 대해서는 결투에 의한 재판제도를 면제하여 주었다. [W. Stubbs, ed., *Select Charters* (9th edn., Oxford, 1913), p. 134.]

부자유인과 자유인 사이와 같은 신분적 차이가 있는 자들 사이에서 결투에 의한 재판을 금지시켰다. 그러나 여성들에게는 결투에 의한 재판을 허용하였다. 여성들이 결투에 의한 재판을 할 수 있었던 것은 그들이 지명한 대리자에 의한 결투가 가능하였기 때문이다.[10] 지배층뿐만 아니라 농민들 사이에서 가장 빈번하게 일어난 소송이 토지소유권 분쟁이었다. 만약 토지소유권 분쟁에 휘말린 자들이 동일 주군에 속한 봉신들이라면 주군의 법원 앞에서 결투가 벌어졌고, 만약 서로 다른 주군에게 속한 봉신들이라면 주 법원 앞에서 결투가 벌어졌다. 기사들 사이에 결투에 의한 재판이 발생할 경우, 그 결투의 정당성은 그들이 태생적으로 합법적 기사임을 증명하여야 결투가 허용되었다. 그리고 그들은 일반적인 기사와 마찬가지로 말을 타고 기사 장비를 갖추고 결투에 임하였다.

비록 원시적인 재판제도의 잔재가 19세기 초까지 존재하였지만, 1215년 제 4차 라테란느 공의회에서 결투에 의한 재판제도의 폐지를 결정하였고, 1179년 헨리 2세(1216-1272)는 재산권 분쟁에 있어서 결투에 의한 재판제도를 폐지하고, 배심원에 의한 재판을 하도록 결정하였다. 배심원 제도는 헨리 2세가 1166년에 공표한 클라렌든 조례(Assize of Clarendon)로부터 실시되었는데, 1176년 발표한 노샘프턴 조례(Assize of Northampton)에 의해서 더욱 확대 실시되었으나, 1176-1177년 사이에 진정한 의미에서 배심원 제도에 근거한 순회재판 제도가 실시되었다.[11] 배심원 제도는 1215년 이후부터 더욱 발전하였다. 왜냐하면

10) Robert Bartlett, *op. cit*, pp. 109, 119-120.

11) W. T. Reedy, "The Origins of the General Eyre in the Reign of Henry I", *Speculum*, Vol. 41, No. 4 (Oct., 1966), p. 716.

1215년 제 4차 라테란 공의회에서 교황 인노켄티우스 4세(1243-1254)가 신성재판 제도의 폐지를 결정하였기 때문이다. 이제부터는 배심원들의 도움을 받아 재판관들이 범죄용의자의 유무죄 여부를 판결하게 되었다. 이러한 변화는 보통법의 발달하고도 연관성이 있다. 글렌빌에서 브락톤에 이르는 시기에 보통법이 발달하고, 법에 따라서 증거와 증인에 의한 판결이라는 합리적 재판제도가 발달하였기 때문이다. 원시적 재판 제도의 폐지는 국왕의 법정이 있는 중앙에서 뿐만 아니라 지방에서도 동시에 나타난다. 만약 지방에서 토지 소유권 분쟁 소송이 제기되면 해당 지역 주지사는 12명에서 24명에 이르는 대배심원단을 조직하여 그들로 하여금 그 문제를 심리하도록 하였다. 이러한 조치는 힘에 의해 사건을 해결하려는 원시적 사고에서 벗어나서 증거와 증인의 증언에 기초하여 배심원들이 평결을 내리도록 한 법적이고 합리적 사고로부터 비롯되었다. 이러한 조치는 중요한 법적이고 사회적인 변화를 초래하였고, 이에 더하여 재판권 행사의 주체인 국왕의 권한이 크게 강화된 부수적인 효과도 얻었다. 대배심 제도의 창안은 정당한 사법권 행사의 기초가 되었으며, 그것은 범죄로부터 벗어나 새로운 사회건설을 위한 기반인 사회질서를 바로 세우고 유지시키는데 큰 힘을 발휘하였다. 만약 어느 사람이 적법한 사법적 절차나 결정 없이 그의 소유물인 토지로부터 추방되면, 피해자는 국왕의 대법관에게 직접 제소할 수 있었다. 사실 심리를 위해 국왕의 재판관 앞에 출두한 12명이나 24명의 배심원들을 선발하도록 주지사에게 명령하고, 여기에서 불법 여부를 판단하였으며, 만약 불법이 있었다면 토지를 잃은 자는 토지를 취득한 자에게 결투를 청구할 수 있었으며, 양자가 동의하면 문제의 해결방법으로 결투가 시행될 수 있었다. 그러나 대체로 토지 소유권 분쟁은 대배심원단의 사실심리를 통해 해결하였다. 이러한 분쟁 해결법은 과부와 상속권자 간의 상속 재산의 소유권 분쟁에도 적용되었다. 이러한 재판 제도를 통하여 왕국의 전체 신민에게 국왕의 사법권이 미칠 수 있게 되었다. 토지소유권 분쟁은 정의와 연결된 문제였다. 상속권과 관련된 토지의 부당한 점유침탈은 폭력과 연관되어 있기 때문이다. 그러므로 헨리 2세가 봉신들의 재산권 분쟁에 개입한 것은 단순히 범죄를 심리하여 정의를 실현시키려는 일일 뿐만 아니라 국왕의 평화 유지와도 관련된 조치였다. 그러나 봉신들의 입장에서 볼 때, 헨리 2세의 사법적 개혁이란 봉신들에 대한 규제를 강화시킨 것이었다. 그러므로 국왕과 봉신들 간의 충돌은 불가피했다. 그 구체적 예는 존 왕 시대에 발표된 〈대헌장〉에서 볼 수 있다.

2. 보통법과 세속재판제도의 발달과 국왕권의 강화

12세기 말까지 정기적으로 주를 순회하면서 범법자들을 재판한 순회재판제도가 강화됨으로써 지방마다 혹은 장원마다 서로 다르게 수립된 관습법을 압도하는 법이 발달하게 되었으니, 이것이 법의 전국적인 적용의 통일성과 일반성을 기할 수 있게 된 보통법(common law) 발달의 출발점이다. 헨리 2세 시대에 잉글랜드의 보통법이 수립되었으나, 이것의 출발점은 바로 헨리 1세의 법 체제 개정을 위한 노력으로부터 시작되었다. 영국 보통법은 여러 가지 점에서 프랑스의 법과 다르다. 또한 영국 법을 집행하기 위해서 생긴 법원제도도 프랑스와 다르다. 왜냐하면 중앙법원, 즉 웨스트민스터에 있던 민사소송(Common Pleas) 법원과 국왕의 법원(King's Bench)이 잉글랜드에만 있었기 때문이다.[12] 국왕의 법원은 존 왕 때에 처음 설치되었다가 헨리 3세가 부활시켜 국왕의 사법권을 강화시켰다. 중앙법원에는 형사사건을 다룬 국왕의 법원과 40실링 이상의 소송물가액과 관련된 재산권 분쟁이나 소유권 분쟁 및 부채 소송 등을 다룬 민사소송 법원인 일반청원법원이 있다. 이들 법원들은 당연히 국왕의 이익과 관련된 소송을 관리하였다. 이러한 잉글랜드만의 소송제도와 법원의 특징이 19세기 스텁스와 메이트랜드가 이용하지 않았던 새로운 사료들을 발굴 하여 이용한 도리스 메리 스탠턴(D. M. Stenton)이나 세이레스(G. O. Sayles)와 같은 20세기 역사가들의 연구에 의해서 밝혀졌다.[13]

이러한 형태의 중앙법원과 함께 지방에서 발생한 범법행위를 심판하기 위해서 여러 가지 형태의 지방법원이 운영되었다. 지방법원 중에서 최고의 법원인 주 법원, 주 안에 있는 가장 작은 행정적이고 사법적 단위인 백호장에 설치된 법원으로서 주로 불법침해와 부채 소송과 같은 소소한 사건들을 다룬 백호장 법원, 국왕으로부터 특허장을 받은 도시(town)와 바러(borough)에 설치

---

12) Ralph V. Turner, "The Origins of Common Pleas and King's Bench", *American Journal of Legal History*, Vol. 21, No. 3 (July, 1977), pp. 238-239. 국왕의 법원은 존 왕 때에 처음 설치되었다가 헨리 3세가 부활시켜 국왕의 사법권을 강화시키는 기능을 하였다.

13) 예를 들면 다음과 같은 자료들이 편찬되었다. Doris M. Stenton, ed., *The Earliest Lincolnshire Assize Rolls, A.D. 1202-1209* (Lincoln Record Society, 22: 1926); *The Earliest Northamptonshire Assize Rolls, A.D. 1202 and 1203* (Northampton Record Series, 5: 1930); *Rolls of the Justices in Eyre for Lincolnshire and Worcestershire* (Selden Society, 53: 1934); *Rolls of the Justices in Eyre for Yorkshire in 3 Henry III* (Selden Society, 59: 1937); *Rolls of the Justices in Eyre for Gloucestershire, Warwickshire and Staffordshire 1221, 1222* (Selden Society, 59: 1940); G. O. Sayles, ed., *Select Cases in the Court of King's Bench under Edward I-Henry V* (7 vols: Selden Society, 55, 57, 58, 74, 82, 88: 1936-71).

된 법원으로서 주로 도시민들의 불법침해와 부채 소송을 다룬 도시법원, 그리고 장원 내에서 발생한 불법행위를 다룬 장원법원이 설치 운영되었다. 지방에서 발생한 사건의 모든 범법자들을 체포하고 재판하며 처벌하는 과정에 있어서 국왕의 재판관들과 지방법원의 재판관들 사이에 유기적 협동체제가 형성되었다. 이러한 변화로 인하여 재판과정이나 재판결과에 점차로 통일성을 기할 수 있게 되었다. 이러한 과정에서 핵심적인 역할을 한 것은 주 법원(county court)이다. 에드워드 1세 통치기인 13세기 말경에 주 법원을 관장한 전문적인 법률가들이 등장하여 재판의 전문성을 갖추게 되었으며, 범법자들에게 적용된 법의 일관성을 기할 수 있게 되었다. 13세기 중엽까지 주지사들이 자주 재판관으로서의 역할을 하였는데, 이는 사법적 체계가 잉글랜드 전역에 균일하게 적용될 수 있는 조건이 되었다. 민사소송과 관련시켜 볼 때, 주 법원은 주로 불법침해나 부채와 같은 소송을 다루었다. 그리고 장원법원에서 다루지 못한 살인이나 폭행사건을 비롯한 신체상해 사건을 주 법원에서 다루었다.[14] 그러므로 지방에서 발생한 '국왕의 평화'를 해친 주요 사건들을 중앙법원 못지않게 지방법원인 주 법원에서 다루었다. 이러한 과정에서 자연스럽게 주 법원에서 전문적인 법률가 집단이 양성될 수 있었다. 주지사는 그가 통치한 지방 귀족들인 '세네샬(seneschal)'이나 '베이리프(bailiff)'의 조력을 받아 재판을 진행하였다. 그러한 과정에서 이들이 지방의 전문적인 법률가 집단으로 성장하였다.[15]

---

14) John G. Bellamy, *Crime and Public Order in England in the Later Middle Ages* (London, 1973), p. 89.

15) Robert C. Palmer, *The County Courts of Medieval England 1150-1350* 참조바람.

국왕의 재판관들이 각 지방에 정기적으로 파견되어 사건을 재판함으로써 국왕의 사법권이 지방 곳곳에까지 미칠 수 있게 되었고, 그에 따라서 국왕권도 강화되어 나갔다. 중앙법원에서 파견된 국왕의 관리인 순회재판관들이 점차 통일된 법에 따라서 지방에서 발생한 사건을 재판하고, 그 재판결과가 새로운 관습법으로 자리 잡으면서, 지방 곳곳에 동일하게 적용된 법과 재판제도가 확립되게 되어 나갔다. 이러한 과정이 바로 전국 어느 곳이나, 누구에게나 공통적으로 적용될 수 있는 법인 보통법의 성립 과정이다. 그러므로 보통법의 발달과 그 적용의 문제는 국왕의 사법권과 재판제도 발달의 문제와 긴밀한 관계를 맺는 것이다. 특히 12세기부터 범법자들을 다룰 형법이 하나로 통일되어 가면서부터 지방적 특성을 고려하지 않은 가운데 법의 집행이 이루어지고, 이로부터 보통법적인 법률 체계가 형성되었다. 그렇다고 보통법 정신이 그대로 사법적 체계에 반영되어 실행되고, 그에 따라서 범죄인들에 대한 처벌이 집행된 것은 아니다. 1166년에 헨리 2세의 클라렌든 조례(Assize of Clarendon) 발표에 따라서 배심원 제도가 마련되었다. 헨리 2세 통치기인 1176-1177년에 진정한 의미에 배심원 제도에 근거한 순회재판 제도가 잉글랜드에서 실시되었다.[16] 22개 항목으로 구성된 클라렌든 조례 제 1항에서 천명한 "국왕의 평화를 지키며 정의를 실천한다."는 원칙에 따라서 순회재판관들은 살인, 강도, 절도, 폭행 등과 같은 중죄를 범한 자들에 대한 형사사건들을 담당하였다. 대귀족이나 고

16) William T. Reedy, Jr., "The Origins of the General Eyre in the Reign of Henry I", *Speculum*, Vol. 41, No. 4 (Oct., 1966), p. 716; Christopher N. L. Brooke, D. E. Luscombe, G. H. Martin, and D. Owen, eds., *Church and Government in the Middle Ages* (Cambridge, 1976), pp. 74-75.

위성직자는 물론 도시민과 농민들에 이르기까지 모든 범법자들은 그 지역의 법원에서 순회재판관들이 주도한 재판에 의해서 처벌되고, 런던을 비롯한 중앙법원이 구성되어 있는 곳에서는 국왕의 재판관들이 사건 심리를 하여 처벌하였는데, 만약 여기에서 유죄로 판결되면 범법자들의 재산은 몰수되어 국왕에게 귀속되었다. 그러므로 헨리 2세 통치기에 수립된 새로운 재판제도는 국왕권을 확대 강화시킬 수 있는 하나의 수단이 되었다. 그의 통치기에 잉글랜드 법에는 민사소송과 형사소송에 두 가지 기본원칙이 존재하였다. 첫째, 누구라도 국왕이나 국왕의 대사법관의 영장 없이는 봉신이 주군의 법원에서 그가 소유하고 있는 보유재산(tenement)에 관한 규제에 대하여 답변할 의무가 없다.[17] 둘째, 형사소송에서 국왕은 민사소송에서처럼 모든 자유인들뿐만 아니라 농노들에게도 사법권을 소유하였다. 글렌빌의 보통법에서 이 원칙이 서술되지는 않았으나, 1166년에 클라렌든 법에서 살인자나 강도를 체포할 절대적 권한을 주지사들과 순회재판관들과 같은 국왕의 관리들에게 부여하였다.[18] 이러한 잉글랜드 보통법의 원칙이 잘 준수된다면, 잉글랜드의 정체는 지방분권적인 봉건적 체제가 아니라 국왕권이 지방의 맨 하단까지 미치는 중앙집권적 체제를 갖추게 되었다고 할 수 있다. 이와 같은 잉글랜드의 기본적인 사법체계가 수립된 이후에도 여러 차례에 걸쳐서 사법적 쇄신이 거듭되었다. 그런데 그러한 사법개혁을 시도한 배후에는 배심원들을 비롯한 법 집행자들의 부정이 도사리고 있다. 1305년 에드워드 1세가 특별치안판사 제도를 고안하였는데, 이는 법의

17) *Glanvill*, p. 148.
18) 클라렌든 법 제 9조 참조.

집행에서 생긴 문제점을 개선하기 위해서 실시한 것이다. 에드워드 1세의 대표적인 사법개혁은 중죄인들에 대한 구인, 재판, 처벌과 법의 집행자들의 타락을 방지하기 위한 내용을 담고 있는 51개 항목으로 구성된 웨스트민스터의 첫 번째 법령(First Statute of Westminster)의 발표로부터 시작되었다. 그는 스티븐(Stephen) 통치기 이후에 발생한 내란과 그로 인한 혼란을 극복하고자 강력한 사법적 개혁을 단행한 것이다. 결국 이러한 사법개혁은 지방분권적 체제의 핵심적 요소인 봉건귀족들의 세력을 억제하고 왕권을 강화시킨 결과를 낳았다. 그러므로 보통법의 발달과 새로운 재판제도의 마련은 지방분권적인 봉건제 발달을 억제시킨 중요한 요소 중의 하나이다. 이러한 변화 과정에서 '봉건왕정'의 성립이 가능하였다.

위에서 언급한 것과 같은 재판제도의 개혁이 잉글랜드만의 특이한 보통법을 발전시켰다. 봉건왕정 하에서 관습법은 법의 다양성과 그 집행의 다양성을 초래하였으며, 이는 왕권의 약화와 직결되는 문제였다. 그러나 국왕의 재판관들이 순회재판을 통하여 각 지방의 범죄자를 처벌하면서부터 관습법의 다양성을 극복하기 시작하였다. 국왕의 재판관은 어느 곳에서나 보다 공정하게 국왕의 법을 집행하려고 하였으며, 또한 다양성 극복의 구체적 성과이자 대안으로 지방법원에서의 판결이 부당할 경우 국왕의 법원에 제소하여 재심을 통한 판결을 요구할 수 있도록 하였다. 이는 보통법의 적용범위가 전국적으로 급속하게 확산됨을 전제하고 있다. 이러한 변화가 12세기에 빠르게 일어났다. 그러므로 12세기 이후부터 잉글랜드에서는 보통법의 발달과 국왕의 재판권 강화와 함께 국왕의 지위가 강화되어 나갔고, 국왕의 관리인 주지사와 그가 관리한 주 법원의 역할 강화와 더불어 강화된 국왕권을 통하여 지속적으로 법적 개혁을 단행하여 나갈 수 있었다.[19] 이러한 변화는, 13세기 부락톤의 보통법에서 보는 것처럼 에드워드 왕이 지배한 13세기에도 지속되었으며, 국왕의 재판권을 비롯한 사법권 강화는 결국 대귀족들의 각종 권한을 억제한 수단이 되었다.

헨리 2세의 법에 대한 태도가 반봉건적이라고 주장할 수는 없다. 왜냐하면 국왕도 주군의 법원의 합법성을 인정하였고, 농노들로부터 부역을 징수할 권한이 영주들에게 있었으며, 그것은 장원의 관행이었음을 국왕도 인정하였기 때문이다. 아울러 봉토의 보유와 주군과 봉신사이에 존재하는 상호 의무는 자연스런 사회구조의 질서로 간주하였다.[20] 이러한 봉건적 질서를 국왕도 인정하였으며, 그러한 구조 하에서 국왕은 신하들에 의해서 왕위에 오른 세습군주였다. 국왕이나 영주들은 경찰력의 소유 없이도 공동체의 질서를 유지할 수단을 가지고 있었으니, 법익박탈(outlawry)이 바로 그것이다. 범법자에 대한 가장 강력한 처벌은 법익박탈, 즉 범법자를 그의 공동체로부터 추방하고 법의 보호권을 박탈하는 것이었다. 한편 헨리 2세는 범죄자들을 식별하고 재산권에 대한 소송 재판을 해당 지방에서 배심원을 선발하여 판결하는 제도를 만들었다. 즉 민사소송이건 형사소송이건 간에 웨스트민스터에서 파견된 국왕의 재판관들이 판결한 것이 아니라 사건발생 지역의 이웃들로 구성된 배심원들의 평결로 범법 사실의 유무가 결정되었다. 사회질서 유지의 책임을 국왕이 지방의 관리들과 나누어 가진 것이다. 그러므로 잉글랜드 보통법의 뿌리는

---

19) T. F. T. Plucknett, *Edward I and Criminal Law* (Cambridge University Press, 1960), p. 65.
20) S. F. C. Milsom, *The Legal Framework of English Feudalism and Historical Foundation of the Common Law* (London, 1981), p. 151.

지방에서 이루어진 판결에 근거하고 있다. 국왕은 지방 관리를 통제하고, 자신의 의사를 지방에 전파시키는 수단으로 국왕의 공식서한(writ)을 이용하였다. 이러한 공식서한을 통한 통치법은 그 기원이 앵글로 색슨 시대까지 거슬러 올라간다. 따라서 잉글랜드를 지배한 보통법은 어느 한 시기에 작성된 것이 아니라 앵글로 색슨 시대부터 전해오는 재판의 결과들, 국왕의 공식서한들, 주지사들의 명령, 지방에서 이루어진 재판결과들이 하나로 모여서 만들어진 것이다. 이러한 흩어진 법적 기록들을 하나로 모으는데 공헌한 인물은 1180년부터 1189년까지 헨리 2세의 대사법관(chief justiciar)을 지낸 인물들 중에서 라눌프 글렌빌(Ranulf Glanvill)과 1193년부터 1198년까지 리처드 1세의 재판관을 지내고 1199년부터 1205년까지 존 왕의 챈슬러를 지낸 허버트 월터(Hubert Walter)이다.21)

13세기에 이르러 주지사, 지방의 치안판사와 같은 아마추어 법률가들을 대신할 전문적인 법률가를 양성하기 위한 학교가 설립되어 체계적으로 법률가들을 양성하였다. 이러한 변화는 재판의 정확성과 공정성을 확보할 수 있는 수단이 되었다. 이와 함께 13세기에 이르러 글렌빌의 보통법을 크게 능가하는 방대한 양의 보통법 체제가 마련되었다. 헨리 3세(1207-1272) 시대에 마틴(Martin de Pateshull)과 윌리엄(William de Raleigh)을 중심으로 한 일단의 성직자들과 법률가들의 모임에서 1220년대에서부터 1230년대에 걸쳐서 새로운 보통법의 편찬이 이루어졌다. 그런데 윌리엄의 서기인 부락톤(Henry de Bracton)이 1250년대 말에 보통법인 『부락톤: 잉글랜드 법과 관습(Bracton de Legibus et

---

21) M. T. Clanchy, *England and Its Rulers 1066-1272*, p. 159.

Consuetudinibus Angliae)』[22]을 만들면서부터 부락톤이 13세기 잉글랜드 보통법의 작성자로서 알려지게 되었다.[23] 이로써 글렌빌의 보통법보다 한 단계 발전된 보다 충실한 보통법이 집성되었다. 그런데 글렌빌의 보통법과 부락톤의 보통법 사이에는 차이점이 많다. 그 중에서도 특징적인 점을 예로 들면 다음과 같다. 첫째, 국왕이 국가를 통치하는데 지배한 정의의 원칙이 부락톤의 보통법에서는 분명하게 나타난다. 왕국의 통치와 관련된 모든 사법권은 국왕 자신이나 국왕의 대리인에 의해서 행사됨을 부락톤의 보통법에서는 분명히 밝힌다. 그러나 글렌빌의 보통법에서는 이 점에 대한 언급이 없다.[24] 이러한 차이점에 근거하여 볼 때, 글렌빌의 시대보다 부락톤의 시대에 이르러 상대적으로 왕권이 강화되었다고 주장할 수 있다. 특히 부락톤 시대에는 대귀족들 사이의 재산권 분쟁이 국왕의 법원에서 해결되었다. 이는 그 만큼 12세기보다 13세기에 와서 봉건귀족들 사이에 재산권 분쟁이 많이 일어났다는 점을 나타내는 것이기도 하지만, 13세기에 이르러서는 그들 사이의 재산권 분쟁이 결투와 같은 사적 방법을 통한 해결이 아닌 국왕의 법원에 제소함으로써 공적인 방법으로 해결하고자 하는 경우가 증가하였음을 뜻하는 것이기도 하다. 특히 국왕의 법원에 제소하여 해결하려는 사건의 수가 증가하면 할수록 그 만큼 봉건귀족들이 왕권에 종속되어 갔음을 뜻한다. 둘째,

---

22) George E. *Woodbine, ed., Bracton: On the Laws and Customs of England* (Harvard University Press, 1968).

23) Paul R. Hyams, *King, Lords and Peasants in Medieval England: the Common Law of Villeinage in the Twelfth and Thirteenth Centuries* (Oxford, 1980), p. 82.

24) John Hudson, *The Formation of the English Common Law* (London, 1996), p. 231; T. F. T. Plucknett, *Studies in English Legal History* (Hambledon Press, 1983), p. 675.

18세기에 이르러 윌리엄 블렉스톤(William Blackstone)의 시민법인 『Commentaries on the Laws of England』이 편찬되기 이전에는 다른 법전이 편찬되지 않았다는 점에서 부락톤의 보통법이 잉글랜드 법제사에서 차지하는 비중을 알 수 있다. 셋째, 12세기 중엽까지는 없었던 법률전문가들이 1300년까지는 출현하였다. 이 점이 바로 글렌빌의 보통법과 부락톤의 보통법의 차이를 나타내는 또 다른 징표이기도 하다. 형사소송이든 민사소송이든 간에 소송이 제기되면, 그 과정은 물론 결과에 이르기까지 많은 시간이 소요되는 것을 감내해야 되었다. 그래서 소송당사자들을 대신하여 소송을 진행시킨 법률전문가들이 출현하고, 그들을 법률가로서 인정하기 시작한 것이다. 이는 법을 직업으로 하는 전문가 집단이 출현하였음을 의미할 뿐만 아니라 국왕의 법원을 출입하려면 특별하고 전문적인 기능을 소유한 법률가들이 필요하게 되었고, 그 필요에 맞추어 법률가들이 양성되었다는 점을 뜻한다. 이처럼 글렌빌 보통법 시대에는 존재하지 않았던 중요한 변화가 부락톤의 보통법 시대에 나타난 것이다. 이러한 변화는 법의 발달을 뜻하는 것이기도 하지만 또 한편으로는 봉신들 사이나 혹은 주군과 봉신 사이에 발생한 재산권 분쟁에 국왕의 법원이 적극적으로 개입하여 영향을 끼침으로써 왕권이 강화되어 감을 보여주는 것이기도 하다.

이러한 보통법의 발전 배경에는 국민적 정체성의 출현도 작용하였을 것이다. 보통법이란 의미가 왕국 내의 모든 사람들에게 널리 적용되는 법이라는 관점에서 본다면, 그 왕국이 브리튼 제도가 아니라 잉글랜드에 국한된 것이기 때문에 보통법이란 잉글랜드에만 적용된 법으로 생각하였을 것이다. 이러한 제한적인 국민적 정체성은 앵글로 색슨인들이 노르만인들에게 정복당하는 과정에서 생성되었다. 앵글로 색슨인들의 이야기를 담은 『앵글로 색슨 연대기』는 덴마크인과 노르웨이인들의 잉글랜드 침입과 알프레드 왕의 이야기가 중심인데, 이 시기는 잉글랜드 왕국의 정체성이 수립되어 가기 시작한 중요한 때이다. 특히 이 연대기는 고대 영어로 작성되었으며, 앵글로 색슨 왕국의 합법적 존재감과 기독교 민족으로서의 메시지를 전하고 있다. 그러므로 노르만 정복 이전 잉글랜드의 역사를 담고 있는 『앵글로 색슨 연대기』는 잉글랜드 국민의 정체성을 알리는 좋은 본보기이다.[25] 그런 점에서 노르만족의 잉글랜드 정복은 앵글로 색슨족의 정체성을 상실한 큰 사건이었다. 뿐만 아니라 노르만 정복 후 고대 영어 대신에 라틴어가 사용되면서 언어를 통한 국민적 정체성도 약화되었다. 이러한 국민적 정체성의 약화는 13세기에서도 지속되었다. 지배층인 바론들에게는 매우 중대한 문서인 존 왕 시대에 작성된 「대헌장」도 라틴어로 작성된 점이 당대의 국민적 정체성을 나타내는 단적인 예이다. 잉글랜드가 영토적으로 스코틀랜드와 웨일스와 구분되기 시작한 것도 13세기에 더욱 두드러진다. 이는 앵글로 색슨인과 노르만인을 구분하였던 것처럼 스코트와 켈트족을 앵글로 색슨인들과 구분한 것으로부터 비롯되었다. 이미 노르만 정복 시에 교황 그레고리우스 7세(1073-1085)는 대주교 랑프랑크에게 스코틀랜드를 잉글랜드와 구분하여 언급하였는데, 13세기에 이르러서는 두 왕국 간의 구분이 더욱 명확해졌다. 한편 잉글랜드 왕국의 웨일스 정복은 다른 왕국의 정복으로 잉글랜드의 영토가 확대된 것으로 인식하였다. 이러한 국민적 정체성이 뚜렷해

25) Pauline Stafford, "The Making of Chronicles and the Making of England: the Anglo-Saxon Chronicles after Alfred", *Transactions of the Royal Historical Society*, vol. 27 (Dec., 2017), pp. 77, 84-85.

지던 시기에 잉글랜드의 보통법이 크게 발전하고 왕권도 강화되어 갔다는 점은 우리들에게 시사하는 바가 매우 크다.

3. 법원의 종류와 그 역할

농민의 예속적 신분은 장원 내에 설치된 장원법원를 통해서도 설명될 수 있다. 영주가 지닌 사법권을 통하여 장원 내에 평화와 질서를 유지하고, 범법자들을 처벌하고자 하였다. 중세 잉글랜드에는 좁은 의미에서 볼 때 법은 없고 일반 관습만이 존재하였다. 그런데 이 관습은 일반인들의 관습이 아니라 법원에서 판결을 통해 확립된 판례였고, 이는 유사한 범법행위에 동일하게 적용된 하나의 규범으로 발전하여 나갔다. 이것이 잉글랜드의 관습법이고, 이것을 브락톤(Bracton)이 집대성하였다. 그러나 장원의 관습은 브락톤의 관습법과는 달리 각 장원마다 장원의 특성에 따라서 형성되었다. 경제적으로 볼 때, 영주의 최대 관심사는 장원을 어떻게 운영하여야 그로부터 많은 수익을 올릴 수 있는가 하는 데 있다. 그리고 장원 내에서 중죄를 범한 죄인들은 순회재판관에게 인계하여 처벌하였으나, 장원 내에 거주자로서 장원의 관습법을 위반하거나 불법침해와 같은 경범죄를 범한 자들은 장원법원에서 영주나 혹은 그의 대리인들의 주관 하에 재판을 열어 처벌하였는데, 통상 벌금형에 처하여졌다. 이러한 재판을 통하여 영주는 장원질서도 유지하고 경제외적 수입도 얻었다. 장원관습은 영주에게 유리하게 수립되었으나, 일단 수립되면 농민들은 물론 영주들도 그것을 지켜야만 하였다. 그러므로 장원법원이 영주적 강제를 집행한 기구로서 만 이야기할 수 없다. 만약 영주나 영주의 관리가 장원의 관습법을 위반하면, 자유농민들은 그들을 국왕의 법원에 제소할 수 있었다. 그러므로 장원법원이 영주의 이익만을 보호할 목적으로 운영된 사적 제도라는 견해는 잉글랜드에 그대로 적용될 수는 없다. 이러한 점이 잉글랜드가 가지고 있는 사법제도의 중요한 특징 중의 하나이다.

백호장 법원처럼 장원법원도 매 3주에 한 번씩 열리는 것이 일반적이었다. 일부 장원에서는 1년에 1-3번 정도 재판이 열리는 경우도 있었다. 지방마다의 사정이 바로 그러한 차이를 낳았다. 그리고 재판 절차는 다른 법원과는 조금 달랐다. 장원법원이 열리면 장원거주자 모두는 의무적으로 참석하여야 한다. 영주 자신이 직접 재판관으로서 재판을 진행시키거나, 혹은 영주의 대리인들인 집사나 행정관이 사회를 보기도 하였다. 영주는 그의 서기와 함께 단(dais) 위에 자리를 잡고 정리(usher)나 법원 관리(beadle)가 "정숙, 정숙, 정숙"하고 세 번을 외친다. 그런 다음 소송 절차가 진행되었다. 사안 별로 법원 서기가 사건을 안건으로 올리고 그래서 심리가 시작된다. 만약 피고가 자신의 무죄를 주장하려고 법원에 출두하면, 그의 진실성을 증명하려고 맹세를 하였다. 그는 자신의 무죄입증을 위한 선서자(compurgator)들이나 맹세보조자(oath-helper)들의 도움을 받았다. 피고는 배심원들이 있는 자리에서 다음과 같이 맹세하였다. "주님의 이름으로 말하는데, 범죄를 행하거나 선동하지 않았다."그리고 무죄입증을 위한 선서자들은 피고를 지원하기 위해서 다음과 같은 맹세를 하였다. "주님의 이름으로, 맹세는 정직하고 거짓이 없다."[26] 사건을 심리할 배심원들이 보통 12명으로 구성되지만, 사안의 중요성에 따라서 24명으로 구성되기도 한다.[27] 법원에서 기소된 자가

26) Dorothy Whitelock, *The Beginnings of English Society*, p. 140.

그의 무죄를 공식적으로 맹세하고, 맹세의 진실성은 그의 친구들이나 이웃으로 구성된 12명 정도의 맹세보조자들의 증언을 통해서 입증하려고 노력하였다. 그리고 사전에 그의 죄에 대한 증거를 조사한 배심원들에 의해서 죄의 유무를 결정하게 된다. 장원법원에서는 사회질서를 위반한 경범죄를 다루었고, 살인, 강도, 강간, 방화, 심각한 폭행, 절도, 모반과 같은 중죄는 국왕이 파견한 순회재판관에 의해서 심리되고 처벌되었다. 그러므로 장원법원에서는 장원관리에 대한 공격, 이웃에 대한 위협과 가벼운 폭행(assault), 에일의 양조위반, 장물고매(receiving), 불량 도량형 사용, 타인의 가축이나 곡물을 절도한 행위 등이 다루어졌고, 처벌되었다. "정의는 영주에게 이익을 준다."라는 말처럼 범법자들에 대한 처벌은 주로 벌금형이었다. 벌금 부과는 영주나 그의 관리의 자유재량에 속하였다. 그리고 피고에 대한 영주의 벌금 부과는 자비에 속하는 일이다. 이러한 과정은 장원의 관습에 따라서 진행되기 때문에 장원마다 재판 절차에 있어서 약간씩 차이가 있을 수도 있었다. 그런데 1270년대 이후부터 재판기록이 누적됨으로써 장원법원 발달의 새로운 단계가 시작되었다. 이제는 재판이 말에 의해서가 아니라 과거에 이루어진 재판기록에 의한 증거에 의해서 진행될 수 있게 된 것이다.

항상 촌락의 부유한 엘리트들인 행정관이나 리브(reeve)[28]들

27) 홍성표, 『중세 영국 사회와 범죄』 (도서출판 느티나무, 2006), 99쪽.

28) 지도적 농민인 리브는 그 장원의 농노나 관습소작인 중에서 선발되었으며, 그들에게는 지대 면제와 같은 혜택을 영주로부터 받았다. 리브란 영주의 장원관리를 대신한 직책이었으나, 그에 선발되는 것은 농민들에게 분노와 원망의 대상이 되었다. 그러므로 리브로 선발되는 것은 부담되는 일이었다. 스태퍼드셔(Staffordshire)에 알레와스(Alrewas) 장원 영주인 필립이 지배한 장원의 예에 따르면, 리브의 선출과 그 직책 수행은 상당히 부담스러운 일이었다. 장원의 관행에 따라서 가을에 관습소작인들 가운데 두 명이 리브의

의 지도력이 촌락공동체를 이끌어갔다.[29] 영주는 1년 중에 미카엘 성인의 축일이 있는 9월 하순에 장원의 집사로부터 촌락민들로부터 징수한 벌금, 지대 징수 실태, 그리고 부역의 금납화 등으로부터 얻은 경제적 수입과 지출에 대한 결산은 물론 장원운영의 전반적 문제를 보고받았다. 이러한 과정에서 부역이나 지대납부 의무를 이행하지 않은 촌락민들에 대한 제재를 위해 장원재판이 열렸다. 또한 촌락 내에서 발생한 촌락구성원들 사이에서 발생한 불법침해, 부채, 조례 위반, 토지거래, 소유권 분쟁, 상속과 상속세 납부와 연관된 문제를 재판하였는데, 마을의 부유하고 명망이 있으며 영향력이 있는 사람들 중에서 선발된 배심원들에 의해서 심리가 이루어졌다. 그런데 장원법원에서의 사건의 심리는 국왕의 법원에서보다 더 빠르게 진행되었으며, 소송에 필요한 비용도 상대적으로 적게 들었다. 국왕의 법원에 제소하는 것은 많은 비용이 필요하였다. 소송을 제기하기 위해서는 변론전문변호사(pleader)들의 고용은 물론 소송에 필요한 문서 업무를 담당할 사무변호사(attorney)의 도움도 필요하였다. 또한 수석 변호사(serjeant-pleader)[30]에게 변호를 의뢰하거나 그로부터 법률자문을 얻기 위해서는 많은 비용을 지출하여야 하였다. 수석 변호사의 수입이 1년에 300파운드 이상이었으며, 변호사 실습생들의 1년 수입이 60파운드 정도로서, 이는 지방 젠트리(gentry)의 1

후보자로 추천되면 영주가 그 중에서 한 명을 선택하고, 선택받지 못한 나머지 한 명은 영주를 위해 봉사하지 않는 대신 6실링, 6실링 8펜스, 8실링, 심지어 어느 경우는 1마르크의 벌금을 부담하여야 하였다.

29) C. Dyer, "The English Medieval Village Community and its Decline", pp. 407-429.

30) serjeant-pleader는 13세기 잉글랜드와 아일랜드에 있던 변호사를 지칭하는 명칭으로서 보통법 법정(common law court)에서 다른 변호사들보다 우선권의 지위를 누린 변호사이다.

년 수입과 맞먹을 정도였다.[31] 이러한 비용을 지출한다고 소송에서 반드시 승소하는 것도 아니었다. 이러한 사실을 통해서 볼 때, 국왕의 법원에 소송을 제기하는 것은 많은 비용의 지출을 각오하여야 한다. 더구나 국왕의 재판관들로부터 유리한 판결을 얻으려고 현물로 선물을 하여야 하였다. 그러한 선물은 소송에서 승소하기 위한 필수적인 일이었다. 또한 주지사들의 챈슬러(chancellor)들은 소송당사자들에게 호의적인 배심원들을 배심원 명부에 올리는 대가로 뇌물을 받았다. 그러나 장원법원에서의 소송은 그러한 부대비용이 필요하지 않았다. 그럼에도 불구하고 장원법원에 제기된 사건 해결의 열쇠를 쥔 배심원들이 소송당사자들의 이웃이기 때문에, 그리고 영주의 대리인들에 의해서 배심원들이 선정되고 그들에 의해서 재판이 진행되었기 때문에, 장원법원의 판결에 대한 공정성 문제는 항상 제기될 수 있었다.

장원법원에서 다루지 못한 중죄인들은 국왕의 법적 대리인인 주지사와 순회재판관들이 운영한 주 법원(county court)에서 재판을 받았다. 그러므로 주 법원에서 다룬 중죄인들의 범죄는 주로 살인, 강간, 절도, 방화, 강도, 폭행 등과 같은 형사소송과 관련된 사건이다. 물론 주 법정에서 토지소유권 분쟁, 불법침해나 부채와 같은 민사소송 사건도 다루었고, 영주의 장원법원에서 다루지 못한 폭행사건도 재판을 하였다.[32] 오늘날 우리가 접할 수 있는 사건에 대한 재판기록이 12세기 말부터 존재한다. 예컨대 강간사건에 대한 기록이 1190년대 이후부터 중앙법원의 소송기

31) Rosemary Horrox and W. Mark Ormrod, ed., *A Social History of England, 1200-1500*, p. 101; E. W. Ives, *The Common Lawyers of Pre-Reformation England*, pp. 321-325.

32) John G. Bellamy, *Crime and Public Order in England in the Later Middle Ages*, p. 89.

록(plea rolls)에 등장하고, 순회재판에 관한 기록도 1194년부터 존재한다.[33] 다른 범죄의 경우도 12세기 말부터 본격적으로 기록되었다는 점에 있어서는 강간사건과 동일하다. 예컨대 요크 주에서 발생한 재산권 분쟁에 대한 순회재판관들의 판결도 1190년부터 1833년까지 644년간의 기록이 존재한다. 그 중에서 필자가 보관하고 있는 1218년부터 1377년까지의 요크 주의 재산권 분쟁에 관한 순회재판관들의 기록을 통해서 볼 때 다음과 같은 특징을 파악할 수 있다. 1218년 5월 6일부터 1231년 9월 30일까지 열린 재판만을 대상으로 분석한 결과, 웨스트민스터에서 열린 국왕의 법원을 포함하여 총 146회의 법정이 개정되었다. 그 중에서 헨리 3세 통치 15년에 걸쳐서 열린 법정을 살펴본 결과, 웨스트민스터에서 열린 국왕의 법정이 78회, 순회재판관들에 의한 주 법원에서 법정이 열린 경우가 67회이다. 순회재판이 열린 67회 중에서 요크의 주 법정에서 열린 순회재판이 47회로 가장 많았고, 그 이외에 요크셔 남부에 있는 돈케스터(Donecaster)에서 8회, 링컨에서 6회, 노팅엄에서 2회 열렸으며, 그 이외에 기타 도시에서 5회[34]가 열렸다.[35] 1218년 11월 25일에 요크에서 열린 첫 번째 순회재판이 1219년까지 지속되었다. 두 번째 순회재판은 1226년 10월 20일부터 돈케스트에서 시작하여 1227년까지 지속되었다. 세 번째 순회재판은 1231년 6월 8일에 시작하

33) Roger D. Groot, "The Crime of Rape temp. Richard I and John", *The Journal of Legal History*, Vol. 9, No. 3 (Dec., 1988), p. 324.

34) 순회재판이 아펠비(Appelbi)에서 1회, 뉴캐슬 온 타인(Newcastle-on-Tyne)에서 1회, 코벤트리에서 1회, 노리치에서 1회, 노샘프턴에서 1회 열렸다.

35) 헨리 3세 통치 1년부터 15년까지에 있었던 재판기록이다. Colonel John Parker, ed., *Feet of Fines for the County of York from 1218 to 1231* (Yorkshire Archaeological Society, 1921) 참조.

여 순회재판관들이 링컨으로 이동하였을 때인 7월 22일까지 1개월 보름 동안 열렸다. 전체 소송사건 중에 약 53%가 웨스트민스터에서 국왕의 재판관들에 의해서 심리하여 판결하였으며, 약 47% 정도는 요크를 비롯한 도시에 설치된 순회법원에서 중앙에서 파견된 순회재판관들이 주로 상속에 관한 분쟁 사건을 심리하여 판결하였다. 그런데 중앙법원인 웨스트민스터가 아닌 다른 지역의 주 법원으로 파견한 순회재판관들의 수는 일정하지 않고 경우에 따라서 4명에서 7명에 이르기까지 달랐다. 헨리 3세 통치기인 1219년 5월 1일 웨스트민스터에서 열린 재판 기록에 따르면, 주교가 2명, 국왕의 챈슬러(chancellor) 1명, 잉글랜드의 수석재판관 1명, 국왕의 재무장관(treasurer) 1명, 그 이외에 2명이 더 참가한 7명의 재판관들이 상속에 관한 소송사건을 담당하여 판결을 내렸다.[36] 그런데 요크에서 열린 주 법정에는 순회재판관들의 수가 그 보다 더 적었다. 때에 따라서는 3명인 경우도 있으나, 통상 4-5명의 순회재판관들이 소송사건을 심리하여 판결을 내렸다.[37]

중죄인들을 재판한 법원이었다는 점에서 본다면 주 법원은 국왕의 법원과 기능에 있어서 큰 차이가 없다. 중앙법원에서 파견된 순회재판관들이 주 법원에 설치된 순회법원에서 그 지역에서 발생한 사건들을 심리하여 판결을 내렸기 때문에 주 법원은 국왕의 법원에서 임시로 분리되어 나간 것이나 마찬가지이다. 그렇다면 어째서 주 법원이 국왕의 법원에서 분리되었는가? 국왕의 법원이 각 주에서 발생한 사건 모두를 재판할 수 없기 때문에 그에

---

36) Colonel John Parker, ed., *Feet of Fines for the County of York from 1218 to 1231*, pp. 32-33.
37) *Ibid*., pp. 40, 60.

대한 해결을 순회재판관들에게 분담시킨 것이다. 그렇다고 국왕권이 전체 사법적 체제에 미친 영향이 약화되었음을 의미하는 것은 아니다. 오히려 주 법원이 설치됨으로써 각 주에 전문적인 법률가 집단을 양성하는 효과를 거두었다. 주지사가 자주 재판관으로서 역할을 하고, 바론인 세네샬(seneschal)과 베이리프(bailiff)의 조력을 받았다. 이러한 주 법원의 설치와 그 기능의 강화는 국왕의 권위가 각 주에까지 미치게 한 수단이 되었으며, 판결의 통일성을 기할 수 있게 되었다. 즉 국왕의 권위가 주 법원을 통하여 각 주에까지 미치게 되었다. 예컨대 1235년 서리(Surrey) 주에 순회재판기록을 연구한 미킹스(C. A. F. Meekings)[38]나 1238년 데본(Devon) 주의 순회재판기록[39]을 분석한 헨리 썸머슨(Henry Summerson)의 연구에 따르면, 헨리 3세 통치기에 순회재판제도를 통하여 국왕권이 지방의 각 주에까지 영향력을 발휘하고 있었다. 그리고 주지사들에 의한 주 법원의 운영이 보통법을 통해서 이루어짐으로써 잉글랜드 왕국 내에 법적인 균형성이 점차 이루어져 갈 수 있었다. 특히 헨리 3세 이후 에드워드 1세 통치기까지 주 법정의 운영으로 잉글랜드가 통합된 법적 체제를 이루어 나갈 수 있게 되었다.[40] 이러한 변화는 결국 국왕이 보통법을 통하여 전국을 지배할 수 있게 되었음을 뜻한다.

잉글랜드의 보통법(Common Law)이 대륙법과는 여러 가지 점에서 다른 것처럼 잉글랜드의 법원도 대륙과 달랐다. 첫째, 왕국의 중심지인 웨스트민스터에 국왕이 주재한 국왕의 법원

38) C. A. F. Meekings and David Crook, eds., *The 1235 Surrey Eyre*, Surrey Record Society, Vol. 31 (1979).

39) Henry Summerson, ed., *Crown Pleas of the Devon Eyre of 1238*, Devon and Cornwall Record Society, Vol. 28 (1985).

40) 홍성표, 『중세 영국 사회와 범죄』, 328쪽.

(King's Bench)이 있다는 점이 다르다. 국왕이 관심을 가진 사건이나 중요한 소송들을 청취하기 위해 국왕의 법원이 설치되었다. 이 법원에서는 국왕의 봉신들 사이에 제기된 토지 소유권 소송이나 상속에 관한 분쟁들을 주로 다루었다. 국왕의 법원은 존왕 때에 처음 설치되었으나 헨리 3세가 그것을 부활시켜 국왕의 사법권을 강화시켰다.[41] 둘째, 40실링 이상의 소송물가액 사건의 채무변제 불이행이나 국왕의 봉신들 사이에서 일어난 토지소유권 분쟁과 같은 불법침해죄를 주로 다룬 민사법원, 즉 일반청원법원(Court of Common Pleas)이 있었다. 민사법원은 처음에 국왕의 신하들 사이에서 발생한 토지소유권 분쟁 소송을 청취하려고 설치하였다. 그리고 민사법원은 주 법원, 백호장 법원, 장원법원과 같은 하급 법원에 대하여 감독권을 행사하였다. 이 법원 역시 웨스트민스터에 설치되었다. 이 법원들은 넓은 웨스트민스터 홀(Westminster Hall)에 위치하여 대법관 법원(Chancery)과 함께 있었다. 12세기 말부터 발전한 이 법원들은 1884년까지 그곳에 있었다. 두 법원은 한 해의 15-20주 동안 개정되었는데, 주로 1월 13일 경의 힐러리 축일(Hilary), 예수 부활 대축일[42], 삼위일

41) Ralph V. Turner, "The Origins of Common Pleas and King's Bench", pp. 238-239, 245, 248. [국왕의 법원의 초기 성장에 관한 연구는 잉글랜드 법제사의 개척자인 스텁스(Bishop William Stubbs)와 메이트랜드(F, W. Maitland)에 의해서 이루어졌다. 국왕의 법원이나 일반청원법원의 성장은 오랜 기간에 걸쳐서 진행된 전문화(professionalization)의 결과라는 견해를 그들은 피력하였다. 그러나 20세기에 이르러 미킹스(C. A. F. Meekings)를 비롯한 새로 등장한 역사가들이 지금까지 연구에 이용되지 않았던 소송장(plea rolls)과 다른 국왕의 기록들에 근거하여 새로운 각도에서 국왕의 법원의 역할에 대하여 연구하기 시작하였다. 일반청원법원의 성장은 전문화의 진행으로 설명될 수 있으나, 국왕의 법원의 성장은 12-13세기 잉글랜드의 정치적 상황과도 관련이 있다. 즉 국왕의 통제로부터 벗어나려는 지배층에 대한 국왕의 통제 강화로 설명하였다. 그래서 그들은 12세기 말까지 일반청원법원이 출현하였다는 견해를 제시하였다.]

체 대축일[43], 미카엘 대천사 대축일[44]에 맞추어 열렸다. 두 법원은 때로는 웨스트민스터를 떠나 설치된 적도 있다. 예컨대 에드워드 3세가 스코트를 정복하려고 스코틀랜드를 원정하였던 기간인 1330년대에 5년 동안과 리처드 2세가 런던시민들과 다툼이 있던 1392년에 두 법원은 요크로 이동하여 법정이 열렸다. 위에서 언급한 것처럼 두 법원은 서로 경쟁관계가 아닌 상호 보완적인 관계였다.

'의회(parliament)'를 또 다른 형태의 법원으로 주장할 수 있다. 헨리 3세 통치기의 '의회'는 국가 대사를 논의하기 위해서 국왕과 유력자들, 특히 고위성직자들과 바론들, 때로는 기사들과 시민들로 구성된 대규모 집합체였는데, 이곳에서 세금 징수, 법의 제정 공포는 물론 사법적 활동을 한 법원의 역할도 하였다. 의회 구성에 대하여 간단히 말하기는 어렵다. 왜냐하면 소집될 때마다 참석한 구성원들의 수와 계급별 분포가 달랐기 때문이다. 에드워드 2세 통치기인 1322년 9월에 소집된 의회는 21명의 주교들과 31명의 대주교들로서 고위성직자가 총 52명, 11명의 백작들과 66명의 바론들로 구성된 세속 영주들이 총 77명, 시의원들과 성속 영주들과는 분명히 차이가 있는 평의원(councillor) 10명, 각 주에서 선출된 기사들 74명, 도시민과 바러의 시민들 160명, 그리고 하위성직자 대표 141명 등 총 514명으로 구성되었다. 한편 에드워드 3세 통치 원년인 1327년에 소집된 의회에서도 5년 전과 큰 차이 없이 모든 주교들, 대수도원장들, 대귀족

42) 325년 니케아 공의회 이후부터 춘분(3월 21일)이 지난 다음에 오는 보름이 지나고 첫 번째 맞는 주일을 부활 주일로 정하였다. 그러므로 부활 대축일은 매년 달랐으나, 대체로 4월경이다. 2022년을 기준으로 부활절은 4월 17일이다.
43) 2022년을 기준으로 할 때, 삼위일체 대축일은 6월 12일이다.
44) 2022년을 기준으로 할 때, 성 미카엘 대천사 대축일은 9월 29일이다.

들, 각 주에서 기사 2명씩, 도시(city)마다 각각 대표 2명씩, 매바러(borough)마다 2명씩의 대표가 소집되었다.[45] 그런데 의회의 대표자 선발에서 특히 우리가 주목하여야 할 사항이 있다. 1328년에는 8명, 1334년에는 23명이 소집된 평의원들 중에 다수의 법률가들이 포함되었다는 점이다. 국왕의 법원, 즉 왕실 법원의 수석재판관인 제프리 스크롭(Geoffrey Scrope)과 민사법원의 수석재판관인 윌리엄 헐(William Herle)이 이 시기에 소집된 의회에 매번 참석하였으며, 국왕의 수석변호사(serjeant-at-law)들은 물론 법학박사들이 참석하였다. 법원변호사는 다른 변호사들보다 우선권을 지녔으며, 그의 지위도 높았다. 이는 의회에서 소송이나 청원과 같은 법률적 문제를 다루었음을 의미한다. 물론 이들의 소집은 국왕이 주도하였다. 이들의 선출과 소집을 국왕의 공식 서한으로 명하였기 때문에 국왕이 주도하였다고 언급할 수 있다. 그러나 그 구성원이 누구였던 간에 국왕이 소집한 의회가 어떤 기능을 주로 하였느냐에 따라서 그의 성격도 달리 정의될 수 있다.[46] 무엇보다도 분명한 사실은 의회가 국왕의 법원의 역

45) E. B. Fryde and Edward Miller, ed., *Historical Studies of the English Parliament: Origins to 1399*, vol. 1 (Cambridge University Press, 1970), pp. 199, 218.

46) 중세 잉글랜드 의회의 본질을 정치체로 보는, 즉 대의제 기구라는 스텁스(William Stubbs)의 견해와 사법적 기능을 가진 법원으로 보는 메이트랜드(F. W. Maitland)의 견해로 나뉘어 메이트랜드 학파와 스텁스 학파 사이에 긴 논쟁이 있어 왔다. 두 학파 사이에서 의회의 본질이 무엇인가에 대하여 서로 다른 견해를 표명하였다. 즉 의회는 법원이라는 견해와 국왕과 국왕의 신민 전체(universitas) 사이에 이루어진 특정한 목적을 가진 회의체(assembly)라는 주장이 서로 대립한 것이다. [B. Wilkinson, *Constitutional History of Medieval England 1216-1399*, vol. iii (London, 1958), p. 266.] 그런데 그것의 본질이 재판을 위한 법원이라는 견해는 바로 그 회의체의 본질은 사법적 활동에 있다는데 근거하고 있다. 그의 주장에 따르면, 에드워드 1세 통치기까지 의회는 다른 법원들보다 상위에 존재한 국왕의 법원이 되었다. 그래서 국왕을 중심으로 상위지배층들로 구성된 의회가 잉글랜드의 최고 법원이 되었다. [G. O.

할을 하였다는 점이다. 의회는 국왕의 재판관들, 법률가들, 대법관들의 조력을 받아서 다른 하급 법원들로부터 온 사건들을 다루거나 각 주의 지배층으로부터 제기된 청원(petition)을 다룬 최고 법원으로서 기능을 하였다. 의회에 참석한 구성원들과 그들의 좌석 배치는 바로 의회가 소송 사건을 다룬 법원으로서의 기능도 하였음을 알린다. 국왕의 오른쪽 발 근처에는 잉글랜드의 대법관(chancellor), 수석재판관들과 그의 동료들, 의회의 대법관들이 착석하고, 국왕의 왼발 근처에는 왕실의 재무장관(treasurer), 시종장관(chamberlain)과 국왕의 재판관과 대법관들이 착석하였다. 두 명의 주요 대법관들이 재판관들 사이에 착석하여 모든 소송과 의회 업무를 기록하였다.[47]

Sayles, *The Medieval Foundations of England* (London, 1948), p. 453.] 대립된 두 주장의 문제를 해결할 수 있는 실마리를 제공한 사료들 중에서 가장 중요한 것이 에드워드 1세 통치기에 시작된 의회 회의록(Rolls of Parliament)이다. 이 기록들 대부분은 사법적 소송 내용과 그 소송절차에 관한 기록만으로 구성되어 있다. 바로 이러한 사실에 근거하여 중세 잉글랜드 의회를 사법적 기능을 한 국왕의 법원으로 간주하는 것이다. 그러나 이와 같은 의회 회의록의 내용에도 불구하고, 의회에 참석한 사람들이 의회 회기 내에 국왕에게 청원을 할 수 있다는 점에 근거하여 의회의 성격을 사법적 기능뿐만 아니라 왕국 내의 문제를 논의하는 회의체라는 점도 고려하게끔 만든다. 에드워드 1세와 그 이후 에드워드 2세와 3세도 국왕은 왕국 내의 유력자들과 왕국의 문제를 함께 의논하기 위해서 회의를 소집하였다. 특히 해외 군사 원정을 비롯한 국왕의 통치행위에 드는 많은 비용을 확보하기 위하여 특별보조금(subsidy)을 징수하려고 하였고, 이는 세속 유력자들과 성직자들의 동의가 필요하였다. 이때 소집된 의회는 사법적 기능과는 다른 성격을 지닌다. 그러므로 당시 의회는 사법적인 일뿐만 아니라 정치적인 일을 수행한 다목적 집회의 복합체로 보는 것이 합리적인 견해라고 필자는 생각한다. 의회 성격과 기원 논쟁에 관해서는 Gerald P. Bodet, *Early English Parliaments* (University of Toronto Press, 1967), pp. vii-xii를 참조하기 바란다.

47) *English Historical Documents 1189-1327*, p. 929. (국왕이 중앙에 착석하고 그의 오른편 좌석에는 캔터베리 대주교, 런던 주교들, 윈체스터 주교가, 그리고 그 다음에는 차례로 다른 주교들, 대수도원장들과 소수도원장들이 착석하였다. 한편 국왕의 왼편에는 요크 대주교, 더럼과 칼라일 주교들, 그들 다음에는 백작들, 바론들, 영주들이 차례로 앉았다. 그리고 위에서 언급한 것처럼 국왕의 오른발 쪽과 왼발 쪽에 각각 소집된 의회 구성원들이 착석하였다.)

소송은 이해당사자가 국왕에게 사건을 청원함에 의해서 시작된다. 그렇다면 의회에서 실시된 재판으로서 어떤 것이 있는가? 형사재판의 경우를 예로 들면 다음과 같다. 1322년 랭커스터 백작 토마스를, 그리고 1330년에 마치(March) 백작인 로저 모티머(Roger Mortimer)를 에드워드 3세 통치기에 모반죄를 범한 죄인으로 간주하여 의회에서 재판을 통해 중죄인으로 판결하고 교수형에 처한 경우를 예로 들 수 있다.[48] 의회에서 실시된 재판을 통하여, 우리는 국왕이 소집한 의회에 수석재판관, 수석변호사, 법학박사 등 법조인들이 왜 다수 참석하였는지의 이유를 이해할 수 있다. 이처럼 의회에서 실시한 재판은 웨스트민스터에 설치된 각종 법원들에서의 재판과는 달랐다. 의회에서 실시된 재판의 경우는 주로 모반 사건을 다루었으나, 웨스트민스터에 설치된 중앙법원인 민사법원에서는 40실링 이상의 소송물가액 사건의 채무변제 불이행이나 토지소유권 분쟁과 같은 불법침해죄[49]를 다루었다.[50] 이 법원은 국왕의 수석재판관들에 의해서 운영되었다. 또한 경제사범 및 주지사들의 불법행위를 감독한 법원인 재무성법원(Court of Exchequer)도 의회에서 실시한 법원과 그 기능이 달랐다. 재무성 법원은 대법관과 왕실 재무성 장관 등 2명의 재판관들로 구성되었던 점을 통해서도 그것의 기능을 이해할 수 있다. 이처럼 왕실의 조세 수입과 관련된 일을 담당한 재무성 법

48) 랭커스터 공에 대한 재판기록은 T. Rymer, ed., *Foedera, Conventiones, Litterae Cuiuscunque Generiis Acta Publica* (Record Commission, 1816-1869), II, Pt. i, p. 478.

49) 중죄(felony)란 교수형에 처할 정도로 중한 범죄인 살인, 강간, 방화, 강도, 반역 등의 범법행위를 지칭하며, 불법침해(trespass)는 교수형에 처할 정도는 아니지만 사람이나 재물에 피해를 입힌 범법행위이다. 따라서 불법침해를 범한 자들에게는 벌금형에 처해지는 것이 일반적이다.

50) Glanvill, pp. 61, 98.

원은 국왕의 재판관들에 대한 대우에서도 드러난다. 에드워드 3세는 재무성 법원의 재판관들은 국왕으로부터 급료(fee)와 법복을 받아야 한다고 규정하였다. 그들은 가치가 적은 음식과 음료를 제공받을 수 있으나, 소송과 관련된 사람들로부터 어떠한 선물도 받지 못하도록 하였다. 그리고 1389년의 예에서 보는 것처럼 그들의 급료도 국왕이 필요하다고 인정될 때마다 인상하였다.[51] 이러한 국왕의 조치는 재판관들의 부정을 방지하기 위함이었을 뿐만 아니라 사법부의 재판권 독립을 위한 중요한 수단이 되었다.

51) *Ibid.*, p. 136.

VII. 맺는말—의사봉건제(Bastard Feudalism)

1. 화폐경제의 발달과 변형된 봉건제의 출현

봉건제가 앵글로 색슨 시대에 존재하였는지 여부를 단정적으로 답변할 수 있는 문제는 아니다. 왜냐하면 봉건제 사회라는 용어 자체가 역사가들이 전체 유럽역사의 발달과정을 설명하기 위해서 설정한 여러 단계 중에서 하나의 단계를 지칭한 일반화적 용어이기 때문이다. 그러므로 일반화를 구성한 개별적인 역사적 사실들이 무엇인가에 따라서 봉건제의 개념이나 그 기원에 대하여 학자마다 다르게 이야기할 수 있을 것이다. 즉 이러이러한 조건이 갖추어졌을 때 이를 봉건제, 혹은 봉건사회라고 지칭할 수 있다는 기준은 학자들마다 서로 다를 수 있다. 따라서 학자마다 주장하는 봉건제의 형태가 다를 수 있고, 또한 자신의 주장을 입증하기 위해 제시한 사실들도 다를 수 있다. 따라서 저자가 이곳에서 논하고자 하는 것은 학자들이 봉건제를 논할 때 기본적으로 갖추어야 할 공통적인 요소들이 무엇인가를 발췌하여, 그에 대하여 학자들마다 어떻게 서로 다른 주장을 하는가를 밝혀보려는데 있다. 이 과정에서 저자도 나름대로 학자들의 주장을 비판적 입장에서 검토하고 그 대안을 제시하고자 하였다. 그리고 이러한 과정에서 저자는 앵글로 색슨 사회에 존재한 봉건적 요소들의 특징과 앵글로 노르만 사회의 봉건적 요소들을 상호 비교하여 그로부터 나타나는 차이점과 공통점이 무엇인지를 검토하여 보았다. 그 결과 전형적 봉건제를 구성한 요소들과 유사한 제도들이 앵글로 색슨 사회에도 존재하였으며, 또한 노르만 정복 이후 노르망디로부터 잉글랜드로 봉건적 요소들이 새로 유입되기도 하였음을 파악하였다. 만약 우리가 이러한 점을 인정한다면, 윌리엄의 잉글랜드 침입 후, 노르만족에 의해서 잉글랜드에 새로 소개된 요소들과 기존의 앵글로 색슨적 요소들이 상호 영향을 주고받았으며, 그러한 과정에서 잉글랜드만의 독특한 봉건제가 성립되었다고 주장할 수 있다.

그 형태가 어떤 것이든 간에 중세 잉글랜드 봉건제의 기본적인 모습은 주군과 봉신 간에 봉토나 혹은 화폐를 매개로 하여 주종관계의 계약을 맺은 가운데 성립되었다. 둘 사이에 계약관계가 맺어지는 순간부터 주군과 봉신 모두는 서로에 대하여 권리와 의무를 가진다. 국왕과 직수봉신간의 계약은 물론 봉신이 자신의 예하에 또 다른 봉신, 즉 배신(sub-vassal)을 거느리더라도 계약체결은 필수적 조건이었다. 이러한 다단계적인 계약을 통해서 형성된 봉건사회 구조는 봉건적 계약법에 의해서 지배되었다.[1] 그리고 그 계약의 성립과 유지는 상위자의 명령에 복종하는 충성(fides)과 믿음이다. 그러므로 만약 계약 당사자 중에서 어느 한 편이 계약을 위반하면, 특히 충성을 하지 않거나 신뢰를 상실하면, 그들 사이에 맺어진 계약은 파기될 수 있다. 그리고 그 파기는 일방적이 아니라 쌍방 모두에게 적용될 수 있다. 따라서 봉건적 통치 구조는 쌍무적 계약을 바탕으로 하고 있다.[2] 그리고 주

1) Bracton, ii, p. 228 참조.
2) Walter Ullmann, *Principles of Government and Politics in the Middle Ages* (London, 1961), pp. 151, 153.

종제는 이러한 쌍무적 계약 정신을 바탕으로 성립된 제도이다. 그렇다면 봉토를 매개로 한 주군과 봉신간의 계약제도인 주종제만 가지고 봉건제의 성립을 논할 수 있는가? 그렇지가 않다. 사회·경제적이고 군사적인 변화에 따라서 주종제의 형태가 변하였기 때문이다. 11세기에 부활하고, 12세기 이후부터 본격적으로 발달하기 시작한 화폐경제가 주종제의 변형을 강요하였고, 전쟁의 장기화와 전장의 원격지화가 또한 주종제의 형태를 변화시켰다. 예컨대 프랑스와의 백년전쟁으로 인한 전장의 원격지화는 물론 전쟁의 장기화 때문에 전형적인 봉건적 군역납부 기간인 40일 혹은 60일로서는 주군이 목표로 하는 전투의 성과를 얻을 수 없었다.[3] 또한 기사들의 전형적인 전투형태인 야전에서의 전투가 아니라 석조성이 곳곳에 건축됨으로서 성곽전이 불가피하여졌으며, 이러한 가운데 보병이나 궁병의 역할이 중요해졌다. 이러한 변화 속에서 기존의 봉건적 군역의 형태인 기사역의 효능이 점차

3) 기사들의 군역납부기간에 대한 학자들의 주장은 40일이라는 주장과 60일이었다는 주장으로 요약될 수 있다. 첫째, 잉글랜드 봉건제의 성립에 노르망디의 절대적인 영향을 주장하는 학자들은 노르망디의 기사들이 진 군역납부일이 연 40일이었다는 점에 근거하여 잉글랜드 기사들의 군역납부일도 40일이었다고 주장한다. (D. M. Stenton, *English Society in the Early Middle Ages*, p. 74; Carl Stephenson, *Medieval Feudalism*, p. 28.) 한편 앵글로 색슨 시대의 퍼드(fyrd)에게 요구된 60일 간의 군역납부가 앵글로 노르만 시대에 기사들에게도 계속 적용되었다는 주장이 있다. [홍성표, 「면역전 납부의 원인과 그 성격에 대하여」, 『단국대학교 대학원 학술논총』 3집 (1979), 9쪽.] 한편 기사들에게 요구된 군역납부기간이 전시에는 60일이고 평화시에는 주군의 성을 수비하기 위한 군역으로 40일이 요구되었다는 절충적인 주장도 제기되었다. (A. L. Poole, *Domesday Book to Magna Carta*, Oxford, 1955, pp. 15-16; D. M. Stenton, *English Society in the Early Middle Ages*, pp. 74-75.) 그러나 홀리스터를 비롯한 일부 학자들은 헨리 2세 통치기인 12세기 중엽 이후에 군역납부기간이 60일에서 40일로 축소되어 시행되었음을 주장한다. (C. Warren Hollister, “The Significance of Scutage Rates in Eleventh and Twelfth Century England”, p. 584.)

떨어지게 되고, 그를 대치할 보다 효율적인 군역제도가 필요하게 되었다. 이로부터 주군과 봉신 사이에 맺어진 주종관계 성립의 끈인 봉토 대신에 화폐가 개입되기에 이르렀다. 이러한 변화 속에서 이른바 화폐봉지(money-fief) 제도에 뒤이어 연고제(indenture system)가 출현하게 되었다. 12세기부터 전통적인 군사제도의 일대 변혁이 일어나기 시작한 것이다. 군역납부와 화폐가 결합되기 시작하면서부터 화폐봉지 제도가 출현하였다. 주군이 봉신에게 군역납부를 조건으로 지급한 토지 대신에 화폐로 지급한 제도를 화폐봉지 제도라고 부른다.[4] 화폐봉지의 지급은 기사역의 금납화인 면역전 납부와도 밀접한 관계가 있다. 라운드는 그의 저서인 『Feudal England』에서 한 명의 기사의 일당과 면역전 계산과는 상관관계가 있다고 주장하였다. 그는 면역전의 산정은 그를 대신할 대체자의 임금에 기초를 두어 산정하였기 때문이라고 생각하였다.[5] 그런데 기사역의 금납화는 실역 대신에 화폐를 납부하는 주체가 직수봉신인 반면, 화폐봉지는 주군인 국왕이 직수봉신에게 군역납부의 대가로 토지가 아닌 화폐를 지급한 것이라는 차이가 있다. 두 제도 모두가 화폐를 매개로 하여 성립한 것이기 때문에, 두 제도의 실시는 모두 화폐경제가 발달하여야 한다는 전제가 필요하다. 그러나 기사역의 금납화인 면역전 납부와 화폐봉지의 출현은 보다 실질적이고 실용적인 군역의 이용이라는 필요성 때문에 나타난 변형된 군사 제도이다. 따라서 두 제도 모두는 현실적인 상황 변화에 따라서 나타난 군역 체제의 변화이지만 주군인 국왕과 직수봉신 사이에 맺어진 봉건적 계약이라는 범위를

4) Bryce D. Lyon, "The Money Fief under the English Kings, 1066-1458", *English Historical Review*, Vol. 66, No. 25 (April, 1951), pp. 161-193.
5) J. H. Round, *Feudal England*, p. 271.

완전히 벗어난 것은 아니다. 실제로 화폐봉지를 지급할 때에도 봉토를 지급할 때와 마찬가지로 봉신은 주군에게 똑같은 신서와 충성 맹세의 의식을 행하였다. 즉 화폐봉지의 수여시에도 봉건적 계약이 수반된 것이다. 이러한 이유 때문에 화폐봉지도 봉건제의 한 구성 요소인 주종제의 범주에서 이해되어야 할 것이다. 그러나 화폐봉지나 군역의 금납화 제도가 발전함에 따라서 주군과 봉신 사이에 형성된 긴밀한 인적 주종관계가 약화된 것만큼은 틀림없다. 이러한 변화 속에서 주종제의 성격이 점진적으로 변질되어 갈 수 밖에 없었다. 그렇기 때문에 우리는 화폐봉지의 출현 단계에서 전형적인 봉건제가 변형되기 시작하였다고 주장할 수 있다.

위에서 지적한 것과 같은 봉건적 군역납부 제도의 변화가 일어나려면 가장 먼저 수립되어야 할 조건이 있다. 즉 주군이나 봉신 모두가 화폐의 필요성이 제기되고, 또한 화폐를 자유롭고 쉽게 취득할 수 있어야 한다. 이러한 조건을 충족시키기 위해서 화폐경제가 발달하여야 한다. 그렇다면 당시 화폐경제가 어떤 배경하에서 발달하였는가? 12세기 중엽 이후 본격적으로 군역의 금납화가 시행된다.[6] 그렇다면 어째서 12세기 중엽 이후부터 군역의 금납화가 본격적으로 시행되었을까? 그리고 이것이 가져온 중요한 변화는 무엇인가? 첫째, 상업의 부흥을 들 수 있다. 상업이 부흥한 11세기에 대영주들이 원격지 시장을 통한 교역에 참여함으로써 많은 수익을 얻을 수 있었다. 11세기 이전에 발달한 초기

6) 홍성표, 「면역전(Scutage) 납부의 원인과 그 성격에 대하여」, 3-4쪽; 스탠턴은 1100년경에 처음으로 군역의 금납화 현상이 나타난다고 언급하였다. (F. M. Stenton, *The First Century of English Feudalism, 1066-1166*, p. 177; Doris Mary Stenton, *English Society in the Early Middle Ages*, p. 74.) 라운드도 12세기 중엽 이후에 군역의 금납화가 일반화된다고 지적하고 있다. (J. H. Round, *Feudal England*, pp. 271-272.)

의 상업은 잉여생산물을 지방 내에서 제한적으로 교환하는 수준이었다. 그러나 11세기 이후부터 교환의 양과 그 범위가 점차 커지고 확대되었다. 잉글랜드의 상인들도 대륙과 광범한 교역을 한 것도 바로 이때이다. 국제적인 교역이 성한 지역을 중심으로 상공업자들이 거주한 도시가 생겨나 발달하였다. 12세기에 이르면 자신의 지배영역에서 발달한 도시로부터 막대한 이익을 얻은 국왕이나 대영주들도 농업이 아닌 다른 영역으로부터의 수입에 많이 의존하는 구조로 경제적 체제를 바꾸어 나갔다. 새로운 도시의 건설이나 기존 도시의 규모 확대는 중세사회를 동적으로 변화시킨 중요한 요소이다. 왜냐하면 도시 발달에 따른 상공업의 발달과 교환행위의 확대는 당시 사회·경제적 문제를 변화시킨 동인이 되었기 때문이다.[7] 특히 13세기에는 인구가 크게 증가하면서 농촌과 인접한 지역에 다수의 시장도시(market town)가 건설되고[8], 그에 인접한 촌락인구가 도시로 이동하는 현상이 활성화된다. 이러한 변화와 함께 화폐경제는 더욱 확대 발전되어 나갔다. 국왕과 봉신들이 화폐를 소유할 수 있는 기회는 더욱 확대되고, 이러한 과정에서 기존의 기사역의 효용성의 문제가 제기되었을 때에 국왕은 직수봉신들의 군역납부 의무를 실역이 아닌 화폐로 납부하도록 요구하였다. 그러므로 대내외적인 군사적 조건의 변화에 따라서 드러난 기사역의 효용성 문제 때문에 나타난

7) 홍성표, 『중세 영국 농민의 생활수준 연구』(탐구당, 1987), 139-156쪽.

8) 베레스퍼드(M. Beresford)의 주장에 따르면, 1191년에서 1310년 사이에 잉글랜드에서 전체 파악할 수 있는 건설도시 79개 중에서 52개가 13세기에 건설되었다. 그 비율이 66%에 이른다. 그런데 건설도시가 가장 활발한 곳은 서남부 및 남부 내륙지방인데, 이는 농민들의 사회적 이동이 크게 증가한 지역과 일치하고 있다. [M. Beresford, *New Towns of the Middle Ages* (London, 1967), pp. 271-274.]

결과가 면역전(scutage) 납부이다. 그리고 화폐경제의 발달이 면역전 납부라는 변화를 촉진시켰다. 국왕은 직수봉신들로부터 받은 면역전으로 보병이나 궁병과 같은 용병을 고용함으로써 변화된 전술과 전략에 알맞은 필요한 군사력을 확보할 수 있게 되었다. 이러한 변화를 통하여 국왕은 군사력을 강화시킴은 물론 군사적으로 대귀족들의 의존에서 벗어날 수 있었다. 둘째, 전술상의 변화와 전쟁터의 원격지화와 전쟁의 장기화가 기사역의 효용성 문제를 제기하고, 이로부터 군역의 금납화가 일어날 수 있었다. 전쟁터의 원격지화, 전쟁기간의 장기화, 성곽 전투의 일반화에 따라서 기존의 봉건적 기사들의 이용가치는 하락하고 새로운 형태의 전투를 위한 전술상의 변화가 필요하게 되었다. 석조성이 건축되면서 기사역의 효용성은 더욱 감소하였다. 이에 대한 대체요인으로서 석조성을 파괴하기 위한 대포와 같은 새로운 무기도 개발되었으며, 보병이나 궁병의 효용성이 증가하였다. 실제로 12세기 전투에서 기사보다는 보병에 대한 의존도가 매우 높았다. 예컨대 1106년에 일어난 텡시브레이(Tinchebrai) 전투에서 국왕의 군대의 96%가 보병으로 구성되어 있었으며,[9] 1119년에 일어난 브레뮬(Brémule) 전투에서 헨리 1세의 전사들 대부분이 보병이었다.[10] 그런데 이 전쟁에서 뿐만 아니라 12세기에 일어난 전투의 핵심병력의 대부분은 보병이었다. 그렇다면 어째서 이 시기에 일어난 전투의 핵심전력이 보병이었는가? 위에서 말한 것처럼, 견고한 석조성의 출현으로 기사들의 효용성이 떨어지고, 석조성을 공략할 전술상의 변화가 필요하였으며, 그러한 변화에 따

9) C. Warren Hollister, "The Norman Conquest and the Genesis of English Feudalism", p. 655.
10) *Ibid.*, pp. 655-656.

라 보병이나 궁병의 가치가 상승하였기 때문이다. 또한 기사가 되기 위한 까다로운 훈련과정, 기사들의 무장을 위한 장비가격의 상승, 그리고 기사는 계속된 훈련을 통해서 만이 그 기능을 유지할 수 있는데, 이를 위한 재정적 뒷받침이 어려웠던 점 등도 기사들의 효용가치를 떨어트렸다. 한편 웨일스, 아일랜드, 스코틀랜드 원정은 물론 프랑스 원정과 같은 원거리 원정은 전사들과 그들이 사용할 장비와 말의 운송을 위해서 많은 비용이 소요되었으며, 또한 전쟁의 장기화도 출정을 위한 비용의 과중한 부담을 안겨 주었다. 장궁수들의 화살이 기사들의 갑옷을 쉽게 관통할 수 있었고, 개인적인 용맹에 의존한 기사들보다는 전술의 조직성에 전쟁의 승패를 가늠할 수 있는 보병들의 역할이 증대하였다. 특히 석조성의 공격은 자연스럽게 궁병이나 보병의 군사적 효율성을 제고시키고, 기존의 기사제도는 효용성이 떨어졌다. 만약 기사들을 대체할 인력이 없다면 자연스럽게 이들의 군사력을 대신할 용병을 고용하게 되고, 이들을 고용할 주군들은 이들에게 임금으로 지불할 화폐의 필요성이 절실하다. 이러한 배경 속에서 기사역의 금납화가 촉진되었다. 셋째, 기사들의 무장비용의 증가를 들 수 있다. 10세기 런던에서 4마리의 황소, 6마리의 암소의 가격이 기사들이 탈 수 있는 말 한필의 가격과 같았다.[11] 그런데 물가가 전반적으로 급격히 상승하던 시기인 1172-1204년 사이에 기사들이 탈 말의 가격도 크게 상승한다.[12] 심지어 짐 싣는

11) 홍성표, 「면역전 납부의 원인과 그 성격에 대하여」, 6쪽.

12) D. L. Farmer, "Some Price Fluctuations in Angevin England", *Economic History Review*, 2nd ser. ix (1956-7), pp. 24-26; A. L. Poole, "Livestock Prices in the Twelfth Century", *English Historical Review*, vol. lv (1940), pp. 284-290.

말 한 필의 값이 둠즈데이 시대에 1파운드 나가던 것이 1세기 뒤에 5파운드로 크게 인상되었다.[13] 다시 1세기 뒤인 13세기에 갑옷과 말의 가격이 40파운드에서 80파운드에 이를 정도로 크게 상승하였다.[14] 기사들의 필수장비인 말의 가격 인상만 보아도 기사가 필요한 모든 장비를 갖추기가 매우 어려웠음을 짐작할 수 있다. 헨리 2세 통치 말에 이르면 궁병의 공격에 대비하여 갑옷과 투구가 개선되고, 그만큼 그에 따라 가격도 인상되었다. 더구나 갑옷을 비롯한 기사장비가 개선되면서 장비의 무게도 늘어갔고, 늘어난 장비의 무게를 이겨낼 우수한 종자의 말도 필요하였다. 이에 따라서 기사가 탈 말의 가격도 인상된 것이다. 이 시기에 중소영주들은 그들이 보유한 봉토로부터 나오는 수입에 비하여 주군에게 부담한 각종 비용이 더 많았다. 그들은 주군으로부터 과중한 기사할당량을 받았고, 고가의 기사장비 구입뿐만 아니라 각종 출정 비용의 부담으로 고통을 받았다. 기사들의 무장 비용이 크게 상승하여 기사가 되기도 어려웠지만 기사가 된 뒤에도 그들의 신분 유지가 어려웠다. 이러한 어려운 상황에서 봉신들은 물론 주군들도 군역납부의 보다 편리하고 개선된 방법을 모색하게 되었다. 그 결과로 면역전 납부가 활성화될 수 있었으며, 그에 비례하여 용병 고용도 크게 증가하였다. 물가와 기사장비가의 인상, 용병 고용 비용의 상승이 면역전의 인상을 자극하고, 이에 상응하여 용병들의 일당도 인상되었다. 1173년에 성을 수비한 용병의 일당이 8펜스로부터 1쉴링으로 인상되었고, 존 왕 시대에는 2쉴링으로 인상되었으며, 13세기에는 3-4쉴링으로 상승하였

13) Sally P. J. Harvey, "The Knight and Knight's Fee in England", p. 40.
14) D. L. Farmer, "Some Livestock Prices in Thirteenth Century England", *Economic History Review*, 2nd ser., vol. xxii (1969), pp. 1-16.

다.[15] 용병들의 임금이 인상되면 자연히 면역전의 액수도 인상될 수밖에 없었을 것이다. 물가상승으로 인한 생계비 지수의 상승은 자연스럽게 용병들의 임금도 인상되고, 그에 따라서 면역전의 액수도 인상될 것이다.[16] 라프티스(J. A. Raftis)의 연구에 따르면, 램지 대수도원(Ramsey Abbey)에 속한 장원에서 황소와 쟁기나 마차를 끈 말의 평균적인 가격이 1135년에 3쉴링 하던 것이 1160년에는 4쉴링으로 인상되었다.[17] 그리고 노르만 정복 후부터 12세기 중엽 이전에는 면역세율이 6펜스였던 것이 12세기 중엽에 이르러 8펜스로 인상되었다. 이에 근거하여 풀(A. L. Poole)이나 라프티스는 물가상승과 면역세율이 동반 상승하였다고 주장한다.

이러한 경제적 변화는 국왕과 봉신들에게만 해당되는 것이 아니었다. 화폐경제의 발달은 영주와 농민들 사이에서도 큰 변화를 일으켰다. 도시에서 상공업자들에 의해 화폐를 매개로 한 교환행위가 크게 발전하면서 도시와 농촌과의 교류도 확대되고, 이로부터 지주들인 영주들은 물론 영주에게 노동력을 납부한 농민들도 화폐 획득의 기회도 늘어갔다. 지주계급인 영주들의 화폐수요가 커지면 커질수록 그들의 예속인인 농민들로부터 노동이나 현물로 받았던 지대가 화폐대납, 즉 금납화될 가능성은 커졌다. 도시와 지방시장의 발달과 함께 화폐획득의 기회가 커진 농민들도 영주에게 부역의무 대신에 화폐를 대신 납부하면서부터 농민들은 인

15) C. Warren Hollister, *The Military Organization of Norman England*, p. 157.

16) A. L. Poole, *From Domesday Book to Magna Carta*, pp. 370-372; Sally P. J. Harvey, "The Knight and Knight Fee's in England", pp. 39-40.

17) J. A. Raftis, *The Estates of Ramsey Abbey* (Toronto, 1957), pp. 62-64.

신적 예속을 상징한 육체적 노동의 의무로부터 점차 벗어나게 되고, 영주들은 농민들로 받은 화폐를 가지고 도시에서 보다 개선된 삶을 살아갈 기회가 커졌다. 이러한 과정에서 농민들, 특히 농노들이 신분적 해방을 겪게 된다. 그러므로 금납화가 어느 정도 진전되었는가 하는 정도가 농노들의 신분적 해방을 논하는 근거로서 이야기된다. 농노들이 신분적 해방을 얻는 방법은 부역의 금납화는 물론 영주가 그의 소작인들로부터 거두어들인 부자유인의 신분세인 임의세와 결혼세 납부와 같은 의무로부터 벗어나는 것이다. 그런데 이러한 방법 말고도 농노들이 신분적 해방을 얻게 되는 또 다른 수단이 있다. 더욱 모험적인 방법은 농노들이 장원을 이탈하여 주변의 도시로 도피하는 것이다. 즉 농노들의 모험적이고 도전적인 방법은 장원을 이탈하여 도시로 야반도주하는 것이다. 그러나 그가 도시에서 안정적으로 생활할 터전을 잡지 못하는 한 야반도주라는 방법은 매우 위험스러운 일이다. 항상 영주의 추적을 받아 매우 불안한 생활을 할 각오를 해야 하기 때문이다. 당시 관습법에 따르면 농노가 바러(borough)로 도피하여 1년 1일을 그곳에서 거주한 가운데 그의 영주에게 잡히지 않는다면, 그는 바러의 시민으로 인정되어 자유인이 된다.[18] 여기에서 우리는 메이트랜드가 촌락공동체와 도시공동체인 바러와의 차이점은 자치와 자유라는 점이라고 언급한 점[19]을 주목할 필요가 있다. 12세기 바러의 특징은 다음과 같은 몇 가지를 열거

18) Glanvill, V, cap. 5; Bracton, f. 190b; *Britton*, I, pp. 200, 209; *Fleta*, pp. 111, 235; F. Pollock and F. W. Maitland, *The History of English Law before the Time of Edward I*, vol. I (Cambridge, 1898), p. 648.

19) F. W. Maitland, *Township and Borough* (Cambridge University Press, 1898), p. 36.

할 수 있다. 바러는 제한된 공동체적 자유의 본향이다. 바러의 주민이 이웃의 촌락인과 구별되는 가장 큰 차이점은 바러의 주민들은 영주의 간섭으로부터 벗어나서 그들의 공동체에 거주하는 자들에게만 적용되는 규율과 규칙에 따라서 자유를 누렸다는 점이다. 바러의 주민들이 자유와 자치권을 소유한 증거는 여러 가지 점에서 인식할 수 있다. 우선 바러의 주민들은 자유롭게 매매할 수 있는 토지를 보유하였다. 또한 영주의 직영지에서 노동력을 납부할 의무로부터 자유로웠으며, 지대를 납부하더라도 화폐지대를 납부하였다. 또한 상속세(heriot)도 납부하지 않았다. 무엇보다도 바러에는 도시법정이 자체적으로 설치되어 있어서 주법원의 규제로부터 벗어나 자유로웠다. 1년에 세 번씩 열리는 독자적인 법원을 바러 내에 설치하여 주민들 스스로가 자신들의 공동체 내에서 발생한 범법행위를 다스리고 있었다.[20] 이러한 특징이 바러 주변의 촌락인들에게 큰 영향을 끼쳤다. 위에서 언급한 것처럼 1년 1일 동안 바러에 거주하여 도시민이 되거나 상인길드의 구성원이 된 농노는 자유를 얻거나 최소한 그가 바러 내에 거주하는 한 그의 영주가 그에 대한 봉건적 권리를 주장할 수 없었다. 그것은 바러의 구성원들이 소유한 집단적 자유와 자치 때문이다. 우리가 여기에서 주목할 점은 단순한 거주가 아니라 길드에 가입한 사실이 핵심임을 알아야 한다. 이에 관한 실례는 여기저기서 많이 발견된다. 예컨대 1135년 뉴캐슬 도시 특허장에서, 1157년 링컨 도시 특허장에서 농노의 해방조건으로서 1년 1일 도시거주 조건을 언급하였으며, 1190년에는 노샘프턴 법이,

20) A. Ballard, *The English Borough in the Twelfth Century*, pp. 2-17.

1215년에는 헤리퍼드에서도 그와 유사한 법이 시행되었다.[21] 그런데 농노들이 자유를 얻는 것이 전국적으로 도시마다 동일하지는 않았다. 런던 같은 경우 상대적으로 다른 도시보다 개인적인 자유를 얻는 것이 보다 쉬웠다.[22] 국왕이나 대영주들도 이러한 사회·경제적인 변화에 대응하기 위해서 그들의 경제적 전략을 바꾸어 나갈 수밖에 없었다. 그들도 스스로 적극적으로 도시를 건설하고 기존의 도시에 대한 후견권을 행사하여 도시로부터 각종 명목의 수입을 얻었다. 뿐만 아니라 그들 스스로가 도시에 거주하면서 화폐경제에 적응하는 생활을 영위하였다.[23] 이와 같은 변화는 상공업이 부흥하고 화폐경제가 발달하여 영주는 물론 농민들도 모두 화폐를 쉽게 소유할 수 있는 경제적 여건이 형성되어야 가능하다는 것이 전제된다.

이처럼 화폐경제의 발달은 봉건제 형성의 기본적 요소인 주종제와 장원제의 모습을 변화시키는 동력으로 작용하였다. 그러므로 중세 잉글랜드의 역사를 연구하는 학자들은 화폐경제의 발달과 봉건제의 붕괴를 서로 관련시킨다.

2. 의사봉건제(유사봉건제)

의사봉건제에 대한 본격적인 연구는 1931년 프린스(A. E. Prince)가 쓴 논문인 「Indenture System under Edward Ⅲ」부터이다.[24] 그는 에드워드 3세가 백년전쟁에서 그의 군대를 징집하는데

21) H. S. Bennett, *Life on English Manor*, p. 299.
22) Letter Book A, p. 170; Letter book K, p. 90.
23) 홍성표, 『중세 영국 농민의 생활수준 연구』, 155-156쪽.
24) 김동순, 「Bastard Feudalism 연구」, 『서양사론』 19권, (1978), 2쪽.

사용한 연고제(indenture system)의 기반으로서 의사봉건제를 언급하였다. 그러나 실질적인 연구의 시작은 1885년까지 소급된다. 봉토를 매개로 하여 주군과 봉신 간에 개인적으로 맺어진 인신적 계약관계를 대신하여 화폐를 매개로 한 계약관계에 의해서 수립된 봉건사회 체제를 지칭하는 용어로 의사봉건제(Bastard Feudalism)가 사용되기 시작한 것은 차알스 플름머(Charles Plummer)에 의해서이다.[25] 그는 15세기 장미전쟁의 무질서와 혼란을 비판하는 과정에서 의사봉건제라는 용어를 사용하였다. 그러나 이에 대하여 본격적인 연구가 시작된 것은 1940년대이다. 윌리엄 스텁스(William Stubbs)가 봉건제란 노르만의 잉글랜드 정복 후 윌리엄에 의해서 도입되었다고 주장한 차알스 플름머를 비판하는 과정에서 의사봉건제를 하나의 용어로 만들어 놓았다. 스텁스는 에드워드 1세 통치기에 국왕에게 군역을 납부한 대귀족들이 실역 대신에 화폐로 대납하고, 주군이 봉신에게 봉토 대신에 화폐를 지급한 화폐봉지가 출현한 군역납부 제도의 큰 변화가 일어났는데, 이러한 변화된 제도를 바탕으로 성립된 봉건제를 의사봉건제라고 지칭하였다. 그의 주장에 따른다면, 봉건제의 변형은 전형적 봉건제가 발달하였던 13세기에 이미 나타났다. 예컨대 1297년 에드워드 1세가 스코틀랜드 원정에 필요한 기병을 130명 징집하였는데, 그 중에서 존(John Segrave) 경과 15명의 기사들에게 돈을 지불하고 고용하였다.[26] 그러나 이러한 변화로 봉건제가 무너지거나 해체된 것은 아니다. 왜냐하면 화폐봉지가

25) Charles Plummer, *The Governance of England: otherwise called the difference between an absolute and a limited monarchy* (Oxford, 1885).

26) Michael Hicks, *Bastard Feudalism* (London, 1995), p. 189.

주종제와 전혀 관계없는 새로운 제도가 아니기 때문이다. 1940년대에 이르러 맥팔렌(K. B. McFarlane)이 의사봉건제의 의미를 확실하게 정립하기 시작하였다. 그는 의사봉건제의 기원을 백년전쟁에서 이용된 군역납부의 한 형태인 연고제에서 찾았다.[27] 그렇다면 연고제란 무엇인가? 국왕이나 대제후들이 월급지불을 조건으로 용병대장과 군사적 봉사의 계약을 맺고, 다시 용병대장은 그의 휘하의 부대에 필요한 기사, 중기병들(men-at-arms), 궁수 등을 모병하여 전투부대를 구성하였다. 물론 모병된 군사들도 용병대장과 마찬가지로 임금을 받았다. 이때 이들은 그들의 주군과 군역납부의 기간이나 임금에 대한 협정을 맺고, 그 내용을 문서화하였다. 그러므로 연고제는 주군으로부터 일정한 봉급을 받고 군역을 납부한 용병 계약체제이다. 비록 봉건적 계약의 범주에 속한 화폐봉지와 연고제는 서로 성격을 달리하는 군역체계이지만, 군역납부의 대가로 화폐로 임금을 받았다는 점에서는 공통적이다. 그러나 화폐봉지와는 달리 연고제는 봉건적인 신분체제를 수반하지 않은 가운데 기사, 중기병, 궁병 등이 고용주로부터 보수를 받고 정해진 기간 동안 그의 군역을 납부한 계약제 하의 군역납부 체제이다.

맥팔렌은 사적 지배가 이루어진 봉건사회에서 주군에 대한 봉신의 군역납부는 봉신들이 주군으로부터 관직이나 토지양도와 같은 호의를 얻을 수 있는 최고의 수단이라고 주장하였다. 이것은 주군이 봉신을 부양한다는 의미가 강하게 내포되어 있다. 그러므로 의사봉건제는 전시나 평화시나를 불문하고 주군을 추종하는 종자(retainer)들이 존재하는 한 나타날 수 있었다. 그리고 종자

27) *Ibid.*, p. 19.

들은 주군으로부터 일당이나 연금 형태의 경제적 보상을 받았다. 이때 주군과 봉신은 하나의 세대(household)를 이룬 것이나 마찬가지이다. 세대 구성원들인 주군과 봉신과 그들을 추종하는 기사들 모두는 전시나 평화시나를 막론하고 그들 구성원들의 공동의 이익을 위해서 하나로 뭉쳤다. 구성원들의 결속은 한 세대의 핵심적 요소이다. 만약 이러한 사적 결속이 그 집단만의 이익을 위한 것이라면, 반란, 사적 전쟁, 내란에 이르기까지 모든 형태의 폭력 행사를 가능하게 하였다.[28] 이러한 모습은 특히 랭커스터 가문과 요크 가문 사이에 왕위를 둘러싸고 벌인 전쟁인 장미전쟁(1455-1485)에서 두드러지게 나타난다. 이처럼 맥팔렌은 13세기부터 15세기에 이르는 시기에 고전적 봉건사회와는 다른 새로운 사회체제가 수립된 사회를 의사봉건제가 지배한 사회라고 주장하였다.[29]

이쯤에서 우리는 의사봉건제를 봉건제의 한 형태로 보아야 할 것인가, 아니면 다른 형태로 보아야 할 것인가 하는 문제에 직면한다. 이것은 의사봉건제의 기원 문제와 매우 밀접한 관련이 있는 문제이다. 맥팔렌은 본래 의사봉건제란 에드워드 1세 통치기에 웨일스와 스코틀랜드와의 전투를 위해서 용병을 고용한 것으로부터 연유한다고 생각하였다. 그런데 봉건적 군대가 아닌 용병의 고용과 그들의 전쟁 참여 문제는 이미 1270년대 십자군 전쟁에서도 나타난다. 예컨대 아담(Adam of Jesmond)은 주군인 에드워드 1세와 5명의 용병 기사와 함께 군역을 납부할 것을

28) *Ibid.*, p. 218.
29) K. B. McFarlane, "Bastard Feudalism", *Bulletin of the Institute of History Research*, Vol. 20 (1945), pp. 23-24; Peter R. Coss, "Bastard Feudalism Revised", p. 27.

1270년 7월 20일 계약하였다. 이들은 십자군 전쟁에 참여하기 위해서 계약을 체결한 것이다.[30] 이 보다 후에 시몬 로이드(Simon Lloyd)는 1270-1272년 잉글랜드 십자군의 분수령이 된 것은 용병에 대한 연고제 계약부터라고 주장하였다.[31] 12-13세기에 화폐봉지의 발달과 함께 뒤이어 14-15세기에 이르러 기사들의 전투의 특징인 개괄지에서의 전투 대신에 성곽전이 중요해지면서부터 자연스럽게 기사보다는 보병과 궁병의 군사적 가치가 증가하게 되었다. 바로 이러한 상황 속에서 나타난 군사적 변화가 연고제이다.

연고제는 14세기 중엽 이후부터 출현한다. 그것은 용병계약서를 통해서 확인할 수 있는데, 14세기 용병계약서에는 다음과 같은 사항들이 담겨있다. 첫째, 인솔하여야 할 병력의 수를 언급하고, 둘째, 군역을 수행할 장소와 기간에 관한 사항이 언급되었다. 군역납부기간은 대개 3개월이나 6개월 혹은 1년으로 정하였는데, 통상이 1년이었다. 만약 약정된 기간을 초과할 경우에는 그 기간만큼 임금을 더 받는다. 셋째, 임금은 3개월마다 지불하며, 1개월 이상 연체되면 계약은 파기될 수 있다. 임금은 용병의 직급에 따라서 차이가 있었다.[32] 넷째, 전투할 때에 입은 말에

30) H. G. Richardson and G. O. Sayles, *The Governance of Medieval England from the Conquest to Magna Carta*, pp. 463-465.

31) S. D. Lloyd, "The Lord Edward's Crusade, 1270-2: Its Setting and Significance", in J. Gillingham and J. C. Holt, eds., *War and Government in the Middle Ages: Essays and Honour of J. O. Prestwich* (Woodbridge, 1984), pp. 120-133; Peter R. Coss, "Bastard Feudalism Revised", p. 32.

32) 1359년 에드워드 3세가 백년전쟁을 위해 프랑스에 원정할 때에 용병들의 일당이 다음과 같이 정해졌다. 공작은 13실링 4펜스, 백작은 6실링 8펜스, 기사는 2실링, 중기병은 1실링, 궁수는 3펜스, 공병은 2펜스의 일당을 받는 것으로 계약을 체결하였다. (김동순, 「Bastard Feudalism 연구」, 22쪽.)

대한 손실 보상 문제가 규정되었다. 말의 가격은 전쟁터로 출발하기 전에 사정하여 그 값을 정하였다. 다섯째, 원정에 따른 수송비와 전리품에 대한 배분 문제가 언급되었다. 해외원정에 필요한 병력과 말의 수송비용은 국왕이 충당하였다. 여섯째, 전리품은 국왕의 피고용인에게 양도하는 것이 원칙이었으나, 중요한 인물의 포로는 국왕이 관리하였으며, 중요한 포로의 석방금은 국왕이 소유하였다. 반대로 아군이 적군에게 포로가 되었을 경우, 고용자가 피고용자의 포로석방금을 지불하는 것이 원칙이다.[33] 그런데 계약으로 구성한 군대는 맥팔렌이 의사봉건제의 출현의 시초로 보았던 시기 이전에 이미 잉글랜드에서 있던 국왕의 군대 모습이었다. 만약 맥팔렌의 견해를 받아들인다고 하더라도, 의사봉건제의 형태는 14-15세기에 처음 나타난 것이 아니라 이미 화폐봉지가 발달하던 13세기에서도 존재하였던 것으로 이해하여야 할 것이다.

그렇다면 국왕이 연고제 실현을 위한 용병들의 고용에 필요한 재원은 무엇으로 조달하였는가? 일련의 왕실재정기록 문서(pipe rolls)에 따르면, 그것의 지출을 위한 일차적 재원은 양모 수출로부터 들어온 관세수입이었다.[34] 그러나 우리가 여기에서 생각하여 볼 또 다른 재원이 있다. 즉 화폐봉지의 지불과 면역전 지불과의 연관성이다. 전쟁이 일어날 때마다 용병을 고용하였는데, 그들의 고용을 위한 재원은 바로 면역전이고, 면역전을 재원으로 하여 용병들에게 수당을 지급할 수 있었다. 위에서 언급한 것처럼 면역전 납부는 헨리 1세 시대부터 시작되었으나, 헨리 2세

33) 김동순, 「Bastard Feudalism 연구」, 20-25쪽.
34) Bryce D. Lyon, "The Money Fief under the English Kings, 1066-1458", pp. 172-173.

통치기 이후부터 면역전을 규칙적으로 징수하게 되었다. 그리고 면역전은 시기가 지나면서 점차 그 액수가 인상되었다. 면역전 징수를 통하여 확보한 자금을 가지고 국왕이 반드시 대체 인력으로서의 기사를 고용한 것은 아니다. 필요에 따라서 기사뿐만 아니라 보병이나 궁병을 용병으로 고용하기도 하였다. 수십 명에서 수백 명 단위로 용병 부대가 구성되었다. 오랫동안 간헐적으로 휴전하면서 백년 넘게 잉글랜드와 프랑스가 벌인 전쟁인 백년 전쟁(1337-1453), 잉글랜드 주요 가문 사이에 일어난 왕위 계승 전쟁인 장미 전쟁, 신교와 구교 간에 벌어진 종교 전쟁인 30년 전쟁(1618-1648)과 같은 전투에 필요한 군사력의 주요 공급처는 모두가 용병이었다. 용병들은 임금을 받아서 수입을 올리기도 하였으나, 전쟁포로로부터 지불된 몸값이 중요한 수입원 중 하나였다. 그들에게 있어서 전투에서 적을 포로로 잡는 것뿐만 아니라 전쟁에서의 승리도 중요하였다. 그러므로 의사봉건제의 단계에서는 귀족들의 집단적 폭력 발생을 가능하게 하였으며, 이것은 결국 국왕과 의회의 정상적 통치를 방해한 하나의 요소로 작용하였다.

연고제의 단계에 이르러서는 화폐봉지의 단계와는 달리 전형적인 봉건적 군역체제가 완전히 해체되었다고 하겠다. 이러한 군역체계가 발달한 14-15세기에 이르러서는 전형적 봉건제 성립의 핵심적 요소인 주종제가 무너진 가운데 기사제도도 해체되어 갔다. 이러한 해체 과정에서 새로운 군역체계가 자연스럽게 나타났으니, 그것이 바로 연고제이다. 이처럼 주종제와 장원제가 해체되는 과정에서 나타난 변형된 봉건제를 의사봉건제(bastard feudalism) 혹은 유사봉건제라고 부른다.

참고문헌

1. 원사료 및 편찬사료

Amphlett, John, S. G. Hamilton and R. A. Wilson, eds., *Court Rolls of the Manor of Hales, 1272-1307*, 3 vols. (Worcester Historical Society, 1910-1933).

Baildon, W. Paley, ed., *Court Rolls of the Manor of Wakefield*, vol. II (Yorkshire Archaelogical Society, 1901).

Baildon, W. Paley, ed., *Feet of Fines for the County of York from 1327 to 1347* (Yorkshire Archaeological Society, 1910).

Baildon, W. Paley, ed., *Feet of Fines for the County of York from 1347 to 1377* (Yorkshire Archaeological Society, 1915).

Ballard, A. ed. *British Borough Charters 1042-1216* (Cambridge University Press, 1913).

Chibnall, M., ed., *The Ecclesiastical History of Orderic Vitalis* (6 vols., Oxford, 1968-1980).

Douglas, David C, *Feudal Documents from the Abbey of Bury St. Edmunds* (British Academy Record, vol. viii), (London, 1932).

Douglas David C. and G. W. Greenaway, ed., *English Historical Documents, 1042-1189*, vol. II (London. 1953).

Downer, L. J., ed. and trans., *Leges Henrici Primi* (Oxford, 1972).

Galbrairh, V. H. and J. Tait, ed., *Hertfordshire Domesday Book, circa 1160-1170* (Pipe Roll Society, new series, xxv, 1950).

Giles, J. A., trans., *Chronicle of the Kings of England* (London, 1904).

Glover, Richard, ed. and introduced, *The Battle of Hastings: Source and Interpretations* (Boydell Press, 1996).
Hall, G. D. G., ed., *The treatise on the laws and customs of the realm of England commonly called Glanvill* (London, 1965).
Hall, H., ed., *The Red Book of the Exchequer* (London, 1896).
Hollings, M., ed., *The Red Book of Worcester* (London, Worcester Historical Society, 1950).
Jenkinson, H. and B. Formoy, ed., *Select Cases in the Exchequer of Pleas, 1236-1304*, Selden Society, vol. 48 (1931).
Lamond, E., ed., *Walter of Henry's Husbandry* (Royal Historical Society, 1890).
Law of Ine, c. 50.
Letter Book A and K.
Morgan, P. ed., *Domesday Book Berkshire* (Chichester, 1979).
Nichols, F. M., ed., *Britton* (Oxford, 1865).
Parker, Colonel John, ed., *Feet of Fines for the County of York from 1218 to 1231* (Yorkshire Archaeological Society, 1921).
Parker, Colonel John, ed., *Feet of Fines for the County of York from 1232 to 1246* (Yorkshire Archeological Society, 1925).
Parker, Colonel John, ed., *Feet of Fines for the County of York from 1246 to 1276* (Yorkshire Archaeological Society, 1932).
Pipe Roll Society, ed., *Pipe Roll 3 Richard I*, vol. ii (1926).
Record Commission, ed., *Domesday Book* (London, 1783).
Richardson, H. G. and G. O. Sayles, ed. and trans., *Fleta*, Book III (Selden Society, London, 1972).

Robertson, A. J., ed., *Anglo-Saxon Charters* (Cambridge, 1939).
Rymer, T., ed., *Foedera, Conventiones, Litterae Cuiuscunque Generiis Acta Publica* (Record Commission, 1816-1869).
Savage, Anne, translated and collated, *The Anglo-Saxon Chronicles* (London, 1982).
Slingsby, F. H., ed., *Feet of Fines for the County of York from 1272 to 1300* (Yorkshire Archaeological Society, 1956).
Stenton, D. M., ed., *Pipe Roll 5 Richard I* (Pipe Roll Society, 1927).
Stenton, F. M., ed., *Bayeux Tapestry: a Comprehensive Survey* (London, 1965).
Stubbs, William, ed., *Select Charters* (9th edn., Oxford, 1913).
Summerson, Henry, ed., *Crown Pleas of the Devon Eyre of 1238*, Devon and Cornwall Record Society, Vol. 28 (1985).
Whittaker, W. J., ed., *The Mirror of Justices* (Selden Society, vii, London, 1895).
Woodbine, George E., ed., *Bracton: On the Laws and Customs of England* (Harvard University Press, 1968).

2. 저서

Abels, Richard, *Lordship and Military Obligation in Anglo-Saxon England* (London, 1988).
Adams, George Burton, *The Origin of the English Constitution* (New Haven, 1912).
Armitage, E. S., *Early Norman Castles of the British Isles* (London, 1912).
Astill, Grenville and Annie Grant, ed., *The Countryside of Medieval England* (Oxford, 1988).

Ballard, A., *The English Borough in the Twelfth Century* (Cambridge University Press, 1914).

Barlow, Frank, ed., *Vita Aedwardi Regis: The Life of King Edward* (London, 1962).

Barlow, Frank, *The Feudal Kingdom of England, 1042-1216* (New York, 1972).

Barlow, Frank, *Edward the Confessor* (Suffolk, 1979).

Bartlett, Robert, *Trial by Fire and Water: the Medieval Judicial Ordeal* (Oxford University Press, 1986).

Bellamy, John G., *Crime and Public Order in England in the Later Middle Ages* (London, 1973).

Bellamy, John G., *Bastard Feudalism and the Law* (London, 1989).

Bennett, H. S., *Life on English Manor* (London, 1947).

Beresford, M., *New Towns of the Middle Ages* (London, 1967).

Blair, Peter Hunter, *Roman Britain and Early England 55 BC-871 AD* (London, 1975).

Blair, Peter Hunter, *An Introduction to Anglo-Saxon England* (Cambridge University Press, 1977).

Bloch, Marc, *Feudal Society*, 2 vols. (University of Chicago Press, 1961).

Bodet, Gerald P., *Early English Parliaments* (University of Toronto Press, 1967).

Brooke, Christopher, *From Alfred to Henry III* (London, 1961).

Brooke, Christopher, *The Saxon and Norman Kings* (Glasgow, 1963).

Brooke, Christopher, D. E. Luscombe, G. H. Martin, and D. Owen, eds., *Church and Government in the Middle Ages* (Cambridge, 1976).

Brown, A. L., *The Governance of Late Medieval England, 1272-1461* (London, 1989).

Brown, R. Allen, *Origins of English Feudalism* (London, 1973).

Brown, W., ed., *Yorkshire Institutions of the Reign of Henry III and Edward I* (London, 1892).

Clanchy, M. T., *From Memory to Written Record: England 1066-1307* (Chichester, Wiley Blackwell, 1979).

Clanchy, M. T., *England and Its Rulers 1066-1272* (Wiley Blackwell, 2012).

Coss, Peter R., *Lordship, Knighthood and Locality: A Study in English Society c. 1180-c. 1280* (Cambridge, 1991).

Coss, Peter R., *The Knight in Medieval England 1000-1400* (Alan Sutton Publishing Limited, Gloucestershire, 1993).

Crouch, David., *The Image of Aristocracy in Britain 1000-1300* (London, 1992).

Darby, H. C., *The Domesday Geography of Eastern England* (Cambridge, 1952).

Darby, H. C., *A New Historical Geography of England* (Cambridge, 1973).

Darby, H. C., ed., *Domesday England* (Cambridge University Press, 1987).

Denholm-Young, N., *History and Heraldry* (Oxford, 1965).

Douglas, D. C., *William the Conqueror: The Norman Impact upon England* (London, 1964).

Douglas, D. C., *The Norman Achievement, 1050-1100* (London, 1969).

Dove, P. Edward, ed., *Domesday Studies,* vol. I (New York, 1891).

Dove, P. Edward, ed., *Domesday Studies*, vol. II (New York,

1891).

Dyer, Christopher, *Lords and Peasants in a Changing Society, The Estates of the Bishopric of Worcester 680-1540* (Cambridge, 1980).

Finberg, H. P. R., *The Formation of England 550-1042* (London, 1974).

Fleming, Robin, *Kings and Lords in Conquest England* (Cambridge University Press, 1991).

France, John, *Western Warfare in the Age of the Crusades 1000-1300* (UCL Press, 1999).

Freeman, Edward A., *The History of the Norman Conquest of England* (6 vols., Oxford, 1867-1879).

Fryde, E. B. and Edward Miller, ed., *Historical Studies of the English Parliament: Origins to 1399*, vol. 1 (Cambridge University Press, 1970).

Galbraith, V. H., *The Making of Domesday Book* (Oxford, 1961).

Galbraith, V. H., *Domesday Book, Its Place in Administrative History* (Oxford, 1974).

Ganshof, F. L., *Feudalism* (London, 1964).

Gies, Joseph and Frances, *Life in a Medieval Castle* (London, 1974).

Gillingham, John and Ralph A. Griffiths, *Medieval Britain* (Oxford University Press, 1984).

Given, James Buchanan, *Society and Homicide* (Stanford, 1977).

Gray, Charles M., ed., *Sir Matthew Hale: The History of the Common Law of England* (University of Chicago Press, 1971).

Hallam, Elizabeth M., *Domesday Book through Nine Centuries* (London, Thames and Hudson, 1986).

Hallam, H. E., *Rural England 1066-1348* (Glasgow, 1981).

Haskins, Charles H., *Norman Institutions* (Cambridge, 1918).

Hastings, Adrian, *The Construction of Nationhood: Ethnicity, Religion and Nationalism* (Cambridge University Press, 1997).

Hicks, Michael, *Bastard Feudalism* (London, 1995).

Hilton, R. H., *Class Conflict and the Crisis of Feudalism* (The Hambledon Press, 1985).

Hollister, C. W., *Anglo-Saxon Military Institutions on the Eve of the Norman Conquest* (Oxford, 1962).

Hollister, C. W., *The Military Organization of Norman England* (Oxford, 1965).

Hollister, C. W., *The Making of England, 55 B.C. to 1399* (Toronto, 1976).

Hollister, C. W., ed., *The Impact of the Norman Conquest* (Florida, 1982).

Horrox, Rosemary and W. Mark Ormrod, ed., *A Social History of England 1200-1500* (Cambridge, 2006).

Hudson, John, *Land, Law, and Lordship in Anglo-Norman England* (Oxford, 1994).

Hyams, Paul R., *King, Lords and Peasants in Medieval England: the Common Law of Villeinage in the Twelfth and Thirteenth* Centuries (Oxford, 1980).

Ives, E. W., *The Common Lawyers of Pre-reformation England* (Cambridge, 1983).

James, Edward, *Britain in the First Millennium* (London, 2001).

John, Eric, *Land Tenure in Early England* (Leicester University Press, 1960).

King, Edmund, *England 1175-1425* (London, 1979).

Kosminsky, E. A., *Studies in the Agrarian History of England in the Thirteenth Century* (Oxford, 1955).

Loyn, H. R., *The Making of the English Nation from the Anglo-Saxon to Edward I* (London, 1991).

Maitland, F. W., *Domesday Book and Beyond* (Cambridge University Press, 1987).

Milsom, S. F. C., *The Legal Framework of English Feudalism and Historical Foundation of the Common Law* (London, 1981).

Morillo, Stephen, ed. and intro., *The Battel of Hastings: Sources and Interpretations* (The Boydell Press, 1996).

Morris, William A., *The Frankpledge System* (London, 1910).

Nicholas, David, *The Evolution of the Medieval World: Society, Government and Thought in Europe, 312-1500* (London, 1992).

Page, T. W., *The End of Villainage in England* (New York, 1900).

Painter, Sidney, *The Rise of the Feudal Monarchies* (Cornell University Press, 1951).

Painter, Sidney, *A History of the Middle Ages* (New York, 1953).

Palmer, Robert C., *The County Courts of Medieval England 1150-1350* (Princeton University Press, 1982).

Pittenger, W. Norman, *Early Britain: The Celts, Romans, and Anglo-Saxons* (London, 1973).

Platt, Colin, *Medieval England* (New York, 1978).

Plucknett, T. F. T., *Edward I and Criminal Law* (Cambridge University Press, 1960).

Plucknett, T. F. T., *Studies in English Legal History* (Hambledon

Press, 1983).

Plummer, Charles, *The Governance of England: otherwise called the difference between an absolute and a limited monarchy* (Oxford, 1885).

Pollock, F. and F. W. Maitland, *The History of English Law before the Time of Edward I*, 2nd edition, vol. I (Cambridge, 1898).

Poole, A. L., *Obligations of Society* (Oxford, 1946).

Poole, A. L., *From Domesday Book to Magna Carta* (Oxford, 1954).

Postan, M. M., *The Cambridge Economic History of Europe* (Cambridge, 1966).

Postan, M. M., *The Medieval Economy and Society* (Penguin Book, 1978).

Powicke, Maurice, *Medieval England 1066-1485* (London, 1931).

Powicke, Michael, *Military Obligation of Medieval England* (University of Toronto Press, 1962).

Prestwich, Michael, *The Three Edwards: War and State in England, 1272-1377* (London, 2003).

Raftis, J. A., *The Estates of Ramsey Abbey* (Toronto, 1957).

Richardson, H. G. and G. O. Sayles, *The Governance of Medieval England from the Conquest to Magna Carta* (Edinburgh, 1963).

Round, J. H., *Feudal England: Historical Studies on the XIth and XIIth Centuries* (London, 1964).

Rowley, Trevor, *The Norman Heritage 1066-1200* (London, 1983).

Sawyer, P. H., ed., *Domesday Book: A Reassessment* (London, 1985).

Sawyer, P. H., *From Roman Britain to Norman England*

(London, 1998).
Sayles, G. O., *The Medieval Foundations of England* (London, 1948).
Stenton, D. M., *English Society in the Early Middle Ages* (Middlesex, 1964).
Stenton, F. M., *Anglo-Saxon England* (Oxford University Press, 1971).
Stenton, F. M., *The First Century of English Feudalism 1066-1166* (Oxford, 1932).
Stephenson, Carl, *Medieval Feudalism* (Cornell University Press, 1942).
Strayer, Joseph R., and Dana C. Munro, *The Middle Ages 395-1500* (New York, 1970).
Strayer, Joseph R., ed., *Dictionary of the Middle Ages,* vol. 2 (New York, 1983).
Titow, J. Z., *English Rural Society 1200-1350* (London, 1969).
Ullmann, Walter, *Principles of Government and Politics in the Middle Ages* (London, 1961).
Vinogradoff, P., *English Society in the Eleventh Century* (Oxford, 1908).
Whitelock, Dorothy, *The Beginnings of English Society* (Penguin Books, 1976).
Wilkinson, B., *Constitutional History of Medieval England 1216-1399* (London, 1958).
김동순 역, 『봉건제의 이해』, 민음사, 1996.
나종일 역, 『봉건제란 무엇인가』, 탐구당, 1981.
나종일 편, 『봉건제』, 까치, 1988.
성백용 옮김, 『세 위계: 봉건제의 상상 세계』 (문학과 지성사, 1977).
심재윤, 『중세 영국 토지제도사 연구』 (선인, 2004).

윤승준 역, 『새 유럽의 역사』 (까치, 1995).
조의설 편, 『세계사 대사전』 (민중서관, 1976).
최재현, 『유럽의 봉건제도』 (역사비평사, 1992).
한정숙 역, 『봉건사회』 (한길사, 1989).
허창운, 『독일 민네장』 (서울대학교 출판부, 2003).
홍성표, 『중세 영국 농민의 생활수준 연구』 (탐구당, 1987).
홍성표 역, 『중세사회는 어떠하였는가』 (대학교재출판사, 1987).
홍성표, 『중세 영국 사회와 범죄』 (도서출판 느티나무, 2006).
홍성표, 『중세 영국사의 이해』, (충북대학교 출판부, 2012).

3. 논문

Adams, George Burton, "Anglo-Saxon Feudalism", *American Historical Review*, Vol. 7, No. 1 (Oct., 1901).
Armitage, Ella S., "The Early Norman Castles of England: part I", *English Historical Review*, Vol. 19, No. 74 (April, 1904).
Armitage, Ella S., "The Early Norman Castles of England: part II", *English Historical Review*, Vol. 19, No. 75 (July, 1904).
Beeler, John H., "Castles and Strategy in Norman and Early Angevin England", *Speculum*, Vol. 31, No. 4 (July, 1956).
Beeler, John H., "The Composition of Anglo-Norman Armies", *Speculum*, Vol. 40, No. 3 (July, 1965).
Beeler, John H., "Castles and Strategy in Norman and Early Angevin England", *Speculum*, Vol. 31, No. 4 (July, 1956).
Beveridge, W., "The Yield and Price of Corn in the Middle Ages", *Economic Journal*, Vol. 37, No. 2 (Issue Supplement) (May, 1927).
Brown, R. Allen, "A List of Castles, 1154-1216", *English Historical Review*, Vol. 74, No. 291 (April, 1959).
Brown, R. Allen, "Royal Castle-Building in England, 1154-1216",

English Historical Review, Vol. 70, No. 276 (July, 1955).

Brown, R. Allen, "An Historian's Approach to the Origins of the Castle in England", *Archaeological Journal*, Vol. 126 (1969).

Chew, Helena M., "Scutage in the Fourteenth Century", *English Historical Review*, Vol. 38, No. 149 (Jan., 1923).

Coss, Peter R., "Bastard Feudalism Revised", *Past and Present*, Vol. 125 (1989).

Coss, Peter R., "Knights, Esquires and the Origins of Social Gradation in England", *Transactions of the Royal Historical Society*, Vol. 5 (September, 1995).

Crowley, D. A., "The Later History of Frankpledge", *Bulletin of the Institute of Historical Research*, Vol. xlviii (1975).

Davis, R. H. C., "The Norman Conquest", *History*, Vol. 51 (1966).

Davison, Brian K., "The Origins of the Castle in England" *Archaeological Journal*, Vol. 124 (1967).

Douglas, David C, "A Charter of Enfeoffment under William the Conqueror", *English Historical Review*, Vol. 42, No. 166 (April, 1927).

Dyer, C., "The English Medieval Village Community and Its Decline", *Journal of British Studies*, Vol. 33 (1994).

Farmer, D. L., "Some Price Fluctuations in Angevin England", *Economic History Review*, 2nd ser. ix (1956-7).

Farmer, D. L., "Some Grain Price Movements in Thirteenth Century England", *Economic History Review*, Vol. 10, No. 2 (1957).

Farmer, D. L., "Some Livestock Prices in Thirteenth Century England", *Economic History Review*, Vol. 22, No. 1 (April, 1969).

Fleming, D., "Landholding by Milites in Domesday Book: a Revision", *Anglo-Norman Studies*, Vol. 13 (1990).

Foot, Sarah, "The Making of Angelcynn: English Identity before the Norman Conquest", *Transactions of the Royal Historical Society*, Vol. 6 (Jan., 1996).

Galbraith, V. H., "Royal Charters to Winchester", *English Historical Review*, Vol. 35, No. 139 (July, 1920).

Galbraith, V. H., "An Episcopal Land Grant of 1085", *English Historical Review*, Vol. 44, No. 175 (July, 1929).

Gillingham, John, "The Introduction of Knight Service into England", *ante*, Vol. 4 (1981).

Gillingham, John, "Thegns and Knights in Eleventh-Century England : Who was then the Gentleman?", *Transactions of the Royal Historical Society*, Vol. 5 (Dec., 1995).

Groot, Roger D., "The Crime of Rape temp. Richard I and John", The Journal of Legal History, Vol. 9, No. 3 (Dec., 1988).

Harvey, Sally P. J., "The Knight and the Knight's Fee in England", *Past and Present*, Vol. 49 (Nov., 1970).

Hollings, M., "The Survival of the Five-Hide Unit in the Western Midlands", *English Historical Review*, Vol. 63, No. 249 (Oct., 1948).

Hoillister, Warren C., "The Annual Term of Military Service in Medieval England", *Medivalia et Humanistica*, Vol. 13 (1960).

Hollister, Warren C., "The Norman Conquest and the Genesis of English Feudalism", *American Historical Review*, Vol. 66, No. 3 (April, 1961).

Hollister, Warren C., "The Five Hide Unit and the Old English

Military Obligation", *Speculum*, Vol. 36, No. 1 (Jan., 1961).

Hollister, Warren C., "The Knights of Peterborough and the Anglo-Norman Fyrd", *English Historical Review*, Vol. 77, No. 304 (July, 1962).

Hollister, Warren C., "Two Comments on the Problem of Continuity in Anglo-Norman Feudalism", *Economic History Review*, Vol. 16 (August, 1963).

Hollister, Warren C., "The Significance of Scutage Rates in Eleventh and Twelfth Century England", *English Historical Review*, Vol. 75, No. 297 (Oct., 1960).

Hollister, Warren C., "1066: The Feudal Revolution", *American Historical Review*, Vol. 73, No. 3 (Feb., 1968).

Holt, J. C., "Anglo-Norman Feudalism", *Economic History Review*, Vol. 16, No. 1 (August, 1963).

Holt, J. C., "Feudalism Revisited", *Economic History Review*, vol. 14, no. 2 (Dec., 1961).

Kennedy, A. G., "Cnut's Law Code of 1018", *Anglo-Saxon England*, Vol. 2 (1983).

Lennard, Reginald, "The Economic Position of the Domesday Villani", *Economic Journal*, Vol. 56, No. 222 (June, 1946).

Lloyd, S. D., "The Lord Edward's Crusade, 1270-2: Its Setting and Significance", in J. Gillingham and J. C. Holt, eds., *War and Government in the Middle Ages: Essays and Honour of J. O. Prestwich* (Woodbridge, 1984).

Loyn, H. R., "Gesiths and Thegns in Anglo-Saxon England from the Seventh to the Tenth Century", *English Historical Review*, Vol. 70, No. 277 (Oct., 1955).

Lyon, Bryce D., "The Money Fief under the English Kings,

1066-1458", *English Historical Review,* Vol. 66, No. 25 (April, 1951).

Maitland, F. W., "The Origin of the Borough", *English Historical Review,* Vol. 11, No. 41 (Jan., 1896).

McDonald, J. and G. D. Snooks, "Were the Tax Assessments of Domesday England Artificial? The Case of Essex", *Economic Historical Review,* Vol. 38, No. 3 (Aug., 1985).

McFarlane, K. B., "Bastard Feudalism", *Bulletin of the Institute of History Research,* Vol. 20 (1945).

Molyneaux, George, "Why were Some Tenth-Century English Kings Presented as Rulers of Britain?", *Transactions of the Royal Historical Society,* Vol. 21 (Dec., 2011).

Painter, Sidney, "Castle-Guard", *American Historical Review,* Vol. 40, No. 3 (April, 1935).

Painter, Sidney, "English Castles in the Early Middle Ages— Their Number, Location, and Legal Position", *Speculum,* Vol. 10, No. 3 (July, 1935).

Painter, Sidney, "The Family and the Feudal System in Twelfth Century England", *Speculum,* Vol. 35, No. 1 (Jan., 1960).

Poole, A. L., "Livestock Prices in the Twelfth Century", *English Historical Review,* Vol. lv (1940).

Postan, M. M., "The Rise of a Money Economy", *Economic History Review,* Vol. 14, No. 2 (1944).

Postan, M. M., "Village Livestock in the Thirteenth Century", *Economic History Review,* Vol. 15, No. 2 (1962).

Powicke, Michael R., "Distraint of Knighthood and Military Obligation under Henry III", *Speculum,* Vol. 25, No. 4 (1950).

Prestwich, J. O., "War and Finance in the Anglo-Norman State",

Transactions of the Royal Historical Society, Vol. 4 (Dec., 1954).

Prestwich, J. O., "Anglo-Norman Feudalism and the Problem of Continuity", *Past and Present*, Vol. 26 (Nov., 1963).

Prestwich, Michael, "Miles in Armis Strenuus: The Knight at War", *Transactions of The Royal Historical Society*, Vol. 5 (Dec., 1995).

Pryce, T. Davis and Ella S. Armitage, "The Alleged Norman Origin of 'Castles' in England", *English Historical Review*, Vol. 20, No. 80 (Oct., 1905).

Reedy, William T., "The Origins of the General Eyre in the Reign of Henry I", *Speculum*, Vol. 41, No. 4 (Oct., 1966).

Round, J. H., "Danegeld and Finance of Domesday", in P. Edward Dove, ed., *Domesday Studies*, Vol. 1 (New York, 1891).

Round, J. H., "The Introduction of Knight-Service into England", *English Historical Review*, Vol. 7, No. 25 (Jan., 1892).

Round, J. H., "Military Tenure before the Conquest", *English Historical Review*, Vol. 12, No. 47 (July, 1897).

Round, J. H., "The Castles of the Conquest", *Archaeologia*, Vol. 57 (1902).

Round, J. H., "Castle Guard", *Archaeological Journal*, Vol. 59 (1902).

Russell, J. C., "The Pre-plague Population of England", *Journal of British Studies*, Vol. 5 (1966).

Scammell, J., "The Formation of the English Social Structure: Freedom, Knight and Gentry 1066-1300", *Speculum*, Vol. 68, No. 3 (July, 1993).

Smith, A. H., "English Place-Name Elements", *English Place-Name Society*, Vol. 25 (1956).

Stafford, Pauline, "The Making of Chronicles and the Making of England: the Anglo-Saxon Chronicles after Alfred", *Transactions of the Royal Historical Society*, Vol. 27 (Dec., 2017).

Stephenson, Carl, "The Origin and Significance of Feudalism", *American Historical Review*, Vol. 46, No. 4 (July, 1940).

Tait, James, "Knight-Service in Cheshire", *English Historical Review*, Vol. 57, No. 228 (Oct., 1942).

Titow, J. Z., "Medieval England and the Open Field System", in R. H. Hilton, *Peasants, Knights and Heretics* (Cambridge University Press, 1976).

Turner, Ralph V., "The Origins of Common Pleas and King's Bench", *American Journal of Legal History*, Vol. 21, No. 3 (July, 1977).

김동순, 「Bastard Feudalism 연구」, 『서양사론』 19집 (1978).

박성수, 「화폐봉지 성격론」, 『사총』 제 3집 (1950).

박성수, 「영국 봉건군역고」, 『사학연구』, 제 2집 (1958).

이기영, 「고전장원제와 영주권의 성립시기」, 『서양중세사연구』 제 7집 (2000).

이순갑, 「Anglo-Saxon 후기 Borough에 관한 고찰」, 『부대사학』, 15, 16합집 (1992).

이영구, 「11세기 영국 봉건사회의 계급구조에 관한 연구」, 『부산여자대학교 논문집』 제 30호 (1990).

이영구, 「둠즈데이 영국의 성립과 그 인구구조」, 『부대사학』, 15, 16합집 (1992).

이영구, 「영국 봉건사회의 농민 계층 문제」, 『부산여자대학교 논문집』 제 44집 (1997).

이영구, 「영국 봉건제 성립 문제—노르만의 정복 전후의 논쟁점」, 『부산여자대학교 논문집』, 제 16집.

정만득, 「Norman 정복-단절과 연속」, 『동서문화』 2권 (1968).

최운욱, 「중세 말 빌레이니지(Villeinage) 변천 과정에 대하여—영국 농민을 중심으로」, 『충북사학』 제 6집 (1993).

홍성표, 「영국에 있어서의 금납화 시기에 관한 연구」, 『역사교육』 18집 (1975).

홍성표, 「Scutage(면역전) 납부의 원인과 그 성격에 대하여」, 『단국대학교 대학원 학술논총』, 제 3집 (1979).

찾아보기

봉건제와 중세 잉글랜드의 역사

저　　자 : 홍 성 표
발 행 처 : 충북대학교 출판부
발 행 인 : 정 의 배
주　　소 : 28644 충북 청주시 서원구 충대로 1
전　　화 : (043) 261-2952, 3014
팩　　스 : (043) 274-1256
이 메 일 : presscbu@chungbuk.ac.kr
등　　록 : 제1983-2001-7호
초 판 2 쇄 : 2022.10.21.
인 쇄 처 : 삼성디자인기획 042)221-3111

ISBN 978-89-7295-527-6　93920

값 25,000원